Kalifornien
USA
Südwesten

Eine Übersichtskarte von Kalifornien und Südwesten mit den eingezeichneten Reiseregionen finden Sie in der vorderen Umschlagklappe.

Horst Schmidt-Brümmer

Kalifornien
USA
Südwesten

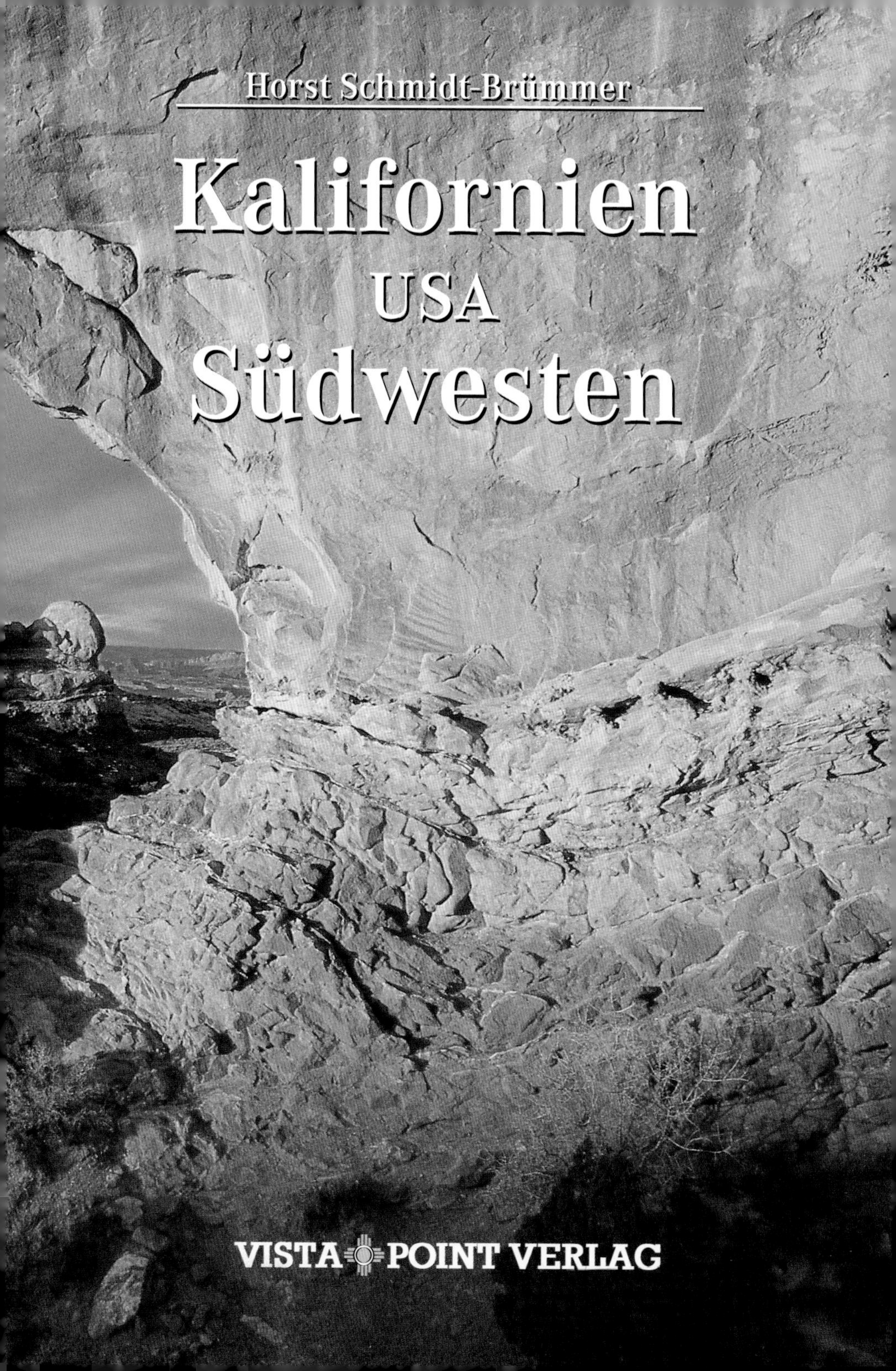

VISTA POINT VERLAG

Reisen mit Siebenmeilenstiefeln

Kalifornien und der Südwesten

»Die Mojave ist eine große und erschreckende Wüste. Man könnte meinen, die Natur erprobe die Ausdauer und Beharrlichkeit eines Menschen, ehe sie ihn für gut befindet, ihn nach Kalifornien zu lassen«, schreibt John Steinbeck in seiner »Reise mit Charley«.

Kein Landstrich Nordamerikas hat sich in den meisten Köpfen so bilderreich eingenistet wie der amerikanische Südwesten, Kalifornien eingeschlossen. Und was die Fantasie anregte, weckte zumeist auch die Neugier, den Bildern nachzureisen, um sie auf die Probe zu stellen. Stimmten sie, oder waren sie nur schöne Kulissen für Ammenmärchen?

Die Antworten fielen und fallen sehr unterschiedlich aus. Aber wie auch immer: Es hat wohl selten Reisende durch die Wüsten, Gebirge und Gewässer des südlichen Westens gegeben, die nicht von den grandiosen Naturlandschaften beeindruckt gewesen wären. Die traumhafte Pazifikküste, die urtümlichen Canyons und Steinkathedralen des Colorado Plateau, der weite offene Horizont und die betörenden Lichtspiele des Himmels, tagsüber und nachts – das allein schon ist eine Reise wert.

Erst auf den zweiten Blick mag diese überwältigende Szenerie ihre Schattenseiten zeigen: eben das »Wilde« im »Westen«, seine elementaren Naturkräfte, seine gnadenlose Sonne, seine Menschenfeindlichkeit. Kakteen in kargem Geröll, so fotogen sie sich geben, sind nun mal kein Kurpark oder Stadtwald; Wassermangel, Hitze, Moskitos und Klapperschlangen lassen sich durch keinen Vers von Eichendorff romantisch verklären.

Widersprüche lauern auch anderswo. So wurden einige dieser unberührten Weiten des Westens per Gesetz zu Nationalparks erklärt, um sie vor ihrer Vernichtung durch Raubbau oder sonstiger »Erschließung« zu schützen. Das war nicht einfach. Früher wurden die wirtschaftlichen Interessen der Holz-, Erz-, Gas- oder Ölfirmen sogar noch rabiater vertreten als heute. Dennoch: Jede Reise durch den Südwestteil des Kontinents führt durch Kämpferzonen geschützter und bedrohter Natur. Die Stichworte heißen: Austrocknung des Mono Lake, Wasserorgien in Las Vegas, Uran in Utah, Ölförderung an der Pazifikküste. Ja, sogar der Tourismus gerät zunehmend ins Zwielicht, weil der Massenandrang die löbliche Naturschutzabsicht oft ins Gegenteil verkehrt. Während sich zur Hauptsaison die Leute im Yosemite-Nationalpark oder am Grand Canyon auf den Füßen stehen, gewinnen abgelegenere Gebiete an Bedeutung, die so genannten »Wildlife Refuges« und »Wilderness Areas«, die genauso schön, aber weniger überlaufen sind.

Wie das »Wilde« zehrt stets auch das »Gezähmte« von den Traditionen des Westens, denn trotz harter Steinpanoramen und garstiger Salzwüsten gab es hier Oasen der Entspannung und des Wohllebens, die schon die Indianer schätzten, als sie sich an den zahlreichen heißen Quellen labten. Heute kann es ihnen jeder in den üppigen Badelandschaften, den Pools, Spas und Fit- und Wellnesscenters der Resorts gleichtun oder die Rituale der kalifornischen Körperkultur mitmachen. Diese bedient sich der Trainingsmaschinen in Venice Beach und der Surfbretter von Malibu ebenso wie der Mountainbikes und Kajaks in Moab (Utah), dem neuen Zentrum der Sportindustrie, die mit schwerem Gerät fürs Wochenende ausrüstet. Paradoxerweise erinnert dieser Freizeittrend ebenso an das Cowboy-Ideal von der Unabhängigkeit wie

Balduin Möllhausen: Mojave-Indianer (1854)

Reisen mit Siebenmeilen-stiefeln

Sattelfest: »Western Girls« bei der Rancharbeit (Plakat von 1910)

Zwischen 1861 und 1905 schrieb Balduin Möllhausen zahlreiche Romane, unter anderem auch die »Geschichten aus dem Wilden Westen«, die ihm den Beinamen »deutscher Cooper« einbrachten und vor allem Karl May inspirierten.

an die NASA-Astronauten, die *cosmic cowboys*: glänzende Ritter im Cockpit statt im Sattel.

Doch weder Canyonwände noch Chile-Schoten, Lasso werfende *vaqueros* oder koreanische Fleißbienen machen allein und für sich den »Südwesten« aus. Sein innerer Zusammenhalt lebt von den Mythen – angefangen bei den frühesten Reiseberichten über Buffalo Bill und andere Schausteller bis hin zum *urban cowboy*, der in den Designerläden zur Kopie angeboten wird – von schmauchenden Friedenspfeifen bis zu »Marlboro Light«, von Karl May bis Peter Fonda, der auch schon mal Touristen auf Easy-Rider-Spuren betreute. Kurz, hinter jeder Felsnase oder Flusskrümmung, jedem *Tumbleweed*-Busch und jeder schwingenden Saloon-Tür lauern die alten Akteure, die bösen wie die guten. Der Wilde Westen, Ausgabe Süd: ein Patchwork bunter Legenden. Zuerst überwogen solche von verborgenen Schätzen, Geistern, Liebhabern und verwunschenen Frauen, die unversehens und verführerisch in der Einöde auftauchten. Danach folgten die Geschichten von den *gunmen* und *lawmen*: Durch die Glorifizierung der Schießerei ging die Romantik des »Old West« in dessen Eroberung und gewaltsame Annexion über.

Die Geschichte des inneramerikanischen Tourismus belegt, dass die Mythenfülle schon früh reisemagnetische Wirkung zeitigte. Eisenbahngesellschaften und Zitrusfarmen lockten neue Siedler und Besucher an. Weinende Indianerbabys auf kolorierten Postkarten animierten zum Ruinen-Tourismus der Pueblos und der indianischen Felsbauten. Reiche Ostküstler leisteten sich Ranchurlaube und Jagdtrips mit indianischen Scouts. Tourismusfördernd erwiesen sich auch literarische Produkte viktorianischer Fantasie im Osten der USA und in Europa, die in Hymnen die freie Liebe im freien Leben in der Wildnis feierten – reichlich unbegründet und auch vom Timing daneben, denn die *open range* war längst eingezäunt oder hatte respektablen Kleinstädten Platz gemacht.

Zu den frühen Kolporteuren des Westens gehörte übrigens der bereits von Theodor Fontane rezensierte, aber erst neuerdings wieder entdeckte Balduin Möllhausen. Der gebürtige Bonner und seines Zeichens Fallensteller, Hobby-Ethnologe, Topograph, Erzähler und Aquarellzeichner reiste um die Mitte des vorigen Jahrhunderts im Kundschafter-Tross der Eisenbahngesellschaft »United States Pacific Railroad Expedition & Surveys« durch den Südwesten und skizzierte unterwegs vor allem Landschaften und Indianerporträts.

Was Literatur, Aquarellkunst und Druckgrafik vorbereiteten, Wildwest-Shows und Cowboyheftchen popularisierten, fand dann schließlich in Hollywood sein Imprint auf Zelluloid. Seit Anfang des Jahrhunderts machten unzählige Westernfilme und TV-Serien Colt und Tomahawk, *sagebrush* und *chaparral* zum festen Inventar der schönen Westernwelt.

Doch genau diese mythischen Grundlagen werden in jüngster Zeit stärker denn je angezweifelt. So scheint es zum Beispiel mit der Devise »jeder sei stets seines Glückes Schmied« und dem Mythos vom hartgesottenen Einzelgänger *(rugged individualist)* à la John Wayne ebenso wenig weit her gewesen zu sein wie mit der Vorstellung vom ganz und gar unabhängigen *frontiersman*. Vieles spricht dafür, dass die angeblich allein auf sich gestellten Siedler meistens gejammert und bei der Bundesregierung um Unterstützung gebettelt haben. Von der Mutterbrust staatlicher Subventionen zu leben *(nursing on the government's nipple)* war ihnen eigentlich das liebste, wenn es um Flussbegradigungen, den Bau von Eisenbahnen, Forts (der Indianerüberfälle wegen) oder Staudämmen (für die Bewässerung) ging.

Frühes Tonfilm-Plakat von 1932

Auch die Rolle der Pionierfrauen beginnt man langsam anders zu sehen. Seit eh und je figurierten in der Macho-Welt der Cowboys Frauen meist nur als Kontrapunkte: entweder heroisch stilisiert als *pioneer mothers* der Trecks oder eben schlampig angezogen, unfrisiert und stets zu haben. Kein Wort dagegen von den starken Naturen der Cowgirls oder jenen berufserfahrenen Frauen (Journalistinnen, Geschäftsfrauen), die in großer Zahl allein in den Westen kamen, um dort als Ärztinnen, Anwältinnen, ja selbst im Bürgerkrieg ihren Mann zu stehen. Sie entsprachen in keiner Weise dem Typ, mit dem gut Kirschen essen war. Im Gegenteil. Sie repräsentierten, was man die *frontier femininity* nannte, eine couragierte Weiblichkeit, der es in erster Linie darum ging, das gemeinsame Überleben zu sichern.

Von Ausnahmen abgesehen, bevölkern meist nur Anglos das Pantheon der Western-Heroen: Sheriffs, Trapper, Siedlungsführer und jede Menge Generäle. Eine noch kürzlich unter dem Motto »Legends of the West« erschienene Briefmarkenserie bestätigt diese ethnisch völlig unausgewogene Ausrichtung. Zwar sind unter den 20 ausgewählten Ikonen drei Indianer *(American Indians)* und zwei Schwarze *(African Americans)* abgebildet, aber kein einziger Hispanic. Prompt protestierten die *Mexicanos*. Mindestens drei der ihren hätten unter den führenden Köpfen auf den 29-Cent-Marken auftauchen müssen: Pio Pico, der letzte mexikanische Gouverneur von Alta California, Joaquin Murrieta, der während der Gold-Rush-Ära mexikanische Arbeiter gegen rassistische Yankees in Schutz nahm und sich den Beinamen eines kalifornischen »Robin Hood« erwarb, und der mexikanische General Mariano Guadalupe Vallejo, der die russischen Siedlungsabsichten in Nordkalifornien stoppte und sich später für die Staatsgründung einsetzte.

Reisen mit Siebenmeilenstiefeln

»Es gab eine Menge bedeutender *Californios, Mexicanos, Texanos* und spanischer Legenden, die im Westen heimisch waren, bevor die Yankees kamen«, schrieb der mexikanische Autor José Antonio Burciaga in der »Los Angeles Times«. Schließlich habe der gesamte Südwesten einmal Mexiko gehört, und auch nach 1848 hätten die Mexikaner das Land nicht verlassen, sondern hätten sich vermehrt und Englisch gelernt: »Wir haben nie die Grenze überquert, sie hat uns überquert.«

Das Problem der illegalen Einwanderer am Tortilla-Vorhang hat sich in letzter Zeit weiter verschärft und in Kalifornien zu einer

Ein Kopfgeld von 29 Cents eint diese Ikonen des Wilden Westens zu einer Briefmarkenserie

regelrechten Anti-Einwanderungshysterie geführt. Die nordamerikanische Freihandelsorganisation NAFTA, von der man sich unter anderem eine Ausdünnung des Immigrantenstroms versprach, hat diese Erwartung bisher nicht erfüllt. Der schwache Peso verzögert die Lösung der Grenzkonflikte. Seit 1999 bilden in Kalifornien die Minderheiten die Mehrheit, dasselbe wird bald in Texas passieren.

Wie den »Großkopferten« erging es den Sagen vom einfachen Cowboy. Auch hier sind neue Fakten zutage gefördert worden, unter anderem der Sachverhalt, dass unter den ersten Cowboys nicht nur Schwarze, Araber, Basken, Tataren und Kosaken waren, sondern auch viele Juden. Immerhin: im Jahre 1545 war ein Viertel der spanischen Bevölkerung von Mexico City jüdisch, und noch rund hundert Jahre später, 1650, gab es mehr als ein Dutzend Synagogen in der Stadt. Verfolgt von der spanischen Inquisition, kamen die jüdischen Konquistadoren zunächst mit Cortez nach Mexiko, was zwar nicht verhinderte, dass man selbst dort einige von ihnen aufspürte und verbrannte, aber den meisten gelang es, sich als Vieh- und Pferdezüchter niederzulassen, gewissermaßen im stillen Versteck der Ranch, im Exil. Man tolerierte sie, denn auf der Suche nach den sagenhaften Schätzen war Fleisch ein begehrtes Nahrungsmittel. Später, als die Inquisition von Spanien nach Mexiko vordrang, zogen die jüdischen Pioniere der Viehzucht in den heutigen amerikanischen Südwesten und brachten dabei außer Lasso und Westernsattel auch die andalusischen Vorfahren der heutigen *quarter horses* mit. Dennoch, ihre enge Verbundenheit mit der Gründungsgeschichte des Westens konnte nicht verhindern, dass sie fast völlig in Vergessenheit gerieten.

Nur einem wandernden Juden aus Bayern erging es besser: Levi Strauss, der, nachdem er seines Kolonialwarenladens in San Francisco überdrüssig geworden war, den Cowboys die richtigen Hosen verpasste. Er selbst mied das Wort »Jeans« und warb lieber mit dem kämpferischen Slogan »Pants That Won the West«. Tatsächlich stiegen die Jeans zum Outfit des Westerners schlechthin auf, zum Symbol seiner angeblichen Unabhängigkeit und Furchtlosigkeit, lange bevor sie Marlon Brando und James Dean im Film trugen.

Ähnlich trüb ist auch die Erinnerung an die Chinesen. Keiner der rund 13 000 »Kulis«, die die westliche Hälfte des eisernen Trails der transkontinentalen Eisenbahn bauten, erscheint jemals auf den Jubelfotos von 1869, als die Strecke vollendet wurde. Und genauso ruhmlos blieb ihre Arbeit in der aufstrebenden kalifornischen Weinindustrie. Sie wurden stets belächelt, verachtet und verfolgt.

Noch heute ist die ethnische Komposition in Kalifornien und dem Südwesten voller Kontraste. Keineswegs sind die Beziehungen zwischen den Bevölkerungsgruppen so pittoresk, wie es Fiestas, Folklore und andere ethnische Festivals suggerieren. Schon gar nicht in den großen Städten. Das gilt für den traditionellen Mix aus Indianern, Hispaniern und Anglos ebenso wie für die Schwarzen-Ghettos und die südostasiatischen Enklaven der Westküste zwischen Oakland und Koreatown in L.A.

Wandmalerei East Los Angeles

Einzelne ländliche Regionen dagegen verzeichnen bemerkenswert friedlichere Formen des Zusammenlebens, der Südosten Arizonas etwa oder das nördliche New Mexico. Andernorts führen wirtschaftliche Fragen zu neuen Spannungen – wie beim Kampf der Indianer um die Nutzung der Energiequellen in ihren Reservaten, um Kohle, Erdgas, Öl und Uran. Am auffälligsten tritt das bei den Navajo-Indianern zutage, die als »Navajo Nation« in der so genannten »Four Corners Region« (Utah, Colorado, New Mexico und Arizona) als Halbnomaden auf einer Fläche leben, die größer ist als Belgien. Sie befürchten, dass die von der Bundesregierung garantierten Verträge, die sie gegen auswärtige Erschließungsfirmen absichern, gekündigt werden könnten.

Andererseits wirken einzelne Stämme und Pueblos bei der Vermarktung von Erholungsgebieten oder beim Thema »Glücksspiel« durchaus findig. In den Reservaten am oberen Rio Grande oder in denen der Agua-Caliente-Indianer in Palm Springs nutzen die Rothäute seit einigen Jahren ihre Chance, am Spielfieber des Weißen Mannes kräftig mitzuverdienen. Schließlich ist auf ihrem Grund und Boden alles erlaubt, was nicht gegen Bundesgesetze *(federal law)* verstößt. Den Casinobetrieb verbieten aber lediglich die Staatsgesetze *(state law)* – Nevada und New Jersey ausgenommen.

Früher und Heute unterhalten im Südwesten auch sonst verschlungene Beziehungen bzw. mehr oder weniger offenkundige Parallelen. Selbst beim Thema Lifestyle. Hier hat natürlich Kalifornien die Nase vorn. Trotz Erdbeben und Erdrutsch geschüttelter und sozial unruhiger Zeitläufe, die zunehmend auch überzeugte Kalifornier nervös machen, erweist sich L.A. immer noch als Garküche der Lebensstile und Moden, als ein Experimentierfeld der Gurus, Gags und Gimmicks. Das Ausgeflippte, das zunächst in denkbar scharfem Kontrast zum kargen und geradlinigen Siedlerimage steht, hat doch gleichwohl seine Voraussetzungen in der traditionell westwärts orientierten Suche nach Freiheit – von den Bindungen, Rücksichten und Konventionen des Ostens.

Kontrast und Verwandtschaft gleichermaßen durchwirken selbst die religiös-spirituellen Obertöne in den Weiten des Westens. Der spanische Katholizismus der alten Dorfkirchen und Missionen verträgt sich mit indianischen Riten in den unterirdischen Kivas der Pueblos, während das Arbeitsethos der Mormonen in Utah meilenweit von Okkultismus und New-Age-Schwingungen in Santa Fe oder Sedona entfernt ist.

Der Hang zur Freiheit (und sei es auch nur zu der von den kalten Wintern des Nordostens) sorgt auch für die Allgegenwart der Senioren im sonnigen Südwesten. Süd-Arizona und Süd-Kalifornien genießen den Ruf eines Pensionistenparadieses. Viele nutzen es auf Dauer, die meisten auf Zeit: z.B. die *snowbirds* aus dem kalten Norden. Angesichts der unzähligen RVs *(recreational vehicles)* und Camper auf den Superhighways drängt sich die Ähnlichkeit mit den alten Prärieschonern und Planwagen auf, die auf den Trails nach Westen zogen. Und noch etwas haben die neuzeitlichen PS-Nomaden der *trailer homes* mit dem alten Westen gemeinsam: Damals wie heute sind Oldtimer und Newcomer ein und dieselbe Person, und zwar meistens eine, die ein gutes Gedächtnis für Dinge hat, die ihr nie passiert sind.

Auch baugeschichtlich bietet der Südwesten überraschende Reprisen. Die Entwicklung reicht von den Höhlen-, Klippen- und Pueblo-Bauten der Anasazi (Mesa Verde, Montezuma und die noch bewohnten Indianerdörfer am oberen Rio Grande und in Acoma z.B.) über die Missionskirchen, die die spanischen Konquistadoren in Kalifornien, am Rio Grande und Green River errichten ließen, über die falschen Fassaden der Anglos in den frühen *railroad towns* und *mining camps* – der verstorbenen (z.B. Bodie) oder wieder belebten (Bisbee, Madrid) – bis zu den post- und hypermodernen Konstruktionen in den Metropolen Los Angeles, Phoenix, San Francisco, San Diego, Tucson und den spektakulären Fantasy-Hotels in Las Vegas.

Manchmal aber verstecken sich die Überraschungen in Kleinigkeiten, die plötzlich mehr enthüllen, als man meint. Irgendwo liegen da unscheinbare Steine als Geröll am Berghang, die aber unter einer bestimmten Lichteinwirkung alte indianische Felszeichnungen erkennen lassen. Und einmal aufmerksam geworden, werden es mehr und mehr. Ein richtiges kleines Museum tut sich zwischen Felsbrocken auf, die ansonsten belanglos herumliegen. Bei vielen Ruinen im Lande passiert manchmal Ähnliches. Vom fahrenden Auto übersieht man sie meistens, so sehr sind ihre Farben und Umrisse mit der Umgebung identisch. Selbst die meisten bewohnten Häuser (*hogans*, Adobebauten) unterscheiden sich kaum von der Erde, auf der sie stehen und die zugleich der Stoff ist, aus dem sie gebaut sind. Wo das eine aufhört und das andere beginnt, ist oft schwer auszumachen, erst recht bei den Tieren. Gut getarnt sind sie alle.

Das reizt zum Entziffern, zum Abenteuer des Entdeckens. Aus kleinen Anzeichen die richtigen Schlüsse zu ziehen und sie sinnvoll einzuordnen, das ist eine Kunst, die man unterwegs lernen kann, eine Fähigkeit, die an die Indianer erinnert und die sie hier von jeher praktizieren.

Ein Angloamerikaner erzählte von seinem Erlebnis mit einer befreundeten Indianerfamilie, die sehr abgelegen wohnte. Einmal im Jahr pflegte er sie zu besuchen. Doch obwohl er immer zu anderen Zeiten und stets unangemeldet auftauchte, war zu seiner Überraschung doch jedes mal alles für ihn vorbereitet. »Wir wussten, dass du kommst« oder »Wir haben schon auf dich gewartet«, hieß es. Ganz eindeutig handelte es sich hier um einen Fall von Hellseherei, also um etwas typisch Indianisches, dachte er und war jahrelang fasziniert davon. Schließlich fasste er sich ein Herz und fragte, woher sie denn eigentlich immer von seinem Kommen wüssten. Das Lachen und die schlichte Antwort verwirrten ihn sehr: Seine meilenweite Anfahrt über die staubige Straße hinterlasse einen endlosen bräunlichen Schweif gegen den klaren Himmel und gäbe Zeit genug, sich auf den Besuch vorzubereiten.

Dem Kleinen, Unscheinbaren und Belanglosen Beachtung schenken: das führt zum sanften Gesetz des Milden Westens. Der hat es in sich – noch im Rauch, in den Steinen, im Staub.

Reisen mit Siebenmeilenstiefeln

Indian Graffiti: Felszeichnungen im San Juan Pueblo, New Mexico

Chronik

Daten zur Landesgeschichte

von Siegfried Birle und
Horst Schmidt-Brümmer

1510
In Sevilla erscheint ein Roman des spanischen Schriftstellers Garci Rodríguez Ordóñez Montalvo, der von einer Insel »nahe dem irdischen Paradies« berichtet, die von der Königin Califia regiert werde. Danach erhält »California« seinen Namen.

1528–36
Nach seinem Schiffbruch im Golf von Mexiko irrt Núñez Cabeza de Vaca zu Fuß durch den Südwesten des Kontinents, bis er sich nach Mexiko durchschlägt. Seine Berichte von »vielerlei Hinweisen auf Gold« locken die Spanier nach Norden.

1539
Der Franziskanermönch Marcos de Niza folgt Cabezas Kunde und dringt von Mexiko her den Rio Grande aufwärts vor. Er kehrt mit fabelhaften Geschichten von den »Sieben Goldenen Städten von Cíbola« zurück.

1540–42
Francisco Vásquez de Coronado führt eine Expedition ins Gebiet der Pueblo-Indianer, um die »Goldenen Städte« zu suchen. Ein Offizier Coronados entdeckt bei einem Abstecher – als erster Weißer – den Grand Canyon.

1652: Kalifornien als Insel

1542
Auf der Suche nach der Nordwest-Passage berührt der spanische Seefahrer Juan Rodríguez Cabrillo die Küste Kaliforniens. Er landet als erster Europäer bei San Diego und begründet damit den Anspruch Spaniens auf Kalifornien.

1579
Der britische Seeheld Sir Francis Drake umsegelt die Welt und geht in Kalifornien, das er als »Nova Albion« für Königin Elisabeth I. von England in Besitz nimmt, an Land. Eine erst 1936 gefundene, umstrittene »alte« Messingtafel weist auf das heutige San Francisco als Landeplatz hin.

1598
Don Juan de Oñate zieht mit Siedlern, Soldaten und Missionaren den »Rio Bravo del Norte« hinauf. Die Kolonisten bringen Saatgetreide, Rin-

der und Schafe, Ackergeräte und die Insignien des Christentums mit. Die Spanier nennen ihre erste Kolonie im Südwesten »Nuevo México« (daher heute: New Mexico); viel später folgen Arizona (ab 1691) und Kalifornien (ab 1769). Verbunden ist die Kolonie mit dem mexikanischen Herzland, dem Vizekönigtum Nueva España, durch einen »Königsweg« *(Camino Real).*

1610
Die Spanier gründen ihre »Villa Real de la Santa Fé de San Francisco« als Verwaltungszentrum für Nuevo México. Santa Fe ist damit der älteste Regierungssitz und die älteste Provinzhauptstadt der USA. Um 1630 zählt Santa Fe 1000 Einwohner – 250 Spanier, 700 Indios und 50 »Übrige«. Die Kolonie am Rio Grande wird durch Karawanen aus Chihuahua mit Manufakturwaren versorgt; sie selber produziert Häute, Wolle und Salz. Santa Fe wird Umschlagplatz für den Handel zwischen den Plains- und Pueblo-Indianern.

1680
Die Pueblo-Stämme rebellieren gegen die spanische Kolonialmacht, töten über 400 Siedler und Missionare und vertreiben die Übrigen. Dies ist der einzige siegreiche Indianeraufstand in der Geschichte Nordamerikas.

1691
Jesuitenpater Eusebio Kino beginnt mit der Missionierung Arizonas.

1692
Diego de Vargas erobert die Pueblos am Rio Grande zurück. Nach einer weiteren Revolte 1698 erhalten die Pueblos eine gewisse Selbständigkeit.

1769
Spanische Franziskaner unter Junípero Serra, dem »Apostel von Kalifornien«, gründen bei San Diego die erste Mission in Alta California. Bis 1823 entstehen zwischen San Diego und Sonoma im Norden 20 weitere Missionen, dazu vier Forts und drei Siedlungen – San José (1777), Los Angeles (1781) und Santa Cruz (1797).

1776
Über dem Golden Gate gründen die Spanier das Presidio San Francisco de Asís, doch erst 1835 entsteht bei der Mission Dolores die Siedlung Yerba Buena, aus der dann im Goldrausch von 1849 San Francisco erwachsen wird.

1781
Eine Gruppe von 44 Siedlern gründet Los Angeles als spanischen Pueblo. Richtig aufwärts geht es erst hundert Jahre später, als die Santa Fe Railroad 1885 Los Angeles über Albuquerque mit Chicago verbindet.

1803
Die USA unter Präsident Thomas Jefferson kaufen das Louisiana Territory zwischen dem Mississippi River und den Rocky Mountains für

Die Mönche legen ihre Missionen bevorzugt bei indianischen Siedlungen (Rancherias) an, um die Bewohner zu bekehren und sie Handwerk, Viehhaltung und Ackerbau zu lehren. Außerdem unterweisen die Padres ihre Zöglinge im bewässerten Anbau heimischer und importierter Früchte (Trauben, Oliven, Zitrus, Feigen) und Gemüse und schaffen so Keimzellen für die heutigen Spezialkulturen Kaliforniens. Die Missionen finden sich im Abstand von Tagesreisen aufgereiht an der Fernstraße des Camino Real.

Junípero Serra, der Apostel

15 Millionen Dollar von Napoleon; dadurch verdoppelt sich das Territorium der USA.

1812
Die Russen gründen an der Küste Kaliforniens nördlich von San Francisco Fort Ross als Vorposten der Russisch-Amerikanischen Pelzkompanie. Von hier aus sollen Seeotter gejagt werden. Als die Seeotter ausgerottet sind, verkaufen die Russen das Fort 1841 an den Großgrundbesitzer Johann August Sutter.

1819
Die Außenminister der USA und Spaniens verhandeln die Grenze zwischen den USA und den spanischen Kolonien in Nordamerika. Diese Grenze umreißt den Nordsaum des spanischen Einflusses in Nordamerika und definiert den Südwesten der heutigen USA als Kulturregion, in der sich indianische, spanische und angloamerikanische Einflüsse überschneiden.

1821
Mexiko löst sich von Spanien, doch kann die schwache neue Zentralregierung das weite Land von Texas bis Kalifornien kaum verwalten. Angloamerikanische Pelzjäger, Händler und Militärs stoßen daher in dieses Vakuum vor. Die mexikanische Regierung säkularisiert die Missionen und vergibt deren Land als »Grants« oder »Ranchos« an Privatleute, um Besiedlung und Erschließung zu fördern.

William Becknell wird zum Pionier des Santa Fe Trail zwischen Independence, Missouri, und Santa Fe. Auf voll bepackten Frachtwagen *(prarie schooner)* schaffen amerikanische Händler knappe Industriewaren, vor allem Haushaltsartikel und Stoffe, zu den 30 000 Siedlern am Rio Grande und nach Chihuahua. Sie kehren mit gewebten Teppichen und Decken sowie robusten Hochland-Eseln – und oft fünffachem Gewinn in Silberdollars und Goldbarren – aus New Mexico zurück.

Transportprobleme im Wilden Westen: Beispiel aus »Frank Leslie's Illustrirter Zeitung«, New York

Wandmalerei im Capitol von Salt Lake City: Mormonenpioniere bauen das erste Haus in Utah (1847)

1839
Der Schweizer Einwanderer Johann August Sutter wird mexikanischer Staatsbürger und erhält einen 20 000 Hektar großen »Land Grant« am Zusammenfluss von American und Sacramento River. Hier gründet er seine private Kolonie Neu-Helvetien. Auf seinem Land wird 1848 die Hauptstadt von Kalifornien – Sacramento – vermessen.

1846
Eine von George Donner geführte Gruppe von Auswanderern nach Kalifornien scheitert dramatisch am frühen Wintereinbruch in der Sierra Nevada. Von den 87 Teilnehmern der »Donner Party« überleben 47, zum Teil durch Kannibalismus.

1846–48
Nachdem die USA 1845 Texas annektiert haben, bricht der Amerikanisch-Mexikanische Krieg aus. Der Siegeszug der amerikanischen Truppen führt diese durch dünn besiedeltes und schwach verteidigtes Gebiet bis nach Mexico City. Im Vertrag von Guadalupe Hidalgo diktieren die USA ihren Frieden: Mexiko muss gegen eine Entschädigungssumme den gesamten Südwesten zwischen Texas und Kalifornien abtreten.

1847
Nachdem die Mormonen oder »Heiligen der Letzten Tage« in New York, Missouri und Illinois verfolgt wurden, wandern sie unter Führung von Brigham Young in das unbesiedelte Utah-Territorium aus. Am Great Salt Lake gründen sie ihren Gottesstaat »Deseret« und legen ihre Hauptstadt Salt Lake City an. In diesem ariden und winterkalten Teil des Great Basin sichern sie sich durch künstliche Bewässerung Überleben und wirtschaftlichen Erfolg. In den nächsten Jahren gründen sie neue Siedlungen im ganzen Südwesten. Mit den Indianern gehen sie nachbarschaftlich um. Doch kann Utah erst Staat der Union werden (1896), nachdem die Polygamie offiziell abgeschafft worden ist (1890).

Kalifornisches Siegel

1848
James Marshall, Vorarbeiter des Großgrundbesitzers Sutter, entdeckt im American River Gold. Ein Jahr später beginnt der Gold-

rausch der *Forty-Niners*, durch den sich die Bevölkerung Kaliforniens in nur sechs Monaten verdoppelt und die San Franciscos auf 25 000 anwächst.

1850
Kalifornien wird Staat der USA.

1853
Mit dem Gadsden Purchase arrondieren die USA ihren Besitz im Südwesten, indem sie für zehn Millionen Dollar den Süden Arizonas und New Mexicos von Mexiko dazukaufen.

1858
Die Butterfield Stage, auch Southern Overland Mail genannt, versieht einen halbwöchentlichen Post- und Passagierdienst zwischen Missouri und San Francisco (über Fort Smith, Arkansas; El Paso; Tucson). Nach Ausbruch des Bürgerkrieges 1861 wird die Strecke auf die zentrale Route über Salt Lake City verlegt; diese wird auch vom Pony Express (1860/61) bedient. Mit Fertigstellung der ersten transkontinentalen Eisenbahn 1869 wird der Dienst eingestellt.

1859
Gold- und Silberfunde im Comstock Lode in Nevada – eine der reichsten Lagerstätten, die je entdeckt wurden – lösen einen Bergbauboom aus, der bis 1879 andauert. Mark Twain beschreibt das Leben in Virginia City in seinem Roman »Roughing It« (1872). Die Millionäre der »Big Bonanza« von 1873 bauen in San Francisco prächtige Villen.

1864
Nachdem der Nordstaaten-General Carleton nach fünf Monaten Kampf die Mescalero-Apachen in New Mexico »befriedet« hat (1862), verfolgen seine Truppen nun gnadenlos die Navajo, verbrennen ihre Obstgärten und Felder und töten ihre Tiere. Die Navajo fliehen von Felsversteck zu Felsversteck, bis sie von 375 Soldaten unter Kit Carson im Canyon de Chelly, ihrem letzten Zufluchtsort, gestellt wer-

den. Rund 8 000 Navajo gehen auf den »Langen Marsch« nach Fort Sumner im Osten New Mexicos; viele kommen dabei um. 1868 dürfen die Navajo in ihre Heimat auf dem Colorado Plateau zurückkehren, wo sie sich seitdem behaupten. Nevada wird Staat der USA.

1869
Nach einem Wettlauf der Eisenbahngesellschaften Union und Central Pacific wird bei Promontory in Utah der letzte Nagel ins Gleis der ersten transkontinentalen Eisenbahn geschlagen. Im Westen bauen die Magnaten Stanford, Huntington, Hopkins und Crocker mit Hilfe Tausender »importierter« chinesischer Kulis, staatlicher Gelder und Landschenkungen. Viele der Chinesen bleiben im Land und legen den Grundstock für San Franciscos Chinatown.

1876
Colorado wird Staat der USA.

1878
John Wesley Powell unterbreitet dem Kongress seinen »Report on the Lands of the Arid Regions of the United States«. Damit beginnt die Debatte über Sinn und Zweck von Staudammprojekten im Westen, die 1902 in den Reclamation Act mündet.

1881
Die Southern Pacific, die Texas über El Paso und Tucson mit Kalifornien verbindet, weckt Süd-Kalifornien aus seinem Dornröschenschlaf. Spekulanten werben mit dem milden Klima und lösen einen »Landrausch« aus, der die Blüte Kaliforniens als Freizeitparadies einleitet.

1886
Mit 36 Getreuen wird Geronimo, der letzte Anführer der Chiricahua-Apachen, gefangen, nachdem er 20 Jahre lang Siedler im Grenzraum zwischen Arizona und Mexiko terrorisiert hatte und den Truppen der US-Armee immer wieder ins unwirtliche Bergland von Süd-Arizona entkommen war. Damit ist der letzte Indianerkrieg im Südwesten beendet.

1890
Auf Initiative von John Muir, dem Gründer des Sierra Club, und anderer Naturschützer werden die Nationalparks Yosemite und Sequoia in Kalifornien gegründet.

1902
Der Reclamation Act soll nach den Vorstellungen von Präsident Theodore Roosevelt »den Naturschutz, die Landerschließung und die Bewässerung« fördern. Nach dem Gesetz werden speziell Bewässerungsprojekte in den 16 Staaten des Westens gefördert und vor allem durch Landverkauf in diesen Staaten finanziert.

1906
Ein katastrophales Erdbeben und ein dreitägiger Feuersturm verwüsten San Francisco. Dreiviertel der Stadt (28 000 Gebäude) wer-

Chinesische Kulis beim Eisenbahnbau

Zu den spektakulärsten Projekten gehören Boulder/Hoover Dam mit Lake Mead am Colorado (genehmigt 1928), das Central Valley Project in Kalifornien (1935); Glen Canyon Dam mit Lake Powell (1956) am Colorado sowie die Staudämme und -seen am Rio Grande und Salt River. Heute sind die Flüsse des Südwestens fast völlig ausgeschöpft.

Mit der Hand am Abzug seines berühmten Colts: Apachenhäuptling Geronimo

Einsturz: Am 18. April 1906 bebte in San Francisco die Erde

den zerstört, 250 000 Bewohner obdachlos. Die geologische Ursache sind tektonische Spannungen entlang der San-Andreas-Spalte.

1908
In Hollywood formiert sich die Filmindustrie, die der Region wichtige wirtschaftliche Impulse gibt. Los Angeles überholt San Francisco um 1920 als bevölkerungsreichste Stadt Kaliforniens. Bewässerter Plantagenbau und Ölfunde machen Südkalifornien zum bedeutenden Wirtschaftsraum.

1912
Arizona und New Mexico werden Staaten der USA.

1913
Ein Aquädukt versorgt Los Angeles mit Wasser aus dem Owens Valley. In den 1920er Jahren muss der Aquädukt verlängert werden, und 1940 reicht er bis Mono Lake. Zwischen Los Angeles und den Ranchern im Owens Valley bricht 1924 ein »Kleiner Bürgerkrieg« aus. Der ständig steigende Wasserbedarf der Städte in Süd-Kalifornien macht weitere Wasserimportprojekte nötig: den Colorado River Aqueduct, der Wasser des Colorado River ableitet (1941), und den California Aqueduct, der Süßwasser aus dem Mündungsdelta des Sacramento und San Joaquin River heranschafft (1973).

1915
Mit der Panama Pacific Exposition feiert San Francisco die Eröffnung des Panamakanals, der die Reise von New York nach San Francisco um 6 000 Meilen verkürzt, und den Wiederaufbau der Stadt nach dem Erdbeben von 1906.

1916
Der National Park Service wird als Bundesbehörde gegründet, nachdem bereits 14 Nationalparks bestehen. Die Parks sind besonders im Südwesten dicht gesät und bilden eine Attraktion und einen Wirtschaftsfaktor für die Region.

1919
Der Grand Canyon National Park in Arizona wird gegründet.

1921
Am Signal Hill in Los Angeles wird das bis dahin größte Ölfeld erbohrt und Süd-Kalifornien zu einem Zentrum der Ölindustrie. In den 1950er Jahren werden weitere Ölfelder vor der Küste erschlossen.

1928
Walt Disney kreiert in Hollywood die Filmfigur Mickey Mouse.

1931
Der Staat Nevada legalisiert das Glücksspiel, und an einer Biegung des Colorado River wird mit dem Bau des Boulder-/Hoover-Staudammes begonnen: Dies sind die Startschüsse für den Aufschwung von Las Vegas, Nevada, zum Touristenzentrum erster Güte – mit heute über 35 Millionen Besuchern pro Jahr.

1933
Eine Reihe von Dürrejahren löst in den Großen Ebenen Staubstürme aus, die bis 1939 andauern. Eine Welle von *Arkies* und *Okies* ergießt sich aus der *Dust Bowl* von Arkansas und Oklahoma nach Westen, besonders nach Kalifornien. Für die großen Farmbetriebe mit ihren Spezialkulturen stellen sie billige Arbeitskräfte dar. John Steinbeck beschreibt ihr Schicksal in »Früchte des Zorns« (1939).

Die Zahl der illegal in den USA lebenden und arbeitenden Mexikaner und anderen »Latinos« wird auf sechs Millionen geschätzt, die der illegalen Grenzübertritte auf zwei Millionen pro Jahr. Viele »Illegale« werden mehrfach gefasst und immer wieder abgeschoben.

1941
Nach der Bombardierung von Pearl Harbor, Hawai'i, wird San Francisco Kommandozentrale für den pazifischen Raum und wichtiger Kriegshafen.

1942–64
Mit dem Bracero-Programm wirbt die US-Regierung mexikanische Landarbeiter an, um dem kriegsbedingten Arbeitskräftemangel in der Landwirtschaft abzuhelfen. Die meisten dieser Landarbeiter gehen nach Texas und Kalifornien. Viele von ihnen bleiben nach Ablauf des Programms im Lande und bilden den Grundstock der *Mexican Americans* oder *Chicanos* von heute, die mit 13,5 Millionen die größte Volksgruppe der *Hispanics* ausmachen.

Die Geburt des neuen Las Vegas: das legendäre »Flamingo« von 1946

Chronik
Daten zur Landesgeschichte

1945
In New Mexico wird die erste Atombombe gezündet, an der man seit 1942 in den Labors von Los Alamos gearbeitet hat. Bald danach fallen die Bomben auf Hiroshima und Nagasaki.

1947
Kalifornien rückt zum Agrarstaat Nummer eins der USA auf. Klima, Bewässerung, billige Arbeitskräfte und Kühlwaggons ermöglichen den diversifizierten Anbau frischer Produkte für den nationalen Markt.

1955
Disneyland wird in Anaheim bei Los Angeles eröffnet.

1956
Der Kongress schafft die gesetzliche Grundlage für ein Netz von Interstate Highways von 41 000 Meilen Länge. In den folgenden Jahren werden im Südwesten die Interstates 80, 15, 40, 10 und 8 gebaut.

1962
Cesar Chavez beginnt die Landarbeiter in Kalifornien zu organisieren. Die von ihm gegründete Gewerkschaft United Farm Workers Union erstarkt im Streik gegen die kalifornischen Traubenfarmer 1965–70.

1965
Der US-Handel mit Asien übertrifft an Volumen erstmals den mit Europa – ein Zeichen für die wachsende Bedeutung des pazifischen Raums und der Westküste der USA. In den folgenden Jahrzehnten nimmt die Einwanderung von Chinesen, Japanern, Koreanern, Filipinos usw. entsprechend zu, bis Asiaten in den 1980ern 47 Prozent der Einwanderer stellen – mehr als die Hispanics.

1967
Das Monterey Pop Festival und der Summer of Love in San Francisco bilden Höhepunkte der Hippie-Bewegung. An der Universität von Berkeley formiert sich der Protest gegen den Vietnam-Krieg.

Los Angeles: 1923 wird das Schild zur Immobilienwerbung aufgestellt, 1949 fällt das »LAND« ab

1970er
Das Silicon Valley zwischen Palo Alto und San Jose in Kalifornien entwickelt sich zu einem Weltzentrum der Computer-Industrie.

1983
Sun City West wird in Arizona gegründet – die kleinere Schwester der erfolgreichen Seniorensiedlung Sun City bei Phoenix. Sun City hat heute 38 000, Sun City West 30 000 Einwohner.

1994
Kalifornien billigt mit 59 zu 41 Prozent der Stimmen die »Proposition 187«, nach der staatliche Leistungen für illegale Einwanderer gekürzt und deren Kindern der Besuch staatlicher Schulen verboten wird.

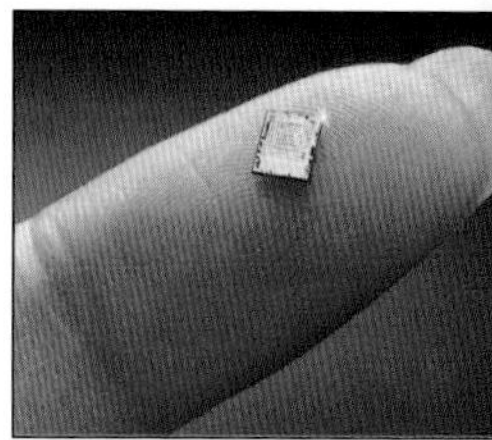

Fingerspitzengefühl: Chip aus dem Silicon Valley

1996
Eine Serie von Naturkatastrophen sucht Südkalifornien heim: Erdbeben, Buschfeuer und Schlammlawinen. Der O.-J.-Simpson-Prozess entwickelt sich zum Medienspektakel des Jahres.

1997
Das Getty Center in L.A. öffnet seine Tore: das größte und teuerste Museum der Welt. Baukosten: eine Milliarde Dollar. Architekt: Richard Meier.

2000
Waldbrände suchen den Westen der USA heim. In Los Alamos, New Mexico, nähert sich das Feuer gefährlich den Atomlabors.

2001
Am 11. September erleiden die USA den größten Schock ihrer Geschichte. Terroristen entführen vier Passagierflugzeuge, zerstören das World Trade Center in New York und beschädigen das Pentagon in Washington D.C. Über 3 000 Menschen sterben.

2002
Olympische Winterspiele in Salt Lake City und Umgebung.

2004
Arnold Schwarzenegger wird Gouverneur von Kalifornien, sein Parteifreund George W. Bush zum zweiten Mal US-Präsident.

2006
Die USA planen auf der Gesetzesgrundlage des »Secure Fence Act 2006« einen 700 Meilen langen Zaun an der gemeinsamen Grenze zu Mexiko, um die Quote der illegalen Immigration zu senken.

California – Riesige Weinfässer und überquellender Früchtekorb: Bleibt der »Golden State« auch weiterhin das Land der Verheißung? 33,9 Millionen Einwohner hoffen es.

Die schönsten Reiseregionen Kaliforniens und des Südwestens

REGION 1
San Francisco und die Bay Area

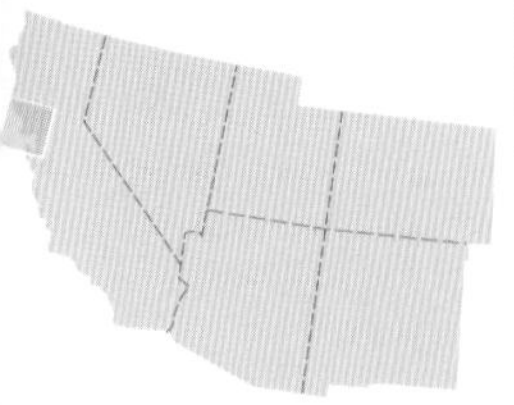

West-östliche Diva

San Francisco und die Bay Area

Goldene Brücken bauen und rote Teppiche zur Begrüßung ausrollen – das kann San Francisco wie keine andere amerikanische Stadt. Schon ihr erster Anblick fasziniert: die hügelige Traumlage über den Wassern, die Skyline und die berühmten Brücken. Kein Wunder, dass San Francisco von allen wie ein Lieblingskind verhätschelt wird. Und die Stadt selbst, die sich stolz *The City* nennt, genießt es, *everybody's favorite* zu sein.

Dabei ist sie alles andere als typisch amerikanisch. Die tägliche Gangart wirkt eher europäisch und der asiatische Einfluss wächst. San Francisco: eine west-östliche Diva mit 43 Hügeln und täglich rund 800 000 Bewunderern, sprich: Einwohnern (Bay Area: sieben Millionen).

Entsprechend hoch rangiert die Stadtkultur in den diversen ethnischen Vierteln. Statt der üblichen autogerechten Trennung von Downtown und Suburbia überrascht San Francisco durch die Palette seiner Plätze, Parks und Perspektiven, durch Cafés und Eckkneipen – bunt und jeden Tag neu bevölkert von gestriegelten Yuppies und verknautschten Flippies, Bankern und Spaßvögeln, *locals* und Touristen. Wie sagte Rudyard Kipling? San Francisco habe nur einen Nachteil: »Man kann sich schwer davon trennen.«

Surfing in San Francisco

Golden Gate Bridge und Skyline

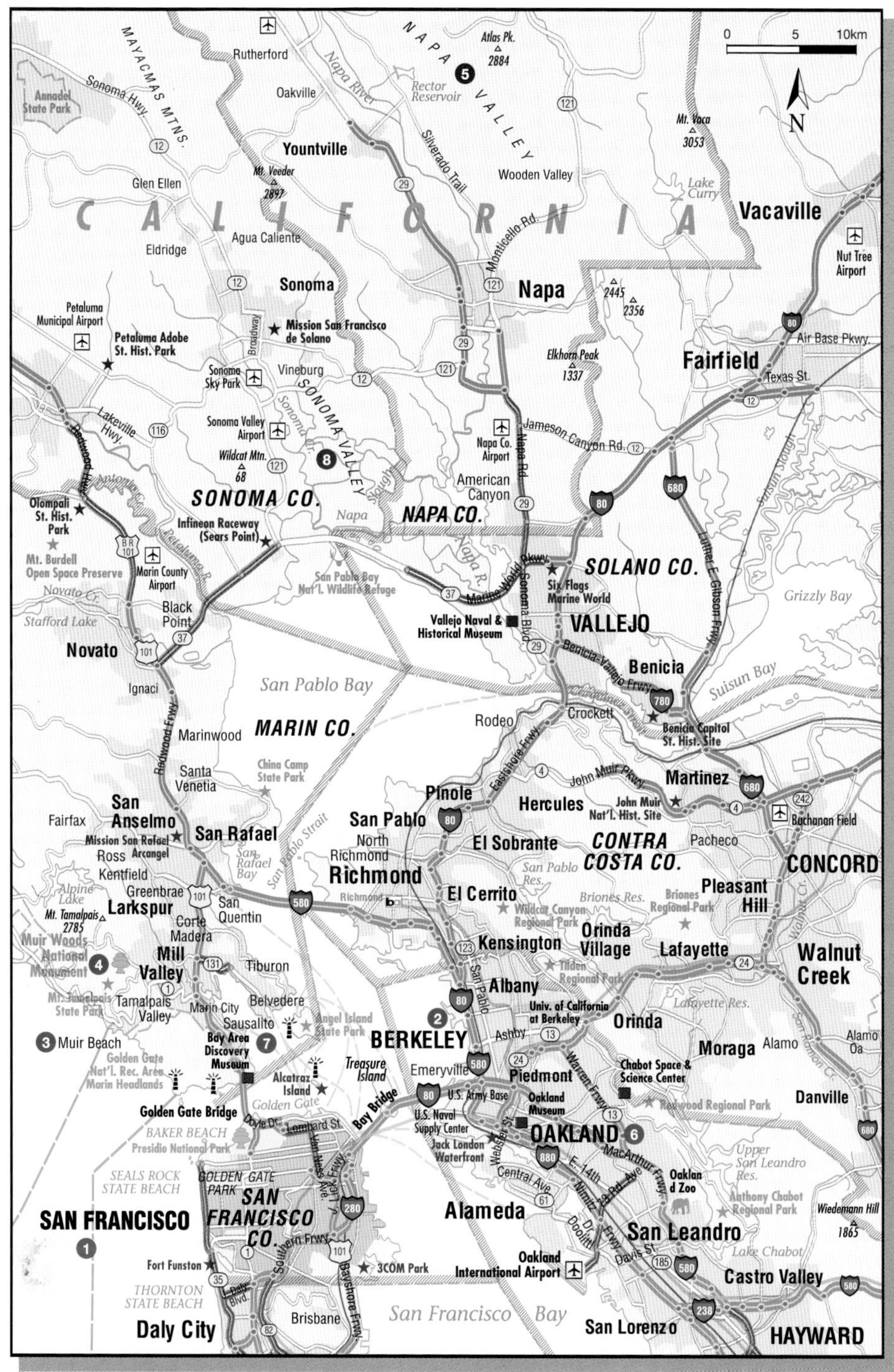

Rutherford
Oakville
Yountville
Glen Ellen
MAYACMAS MTNS.
NAPA VALLEY
Atlas Pk. 2884
Rector Reservoir
Napa River
Silverado Trail
Wooden Valley
Mt. Vaca 3053
Lake Curry
Vacaville
Annadel State Park
Sonoma Hwy.
Mt. Veeder 2897
CALIFORNIA
Eldridge
Agua Caliente
Monticello Rd.
Nut Tree Airport
Sonoma
Napa
Petaluma Municipal Airport
Petaluma Adobe St. Hist. Park
Mission San Francisco de Solano
Broadway
Elkhorn Peak 1337
Air Base Pkwy.
Fairfield
Texas St.
Sonoma Sky Park
Vineburg
SONOMA VALLEY
Lakeville Hwy.
Sonoma Valley Airport
Napa Co. Airport
Jameson Canyon Rd.
Wildcat Mtn. 68
American Canyon
Napa Rd.
Suisun Slough
SONOMA CO.
NAPA CO.
Olompali St. Hist. Park
Infineon Raceway (Sears Point)
Redwood Hwy.
Petaluma R.
Mt. Burdell Open Space Preserve
Marin County Airport
San Pablo Bay Nat'l. Wildlife Refuge
Marine World Pkwy.
Six Flags Marine World
SOLANO CO.
Luther E. Gibson Frwy.
Grizzly Bay
Novato Cr.
Stafford Lake
Black Point
Vallejo Naval & Historical Museum
VALLEJO
Sonoma Blvd.
Novato
Benicia-Vallejo Frwy.
Benicia
Suisun Bay
Ignacio
San Pablo Bay
Rodeo
Crockett
MARIN CO.
Marinwood
Redwood Frwy.
Benicia Capitol St. Hist. Site
Eastshore Frwy.
Santa Venetia
China Camp State Park
John Muir Pkwy.
Martinez
Pinole
Hercules
John Muir Nat'l. Hist. Site
Buchanan Field
San Anselmo
Fairfax
San Pablo
San Rafael
Mission San Rafael Arcangel
Ross
San Pablo Strait
North Richmond
El Sobrante
CONTRA COSTA CO.
Pacheco
San Rafael Bay
Kentfield
Richmond
San Pablo Res.
CONCORD
Alpine Lake
Greenbrae
San Quentin
El Cerrito
Briones Res.
Briones Regional Park
Pleasant Hill
Mt. Tamalpais 2785
Larkspur
Corte Madera
Wildcat Canyon Regional Park
Orinda Village
Muir Woods National Monument
Mill Valley
Tiburon
Kensington
Lafayette
Walnut Creek
Walnut Cr.
Tilden Regional Park
Mt. Tamalpais State Park
Tamalpais Valley
Marin City
Belvedere
San Pablo
Albany
Lafayette Res.
Univ. of California at Berkeley
Orinda
Sausalito
Angel Island State Park
BERKELEY
Muir Beach
Bay Area Discovery Museum
Golden Gate Nat'l. Rec. Area Marin Headlands
Ashby
Moraga
Alamo
San Ramon Cr.
Treasure Island
Emeryville
Warren Frwy.
Chabot Space & Science Center
Piedmont
Alcatraz Island
Golden Gate Bridge
Golden Gate
U.S. Army Base
Oakland Museum
Redwood Regional Park
Danville
Bay Bridge
U.S. Naval Supply Center
BAKER BEACH
Doyle Dr.
Lombard St.
Presidio National Park
Webster St.
OAKLAND
Jack London Waterfront
Van Ness Ave.
MacArthur Frwy.
Upper San Leandro Res.
SEALS ROCK STATE BEACH
GOLDEN GATE PARK
SAN FRANCISCO CO.
Central Ave.
E. 14th
Oakland Zoo
Alameda
Nimitz Frwy.
Anthony Chabot Regional Park
Wiedemann Hill 1865
SAN FRANCISCO
Southern Frwy.
Doolittle Dr.
San Leandro
Lake Chabot
Fort Funston
Oakland International Airport
Davis St.
3COM Park
Castro Valley
THORNTON STATE BEACH
Bayshore Frwy.
Daly City
Brisbane
San Francisco Bay
San Lorenzo
HAYWARD
0 5 10km
N

❶ San Francisco – zu Fuß

San Francisco ist eine der fußgängerfreundlichsten US-Großstädte! Am besten, man startet am **Union Square**. Der Blick, der über das statuen- und palmenbekrönte Karree schweift, macht sich unweigerlich fest am mächtigen Bau des St. Francis Hotel. Neben der Eleganz der Schaufenster fällt an der südöstlichen Platzecke der gläserne Eingang zum Kaufhaus Neiman Marcus ins Auge, dem renommierten Department Store, der wie ein Pariser Kaufhaus aussehen möchte.

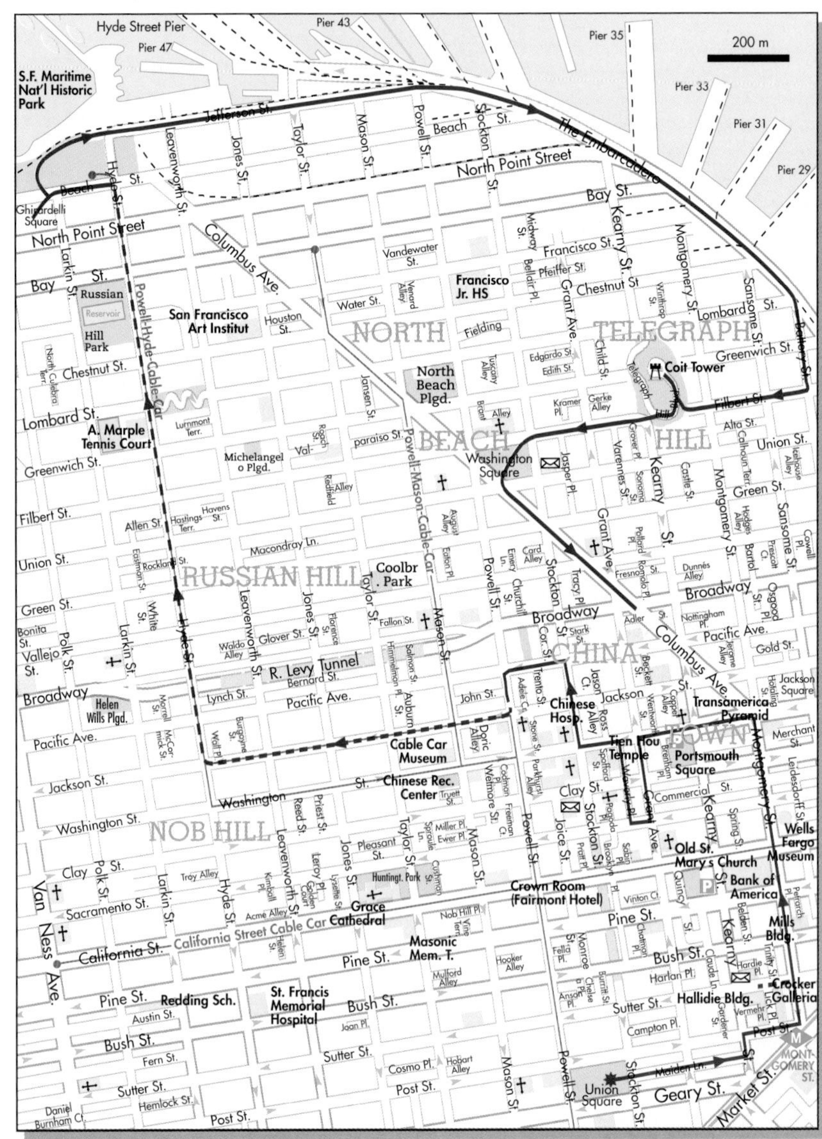

Financial Center

Weiter geht es durch **Maiden Lane**, die hohle Gasse, die eine Reihe hübscher Läden vorweisen kann. Und auch ein von Frank Lloyd Wright entworfenes Gebäude (Nr. 140). Im Sommer sitzen die Leute an kleinen Tischen auf der Straße. Um die Ecke, auf Grant Avenue, trifft man auf Galerien, Schweizer Schokolade, Püppchen in historischen Kostümen und die Schleckerecke der »Franciscan Croissants«, die schon draußen duften.

Geschäftige und Flaneure bevölkern auch die **Crocker Galleria** am Ende von Post Street, einer dreistöckigen Glaspassage in akzeptablen Proportionen mit eleganten Läden und Restaurants. Angrenzend die Market Street, die, quer zum Rastertrend der meisten Straßen, vom Schiffsanleger (Ferry Building) schnurstracks auf die Twin Peaks zuführt. An Montgomery Street geht es links ab, hin zu den Bürohriesen des **Financial Center**, die jedem Erdbebenrisiko trotzig ins Auge schauen.

Montgomery Street, der wichtigste finanzielle Nervenstrang der Westküste, war mal, als der Goldstaub hierher wehte, die matschigste Meile der Stadt. Doch der Weg vom Gold zum Geld hat für Abhilfe gesorgt. Wo sich früher Kaninchen und Flöhe tummelten, hasten heute seriöse Herren in gedeckten Zweireihern und meist zu kurzen Hosen oder hochhackige Damen zum Lunch. Hinter der Kreuzung von California Street befindet sich auf der rechten Straßenseite der **Wells Fargo History Museum**. Hier kann sich jeder durch allerlei Anschauungsmaterial in die Zeit der Postkutschen und des raffgierigen *Ol' West* versetzen lassen. Den herausragenden Schlusspunkt des Lehrpfads durch die architektonischen Errungenschaften der Finanzwelt setzt die **Transamerica Pyramid**, das einzige Hochhaus der Welt, das einen Redwoodhain an seiner Seite stehen hat: ein grünes Tannenwäldchen mit Springbrunnen und Sitzbänken.

San Francisco Museum of Modern Art

Themenwechsel: **Chinatown**. Nach der festgemauerten Welt der Anglos plötzlich nur noch Chinesen! Asien scheint in San Francisco direkt um die Ecke zu liegen. Portsmouth Square war schon während der spanischen Kolonialzeit ein Mittelpunkt. Im Pueblo Yerba Buena, wie San Francisco damals hieß, lag hier die Plaza. Später wurde sie zum beliebten Herzstück von Chinatown, die heute mit ihren rund 70 000 Einwohnern die größte chinesische Gemeinde in den USA ist. Auf der unteren Ebene des Platzes sitzen die Mütter und passen auf die Kinder auf, während oben auf dem Platz die alten Männer ihrer Leidenschaft, dem Schach-, Karten- und Mah-Jongg-Spiel frönen. Vorbei am Pagodenbau der Bank of Canton (Nr. 743) führt Washington Street weiter zur Lebensader von Chinatown: **Grant Avenue**. Man sieht ihr an, wie fest sie in der Hand der Souvenirindustrie von Taiwan und Hongkong ist – billiger, manchmal aber auch kurioser Klimbim.

Waverly Place ist eine exotische Bilderbuchstraße mit schönen, durch schwungvolle und bemalte Balkone gegliederten Fassaden einst mächtiger Familienresidenzen. Längst hat sich **Stockton Street** zum authentischen Gegenstück von Grant Avenue entwickelt – mit überquellenden Gemüseläden, Lieferwagen, Gewürzstübchen und baumelnden Hähnchen. Chinatown ist immer noch der am dichtesten besiedelte Stadtteil von San Francisco, wo die Menschen auf engstem Raum wohnen und arbeiten – in Hinterhöfen und engen Gassen, in Miniwerkstätten, Nähstuben, Nudelfabriken und Bäckereien (Lunchvorschlag: Dim Sum).

»Der Telegrafenhügel ist ein kleines Montmatre mit Modeateliers, Cafés und winzigen Villen«, schreibt Simone de Beauvoir in ihrem Reisetagebuch.

Nur einen Block entfernt wartet wieder ein anderes Stück San Francisco. Nicht als Stadtviertel, sondern als Transportmittel: die allseits bekannte **Cable Car**. Die Fahrt mit dem Ratterding bis zum Wasser serviert nicht nur Touristen wechselnde *vistas* und Perspektiven der faszinierenden Stadt, denn auch bei den San Franciscans selbst ist die unter Denkmalschutz stehende Bahn beliebt.

Unten am Pier gibt's oft Gedrängel. Verständlich, denn die ehemalige Schokoladenfabrik **Ghirardelli Square** ist ein Touristenmagnet – ihre vielen Geschäfte ebenso wie die Kleinkünstler, die das ganze Jahr hindurch das Publikum bei Laune halten. Einst lag hier Italy Harbor, der Fischereihafen ganz in italienischer Hand. Die alten bocciaspielenden Italiener beim **Maritime Museum** retten fast als einzige die lebendige Vergangenheit des Hafens. Schritt für Schritt wandelte er sich vom Arbeitsplatz zum Abziehbild für Hafenromantik und Seeabenteuer. Ausnahme: die Seelöwen, die sich bei den Kuttern und Pfahlbauten lümmeln.

Am Embarcadero entlang führt der Weg wieder Richtung Stadt. Draußen in der Bay liegt Alcatraz. Auch die ruinösen Reste des ehemals berühmt-berüchtigten Zuchthauses haben ein Recycling erfahren – besonders für nervenschwache Ausflügler, die das Gruseln lernen wollen.

In Höhe von Levi's Plaza geht es aufwärts: über die **Filbert Steps**. Für ein paar Minuten glaubt man gar nicht, in San Francisco zu sein, – so wild begrünt sind die Stufen mit den schläfrigen Katzen und hübschen Holzhäuschen, die

Telegraph Hill mit Coit Memorial Tower

hängenden Gärten, durch die man am Ende den **Coit Memorial Tower** erreicht. Die Kletterpartie wird mit einer erstrangigen Aussicht belohnt: auf die Stadt, die Bucht, die Brücken. Sichtbar wird aber auch die unerbittlich regelmäßige Straßenführung, die die natürliche Topographie der Stadt quasi unter sich begräbt. Auch heute noch gelten die Hänge von Telegraph Hill als begehrte Wohngegend, der Ruhe und der tollen *bay views* wegen.

Zurück und abwärts führt wieder eine kleine Treppe, und nach wenigen Minuten rundet sich der Tageslauf am **Washington Square**, der grünen Piazza von **North Beach**. Dominiert wird er von der Church of St. Peter and Paul, die meist so aussieht, als sei sie aus Marzipan. Ihre Messen werden hintereinander gelesen: in Englisch, Italienisch und Chinesisch. Hier und rund um den Platz bekommt man die sehr europäische Stadtkultur San Franciscos zu spüren. Italiener und Chinesen, zerflauste Beatniks und glatte Yuppies geben sich rund um die Uhr ein Stelldichein. Die kulturelle Melange reicht bis in die Kochtöpfe – wenn sich zum Beispiel in der Minestrone plötzlich viel Reis findet: So einfach greift China auf Italia über.

Trotz moderner Geschäftsmäßigkeit, steigender Mieten und nüchterner vietnamesischer Wäschereien weht noch ein Hauch von altmodischer Boheme durch die Cafés, Bars und Buchläden. Ob im »Triest«, »Puccini« oder »Vesuvio« – nirgendwo sonst in den USA sieht man so viele Menschen lesend, redend, kritzelnd oder sich einfach der Musik hingebend, sei es Rock, Jazz oder Verdi.

Jäh endet allerdings die sanfte Verklärung an der Ecke von **Columbus Avenue** und **Broadway**. Hier geht's immer noch mit Peep, Punk und Porno zur Sache: eine Spätfolge der einst berüchtigten *barbary coast*, des verwegenen Hafenmilieus aus der Zeit, als das Wasser der Bucht noch bis hierhin reichte und in der Bay Hunderte von Schiffen ankerten. Deren Besatzungen waren auf und davon, um ihr Glück in den Goldminen zu suchen. Aus den verlassenen Schiffen baute man Warenlager oder Unterkünfte, oder sie wurden einfach versenkt, um zusätzliches Bauland am Wasser zu schaffen. Auf diese Art entstand in etwas mehr als hundert Jahren neues Land für San Francisco – ein Wackelpeter aus Schiffsfriedhöfen und Geisterflotten. Daher auch der Name North Beach, obwohl längst kein Strand mehr in Sicht ist, dafür aber ein kontrastreicher Stadtteil.

Schräg gegenüber dem Honky-Tonk-Rummel und den Porno-Magazinen liegt **City Lights**, *die* Buchhandlung und *der* Mittelpunkt der literarischen Szene seit den Tagen von Jack Kerouac, Allen Ginsberg, Laurence Ferlinghetti und anderer Beatniks, die in den 1950er Jahren international Furore machten. Wer mag, der kann hier bis Mitternacht im Keller in den neuesten Lyrikbänden stöbern.

San Francisco alpin: California Street ▷

REGION 1
San Francisco und die Bay Area

San Francisco Visitor Information Center
Hallidie Plaza (Market & Powell Sts.)
San Francisco
CA 94102
✆ (415) 391-2001
www.sfcvb.org
Mo–Fr 9–17.30, Sa 9–15, So 10–14 Uhr
Infos und Karten. Die 24-stündige Hotline informiert über aktuelle Veranstaltungen (auch auf Deutsch, ✆ 415-283-0173).

Service & Tipps:

Öffentliche Verkehrsmittel
San Francisco lässt sich gut mit öffentlichen Verkehrsmitteln erkunden. Es gibt Busse und Straßenbahnen (**MUNI**, $ 1.25, ✆ 415-673-6864, www.sfmuni.com; und **Golden Gate Transit**, $ 1.25, ✆ 415-923-2000), **Cable Cars** ($ 3) und **BART** (Bay Area Rapid Transit, $ 1.50–6.90, ✆ 510-465-2278, www.bart.gov).
BART empfiehlt sich, um zumindest einige Attraktionen schnell, bequem und preiswert zu erreichen: Ferry Building, Chinatown, Cartoon Art Museum, Museum of Modern Art, Union Square, City Hall, Theater District, California Academy of Science, San Francisco Visitor Information Center, Asian Art Museum, Mission Dolores, San Francisco Airport.

CityPass
Gewährt verbilligte Eintrittskarte ($ 39 und 7 Tage gültig) für Museum of Modern Art, Blue & Gold Fleet Bay Cruise, Exploratorium, California Academy of of Sciences & Steinhart Aquarium, Legion of Honor, einschließlich Benutzung von MUNI und Cable Car. Verkauf bei allen beteiligten Attraktionen oder online: **www.citypass.com**.

San Francisco Museum of Modern Art (SFMOMA)
151 Third St. (Yerba Buena Gardens)
San Francisco, CA 94103
✆ (415) 357-4000
Fax (415) 357-4037
www.sfmoma.org
Im Sommer Mo/Di 10–17.45, Do 10–20.45, Fr–So 10–17.45 Uhr, im Winter eine Stunde später geöffnet
Eintritt $ 12,50/0, Kinder unter 12 Jahren in Begleitung frei
Der 1995 eröffnete Neubau des Schweizer Architekten Mario Botta zeigt sich als eine stufig zurückgesetzte Backsteinfassade mit einem zylindrischen Skylight. Er hat die Ausstellungsfläche des renommierten Hauses für seine Kunstsammlung des 20. Jh. (u. a. Matisse, Klee, Beckmann, Schwitters, Grosz, Ernst, Kandinsky) verdoppelt. Fotokollektion und West Coast Artists (etwa Mark Rothko und Richard Diebenkorn). Mit Shop und Café.

Golden Gate Bridge
US 101/Hwy. 1
Weltberühmte Hängebrücke (Pfeilerhöhe 227 m), 1937 eröffnet. Länge: 2,7 km. Im Jubiläumsjahr 1987 fuhren rund 41 Mill. Autos durchs Goldene Tor. Mautgebühr (in Richtung San Francisco): $ 3.

Chinatown

Alcatraz Island
Golden Gate National Recreation Area, San Francisco, CA 94123
✆ (415) 705-5555
www.nps.gov/alcatraz
Eintritt $ 13.25 (Überfahrt plus Tour), $ 9.25 ohne Tour
Legendäre Gefängnisinsel, Domizil u.a. für Al Capone. Für Tickets lange Wartezeiten, deshalb telefonische Vorbestellung ein paar Tage vorher ratsam. Abfahrt vom Pier 41, Fisherman's Wharf. Weitere Info: www.telesails.com (Vorbestellung für Tickets) und www.blueandgoldfleet.com.

Aquarium of the Bay
Pier 39 (Embarcadero & Beach St.)
San Francisco, CA 94133
✆ (415) 623-5300 oder 1-888-732-3483, Fax (415) 623-5324
www.aquariumofthebay.com
Im Sommer tägl. 9–20, sonst Mo–Fr 10–18, Sa/So 10–19 Uhr
Einritt $ 13/6.50
Großaquarium mit Unterwasser-Tunnel.

Mission San Francisco de Asis (Mission Dolores)
3321 16th & Dolores Sts. (Mission District), San Francisco, CA 94114
✆ (415) 621-8203
www.missiondolores.citysearch.com
Tägl. 9–16 Uhr, Eintritt $ 3/2
Nach der Gründung des spanischen Presidio (1776) wurde südlich davon 1782 die Kirche gebaut; 1791 wurde sie an ihren heutigen Standort transloziert und überlebte seither alle Erdbeben. Bemerkenswert: der Indianerfriedhof.

Coit Memorial Tower
1Telegraph Hill Blvd. (über Lombard St.), San Francisco, CA 94133
✆ (415) 362-0808, www.coittower.org
Tägl. 10–17 Uhr, Eintritt $ 3.75/1.50
Wahrzeichen San Franciscos an der Stelle einer ehemaligen Morsestation – 1933 als Anerkennung der Leistungen der freiwilligen Feuerwehr errichtet. Innen sehenswerte Freskomalereien *(murals)* zur Stadt- und Landesgeschichte.

Asian Art Museum
200 Larkin St. (Civic Center)
San Francisco, CA 94102
✆ (415) 581-3500, Fax (415) 565-7987
www.asianart.org
Di–So 10–17, Do bis 21 Uhr, Mo geschl., Eintritt $ 10/6
Größte Sammlung asiatischer Kunst außerhalb Asiens.

The Exploratorium
3601 Lyon St. (Palace of Fine Arts)
San Francisco, CA 94123-1099
✆ (415) 561-0360
www.exploratorium.edu
Di–So 10–17 Uhr, Mo geschl.
Eintritt $ 12/8, jeden 1. Mi im Monat frei
Vergnügungspark und Versuchslabor: unterhaltsames, interaktives Museum für Wissenschaft, Kunst und menschliche Wahrnehmung. Eine spannende Kombo für Kinder und Nobelpreisträger.

California Palace of the Legion of Honor
34th Ave. & Clement St. (Lincoln Park)
San Francisco, CA 94122
✆ (415) 750-3600, www.thinker.org oder www.legionofhonor.org
Di–So 9.30–17 Uhr, Mo geschl.
Eintritt $ 8/5
Der neoklassizistische Bau beherbergt eine umfangreiche Sammlung vorwiegend französischer Kunst.

Gray Line San Francisco Sightseeing
Pier 43 (Embarcadero)
San Francisco, CA 94133
✆ (415) 434-8687 oder 1-888-428-6937
Fax (415) 274-5794
www.graylinesanfrancisco.com
Ganz-, Halbtags- und Abendtouren durch San Francisco, ins Wine Country, nach Monterey oder zum Yosemite National Park.

Red & White Fleet
Pier 43 1/2 und Pier 41
✆ (415) 546-2628/-2700 oder
✆ 1-800-229-2784
Knapp einstündige Cruising-Fahrten zum Golden Gate ($ 15), nach Sausalito; nach Tiburon (ruhigere Alternative zu Sausalito, ca. $ 12 hin und zurück); zum nostalgischen Wine Train (zwischen Napa und St. Helena) in Napa Valley (Tagestour): Schiff, Bustransfer und Zugticket einschließlich Lunch ($ 100). Zu den dicken

Freskomalerei (Detail) im Coit Memorial Tower

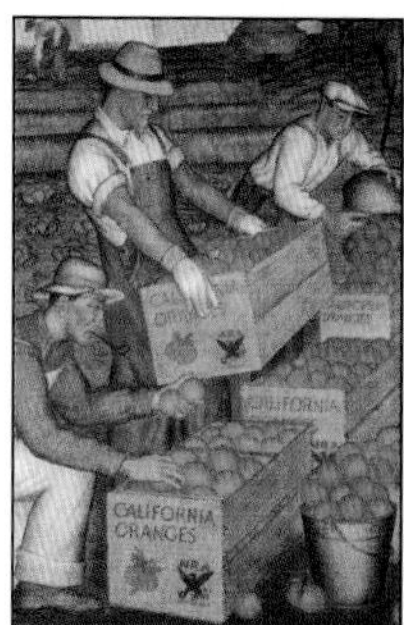

REGION 1
San Francisco und die Bay Area

Die empfohlenen Restaurants sind nach folgenden Preiskategorien für ein Abendessen (**ohne** Getränke, Vorspeisen, Desserts, Steuer und Trinkgeld) gestaffelt:

$ - bis 15 Dollar
$$ - 15 bis 25 Dollar
$$$ - über 25 Dollar

La Scene Café & Bar
490 Geary St. (The Warwick Regis Hotel)
San Francisco, CA 90102
✆ (415) 292-6430
Angenehme Atmosphäre, nette Bar, kultiviert und unaufgeregt. Leckeres Kleines und Großes aus der mediterranen Küche. So/Mo geschl. $$

Geschenkpackung auf Nob Hill

Redwoodbäumen von Muir Woods (Schiff/Bus, Parkeintritt ca. $ 30).

Blue & Gold Fleet
Pier 41, San Francisco, CA 94133
✆ (415) 705-5555 (Tickets)
✆ (415) 705-8200 (Info)
Fax (415) 705-5429
www.blueandgoldfleet.com
Tägl. ab 9.30 Uhr
Bootstouren in der Bay Area: nach Alcatraz, Angels Island, zur Bay und Golden Gate Bridge; Fährdienst nach Sausalito, Tiburon, Marine World/ Africa USA und Oakland.

San Francisco Shopping Centre
865 Market St. (Fifth St.)
San Francisco, CA 94103-1909
✆ (415) 495-5656
Kaufhaus auf 9 Ebenen: Boutiquen, namhafte Wahrenhäuser, Restaurants und Cafés.

Ghirardelli Square
900 North Point (beim Aquatic Park), San Francisco, CA 94109
Shopping- und Restaurantkomplex (1962–67) in einer ehemaligen Schokoladenfabrik.

City Lights Bookstore
261 Columbus Ave.
San Francisco, CA 94133
✆ (415) 362-8193
Legendäre Buchhandlung seit den Beatnik-Tagen.

Borders Books & Music
400 Post St. (Powell St., Union Sq.), San Francisco, CA 94102
✆ (415) 399-1633
Buchhandelskette mit erstklassigem Sortiment an Büchern und CDs, gut ausgewählt, zum Anfassen und Anhören.

Ferry Building
One Ferry Building
San Francisco, CA 94111
www.ferrybuildingmarketplace.com, Mo–Fr 10–18, Sa 9–18, So 11–17 Uhr
Fähranleger am Fluchtpunkt von Market Street. Früher, vor dem Bau der Brücken, als der Personenverkehr über die Bay ausschließlich per Schiff erfolgte, strömten einmal 50 000 Menschen durch dieses Eingangstor zur Stadt. Später verfiel das elegante Sandsteingebäude mit seinem markanten Turmbau in spanischer Manier. Inzwischen ist es prächtig restauriert worden mit schönen Fußbodenmosaiken, Ladenpassagen, Boutiquen und einem quirligen Naschmarkt, dem **Farmer's Market** (Do, Sa morgens). Inzwischen fahren auch wieder Fähren, und ihr Betrieb soll ausgeweitet werden.

Kabuki Springs & Spa
1750 Geary Blvd. (Fillmore St. & Japan Center), San Francisco, CA 94115
✆ (415) 922-6000, Fax (415) 922-6005
www.kabukisprings.com
Tägl. 10–21.45 Uhr
Gourmet bathing: Dampfbäder, Sauna und Shiatsu-Massage. Fein dekoriertes Interieur. Massage $ 45–120, Baden $ 16–20. Frauen So, Mi und Fr, Männer Mo/Di, Do und Sa. Vorher reservieren!

Caffè Trieste
609 Vallejo St. (Grant Ave.)
San Francisco, CA 94133
✆ (415) 392-6739
Tägl. 6.30 Uhr bis spät in die Nacht
Erstklassiger Cappuccino, am Samstagnachmittag mit italienischen Opernarien.

Buena Vista Cafe
2765 Hyde St. (Aquatic Park)
San Francisco, CA 94109
✆ (415) 474-5044
www.thebuenavista.com
Gestandenes Café rund um den Irish Coffee; Kleinigkeiten zum Frühstück, Lunch und frühes Dinner. $-$$

Dol Ho Restaurant
808 Pacific Ave. (Chinatown)
San Francisco, CA 94133
✆ (415) 392-2828
Empfehlenswert für Dim Sum. $

Zuni
1658 Market St. (Nähe Civic Center), San Francisco, CA 94102
✆ (415) 552-2522, Mo geschl.
Hervorragend zu jeder Tageszeit: Küche, Weine, Ambiente. $$-$$$

Elite Café
2049 Fillmore St.

San Francisco, CA 94115
✆ (415) 346-8668
Bistromäßig, laut und freundlich. Geschmackvolles mit Südstaateneinschlag *(gumbo, jambalaya)*. Spitze: Rippchen mit warmem Kartoffelsalat und einem Traum von *cole slaw*. $$-$$$

Cortez Restaurant and Bar
550 Geary St. (im Hotel Adagio)
San Francisco, CA 94102
✆ (415) 292-6360
www.cortezrestaurant.com
Cooles Design, exzellente Küche mit raffinierten Tapa-Kreationen. $$-$$$

Rose Pistola
532 Columbus Ave.
San Francisco, CA 94133
✆ (415) 399-0499
Sehr gefragt: exzellente Gerichte für Pasta- und Fischfreunde. Reservierung empfohlen. $$-$$$

Butterfly
Pier 33 (Embarcadero & Bay St.)
San Francisco, CA 94111
✆ (415) 291-9482
www.butterflysf.com
Die ehemalige Lagerhalle am Wasser ist in einen schicken offenen Raum umgewandelt worden – für fernöstlich dominierte Fusion-Küche und Ausblicke auf die Bay. Lunch ($) und Dinner. $$

Greens Restaurant
Fort Mason Building A (Marina District), San Francisco, CA 94123
✆ (415) 771-6222
Unbestritten bestes vegetarisches Restaurant in der Stadt, geführt von Zen Buddhisten – hell, luftig und mit tollem Bay-Bridge-Blick. Reservierung unerlässlich. $$$

Vesuvio
255 Columbus Ave. (North Beach), San Francisco, CA 94133
✆ (415) 362-3370, www.vesuvio.com
Genießer, *literati*, und andere Schöngeister bevölkern dieses traditionsreiche North-Beach-Lokal seit den Tagen Eisenhowers und der Beatniks.

Crown Room
950 Mason St. (Fairmont Hotel, 29. Stock), San Francisco, CA 94108
✆ (415) 772-5131
Gala-Inszenierung für einen Drink: Von oben zeigt sich San Francisco im imponierenden Lichterglanz von seiner besten Seite. (Unbedingt mit dem Außenaufzug hochfahren!)

Club Fugazi
678 Beach Blanket Babylon Blvd. (Green St.)
San Francisco, CA 94133
✆ (415) 421-4222, Fax (415) 421-4817
www.beachblanketbabylon.com
Mi/Do 20, Fr/Sa 19 und 22, So 15 und 19 Uhr
Hier läuft seit über 30 Jahren die Show »Beach Blanket Babylon« (Mi–So, $ 18–40). Möglichst früh Karten vorbestellen!

DNA Lounge
375 11th St.
San Francisco, CA 94103
✆ (415) 626-1409, nächtlich 20–2 Uhr, Fr länger
Trendy und doch gemütlich, Tanzlokal und gute Live-Bands.

Swinging San Francisco

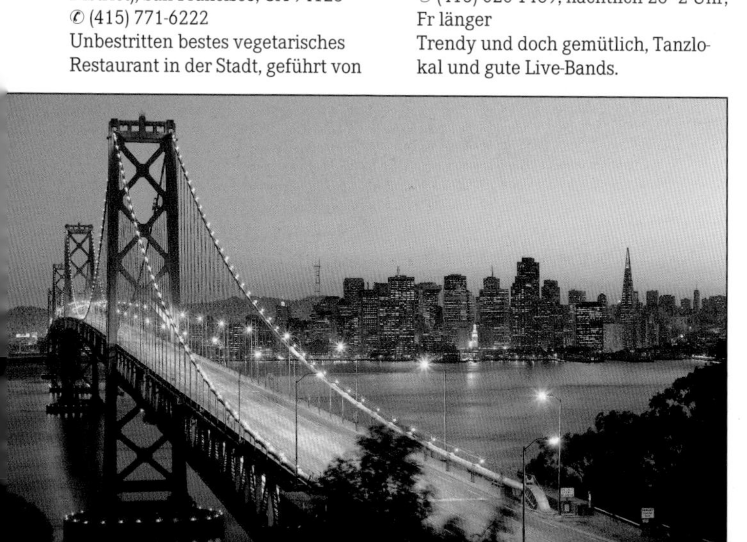
Schokoladenseite: Blick über die Bay Bridge auf San Francisco

The Great American Music Hall
859 O'Farrell St. (Van Ness)
San Francisco, CA 94109
(415) 885-0750
Nachtclub mit Jahrhundertwende-Charme: Rock, R & B, Pop, Punk, Bluegrass etc.
Tickets gibt's bei BASS,
✆ (510) 762-2277.

❷ Berkeley

Studenten und Lehrkörper der Universität stellen mehr als ein Viertel der gut 100 000 Einwohner. Sie blicken auf eine politisch bewegte Geschichte zurück. Kein Straßenname ist dafür sprechender als Telegraph Avenue, *die* Adresse in den 1960er Jahren schlechthin, als Berkeley die amerikanische Hauptstadt der Radikalen war, die politisches Bewusstsein und sexuelle Befreiung in einer von Drogen und Mystizismus durchsetzten *Counter Culture* suchten. Trotz einiger bärtiger Rudimente aus den wilden Tagen wirkt die Straße heute eher bieder. Unverändert dagegen präsentiert sich der Campus der Uni als ein idyllisches Gelände, von dem europäische Hochschulen nur träumen können. Minderheiten stellen fünf Prozent der Kommilitonen; dafür liegt der Anteil der Amerikaner asiatischer Abstammung schon bei über 20 Prozent. Sie gelten als die fleißigsten. Mit einem Wort: Der Ruf von »Berserkeley« ist längst dem von »Berkelium« gewichen, dem Namen eines Trans-Uran-Elements, das in den nahen Lawrence-Laboratorien entdeckt wurde.

Berkeley Convention & Visitors Bureau
2015 Center St.
Berkeley, CA 94704-1204
✆ (510) 549-7040 oder
1-800-847-4823
Fax (510) 644-2052
www.visitberkeley.com
www.berkeleycvb.com
Mo–Fr 9–17 Uhr

Service & Tipps:

University of California at Berkeley (UCB)
2200 University Ave., 101 University Hall, Berkeley, CA 94720
✆ (510) 642-5215, www.berkeley.edu
1 1/2-stündige Führungen Mo–Fr 10, Sa 10 und 13 Uhr
1868 gegründet, erstreckt sich der landschaftlich schöne Campus heute über 480 ha mit ca. 30 000 Studenten. Der Ruf der Hochschule gründet sich unter anderem auf ein Dutzend Nobelpreisträger im Lehrkörper.

UC Berkeley Art Museum and Pacific Film Archive

2626 Bancroft Way
Berkeley, CA 94720
✆ (510) 642-0808
www.bampfa.berke ley.edu
Mi–So 11–17, Do bis 19 Uhr, Eintritt $ 8; Café Mo–So 11–15, Do bis 19 Uhr
Markanter Bau mit moderner Kunstsammlung, Buchhandlung, Cafeteria.

Cody's Books
2454 Telegraph Ave.
Berkeley, CA 74704
✆ (510) 845-7852, www.codysbooks.com
Ausgezeichnet sortierte (und informierte) Buchhandlung mit Cafeteria.

Chez Panisse Restaurant & Café
1517 Shattuck Ave.
Berkeley, CA 94709
✆ (510) 548-5525 (Restaurant)
✆ (510) 548-5049 (Café)
www.chezpanisse.com, So geschl.
Eine der besten Adressen rund um die Bay und angeblich der Geburtsort der *California cuisine*. Im hübschen, grün überwucherten Holzhaus serviert man auf zwei Etagen raffinierte Kreationen in ansprechendem Ambiente. Reservierung für das Restaurant unumgänglich; für das Café (1. Stock) empfohlen.
$$$

Blakes on Telegraph
2367 Telegraph Ave.
Berkeley, CA 94704
✆ (510) 848-0886
www.blakesontelegraph.com
Gestandene Musikkneipe. Bar, Restaurant ($). Außer Di immer Live-Musik. $–$$

Ashkenaz
1317 San Pablo Ave.
Berkeley, CA 94702
✆ (510) 525-5054
Legendärer Musikclub mit wechselnden Bands – Salsa, Folk, Reggae.

❸ Muir Beach

Die *locals* lieben die kleine Strandbucht nördlich von San Francisco (am Hwy. 1) als Strand und Picknickplatz. Wer die Felsen der *headlands* hinaufkrabbelt, bekommt zur Belohnung eine schöne Aussicht. Die bietet auch der **Muir Beach Overlook**, wenn man ein Stückchen den Hwy. 1 nach Norden weiterfährt. Zwischen der Bolinas-Lagune und Tomales Bay folgt er an der optimistischen Oberfläche genau der *San Andreas fault*, der berüchtigten Knautschfalte zwischen tektonischen Platten (der pazifischen und der kontinental-amerikanischen), die sich rund 1 000 Kilometer durch Kalifornien zieht und es zu einem der erdbebenreichsten Länder der Welt macht.

Ausblicke: California Highway One beim Muir Beach Overlook

❹ Muir Woods

In der Nähe liegt auch das **Muir Woods National Monument**, ein duftender, feucht-kühler Hochwald aus teils über 80 Meter langen Baumriesen, von denen manche schon mehr als vier Jahrhunderte auf dem Buckel haben.

Muir Woods National Monument
Mill Valley, CA 94941
✆ (415) 388-2595 oder (415) 388-2596
www.nps.gov/mowo
Tägl. 8 Uhr bis Sonnenuntergang
Eintritt $ 3
Windgeschützter Redwoodhain am Westrand von Mount Tamalpais. Visitor Center, Tourenprogramm, Wanderweg.

❺ Napa Valley (Wine Country)

Begleitet von renommierten Weingütern (u.a. Mondavi, Beringer, Sterling und Clos Pegase) reihen sich hübsche Kleinstädte (z.B. St. Helena und Calistoga) und Spitzenrestaurants am Highway durch das Tal:

»Wein ist Poesie – auf Flaschen gezogen.« Robert Louis Stevenson

Service & Tipps:

Bistro Don Giovanni
4110 St. Helena Hwy. (S 29)
Napa, CA 94558
✆ (707) 224-3300
Italienische Küche in luftigem Speiseraum mit Blick auf die Weinberge. Auch zum draußen Sitzen. (Anfahrt: nördlich von Napa auf der S 29, 100 m nach der Ampel an Salvador Ave. rechts abbiegen.) $$–$$$

The French Laundry
6640 Washington St. (Creek St.)
Yountville, CA 94599-1301
✆ (707) 944-2380
Di–Do kein Lunch, Mo geschl.
Ausgezeichnete Haute Cuisine in einer ehemaligen Wäscherei: täglich wechselnde 4–9-Gänge-Menüs. Küchenchef Thomas Keller wurde 2001 zum weltbesten Koch gekürt. Sein Erfolgsrezept: »Meine Küche ist amerikanisch und zeitgenössisch, begründet auf französischen Klassikern.« Französische und kalifornische Weinkarte. Lunch und Dinner. Reservierung dringend empfohlen. $$$

Gut abgefüllt: Clos Pegase Winery bei Calistoga im Napa Valley

Robert Mondavi Winery
7801 St. Helena Hwy. (SR 29)
Oakville, CA 94562
✆ (707) 259-9463 oder 1-888-766-6328
Tägl. 9–17 Uhr, feiertags geschl.
Weingut im Missionsstil. Führungen mit Probe. Telefonische Anmeldung nützlich.

Tra Vigne
1050 Charter Oak Ave.
Saint Helena, CA 94574
✆ (707) 963-4444
Ein Hauch von Toskana: exzellente Trattoria im schönen Innenhof, italienisches Restaurant Lunch und Dinner (abends reservieren!). $–$$

Catahoula Restaurant & Saloon
1457 Lincoln Ave. (Mount View Hotel)
Calistoga, CA 94515
✆ (707) 942-BARK, Di geschl.
Vorzügliche Vorspeisen und Menüs mit würzigem Südstaaten-Einfluss. (Der *Catahoula* ist ein populärer Jagdhund in Louisiana.)
$$–$$$

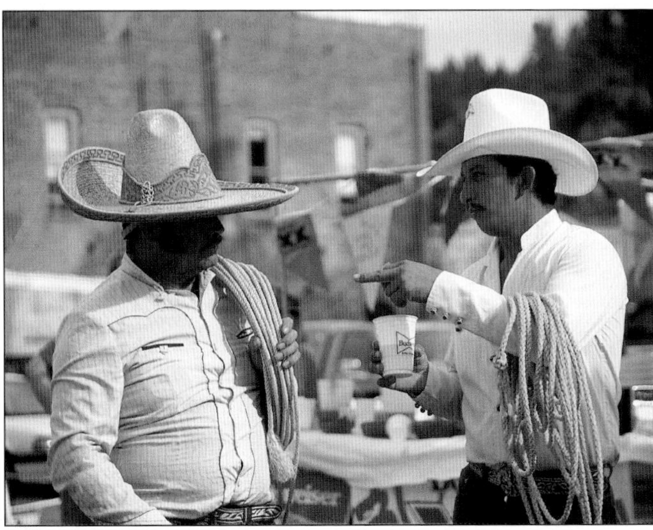

Lasso-Akrobaten auf dem Cinco de Mayo Festival im Wine Country

❻ Oakland

Über die Bay Bridge gelangt man von San Francisco nach Oakland, das sich von jeher brav mit der Rolle einer Stiefschwester zufrieden gibt. Auf den ersten Blick sieht man denn auch wenig außer Hafenkränen und Containern, Eisenbahnschienen und Betonschneisen von Stadtautobahnen. Weder das alte Chinesenviertel noch der hübsche Lake Merritt oder das wirklich erstklassige **Oakland Museum of California** haben am Mauerblümchen-Image der Stadt etwas ändern können. Schon die hier gebürtige Gertrude Stein meinte »There is no there there«. Dennoch befindet sich die 400 000-Einwohner-Stadt – knapp die Hälfte davon Schwarze – seit einiger Zeit im wirtschaftlichen Aufwind. Die Nähe zum Silicon Valley macht sich bemerkbar und die Kriminalitätsrate sinkt.

The Oakland Museum of California
1000 Oak & 10th Sts.
Oakland, CA 94607
✆ (510) 238-2200
www.museumca.org
Mi–Sa 10–17, So 12–17 Uhr, Mo/Di geschl.
Eintritt $ 8/5
Architektonisch bemerkenswertes Museum der Kunst, Geschichte und Ökologie Kaliforniens. Der Abriss der Geschichte Kaliforniens ist ungewöhnlich differenziert und sehenswert.

Paramount Theatre
2025 Broadway
Oakland, CA 94612-2303
✆ (510) 465-6400
www.paramounttheatre.com
Der prächtige Art-déco-Bau dient dem Oakland Ballett als Hausbühne, außerdem Konzerten und besonderen Filmen.

Jack London Square
Am Fuß von Broadway St.
Oakland
✆ (510) 814-6000
www.jacklondonsquare.com
Touristische, aber geschichtsträchtige und muntere Hafengegend, in der Jack London aufwuchs: AMTRAK-Bahnhof, Museen, Shops (überteuerte), Restaurants, Bars (etwa **Heinold's First and Last Chance Saloon**). Schöner Ausblick auf den Hafen.

Bay Wolf Restaurant
3853 Piedmont Ave. (Rio Vista)
Oakland, CA 94611
✆ (510) 655-6004
www.baywolf.com
Hübsches Ambiente, edle kalifornische Küche mit Mittelmeer-Touch. Exzellente Weinauswahl. Lunch und Dinner. $$

Oakland Convention & Visitors Bureau
463 11th St.
Oakland, CA 94607
✆ (510) 839-9000
Fax (510) 839-5924
www.oaklandvcvb.com

Paramount Theatre in Oakland

Sausalito Chamber of Commerce
10 Liberty Ship Way, Bay 2
Sausalito, CA 94965
✆ (415) 331-7262
Fax (415) 332-0323
www.sausalito.org
Mo–Fr 9–17 Uhr

❼ Sausalito

Sausalito (7 300 Einwohner) zählt seit langem zu den beliebtesten Ausflugszielen von San Francisco – mit schickem Yachthafen und bunter Hausbootkolonie. Wand an Wand locken Bars und Boutiquen, Bay und Brandung. Im Sommer wirkt der Ort wie die amerikanische Variante der italienischen Riviera.

Fish
350 Harbor Dr. (Bridgeway)
Sausalito, CA 94965
✆ (415) 331-3473, www.331fish.com
Gleich am Wasser: frische Meeresfrüchte, raffiniert und delikat komponiert; luftiges Cafeteria-Restaurant zum drinnen und draußen Sitzen. Keine Kreditkarten. $-$$

Horizons Restaurant
558 Bridgeway, Sausalito, CA 94965
✆ (415) 331-3232
www.horizonssausalito.com
Gute Küche (Meeresfrüchte und Salate); attraktiver Platz über dem Wasser mit Blick auf San Francisco. Populäre Bar. Lunch, Brunch, Dinner. $$-$$$

SONOMA VALLEY VISITORS BUREAU

Sonoma Valley Visitors Bureau
453 1st St.
Sonoma, CA 95476
✆ (707) 996-1090
Fax (707) 996-9212
www.sonomavalley.com
Tägl. 9–17 Uhr

❽ Sonoma Valley (Wine Country)

Wer einen Tag Zeit hat, sollte einen Ausflug ins weinselige Hinterland von San Francisco machen, ins California Wine Country. Geschichtsunterricht und Weingenuss lassen sich zum Beispiel in Sonoma (9 100 Einwohner) im gleichnamigen Tal zwanglos kombinieren. Sehenswert: die Missionskirche, die alte Plaza und zwei der ältesten Weingüter des Landes, deren Rebstöcke noch aus der Zeit der Franziskanermönche stammen (Buena Vista und Sebastiani), liegen praktisch um die Ecke und eigenen sich für ein Picknick unter schattigen Bäumen.

Sonoma State Historic Park
20 E. Spain St. (Plaza)
Sonoma, CA 95476
✆ (707) 938-1519, tägl. 10–17 Uhr
Sonoma Plaza: In einem Bubenstück rief hier am 18. Juni 1846 John Fremont mit 40 Mann eine eigene »California Republic« aus und hisste eine Fahne mit braunem Grizzly-Bär und rotem Stern auf weißem Grund. Diese *Bear Flag Revolt* zielte auf einen von Mexiko unabhängigen Staat für die *Californios*, und sie geschah am Vorabend des Ausbruchs des Amerikanisch-Mexikanischen Kriegs. Bereits 14 Tage später wurde die Flagge durch die »Stars and Stripes« ersetzt.

Arbeit im Wine Country

Mission San Francisco Solano de Sonoma
114 E. Spain St.
Sonoma, CA 95476
✆ (707) 938-1519
Mi–So 10–17 Uhr
Letzte und deshalb kurzlebigste der kalifornischen Missionskirchen, die einzige übrigens im Auftrag von Mexiko. 1823 wurde sie von Pater José Altimira als Schlussstein des *El Camino Real* errichtet, Rebstöcke wurden gepflanzt, Indianer getauft – bis 1834 aus Mexiko die Nachricht von der Säkularisierung eintraf.

Danach ereilte die Sonoma Mission dasselbe Schicksal wie das ihrer Verwandten. Sie verfiel, wurde verkauft, diente als Scheune, Winzerei und Schmiede. Erst Anfang dieses Jh. wurde ihr Denkmalwert entdeckt und die Restaurierung eingeleitet.

Sonoma Cheese Factory
2 W. Spain St. (Plaza)
Sonoma, CA 95476
© (707) 996-1931
Reichhaltige Quelle fürs Picknick: Käse, Sandwichs, Wein.

Buena Vista Carneros Winery
18000 Old Winery Rd.
Sonoma, CA 95476
© (707) 265-1467 oder 1-800-926-1266
www.buenavistawinery.com
Tägl. 10–17 Uhr
Kaliforniens ältestes Weingut; Kostproben und Picknicktische unter schattigen Eukalyptus-Bäumen. Gegründet 1857 vom ungarischen Grafen Agoston Haraszthy, der, nachdem er sich in Sonoma als Nachbar des Generals Vallejo niedergelassen und mit diesem um die Erzeugung des besten Weins gewetteifert hatte, zum Gründervater der kalifornischen Winzer avancierte.

Sebastiani Vineyards and Winery
389 E. 4th St. East (Nähe Plaza)
Sonoma, CA 95476
© (707) 933-3230 oder 1-800-888-5532
www.sebastiani.com
Tägl. 10–17 Uhr
Führungen, Weinproben, Picknicktische. Einige Rebstöcke stammen noch aus der Zeit der Franziskanermönche. Schöne alte Weinkisten.

La Casa
121 E. Spain St. (Nähe Plaza, gegenüber der Mission)
Sonoma, CA 95476
© (707) 996-3406
www.lacasarestaurant.com
Mexikanische *cantina* für Lunch und Dinner. Cocktail Lounge. $–$$

Goldtröpfchen: Weinhänge im Napa Valley

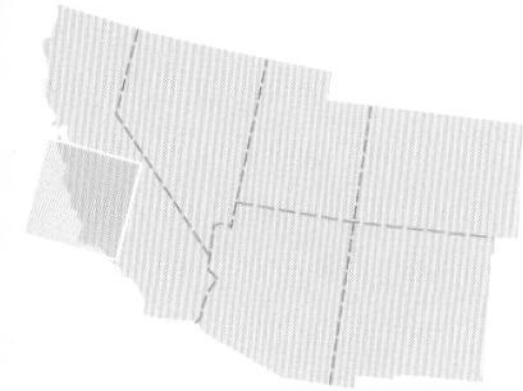

REGION 2
Pacific Coast Highway

Kaliforniens Zentralküste

Pacific Coast Highway

Keine Frage, der Highway One am pazifischen Saum, eingekeilt zwischen Brandung und Küstengebirge, zählt zu den schönsten Straßen Nordamerikas. Viele halten ihn sogar für das Nonplusultra schlechthin, für eine touristische Wundertüte. Atemberaubende Steilufer und sonnendurchglühte Dünen und Strände, Surfer und Rentner, Flippies und Chicanos – es gibt nichts wirklich Kalifornisches, was dieser kurvenreiche (und fragile) Parcours nicht zum Leben erwecken würde.

Im Hinterland bilden die alten spanischen Missionskirchen wohltuende Oasen der Ruhe. Sie entstanden entlang dem Camino Real, der heutigen US 101, in Tagesrittweite voneinander ent-

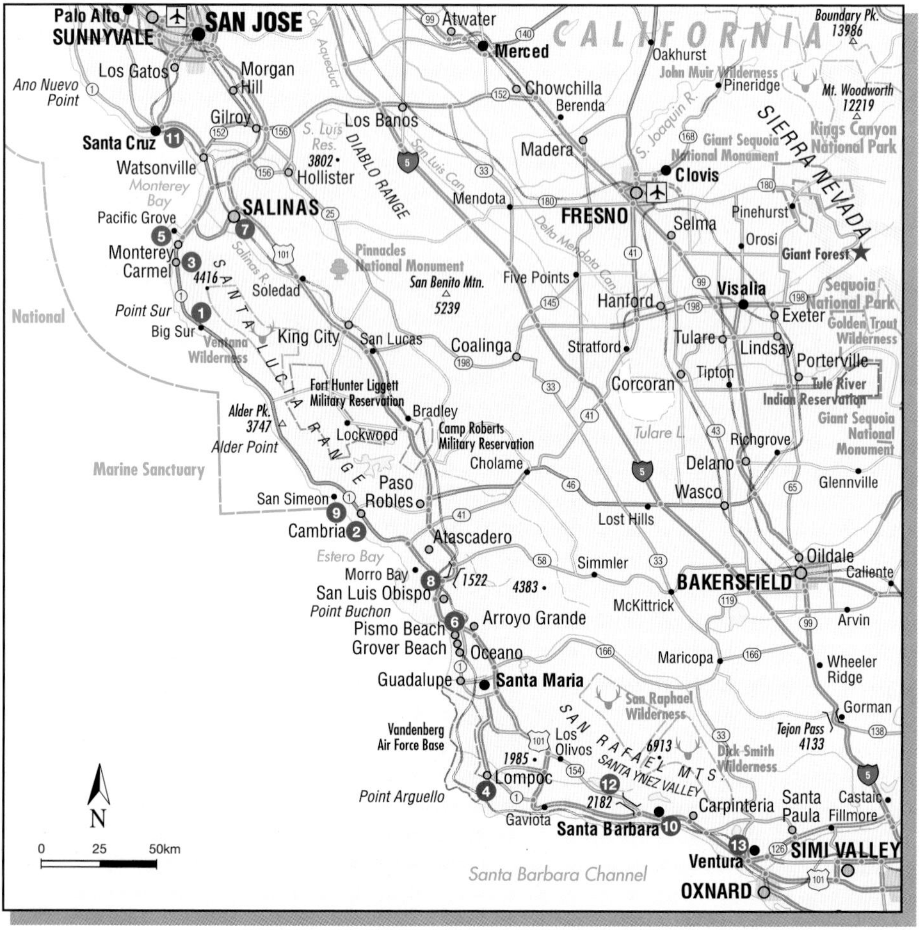

fernt. Monterey, Carmel, San Luis Obispo und Santa Barbara machen die städtischen Höhepunkte aus. Dazwischen gedeihen Artischocken, Knoblauch, Fenchel und – mehr und mehr Wein.

❶ Big Sur

»DON'T YELLOWSTONE BIG SUR.«

Über dem Pazifik liegt die Terrasse des Restaurants »Nepenthe«

Wo Big Sur eigentlich beginnt, lässt sich nicht so leicht sagen. Ein zusammenhängender Ort existiert nicht, noch nicht mal ein Schild. Mehr oder weniger genau erstreckt sich die Küstenregion von Carmel bis San Simeon. Redwoodholz und Felsenstein, Salzluft und Nebelschwaden definieren den Ort und seine leicht esoterische Aura erheblich besser: eine stille und doch wilde Küste – ohne Badebetrieb, Kreuzschiffe, Bohrinseln und Powerboot-Radau. Nur ab und an Grauwale.

Die Spanier waren topographisch auch nicht sehr präzise, denn mit der Bezeichnung *Río Grande del Sur* war lediglich »der große Fluss südlich« (von Monterey) gemeint. Lange blieb die Gegend unzugänglich, bis ins frühe 19. Jahrhundert allein von den Esalen-Indianern bewohnt. Ab 1860 tauchten sporadisch Siedler auf, die man für Eskapisten hielt. Erst ab 1920, als Sträflingskolonnen aus dem St.-Quentin-Gefängnis bei San Francisco damit begannen, den Highway anzulegen, belebte sich die Küste. Zunächst durch eine bunte Boheme aus Schriftstellern, Malern und Künstlern, die sich in den 1930er und 1940er Jahren zu der landschaftlich großartigen Region hingezogen fühlten.

Später drohte aus dem Refugium der sanften Pioniere ein Touristen-Strip zu werden. Doch trotz der jährlich drei Millionen Besucher schlägt sich Big Sur noch ganz tapfer. Die Bewohner sind gleichwohl auf der Hut. Viele dieser 2 000 Seelen leben ohne Elektrizität und Telefon, dafür mit Kerosinlampen und Nebelhörnern. Auf keinen Fall, sagen sie, soll sich hier wiederholen, was durch Bauwut an den Ufern von Lake Tahoe passierte. Aber man ist sich letztlich uneins, wie dies verhindert werden soll. Kann man die Dinge in den Griff bekommen und die Entwicklung neuer Motels und Privathäuser stoppen, oder muss der Staat helfen, indem er Big Sur zum Nationalpark macht? Letzteres nur ja nicht, sagen die meisten *locals* dickköpfig.

Ab und zu taucht in der Traumlandschaft auch Handfestes auf, das schön gelegene Restaurant **Nepenthe** zum Beispiel oder die hübschen Hexenhäuschen des **Deetjen's Big Sur Inn**. Ansonsten aber dringen Spuren der Zivilisation nur gelinde in die urwüchsige Schönheit dieser Welt.

Tausendfach versuchen die buschigen Lampenputzer an den Hängen die *land slides* zu verhindern, die hier immer wieder vorkommen. Schilder warnen davor: SLIDE AREA. Manchmal kommt es so heftig, dass der Highway gesperrt werden muss.

REGION 2
Pacific Coast Highway

Service & Tipps:

Nepenthe
Hwy. 1, Big Sur, CA 93920
✆ (831) 667-2345
www.nepenthebigsur.com
Auf dieser Terrasse sitzt man immer in der ersten Reihe: für den Genuss des Pazifikpanoramas. Hier lässt sich's gut ausruhen. Romantische Vorgeschichte: Orson Welles ließ den verwegenen Klippenbau in den 1940er Jahren von einem Schüler Frank Lloyd Wrights bauen – als Honeymoon-Cottage für Rita Hayworth! $-$$

Henry Miller Library
Hwy. 1, Big Sur, CA 93920
✆/Fax (831) 667-2574
www.henrymiller.org
Ein Stopp für Henry-Miller-Fans.

Pfeiffer Big Sur State Park
Big Sur Station, Hwy. 1
Big Sur, CA 93920
✆ (831) 667-2315, 1/2 Std. vor Sonnenauf- bis 1/2 Std. nach Sonnenuntergang, Eintritt $ 4
Wanderfreunde werden den **Ewoldsen Trail** zu schätzen wissen, einen rund 7 km langen, nur teilweise anstrengenden Rundkurs durch Red-

Die Küste von Big Sur gehört zum Schönsten, was Kalifornien zu bieten hat

wood-Regenwälder und offenes Grasland (Anstieg: über 500 m) zu herrlichen Aussichten auf Küste und Meer (an nebelfreien Tagen, versteht sich). Im Winter guter *vista point* zur Beobachtung der wandernden Grauwale.

❷ Cambria

Mit Charme und hübschen Holzhäuschen zieht das kleine Cambria (6 200 Einwohner und nah am Highway 1 gelegen) viele stadtgestresste Landsleute in seinen Bann. Vor mehr als 1 000 Jahren lebten hier die Chumash-Indianer. Mitte des 19. Jahrhunderts waren sie im Wesentlichen vertrieben - durch die Rancher, die überwiegend aus Norditalien und der südlichen Schweiz anrückten. Seine Hafenfunktion verlor der Ort 1894 durch die Ankunft der Southern Pacific Railway. Außer einem Bummel durch den Ort, der sich gern als »Künstlerkolonie« verkauft, lohnt ein Abstecher via Main Street zum Wasser und zum **Moonstone Beach**, so genannt, weil man dort durchsichtige Mondsteine finden kann, die wie Halbedelsteine aussehen.

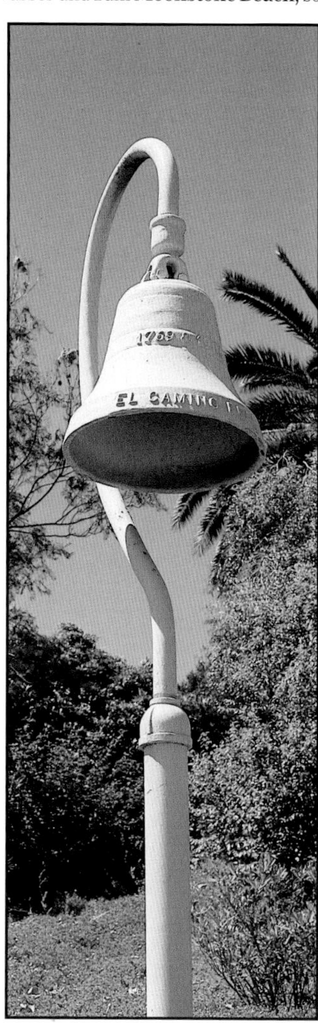

Missionsglocke am El Camino Real

Service & Tipps:

Cambria Chamber of Commerce
767 Main St., Cambria, CA 93428
✆ (805) 927-3624
www.cambriachamber.org
www.cambria-online.com

Moonstone Beach Drive Vista Point
Nähe Hwy. 1, Cambria
Überblickt San Simeon State Beach, benannt nach den Mondsteinen, hier man hier manchmal findet. Guter Platz zum *whale watching*.

Robin's
4095 Burton Dr., Cambria, CA 93428, ✆ (805) 927-5007
www.robinsrestaurant.com
Netter Speiseraum (plus Patio) mit Multikulti-Küchenzettel: mexikanisch, Thai, chinesisch, italienisch und vegetarisch. Lunch ($) und Dinner. $$

The Sow's Ear Cafe
2248 Main St.
Cambria, CA 93428
✆ (805) 927-4865
www.thesowsear.com
Klein und gemütlich: Geflügel, Rippchen und frische Meeresfrüchte. Selbst gebackenes Brot, hausgemachte Desserts! Gute Weinauswahl. Nur Dinner. Reservierung empfehlenswert. $$-$$$

Point Lobos
Das Reservat erhielt seinen Namen von den Seelöwen, die hier seit alters das zerklüftete und mit windzerzausten Monterey-Zypressen bewachsene Terrain bevölkern, zusammen mit Pelikanen, Möwen, Kormoranen und Seeottern sowie Wild und Hasen. Es heißt, die wildromantische Szenerie hätte Robert Louis Stevenson zu seinen Landschaftsdarstellungen der »Schatzinsel« inspiriert.

REGION 2
Pacific Coast Highway

❸ Carmel

Wer sich eine Vorstellung vom *California living de luxe* verschaffen möchte, der sollte nach Carmel (4 100 Einwohner) fahren und sich die »Crème Carmel« des Wohnens hinter Kiefern und Zypressen vor Augen führen. Passend dazu: Beach Avenue, die elegante Geschäftsstraße der Galerien, Boutiquen und Gasthöfe im Tudor-Stil. Hausnummern kennt man hier nicht. Clint Eastwood spielte einst den Bürgermeister.

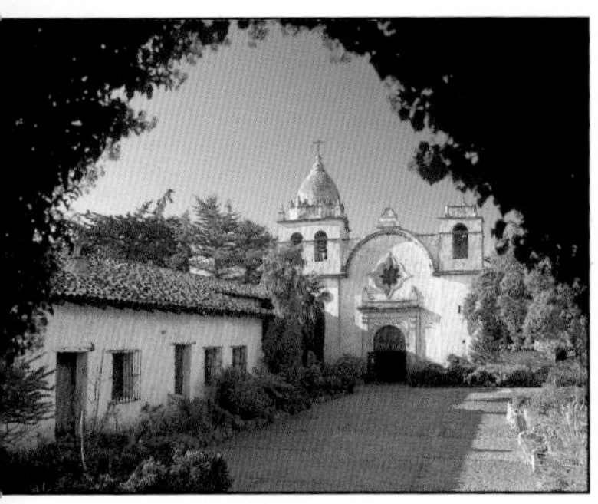

Carmel Mission: Junípero Serra liegt hier begraben

Der gepflegte Lebensstil lässt kaum noch ahnen, dass Carmel in den ersten beiden Jahrzehnten des 20. Jahrhunderts Kaliforniens berühmtester Boheme-Treff war. Zum literarischen Zirkel gehörten Mary Austin und George Sterling; Upton Sinclair und Jack London zählten zu den Gästen.

Vom schneeweißen Strand aus gesehen liegt die Einfahrt zum **17-Mile Drive** praktisch um die Ecke. Für ein paar Dollar kann man hier den ästhetischen Mehrwert Kaliforniens in Reinkultur Revue passieren lassen – mit schönen Aussichten auf schäumende Buchten, prächtige Farben und manikürte Golfplätze. Was die einen schätzen, wurmt jene, die die gebührenpflichtige Strecke für modernes Raubrittertum halten. Sie sagen, der Rundkurs ist weder ein State Park noch ein Naturschutzgebiet, sondern die Geschäftsidee betuchter Anlieger, die sich den Besucherblick auf ihr Anwesen auch noch vergüten lassen.

»Carmel, das von hungrigen Schriftstellern und unerwünschten Malern gegründet worden war, ist jetzt eine Gemeinde der Wohlhabenden und Pensionierten. Wenn die Gründer wiederkämen, könnten sie es sich nicht leisten, hier zu leben. Aber so weit käme es gar nicht. Man würde sie sofort als verdächtige Elemente aufgreifen und über die Stadtgrenzen abschieben«, schrieb John Steinbeck 1961.

Carmel Visitor Center
San Carlos zwischen
5th & 6th Sts.
Carmel, CA 93921
✆ (831) 624-2522

Service & Tipps:

San Carlos Borroméo de Carmelo Mission
3080 Rio Rd.
Carmel, CA 93923-9144
✆ (831) 624-1271
www.carmelmission.org
Mo–Fr 9.30–16.30, Sa/So 10.30–16.30 Uhr, Eintritt $ 4/1
Bilderbuchkirche von 1771 mit asymmetrischen Kirchtürmen und schönen Gärten voller Bougainvilleen, Kakteen und Lilien. Gründerpater Junípero Serra (gestorben 1774) liegt hier begraben.

17-Mile Drive
Zwischen Monterey/Pacific Grove und Carmel
www.pebblebeach.com, Maut $ 8
Perfektes Vorzeige-Kalifornien: Pebble Beach, Seal Rock (schöner Platz zum Picknick), Cypress Point, Lone Cypress (die Ikone des Parcours) und diverse Golfplätze. Motorradfahrer unerwünscht, Radler willkommen.

Point Lobos State Reserve
10 km auf Hwy. 1 südl. von Carmel, CA 93923, ✆ (831) 624-4909
www.pt-lobos.parks.state.ca.us
Im Sommer tägl. 9–19, sonst 9–17 Uhr, Eintritt $ 8 pro Auto
Die reizvolle Öko-Oase zählt zu den schönsten Küstenpartien Kaliforniens, die man auf den Wanderwegen an den Klippen am Meer durchstreifen muss. Für Campmobile ist die Zufahrt gesperrt! Führungen.

Flying Fish Grill
Mission St. zwischen Ocean & 7th Aves. (Carmel Plaza)
Carmel, CA 93923
✆ (831) 625-1962, Di geschl.
Köstliche Fischkreationen, west-östlich zubereitet. Nur Dinner. $$

Casanova
5th Ave. (zwischen Mission & San Carlos Sts.)
Carmel, CA 93921
✆ (831) 625-0501
www.casanovarestaurant.com
Gemütlich – mit mal französischem, mal italienischem Landküchen-Einschlag. Auch zum draußen Sitzen. Lunch ($) und Dinner. $$$

Rio Grill
101 Crossraods Blvd. (Crossroads Shopping Center, Nähe Hwy. 1), Carmel, CA 93923, ✆ (831) 625-5436
Vorzügliche kalifornische Küche, freundliche Bedienung, separate Bar. Lunch ($) und Dinner, *Sunday brunch*. $$–$$$

❹ Lompoc/Mission Purísima

Der Küstenvorsprung zwischen dem Gaviota Pass (westlich von Santa Barbara) und Pismo Beach zählt zu den wenigen, an deren Saum keine Straße vorbeiführt. Zum Genuss schöner Meeresblicke muss man ausnahmsweise mit dem Zug fahren, denn die AMTRAK-Schienen verlaufen dicht am Wasser entlang. Dennoch gibt es einige Stichstraßen, die punktuell zum Pazifik führen: eine endet bei den Guadalupe-Nipomo Dunes, eine andere am Jalama Beach.

Mission La Purísima

Doch auch das Hinterland rund um den Luftwaffenstützpunkt Vandenberg bietet einige Highlights, die meist links liegen gelassen werden, weil die Eiligen die US 101 dem Highway 1 vorziehen. Dieser führt (zwischen Oceano und Orcutt) durch Guadalupe, und das bedeutet stapelweise Gemüsekisten, schwere Landmaschinen, ein adrett sanierter AMTRAK-Bahnhof, ansonsten aber tiefstes Mexiko. Wenn bei allem Sonnenschein ein kalter Wind weht, klappen die Feldarbeiter ihre Kapuzen hoch. Von den Dünen her pustet es in die Salatfelder und wirbelt die Krumen über den Äckern auf. Vom Ort aus reichen ein paar Fahrminuten zu den **Guadalupe-Nipomo Dunes**, den höchsten Sanddünen an der amerikanischen Westküste. Nicht weit von hier liegt friedlich die schöne Missionsanlage **La Purísima**.

Service & Tipps:

The Guadalupe-Nipomo Dunes Preserve
1055 Guadalupe St. (Hwy. 1)
Guadalupe, CA 93434
✆ (805) 343-2455
Fax (805) 343-0442
www.dunescenter.org
Dünen tägl. 6 Uhr bis Sonnenuntergang, Visitor Center Di–So 10–16 Uhr
Eintritt $ 3
Sehenswerter weißer Dünen- und Strandabschnitt, ein lieblicher Flusslauf, ein See, wo sich seltene Vögel ungestört tummeln können, wenige Minuten westlich von Guadalupe. Infozentrum in Guadalupe; von hier aus werden auch zahlreiche geführte Touren durch das Vogelschutzgebiet angeboten.

(Anfahrt von US 101: Exit 166 West in Santa Maria und Main St. durch den Ort folgen, weiter SR 166 durch die Äcker und über die Kreuzung mit dem Hwy. 1 hinaus; Fahrzeit: 30 Min.

Anfahrt vom Hwy. 1: am südlichen Ortsanfang von Guadalupe die Verlängerung der SR 166 Richtung Meer fahren.)

Jalama Beach County Park
Jalama Rd. (off S 1, Jalama Rd. exit), 6 km südl. von Lompoc
✆ (805) 736-3504
www.sbparks.org
22 km vom Hwy. 1 entfernt über die szenische Jalama Road durch Wald- und Ranchland zum einsamen Strand, 110 Camping- und Picknickplätze, Windsurfing, Baden (auf Strömung achten!) und Imbissbude. Der schöne Batzen Land wurde dem County von der Richfield Oil Company geschenkt.

La Purísima Mission State Historic Park
2295 Purísima Rd. (Nähe SR 246)
Lompoc, CA 93436
✆ (805) 733-1303/-3713
www.lapurisimamission.org
Tägl. 9–17 Uhr
Eintritt $ 2 pro Auto
1787 gegründet, aber schon 1812 durch Erdbeben zerstört und an der jetzigen Stelle wieder aufgebaut.

Nipomo Dunes
Auf eigene Faust kann man am Strand vor den gewaltigen Sanddünen wandern, auf denen einst (1923) die »City of the Pharaoh« errichtet wurde, die Kulisse für den Hollywoodfilm »Die zehn Gebote« von Cecil B. DeMille. 1 500 Handwerker arbeiteten daran mit Holz und Gips zwei Monate lang. Nach Abschluss der Dreharbeiten ließ DeMille die Mega-Requisite (230 Meter breit, 40 Meter hoch) wieder in ihre Einzelteile zerlegen und unter die Dünen vergraben. Seither heißen die Dünen auch »Lost City of Cecil B. DeMille«.

REGION 2
Pacific Coast Highway

❺ Monterey/Pacific Grove

»The Old Pacific Capital« nannte Robert Louis Stevenson die einstige Landeshauptstadt nach seinem kurzen Besuch am Ende des 19. Jahrhunderts, obwohl sie es zu diesem Zeitpunkt schon lange nicht mehr war. Sie muss ihm sehr geschichtsträchtig vorgekommen sein. Im alten Stadtkern lässt sich das noch stellenweise nachempfinden, denn bei genauerem Hinsehen erweist er sich als Fundgrube kolonialspanischer Architektur.

Die bekannteste Adresse in Monterey (knapp 30 000 Einwohner) heißt dagegen **Cannery Row**, einst wirklich die »Straße der Ölsardinen«. John Steinbeck, mit seiner gleichnamigen Erzählung der Erfinder ihrer literarischen Aura, hat deren Niedergang selbst beschrieben. Tatsächlich: rund zwei Millionen besuchen jährlich die Cannery und den nahe gelegenen **Fisherman's Wharf** mit Fischlokalen, Kuttern und jaulenden Seelöwen.

Wer den **Ocean View Boulevard** entlang in Richtung Pacific Grove (15 500 Einwohner) fährt, den wird früher oder später nichts mehr im Auto halten, denn den Weg am Wasser macht man am besten zu Fuß – vorbei an Gischt umspülten Felsbuchten, bunten Eisblumen und den feuerroten Kerzenblüten der Aloe vera. Der Friedhof beim **Point Pinos Lighthouse** wandelt sich spätnachmittags zu einem friedlichen Wildpark, wo Dutzende Rehe und Hirsche neben den Gräbern grasen und Tausende von Monarch-Faltern in den Bäumen hocken.

»Die Fischkonservenfabriken, die früher ekelhaft stanken, gibt es nicht mehr. An ihrer Stelle stehen Restaurants, Antiquitätenläden und dergleichen. Sie fangen Touristen ein, nicht Sardinen, und diese Gattung ist nicht so leicht auszurotten.«
John Steinbeck

Monterey ist eine Fundgrube für Liebhaber spanischer Kolonialarchitektur

Service & Tipps:

Monterey State Historic Park
20 Custom House Plaza, Monterey
✆ (831) 649-7118
Highlights des architektonischen Erbes von Monterey: **Casa Sobranes and Garden**, 1842 erbaut mit blauem Eingangstor (336 Pacific St., halbstündige Führungen tägl. 10, 15 und 16 Uhr); **Colton Hall** von 1849, in der im selben Jahr die kalifornische Verfassung geschrieben wurde (Civic Center, Pacific St., im Sommer tägl. 10–12 und 13–15, sonst 10–12 und 13–16 Uhr, ✆ 831-646-5640); **Cooper-Molera Adobe and Garden**, restauriertes viktorianisches Haus eines Kapitäns, (525 Polk St., tägl. 10–16 Uhr); **Custom House**, 1827 erbaut und damit Kaliforniens ältestes Regierungsgebäude (Nähe Fisherman's Wharf, tägl. 10–17 Uhr); **First Theatre and Garden** von 1846, einer der ersten Theaterbauten im Staat, der noch heute bespielt wird (Pacific & Scott Sts., Theater Mi–Sa 13–15, Garten tägl. 10–17 Uhr, ✆ 831-375-4916); **Larkin House and Garden** von 1835, eine Mischung aus neuenglischen und mexikanischen Bauformen (Calle Principal & Jefferson St., Führungen tägl. 10, 12 und 15 Uhr); **Stevenson House and Garden**, wo der Schriftsteller im Herbst 1879 wohnte (530 Houston St., halbstündige Führungen).

Monterey County Convention & Visitors Bureau
150 Olivier & Alvarado Sts.
Monterey, CA 93942
✆ (831) 649-1770 oder 1-888-221-1010
www.montereyinfo.org

Monterey Bay Aquarium
886 Cannery Row
Monterey, CA 93940-1085
✆ (831) 648-4800/-4888 oder

Quallenballett: Im Monterey Bay Aquarium

1-800-756-3737, Fax (831) 648-7960
www.montereybayaquarium.org
Im Sommer tägl. 10–18 Uhr
Eintritt $ 22/11
Eindrucksvolle Präsentation der Bay-Bewohner: Seeotter, Haie, Salme etc. Auch einige Betriebsgeheimnisse des Aquariums werden verraten (z.B. Fütterung und Pflege der Tiere). An Wochenenden Reservierung ratsam.

Tutto Buono
469 Alvarado St.
Monterey, CA 93940
✆ (831) 372-1880
Populär, leger, italienische Küche, wechselnde Specials. $$

Montrio
414 Calle Principal
Monterey, CA 93940
✆ (831) 648-8880, www.montrio.com
Freundliches offenes Bistro, mit ordentlicher Küche. Lunch Mo–Sa, tägl. Dinner.
$$

tinnery
631 Ocean View Blvd. (Lover's Point Park)
Pacific Grove, CA 93950
✆ (831) 646-1040
www.thetinnery.com
Prima Lage für jede Tageszeit: Frühstück, Lunch und Dinner. $–$$

❻ Pismo Beach

Pismo Beach zählt zu Kaliforniens beliebtesten Seebädern. Die Gemeinde mit heute rund 8 600 Einwohnern hat ihren Namen von der Pismo-Muschel, jedoch der Appetit menschlicher Gourmets und der Seeottern gleichermaßen haben die Muschelbänke leergefegt. Heute gelten strenge Erntequoten, um die Existenz der Schalentiere zu sichern. Vor allem Camper fühlen sich in Pismo Beach zu Hause. Dafür sprechen die vielen RV Parks und Verkaufsflächen für Campmobile. Auch die Monarch-Falter scheinen es hier besonders zu mögen, denn jedes Jahr zwischen November und März bevölkern sie aufs Neue Kiefern und Eukalyptusbäume. Viele von ihnen kommen aus Kanada, angelockt von den milden Wintern Kaliforniens.

Am bekanntesten aber ist Pismo für die Rennen verrückter *dune buggies*, die hier ausnahmsweise am Strand und durch die Dünen knattern dürfen. An Wochenenden treffen sich dazu mitunter wilde Gesellen. Das spektakuläre und naturgeschützte Pismo Dunes Preserve ist für Umwelt-Rowdies dagegen Tabu.

Off-Road-Freuden in Pismo Beach

Service & Tipps:

Giuseppe's Cucina Italiana
891 Price St.
Pismo Beach, CA 93449
✆ (805) 773-2870
www.giuseppesrestaurant.com
Beliebtes Familienrestaurant, freundliche Atmosphäre. Fisch und andere Meeresfrüchte sind Trumpf. Lunch ($) und Dinner. $–$$

F. McLintock's Saloon & Dining House
750 Mattie Rd. (US 101, Shell Beach Exit)
Pismo Beach, CA 93449
✆ (805) 773-1892
www.mclintocks.com
Altbekannt für gute Steaks und Rippchen, reichliche Portionen, lockerer Ranch-Ton. Nur Dinner.
$$–$$$

Pismo Beach Chamber of Commerce
581 Dolliver St.
Pismo Beach, CA 93449
✆ (805) 773-4382 oder
1-800-443-7778
Fax (805) 773-6772
www.pismochamber.com

❼ Salinas

Steinbeck Center

Viele Steinbeck-Erzählungen haben Salinas und Umgebung zum Schauplatz: »East of Eden« ebenso wie »Of Mice and Men« oder »The Red Pony«; auch »Cannery Row«, »The Grapes of Wrath« und »The Harvest Gypsies«, »The Pearl«, »The Forgotten Village« und »Viva Zapata«. Da viele Titel verfilmt wurden, ergaben sich natürlich Vorteile für die visuelle Präsentation. Außer dem Camper »Rosinante«, in dem er und sein Hund Charley durch Amerika reisten, fällt ein witziges Detail am Rande auf: eine Maschine, die die Aussortierung von Sardinen simuliert. Im Gegensatz zu denen aus der Cannery Row sind diese hier aus Gummi.

Salinas Valley Chamber of Commerce
119 E. Alisal St.
Salinas, CA 93902
✆ (831) 424-7611
Fax (831) 424-8639
www.salinaschamber.com

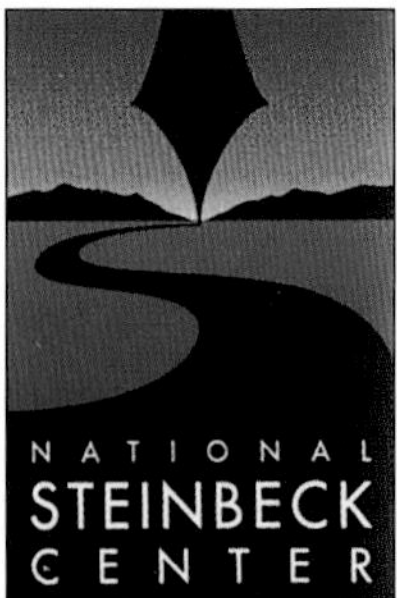

Bunte Pappkameraden stehen auf den Feldern an einer der Zufahrtsstraßen nach Salinas. Die überlebensgroßen Figuren von mexikanischen Landarbeitern und ihren Aufsehern wirken wie plakative Reverenzen an die namenlosen Helden dieser Region, die die Erzählwerke John Steinbecks bevölkern. Seine Geburtsstadt Salinas macht auf den ersten Blick einen sympathischen Eindruck, jedenfalls die Downtown-Kulisse an der Main Street. *Steinbeck Travel, Steinbeck Real Estate* … Schilder dieser Art häufen sich hier. Freilich, nicht immer war der Name des Schriftstellers so werbewirksam. Seine Bücher waren lange verpönt und reif, verbrannt zu werden. Kein Zufall also, dass es lange gedauert hat, bis das Steinbeck Center eingerichtet wurde, unweit seines Geburtshauses übrigens.

John Steinbeck (1902–68)

Service & Tipps:

The National Steinbeck Center
1 Main St., Salinas, CA 93901
✆ (831) 796-3833
Fax (831) 796-3828
www.steinbeck.org
Tägl. 10–17 Uhr, Eintritt $ 11/6
Das privat finanzierte Museum, 1998 in der Altstadt eröffnet, zeigt Dokumente, Illustrationen und interaktive Multimedia-Einrichtungen zum Leben und Werk des Nobel- und Pulitzerpreisträgers, der 1902 hier zwei Blocks entfernt geboren wurde. Im angegliederten Archiv lagern über 30 000 Briefe und Manuskripte. Seminare, Lesungen, Führungen. Ansprechendes Café mit lokalen Leckereien, Museumsshop.

Steinbeck House
132 Central Ave.
Salinas, CA 93901
✆ (831) 424-2735
Schönes viktorianisches Eckhaus, in dem Steinbeck seine Jugend verbrachte. Memorabilien, Souvenirs. Mo–Sa Lunch (Reservierung erforderlich).

Steinbeck Center in Salinas

❽ San Luis Obispo

Lange begehrt wegen seines gemächlichen Gangs, wirkt San Luis Obispo seit einigen Jahren deutlich voller und hektischer. Die Expansion geht vor allem auf das Konto der California Polytechnic State University. Außerdem hat sich die Weinindustrie breitgemacht. Am unmittelbarsten spürt man den Reiz der Kleinstadt (44 200 Einwohner) zu Füßen der Santa-Lucia-Berge im Bereich der **Mission Plaza** bei der Kirche. Auf Wegen und Holzstegen kann man von hier am lauschigen Creek entlanglaufen – ein stilles Vergnügen, das verständlich macht, warum viele gestresste Intellektuelle in den Metropolen Südkaliforniens gerade mit diesem Ort liebäugelten.

Service & Tipps:

San Luis Obispo Chamber of Commerce
1039 Chorro St.
San Luis Obispo, CA 93401-3278
✆ (805) 781-2777 oder
1-800-676-1772
Fax (805) 543-1255
www.visitslo.com
Di–Fr 9–17 Uhr

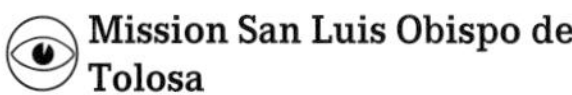

Mission San Luis Obispo de Tolosa
751 Palm St.
San Luis Obispo, CA 93401
✆ (805) 781-8220
www.missionsanluisobispo.org
Im Sommer tägl. 9–17, sonst 9–16 Uhr, kein Eintritt
1772 gegründet, heute Gemeindekirche.

Buona Tavola
1037 Monterey St. (Downtown)
San Luis Obispo, CA 93401
✆ (805) 545-8000
Klein, drinnen und draußen mit schmackhafter Auswahl an Pasta, Fisch und Geflügel. Lunch Mo–Fr, tägl. Dinner. $–$$

Cafe Roma
1020 Railroad Ave.
San Luis Obispo, CA 93401
✆ (805) 541-6800
Beliebte Adresse. Der Chef italienischer Herkunft ist Winzer im nahen Edna Valley und kennt sich mit den dortigen Weinen aus. Lunch ($) und Dinner. $–$$

Ausflugsziel:

Madonna Inn
100 Madonna Rd. (US 101, Exit Madonna Rd.)
San Luis Obispo, CA 93405
✆ (805) 543-3000 oder
1-800-543-9666
Fax (805) 543-1800
www.madonnainn.com
Knallbonbon in Pink und ein Hit für Flitterwöchner mit 109 Zimmern und Restaurant. Man sollte sich wenigstens einen Kaffee gönnen – aus Hutschenreuther-Tassen, auch wenn man nicht hier übernachtet.

<u>Mission San Luis Obispo</u>
Wie bei der Mission La Purísima kam es auch hier zu Auseinandersetzungen mit den Indianern, nicht mit den Neophyten, sondern mit rivalisierenden Stämmen außerhalb der Mission. Diese beschossen u.a. die Holzbalken des Kirchendaches mit brennenden Pfeilen. Die Padres reagierten und fertigten feuerresistente Ziegel für das neue Dach – mit dem Nebeneffekt, dass das Wasser so ablief, dass die Adobewände geschützt blieben.

Mission San Luis Obispo

»Wine is big money now.«
Winzer in San Luis Obispo

❾ San Simeon/Hearst Castle

Wie ein kalifornisches Neuschwanstein thront das **Hearst Castle** auf den Bergen – ein pompöses Unikum, das amerikanische Touristen geradezu magisch anzieht, denn alle haben den Film »Citizen Kane« gesehen und von Patty Hearst gehört, der Tochter des einstigen Pressezaren William Randolph Hearst, die seinerzeit unter mysteriösen Umständen entführt wurde. Der Vater setzte sich mit diesem Zauberbergschloss ein Denkmal – ein

Bau- und Stilmix aus Villen, Wasserbecken, Terrassen und Tempeln. Bauzeit: 28 Jahre, Fertigstellung 1947. Nach Hearsts Tod fiel der Palast 1951 an den Staat. Geschmack hin, Geschmack her – die Aussicht von hier oben und der Supepool sind eine Wucht!

 **Hearst San Simeon State Historical Monument**
750 Hearst Castle Rd. (ab Hwy. 1)
San Simeon, CA 93452-9741
✆ (805) 927-2020 oder 1-800-444-4445 (Reservierungen)
Fax (805) 927-2041
www.hearstcastle.org
Führungen März–Okt. tägl. 8–18 Uhr, Okt.–Feb. Mo–Fr 9–17, Sa/So 9–15 Uhr, $ 20–30/10–15
Unbedingt reservieren.

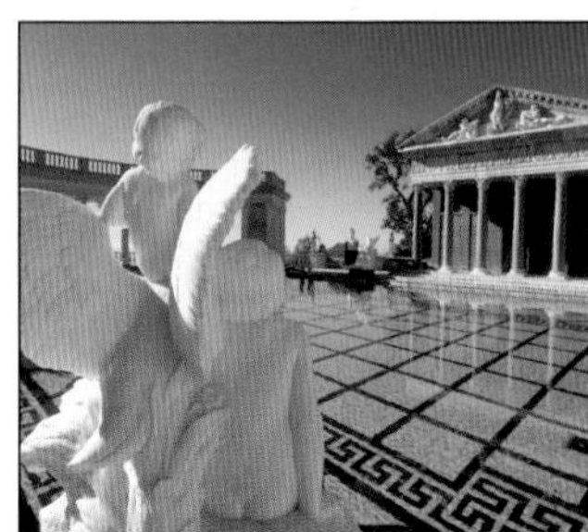

Der Superpool von Hearst Castle in San Simeon

⑩ Santa Barbara

Am späten Nachmittag, wenn die Hänge der Santa Ynez Mountains langsam lila zu schimmern beginnen, taucht die Sonne die Strände in betörendes Licht. Das lässt sich am besten am East Beach beim Cabrillo Bathhouse genießen, wo man an der frischen Luft sitzen, Kaffee trinken und den Volleyballspielern zusehen kann, wenn man nicht am Wasser entlang Richtung Steilküste laufen möchte. Je nach Tageszeit und Wasserstand schafft man es trockenen Fußes um die Felsnase herum bis zum Butterfly Beach in Montecito. Auch in umgekehrter Richtung lockt meernahe Entspannung: zwischen Stern's Wharf und dem Jachthafen, wo es zur Happy Hour meist munter zugeht.

Viele halten Santa Barbara für die kalifornischste Stadt. Tatsächlich bringt sie durch Größe, Topographie und Stadtbild spanisch-mediterrane Kultur und arkadische Gestalt auf einen Nenner. Alles »Amerikanische« ist ihr weitgehend fremd: Wolkenkratzer, aufdringliche Reklameschilder und Freewaykreuzungen. Statt dessen prägt der gefällige Santa-Barbara-Look das Straßenbild, eine Mischung aus nachgebauter spanischer Kolonialarchitektur und mexikanischen und maurischen Einflüssen.

Was sie ästhetisch zusammenhält, sind die roten Terrakottaziegel und die getünchten Putzwände, deren warme Erdtöne je nach Sonnenstand die Farbe wechseln und eine beruhigende Wirkung ausstrahlen.

Das war nicht immer so. Denn bis zum Ende des 19. Jahrhunderts war das 1782 als spanisches Presidio gegründete Santa Barbara den diversen Zeiteinflüssen keineswegs verschlossen. Erst nach dem Erdbeben von 1925 kam die städtebauliche Wende. Die ruinierte Altstadt stellte die Stadtväter vor die Wahl, Santa Barbara entweder im Stil der Neuzeit aufzubauen oder so, wie es seinem spanischen Erbe entsprach. Man entschied sich für den konservatorischen Weg.

Das war nicht einfach. Strenge Bauauflagen und Wachstumslimits mussten politisch und finanziell durchgesetzt, die Ansprüche von Ölindustrie, Eisenbahn und anderer Wirtschaftsbereiche in Schach gehalten werden. Wie gut, dass Santa Barbara eine finanzkräftige Gemeinde war und außerdem oft das Glück hatte, reiche Mäzene dazu zu motivieren, Geld für sanierungsbedürftige Bauten lockerzumachen. Das ist bis heute so geblieben: Das sehenswerte Arlington Theatre mit seinem minarettähnlichen Spitzturm erlebte durch Privatspenden ein glanzvolles Comeback, und die Wiederherstellung des 1782 gegründeten **El Presidio** zählt zu den zur Zeit aufwendigsten Restaurierungsprojekten Kaliforniens.

Die gediegene Ausstrahlung, ganzjährig gefördert von mildsonnigem Klima, reichem Kulturangebot und akademischem Niveau (durch die Universität in Isla Vista), hat zu einem gepflegten Lebensstil beigetragen, der lange für Santa Barbara typisch war. Doch das Umfeld der rund 90 000 Einwohner wurde einer kräftigen Verjüngungskur unterzogen. Zahlreiche neue Hotels und Bed & Breakfast Inns, Szene-Restaurants, Kaffeehäuser und Bäckereien sprechen dafür. Vom Patio zum Straßencafé: Dieser Trend deutet an, dass sich die mittlere Generation und die der Pensionisten mehr und mehr aus der Stadt zurückgezogen haben, um ihren Erben ebenso wie den meist gutdotierten Studenten das Dolce vita zu überlassen.

Wenn man über den **Cabrillo Boulevard** in die Stadt kommt, liegt es nahe, sich zunächst auf **Stern's Wharf** die Beine zu vertreten. Der Pier, 1872 erbaut, war lange Zeit der dienstälteste an der Westküste, bis ein verheerender Brand vor ein paar Jahren seine heutige Neufassung erzwang. Die Holzplanken ebnen einen bequemen Spaziergang ins Meer hinaus, flankiert von Shops und Restaurants und mit einem Rundumblick auf Strand, Stadt und Berghänge.

Noch eindrucksvoller zeigt sich die Stadt der roten Dächer vom Turm ihres berühmtesten profanen Bauwerks, des **County Court House**. In diesem neospanischen, mit maurischen Stilelementen dekorierten Schmuckstück verbinden Treppenhäuser und Gänge die Räume des elegant ausgestatteten Interieurs aus Wandfresken, bemalten Decken, eisernen Leuchtern, Fliesenkunst und geschnitzten Türen. Auch die Natur nimmt an dieser Inszenierung teil – die üppig-tropischen Gärten ebenso wie die penibel manikürten Rasenflächen, die zur Lunchzeit von schwatzenden, mümmelnden und nuckelnden Mittagspäuslern in Beschlag genommen werden.

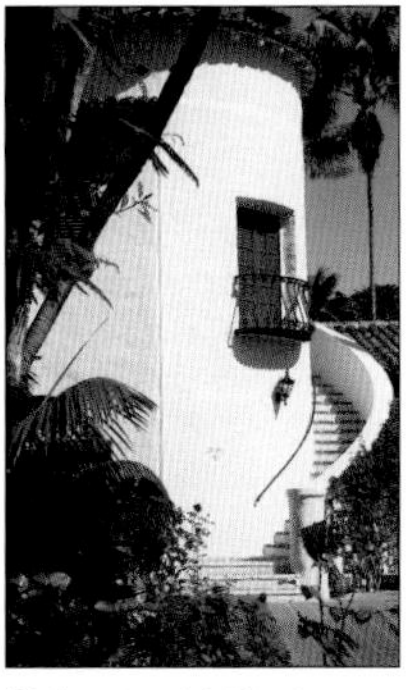

Vielerorts wirkt Santa Barbara wie ein mediterranes Paradies auf Erden

Da das Parken in der Innenstadt einfach und weitgehend kostenlos ist, sollte man den Wagen in der Nähe von State Street abstellen und sich zu Fuß auf dieser eigentlichen Hauptstraße des Ortes umsehen. Ab und zu zweigen gefällige Seitenausläufer in Form kleiner Arkadengänge und Innenhöfe ab: **La Arcada** oder die beiden Paseos (**El Paseo** und **Paseo Nuevo**) etwa, mit kleinen Läden, Blumenständen, Cafés und Restaurants. Plätschernde Brunnen und Vogelgezwitscher vereinen sich zu kalifornischen Wohlklängen, bei denen man leicht die Zeit vergisst.

In der zweiten Reihe sozusagen liegen einige bauliche Oldies der Stadt. **Lugo Adobe** (116 E. De La Guerra St.) versteckt sich hinter einer eisernen Eingangspforte rund um einen malerischen Innenhof und dient heute als Unterkunft für verschiedene Künstlerstudios und Büros – ein Ort der Ruhe. Gleich an der nächsten Ecke versammelt sich hinter dem Historischen Museum ein Ensemble alter Baudenkmäler: die **Casa de Covarrubias** von 1817 (715 Santa Barbara St.), angrenzend an einen beschaulichen Innenhof und neben der **Historic Adobe** (1836). Am Komplex des **Presidio State Historic Park** und dem **Lobero Theatre** (33 E. Canon Perdido St.) vorbei gelangt man zurück zur State Street.

REGION 2 Pacific Coast Highway

Santa Barbara Visitor Information Center
Cabrillo Blvd. & Garden St.
Santa Barbara, CA 93101
✆ (805) 965-3021 oder 1-800-927-4688
Mo–Sa 9–17, So 10–17 Uhr
Stadtpläne, Broschüren, Infos.

Presidio Santa Barbara

Service & Tipps:

Downtown Waterfront Electric Shuttle
Elektrobus, der in kurzen Abständen für ein paar Cents die State Street auf und ab fährt.

Mission Santa Barbara
2201 Laguna St.
Santa Barbara, CA 93105
✆ (805) 682-4713, 682-4149
www.sbmission.org
Tägl. 9–17 Uhr, Führungen $ 4
Die 10. Mission der Franziskaner von 1786 wurde 1812 und 1925 durch Erdbeben schwer beschädigt, danach restauriert. Messen So 7.30, 9, 10.30 und 12 Uhr.

El Presidio de Santa Barbara State Historic Park
123 E. Canyon Perdido St.
Santa Barbara, CA 93101-2250
✆ (805) 965-0093
Tägl. 10.30–16.30 Uhr, Eintritt frei, auch Führungen (nach Vereinbarung)
Spanische Festungsanlage von 1782, die letzte, die in *Alta California* gebaut wurde. Archäologie und Denkmalpflege haben die Originalgrundmauern und einen Teil der durch Erdbeben zerstörten Gebäude wieder hergestellt, allen voran den schönen Innenraum der **Presidio Chapel**. Ebenso in neuem Glanz: **El Cuartel**, die Wachstube von 1788.

County Courthouse & Sunken Gardens
1100 Anacapa St. (Anapamu St.)
Santa Barbara, CA 93101
✆ (805) 962-6464
Mo–Fr 8–17, Sa/So 10–16.30 Uhr, kostenlose einstündige Führungen Mo–Sa 14, Mo/Di, Fr 10.30 Uhr
Fotogenes Gerichtsgebäude von 1929.

Santa Barbara Museum of Art
1130 State St. (Anapamu St.)
Santa Barbara, CA 93101-2746
✆ (805) 963-4364
Fax (805) 966-6840, www.sbmuseart.org
Di–So 11–17 Uhr, Mo geschl.
Eintritt $ 9/6
Kleines, überschaubares Kunstmuseum. Schwerpunkte: französische Impressionisten und zeitgenössische amerikanische Maler, Einzelstücke der klassischen Antike und der asiatischen Kunst. Kunstbibliothek, Museumsshop.

Paseo Nuevo
State & De La Guerra Sts.
Santa Barbara, CA 93101
✆ (805) 963-2202
Mo–Fr 10–21, Sa 10–19, So 11–18 Uhr

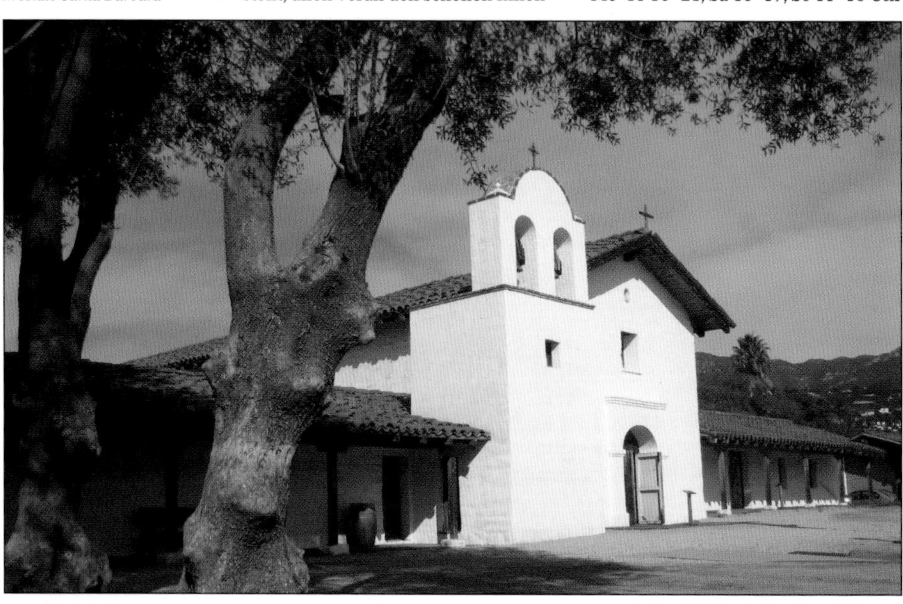

Brunnen, Passagen und Innenhöfe: Shops, Cafés, Restaurants und Kaufhäuser.

Borders Books Music Cafe
900 State St.
Santa Barbara, CA 93101-2702
✆ (805) 899-3668
So–Do 9–22, Fr/Sa 9–23 Uhr
Überwältigendes Angebot an Büchern und CDs.

Fahrradverleih (Beach Rentals)
22 State St.
Santa Barbara, CA 93101-3528
✆ (805) 966-2282
Nähe Stern's Wharf.

Cabrillo Bathhouse
1118 E. Cabrillo Blvd.
Santa Barbara, CA 93103
✆ (805) 897-2680
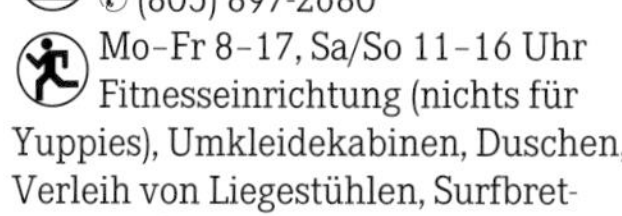
Mo–Fr 8–17, Sa/So 11–16 Uhr
Fitnesseinrichtung (nichts für Yuppies), Umkleidekabinen, Duschen, Verleih von Liegestühlen, Surfbrettern und Sonnenschirmen. Snacks.

The Brown Pelican
2981 1/2 Cliff Dr. (Arroyo Burro Beach), Santa Barbara, CA 93109
✆ (805) 687-4550
Bei einem Ausflug nach Arroyo Burro Beach (ca. 10 Min. vom Santa Barbara Pier nach Westen, dem Schild SCENIC DRIVE folgen) ist dieses Strandlokal ideal zum Lunch am Ozean, was in Kalifornien sehr selten möglich ist. Auch Frühstück und Dinner. $

Wine Cask
813 Anacapa St.
Santa Barbara, CA 93101
✆ (805) 966-9463, www.winecask.com
Beste kalifornisierte Küche und extensive Weinkarte. Lunch und Dinner, drinnen und draußen. $$$

Olio e Limone Ristorante
11 W. Victoria St.
Santa Barbara, CA 93101
✆ (805) 899-2699
www.olioelimone.com
Der sizilianische Koch geht mit viel Geschmack zu Werke und nicht so, wie es viele Amerikaner bei Italienern lieben. Besonders die Pasta-Gerichte sind attraktiv. Die Weinauswahl erreicht nicht ganz das Niveau der Küche. $$-$$$

Arigato Sushi
1225 State St.
Santa Barbara, CA 93101
✆ (805) 965-6074
Liebling der *locals*, denn nicht nur das *Halibut carpaccio* und die *Arigato roll* sind Spitze. Beste Sushi Bar in Santa Barbara. $$-$$$

Brophy Bros. Clam Bar & Restaurant
119 Harbor Way (At the Breakwater)
Santa Barbara, CA 93101
✆ (805) 966-4418
Fangfrisches aus dem Meer. Cocktail- und Austern-Bar. Probieren Sie *cioppino – a California fish stew* oder eine *New England clam showder*. $-$$

La Super-Rica Taqueria
622 N. Milpas St.
Santa Barbara, CA 93103
(805) 963-4940
Mexicatessen – in einem unscheinbaren Schuppen an Milpas St., der vitalen Arterie der Latino-Arbeiter in Santa Barbara. $

Soho Restaurant & Music Club
1221 State St. (1. Stock)
Santa Barbara, CA 93101-2648
(805) 962-7776,
www.sohosb.com
Appetizers, Drinks, Live-Entertainment – bunt gemischt: u. a. B & B, *Latin-funk-soul,* Blues, Rock, *Afro-Cuban Salsa,* Mo Jazz.

Blumen, Brunnen und Arkaden begleiten das Dolce vita in Santa Barbara

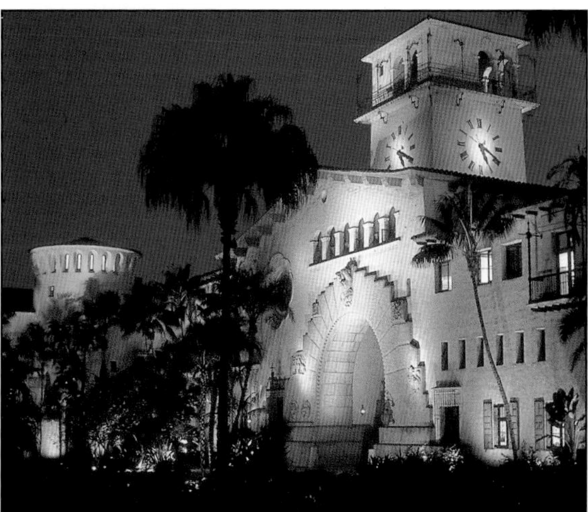
Santa Barbara County Court House

⓫ Santa Cruz

Erst ein Pueblo rund um die Plaza der Missionskirche (1791), dann ein wichtiges Handelszentrum für die umliegenden *ranchos* und ein Seehafen für den Holztransport, schließlich eine abwechslungsreiche, in ihren Ausmaßen wohltuend übersehbare Universitätsstadt mit heute 54 600 Einwohnern – so liest sich der Werdegang von Santa Cruz.

Ansprechend und vielseitig bringt die Garden Mall Shops und Straßencafés, Skateboard fahrende Studenten und ruhige Rentner auf die bunte Reihe, während es am **Boardwalk** hoch hergeht. Er zählt zu den ältesten seiner Art an der Westküste, seine Anfänge – eine Reihe mietbarer Badehäuschen – reichen ins Jahr 1868 zurück. Der Pier gehört den Anglern, die an den Waschtischen gleich ihren Fang aufbereiten. Babyhaie gelten hier als Delikatesse. Die Innereien verschwinden im Schlund der im Wasser herumlungernden Seelöwen.

Service & Tipps:

ⓘ **Santa Cruz County Conference & Visitors Council**
1211 Ocean St., Santa Cruz, CA 95060
✆ (831) 425-1234 oder 1-800-833-3494
Fax (831) 425-1260
www.santacruzca.org

🏛 **Surfing Museum**
809 Center St. (Lighthouse Point), Santa Cruz, CA 95060

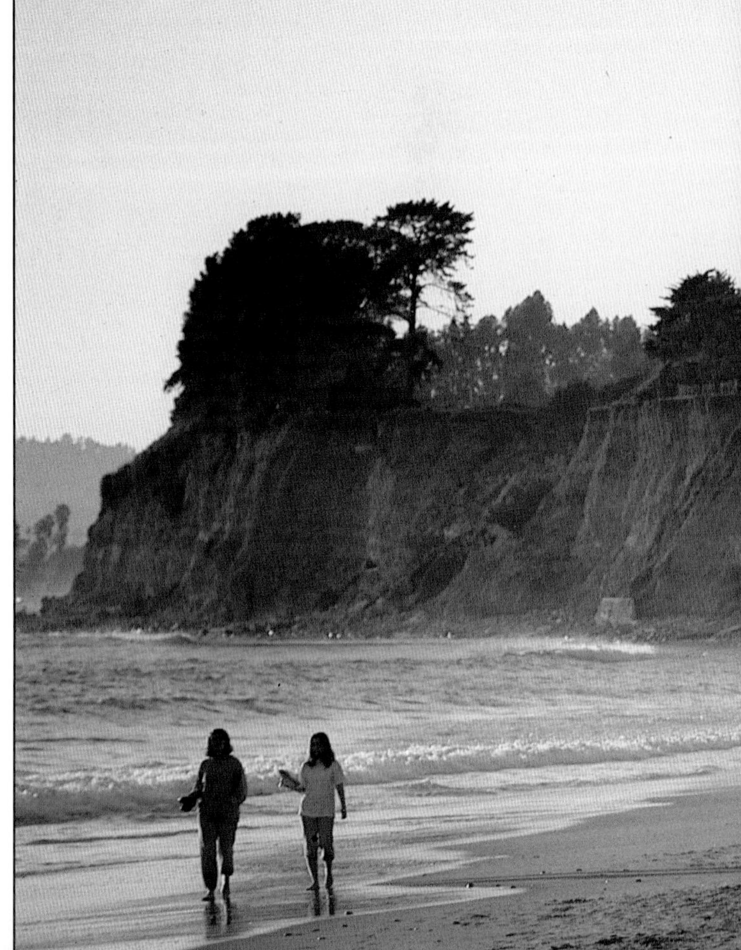

Butterfly Beach in Montecito (Santa Barbara)

✆ (831) 420-6289
Mi–Mo 12–16 Uhr, kein Eintritt
Santa Cruz, das Mekka der Surfer – das Museum im alten Leuchtturmhaus erzählt seine 100-jährige Geschichte.

Santa Cruz Boardwalk
400 Beach St.
Santa Cruz, CA 95060
✆ (831) 423-5590
www.beachboardwalk.com
Entertainment mit altmodischer Achterbahn (der hölzerne »Dipper«), Gänsehaut erzeugendem »Fright Walk« (gegenüber dem Piratenschiff; Mindestalter 13 Jahre) und Casino.

Sea Cloud Restaurant
49 B Municipal Wharf (1. Stock)
Santa Cruz, CA 95061
✆ (831) 458-9393
Frisches aus dem Meer, kalifornische Küche. Schöne Aussichten. Cocktailbar. Lunch ($) und Dinner. $–$$

Casablanca Restaurant
101 Main St.
Santa Cruz, CA 95060
✆ (831) 426-9063
Gemütliches Restaurant mit gehobener amerikanischer Küche, reiche Weinauswahl, Ozeanblick. $$

The Catalyst
1011 Pacific Ave. (Nähe Garden Mall), Santa Cruz, CA 95060
✆ (831) 423-1338
www.catalystclub.com
Musikclub und Szene-Cafeteria mit einfachen Gerichten, Bar, abends Live-Musik. $

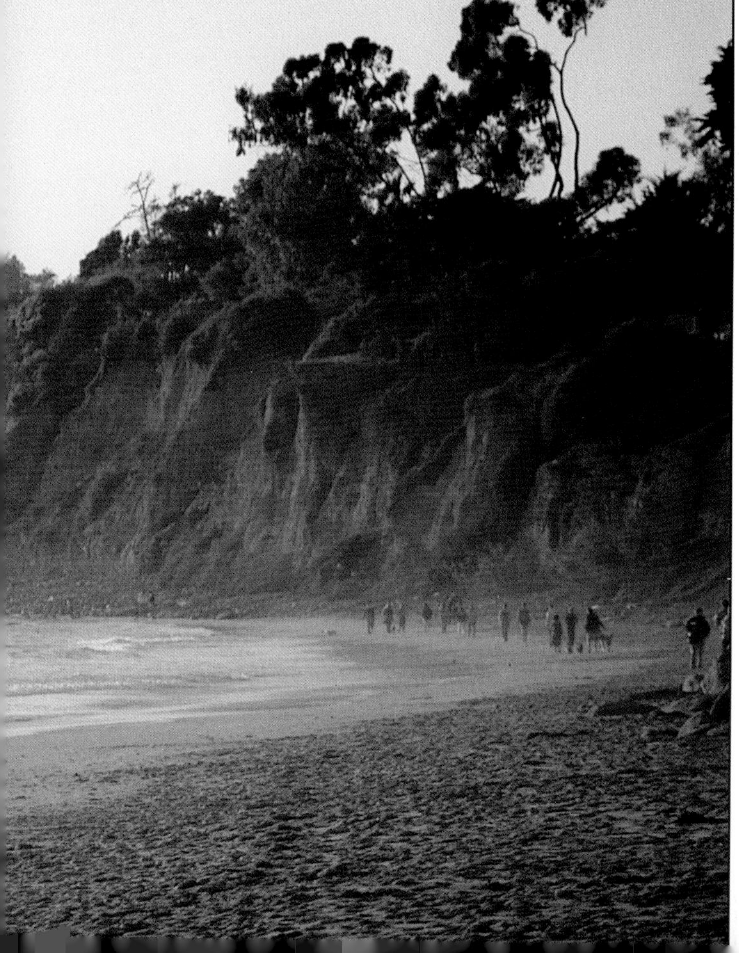

⓬ Santa Ynez Valley: Solvang, Los Olivos

Das idyllische **Santa Ynez Valley** schmücken Eichen und Obstgärten, Windräder und grasende Pferde, Ranchos, Scheunen und weiße Zäune. Ja, und Weingüter! Genau wie die Klosterkirchen sind sie den Franziskanermönchen zu verdanken, die schon im 18. Jahrhundert den lokalen Weinbau betrieben; aber spätestens seit der Prohibition (1919–33) ging es damit abwärts.

Heute zählt man um die 40 *wineries* im Tal, und Santa Barbara County ist auf dem besten Weg, ein Napa Valley II zu werden. Die wichtigsten Traubensorten sind Chardonnay, Sauvignon Blanc, Pinot Noir und Cabernet Sauvignon. Besonders beliebt ist zur Zeit der »Firestone Riesling«, der leicht, blumig und fruchtig schmeckt.

Qualitätsfördernd gilt neben günstigen Boden- und Temperaturverhältnissen der für die Westküste hier einmalige Ost-West-Verlauf des Küstengebirges, der eine optimale Südausrichtung mit sich bringt.

1911 von dänischen Immigranten gegründet, wirkt **Solvang** mit seinen Fachwerkhäusern und Windmühlen wie ein dänisches Disneyland, das vielen Amerikanern eine Europareise erspart. Hier ist man außerdem unter sich, ungestört von fremden Sprachen und Sitten, und kann sich – während am Hans Christian Andersen Shop das Mühlrad rauscht – mit Souvenirs und Süßigkeiten voll stopfen,

Das kleine **Los Olivos** hat gerade mal 812 Einwohner hinter frisch getünchten Westernfassaden, in Antiquitätenläden und Weinprobierstuben – eine niedliche *artsy craftsy town*.

Oscar-reife Weine

Kaum einer kannte das kleine Santa Ynez Valley nahe Santa Barbara und seine Weine, bis Regisseur Alexander Payne die verschlafene Gegend mit seinem Film »Sideways« auf die Leinwand brachte. Er erzählt die Geschichte des Englischlehrers und verhinderten Autors Miles, der seinem alten Collegekumpel Jack die Liebe zum Wein näher bringen möchte und mit ihm auf Sightseeingtour durch das kalifornische Weinland geht. Die Hauptrolle spielt »Pino Noir«, der Wein, den Miles liebt und von dem Jack keine Ahnung hat.

Schon haben findige Tourismusexperten das Werbepotenzial der Hollywoodproduktion entdeckt, sie vermarkten die Weine und die Originalschauplätze. Die Weinbauern frohlocken, sie verkaufen doppelt so viel Wein, sogar nach Europa; in den Restaurants hat sich der Umsatz vervierfacht; Weinflaschen und T-Shirts tragen das Sideways-Logo, und das Tourismus-Büro gibt eine Sideways-Karte heraus. Der Days Inn in Buellton, ein Billigmotel, in dem Miles und Jack übernachtet haben, ist jetzt heillos ausverkauft.

Service & Tipps:

Mattei's Tavern
Hwy. 154, Los Olivos, CA 93441
✆ (805) 688-4820
Alte, weiß getünchte Postkutschenstation (seit 1886). Amerikanische Küche: Steaks, Meeresfrüchte. Schöne alte Bar. Lunch und Dinner, aber nicht ganzjährig. Vorher anrufen. $$

Solvang Conference & Visitors Bureau
1511 Mission Dr.
Solvang, CA 93464-6144
✆ (805) 688-6144 oder 1-800-468-6765
www.solvangusa.com

Old Mission Santa Inés
1760 Mission Dr.
Solvang, CA 93464
✆ (805) 688-4815
www.missionsantaines.org
Im Sommer tägl. 9–19, sonst 9–17.30 Uhr, Eintritt $ 3
1804 von den Spaniern gegründet, die Neunzehnte im Kranz der 21 kalifornischen Missionskirchen. Durch Erdbeben und Feuer oft zerstört. Vom Original ist wenig übrig, der Nachbau umso perfekter. Mit Klostergarten und kleinem Museum.

Bit 'O Denmark
473 Alisal Rd.
Solvang, CA 93463
✆ (805) 688-5426
Frühstück, Lunch ($) und Dinner auf Dänisch (*smorgasbord* im Stil von *all-you-can-eat*), bei schönem Wetter auch draußen. $–$$

Cafe Angelica
490 First St., Solvang, CA 93463
(805) 686-9970
Nettes Bistro: frische Salate und Pasta. Hauptgerichte à la *California Cuisine*. Gute Weinkarte. Auch zum draußen Sitzen. Lunch ($) und Dinner. $$

⑬ Ventura

Am Hafen von Ventura, abgekürzt so genannt nach der lokalen Missionskirche San Buenaventura, starten die Boote in Richtung Channel Islands National Park, wo Ranger Touren durch das karge und oft nebelumwobene Terrain durchführen, in dem sich Seelöwen und Robben ungestört tummeln können. Die Stadt selbst verfügt gleich über drei schöne Strände: der am Channel Island Visitor Center am Ventura Harbor ist für alle da, Emma Wood, San Buenaventura und (ein bisschen weiter südlich) McGrath State Beach sind eher gute Adressen für Camper.

Der Santa Barbara Channel ist eine beliebte Region für Whale Watchers

Service & Tipps:

Ventura Visitors & Convention Bureau
89 S. California St.
Ventura, CA 93001
✆ (805) 648-2075 oder
1-800-483-6214
Fax (805) 648-2150
www.ventura-usa.com

Mission San Buenaventura
211 E. Main St.
Ventura, CA 93001-2691
✆ (805) 643-4318
www.sanbuenaventuramission.org
Mo–Fr 10–17, Sa 9–17, So 10–16 Uhr
Eintritt $ 1/0.50
Restaurierte Missionskirche (Bauzeit: 1782–1809) und kleines Museum mit Kunsthandwerk der Chumash-Indianer.

Greek at the Harbor
1583 Spinnaker Dr. (Ventura Harbor Village)
Ventura, CA 93001
✆ (805) 650-5350
www.greekventuraharbor.com
Meeresfrüchte, Steaks, Lammgerichte. Bar und Bauchtanz. Auch zum draußen Sitzen. Lunch ($) und Dinner. $-$$

Cafe Fiore
66 S. California St.
Ventura, CA 93001
✆ (805) 653-1266
www.fiorerestaurant.net
Beliebte Trattoria und Martini Bar mit italienischer Speisekarte, guten offenen Weinen und manchmal Live Jazz. Lunch und Dinner.
$$

Island Packers, Inc.
1691 Spinnaker Dr.
Ventura, CA 93001
✆ (805) 642-1393
Fax (805) 642-6573
www.islandpackers.com
Bootstouren zu den Inseln des Channel Islands National Park. Beispiel: Tagestour Anacapa Island hin und zurück: ca. $ 40; auch Camping- und Whale-Watching-Touren.

REGION 3
Los Angeles

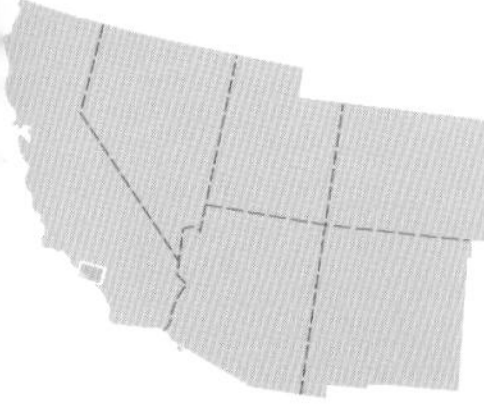

»Big Orange«

Los Angeles

El Pueblo de la Reina de Los Angeles sobre el Río de la Porciuncula – so hieß die Stadt am Anfang. Am Ende dann L.A. Kurz und bündig? Nein, im Gegenteil. Los Angeles ist wie ein gigantischer Pfannkuchen aufgegangen. Rund 13 Millionen Menschen leben hier verteilt auf einer Fläche so groß wie das Ruhrgebiet oder Schleswig-Holstein. »Los Angeles? Nein, danke!«, hört man deshalb häufig, nicht nur von Europäern, auch von Amerikanern. Sie fühlen sich überfordert und genervt von den monströsen Ausmaßen eines Siedlungsraums, in dem 168 Städte fließend ineinander übergehen, von den vielen Autos, den oft menschenleeren Straßen.

L.A. hat immer schon die Gemüter erregt und polarisiert. Die Fans feierten die Metropole der Massenkultur als goldene Beach-Boys-Welt aus Sonne, Sand und Surf, als Inbegriff des kalifornischen Traums. Kritische Geister dagegen geißeln sie als energiefressende Stadtmaschine, als einen Moloch aus Freeways und Smog, aus verstopften Verkehrs- und Atemwegen. Realisten mögen's lapidar: Millionen Angelenos können nicht irren, sagen sie. Wie auch immer. Fest steht: Die Stadt rollt ihren Besuchern keinen roten Teppich aus. In den »Big Apple«, New York, kann man, trotz seiner Größe, gleich reinbeißen. In die »Big Orange«, wie L.A. sich nennt, keineswegs. Man muss sie vorher schälen. Erst dann besteht die Chance, dass sich nicht nur Vorurteile lösen, sondern auch Energien, Innovationen, und jene Kreativität, mit der man hier von jeher Althergebrachtes ad acta legte.

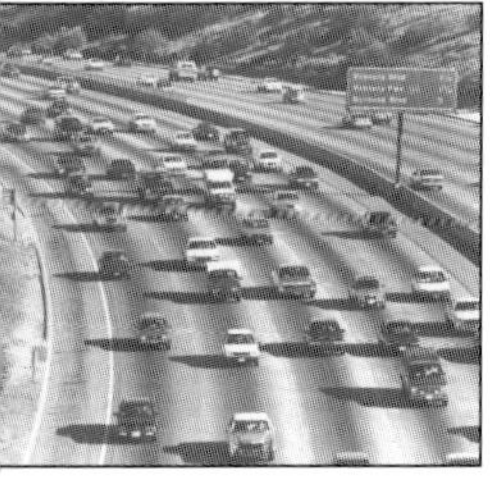

Autopia: Alltag in Los Angeles

Die Raumsonde »Viking II« brauchte fast ein Jahr für ihre 142 000 000-Meilen-Reise zum Mars. Die Einwohner von Los Angeles fahren diese Strecke jeden Tag.

»Die Hälfte aller Verrückten lebt in einem Umkreis von 50 Meilen um Los Angeles.« (Henry Truman)

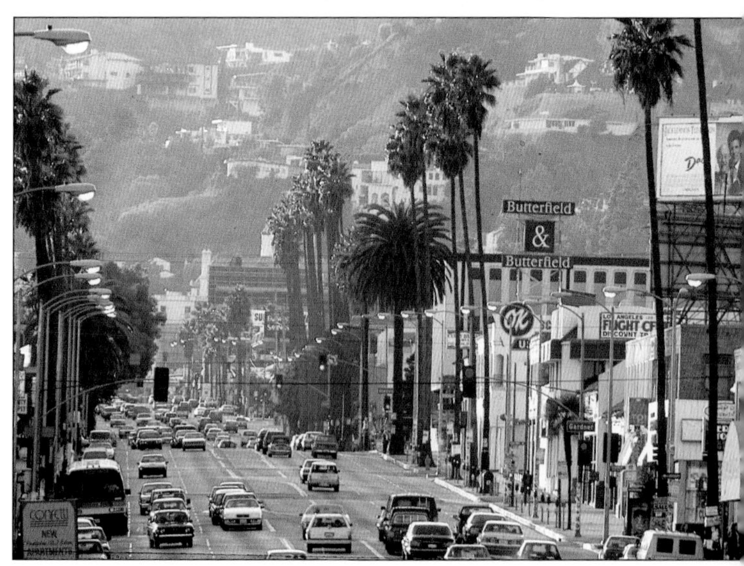

Vom Pueblo zum Pazifik erstreckt sich der Sunset Boulevard querbeet durch L.A.

Rund um die Orange

Ein Tag in L.A.

In wenigen Stunden Los Angeles kennen lernen? Eine Stadt, die zu den unzugänglichsten der Welt gehört. Da kann nur ein touristischer Kunstgriff helfen. Mal sehen!

Start: Downtown. Unterhalb des **Pershing Square** kann man parken und sich oben zu Fuß auf den Weg machen, am besten gleich durch das alte Biltmore Hotel zur Bibliothek, der **Central Library** mit ihren schönen Atrien und schattigen Gartenanlagen, kurz, zu einer Stadtbibliothek, von der wir hierzulande nur träumen können.

Je näher man (über Flower & 7th Streets) dem Broadway kommt, desto mehr verwandelt sich Los Angeles in ein modernes Ellis Island, denn er führt mitten durch die Dritte Welt: Autolärm, Rock'n'Roll, Mariachi in Stereo-Verkaufshilfen für Hifi-Elektronik. Dazwischen Schmuck und Uhren en masse, Brautkleider und Hot Dogs. Einige der alten Kinopaläste wurden bzw. werden restauriert und zu Mehrzwecktheatern umgebaut – für Kirchengemeinden, Zirkusnummern, Konzerte und andere Events: z.B. das Orpheum, das Palace oder das Los Angeles Theatre, in dem einst Charlie Chaplins »Lichter der Großstadt« Premiere feierte.

Lange das höchste Gebäude der Stadt: das Rathaus von Los Angeles

An der Ecke Broadway und 3rd Street hält einzig das **Bradbury Building** vornehme Distanz zu dieser Discountwelt: ein kühles Plätzchen, erfüllt mit einem filigranen Skelett schöner Eisentreppen – ein Traum aus Backstein und Metall. Gegenüber prunkt das **Million Dollar Theatre**, und im wuseligen **Grand Central Market** breitet sich der kalifornische Garten Eden genießbar *on display* aus. Verlässt man das Schlaraffenland durch den Hinterausgang (Olive Street), zeigt sich erneut das Marmor-Stahl-und-Eisen-L.A. von Bunker Hill. Wie Engel kann man dort hinaufschweben: via **Angels Flight**, d.h. in einem zierlichen Bähnchen, das den Höhenunterschied auf ebenso kurze wie steile Art überwindet und oben an der California Plaza landet.

Via Grand Avenue sind es nur ein paar Schritte zum renommierten **Museum of Contemporary Art** und zum derzeit wohl spektakulärsten Neubau, der **Walt Disney Concert Hall**. Über Hope Street geht es zur eleganten Freitreppe neben dem **First Interstate World Center**, dem zur Zeit höchsten Wolkenkratzer L.A.s, hinab (und zurück) zur Central Library und letztlich wieder zum Pershing Square.

Anschließend fährt man rund ums Biltmore Hotel zur 6th und dort links bis **Main Street**. Sie heißt auch *skid row*, denn sie ist eine verslumte Zeile mit Armenhotels und Missionsstationen, Junkies und Desperados, Obdachlosen, die auf der Straße liegen, *dope addicts* und *shopping cart people*, Leuten, die ihr ganzes Hab und Gut im Einkaufswagen umherschieben. Erst ab First Street verflüchtigt sich das Elend, schließlich rücken Rathaus und die L.A. Mall näher, eine artifizielle Enklave mit Bänken, Grün und plastischer Kunst. Dann rechts plötzlich ein schöner Platz: die Keimzelle der Stadt und des Pueblos, die Plaza. Hier beginnt **Olvera Street**, ein ebenso kulinarischer wie kunstgewerblicher Straßenzug im Stil von Old Mexico. So wünscht man sich hier das spanisch-mexikanische Erbe: gut gelaunt, unterhaltsam, schmackhaft und preiswert. Aber man trifft auch auf Familien von Mexiko-Amerikanern, die mit verhaltenem Stolz die Plakette in der Nähe des Gazebo lesen, auf der die Namen der elf Gründerfamilien *(Los Pobladores)* in Metall gehauen sind, jener Siedler, die am 4. September 1781 Los Angeles auf die Landkarte brachten: Indianer, Mulatten, Mestizen, Schwarze und Spanier – insgesamt 22 Erwachsene und 22 Kinder.

Keimzelle der »Big Orange«: Olvera Street

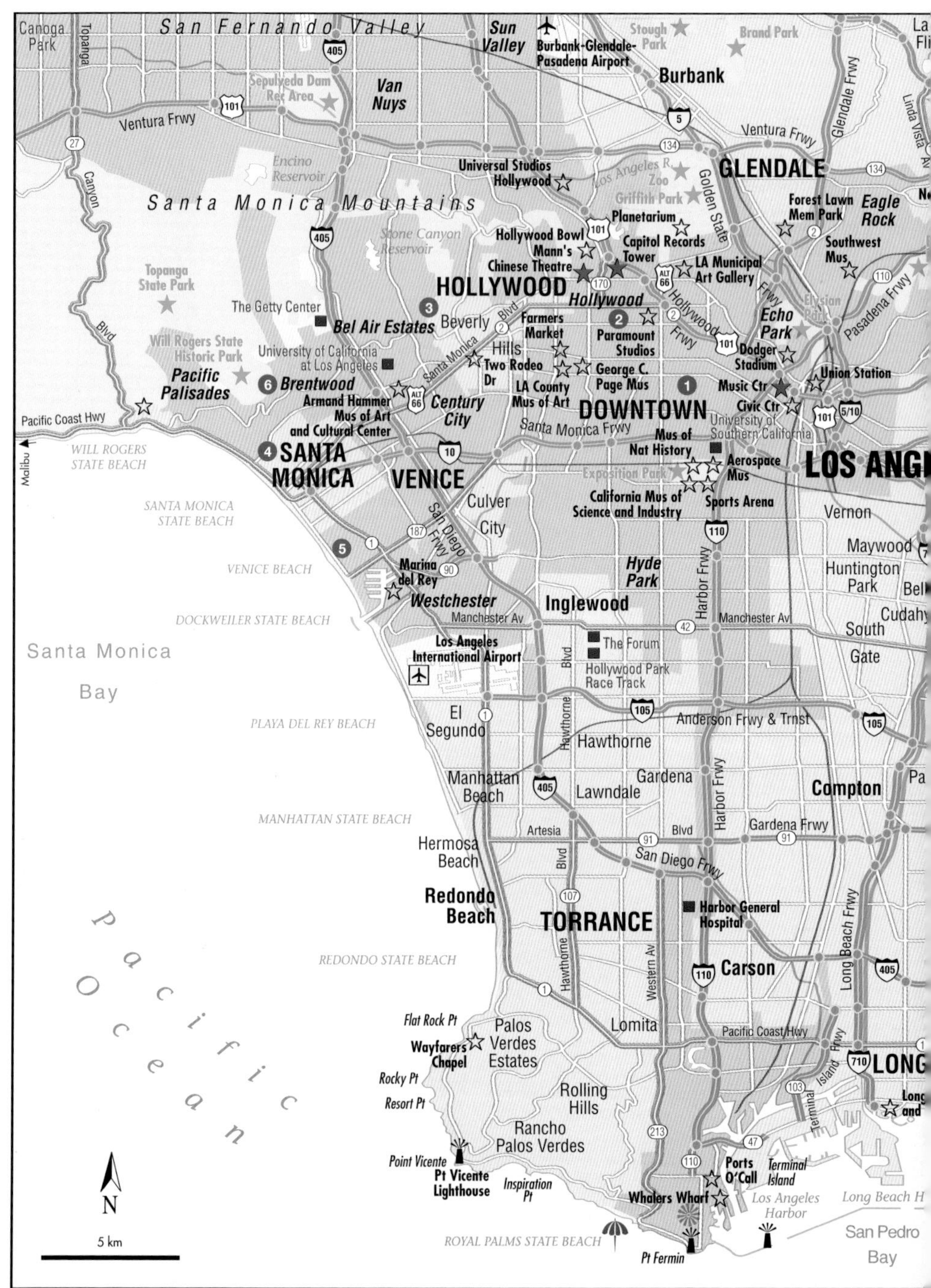
San Fernando Valley
Sun Valley
Burbank-Glendale-Pasadena Airport
Burbank
Van Nuys
Sepulveda Dam Rec Area
Ventura Frwy
GLENDALE
Universal Studios Hollywood
Zoo
Griffith Park
Santa Monica Mountains
Planetarium
Hollywood Bowl
Mann's Chinese Theatre
Capitol Records Tower
LA Municipal Art Gallery
HOLLYWOOD
Hollywood
The Getty Center
Bel Air Estates
Beverly Hills
Farmers Market
Paramount Studios
Echo Park
Dodger Stadium
Union Station
Music Ctr
Civic Ctr
Topanga State Park
Will Rogers State Historic Park
Pacific Palisades
Brentwood
University of California at Los Angeles
Two Rodeo Dr
LA County Mus of Art
George C. Page Mus
DOWNTOWN
Armand Hammer Mus of Art and Cultural Center
Century City
Santa Monica Frwy
University of Southern California
Pacific Coast Hwy
WILL ROGERS STATE BEACH
SANTA MONICA
VENICE
Mus of Nat History
Aerospace Mus
Exposition Park
LOS ANG
California Mus of Science and Industry
Sports Arena
Culver City
Vernon
SANTA MONICA STATE BEACH
VENICE BEACH
Marina del Rey
Westchester
Hyde Park
Inglewood
Harbor Frwy
Maywood
Huntington Park
DOCKWEILER STATE BEACH
Manchester Av
South Gate
Santa Monica Bay
Los Angeles International Airport
The Forum
Hollywood Park Race Track
PLAYA DEL REY BEACH
El Segundo
Anderson Frwy & Trnst
Hawthorne
Manhattan Beach
Gardena
Lawndale
Compton
MANHATTAN STATE BEACH
Artesia Blvd
Gardena Frwy
Hermosa Beach
San Diego Frwy
Redondo Beach
TORRANCE
Harbor General Hospital
Pacific Ocean
REDONDO STATE BEACH
Carson
Long Beach Frwy
Flat Rock Pt
Palos Verdes Estates
Lomita
Wayfarers Chapel
Pacific Coast Hwy
Rocky Pt
Resort Pt
Rolling Hills
Rancho Palos Verdes
Point Vicente
Pt Vicente Lighthouse
Inspiration Pt
Ports O'Call
Terminal Island
Whalers Wharf
Los Angeles Harbor
Long Beach H
ROYAL PALMS STATE BEACH
Pt Fermin
San Pedro Bay
N
5 km

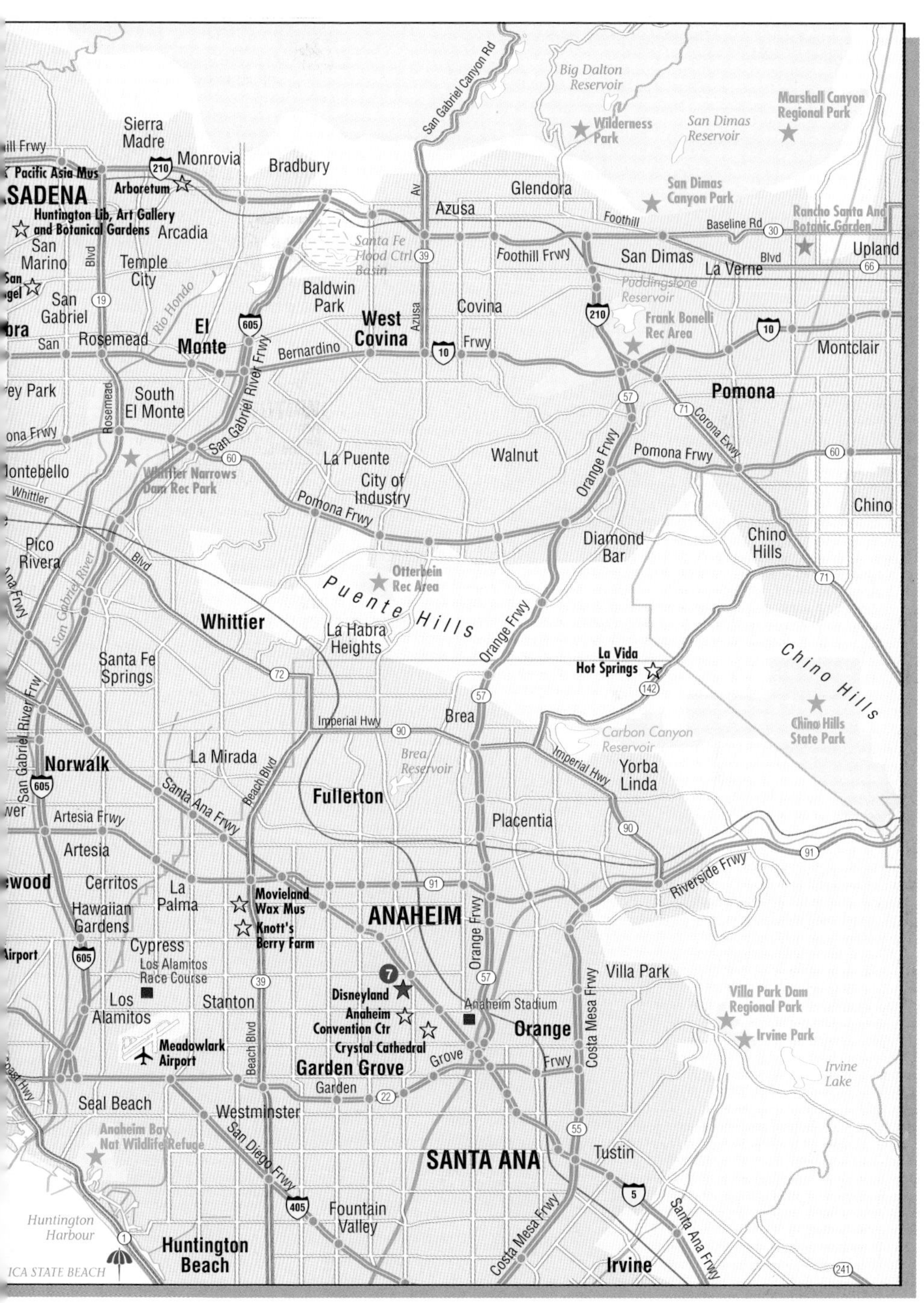
Sierra Madre
Monrovia
Bradbury
Pacific Asia Mus
PASADENA
Arboretum
Huntington Lib, Art Gallery and Botanical Gardens
Arcadia
San Marino
Temple City
San Gabriel
Rosemead
El Monte
South El Monte
Baldwin Park
West Covina
Azusa
Glendora
Covina
San Dimas
La Verne
Upland
Montclair
Pomona
Santa Fe Flood Ctrl Basin
Big Dalton Reservoir
Wilderness Park
San Dimas Reservoir
Marshall Canyon Regional Park
San Dimas Canyon Park
Rancho Santa Ana Botanic Garden
Puddingstone Reservoir
Frank Bonelli Rec Area
San Gabriel Canyon Rd
Foothill Frwy
Baseline Rd
Bernardino
Frwy
San Gabriel River Frwy
Rio Hondo
Montebello
Whittier Narrows Dam Rec Park
La Puente
City of Industry
Walnut
Diamond Bar
Chino
Chino Hills
Pomona Frwy
Corona Exwy
Orange Frwy
Pico Rivera
Whittier
Otterbein Rec Area
Puente Hills
La Habra Heights
Santa Fe Springs
La Vida Hot Springs
Chino Hills
Chino Hills State Park
Imperial Hwy
Brea
Brea Reservoir
Carbon Canyon Reservoir
Yorba Linda
Norwalk
La Mirada
Fullerton
Placentia
Santa Ana Frwy
Beach Blvd
Artesia Frwy
Artesia
Riverside Frwy
Cerritos
La Palma
Hawaiian Gardens
Movieland Wax Mus
Knott's Berry Farm
ANAHEIM
Cypress
Los Alamitos Race Course
Los Alamitos
Stanton
Disneyland
Anaheim Convention Ctr
Crystal Cathedral
Anaheim Stadium
Orange
Villa Park
Villa Park Dam Regional Park
Irvine Park
Irvine Lake
Costa Mesa Frwy
Meadowlark Airport
Garden Grove
Grove
Garden
Seal Beach
Westminster
Anaheim Bay Nat Wildlife Refuge
San Diego Frwy
SANTA ANA
Tustin
Fountain Valley
Huntington Harbour
Huntington Beach
Irvine
Santa Ana Frwy
ICA STATE BEACH

Was liegt an dieser Stelle näher, als mal eben die Straße (Alameda) zu kreuzen – für einen kurzen Blick in die schöne Bahnhofshalle von **Union Station**! Wer dort drinnen mit der Rolltreppe in den Untergrund fährt, der wird sein kleines verkehrstechnisches Wunder erleben, denn unterhalb des alten Bahnhofs liegt eine der hypermodernen U-Bahn-Stationen der neuen Metro Rail Red Line! Autokultur, Eisenbahn, Metro: Los Angeles ist dabei, allen Transportformen ein Denkmal zu setzen, und so nah wie hier kommen sie sich selten in dieser Stadt.

Mann's Chinese Theatre

Zurück zur Olvera Street, zum Parkplatz. An der Cesar Chavez Avenue nimmt links ein ganz besonderer Parcours seinen Lauf, und zwar durch Miseren und Mythen – der **Sunset Boulevard**. Glamour? Erst mal nicht. Dafür eine ziemlich schäbige Kraut-und-Rüben-Strecke voller Telefonmasten und Reklameschilder, Hütten und flacher Ziegelsteingebäude, durchwirkt von Tankstellen, Holzläden, Autowerkstätten und kleinen Apartmentkomplexen, die an den Hügeln kleben. Der Sunset eine Traumstraße? Eher ein *Boulevard of Broken Dreams*. Im Dunstkreis von Silverlake grassieren *placas* und Graffiti-Texte an den Wänden, ein koreanisches Kunst- und Selbstverteidigungsstudio taucht auf, und in der Ferne kann man HOLLYWOOD am Berghang lesen. An Fountain Avenue schließlich – an der Gabelung von Sunset und Hollywood Boulevard – gibt es den ersten optischen Leckerbissen, das liebevoll restaurierte **»Vista«**, ein Kino-Oldie im Azteken-Look.

»Muss man für die Universal Studios wirklich einen ganzen Tag rechnen?« – »Na klar, in L.A. musst du für alles einen Tag rechnen. Auch wenn du dir bloß ein Paar Socken kaufst, musst du einen ganzen Tag rechnen.«

Danach präsentiert sich der Sunset langsam feiner. Wedelnde Palmenköpfe in Reih und Glied signalisieren unmissverständlich höhere Investitionsbereitschaft für die zahlreichen Exemplare neuerer südkalifornischer Bürohaus-Architektur: sauber, glatt, einwandfrei. Nur ab und zu fährt Exotisches dazwischen, die güldenen Zwiebelaufsätze des Tempels der »Self-Realization Fellowship« zum Beispiel. Spätestens nach der Freeway-Überquerung lässt Hollywood grüßen. Griechische Gipssäulchen und anderweitig verspieltes Dekor erinnern ans Kino; CBS-Studio und Aquarius Theatre zeugen von weiteren Medien; Motels warten auf deren mobile Klientel.

An Vine Street bietet sich ein Schlenker zum **Hollywood Boulevard** an. An dieser Straßenkreuzung (Hollywood Blvd. & Vine Streets) startete einst die Traumfabrik ihren Ruhm, denn hier drehte (in einer Scheune) Cecil B. DeMille 1914 den ersten Kinofilm – »The Squaw Man«. Heute liegen hier das gute alte

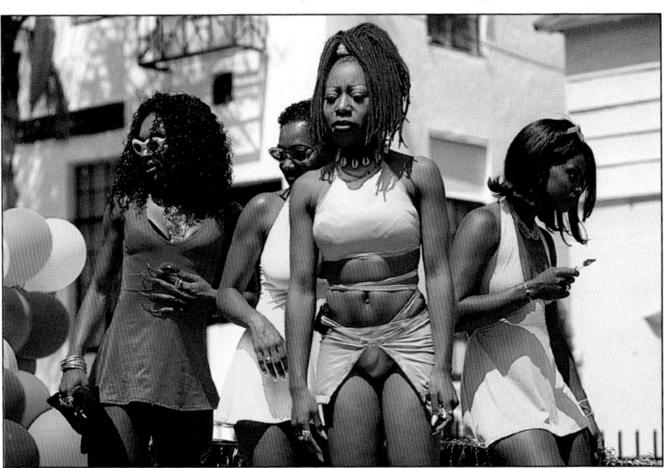

California Crazy: Straßenparade in Los Angeles

Capitol Records Building, das einem Haufen gestapelter Schallplatten ähnelt, und die Metrohaltestelle der Red Line, nicht zuletzt auch, um neuen Schwung in den angeschlagenen Ort mit dem großen Namen zu bringen. Verloren zwischen Ramschläden, Souvenirshops und Imbissbuden, muss man die Reminiszenzen des alten Hollywood nämlich wie die Stecknadel im Heuhaufen suchen: den unverwüstlichen Künstlertreff **»Musso & Frank«**, das einst berühmte Premierentheater **Egyptian Theatre**, den **»Walk of Fame«** mit seinen Messingsternen auf dem Bürgersteig, ja, und das berühmte **Mann's Chinese Theatre**.

Zurück zum **Sunset**. Er hat inzwischen an Leben gewonnen: mengenweise, meist von *gays* frequentierte Motels, Guitar Shops, Palmen und Punker. Als Monument kalifornischer Autokultur zieht rechts der **Sunset Car Wash** vorbei, mehr ägyptisches Grabmal als Waschanlage. Ab Crescent Heights beginnt der **»Strip«**, der nur rund eine Meile lange Teil des Boulevards, der durch die TV-Krimiserie »77 Sunset Strip« berühmt wurde. Geschickt postierte *billboards*, riesige Reklametafeln dominieren diese Bilderschlucht: Augenfutter zum raschen Verzehr.

Ansonsten machen ein paar Straßencafés mit Schickimicki-Gästen, Musikclubs und der gut sortierte Plattenladen von Tower Records die Highlights der Sunset-Achse durch **West Hollywood** aus. Dieser Stadtteil hat traditionell einen hohen Prozentsatz an Leuten, die spürbar anders sind als der Durchschnitts-Angeleno, hauptsächlich Schwule und ältere russische Juden, die meist unter sich bleiben, um Karten oder Domino zu spielen.

Achtung beim Telefonieren: in L.A. werden die diversen Area Codes (z.B. 213 oder 310) stets mitgewählt!

Ab **Doheny Drive**, bei der Einfahrt nach **Beverly Hills**, muss sich der Sunset plötzlich benehmen und angesichts der feinen Gefilde ein besseres Outfit zulegen. Er trägt jetzt grün, macht sich breit und schafft sich einen Mittelstreifen an. Mauern und Hecken erlauben flüchtige Blicke aufs Wohnen im Paradies. Doch nur an den Bushaltestellen sieht man lebende Wesen: mexikanische Gärtner, Kindermädchen und Haushälterinnen.

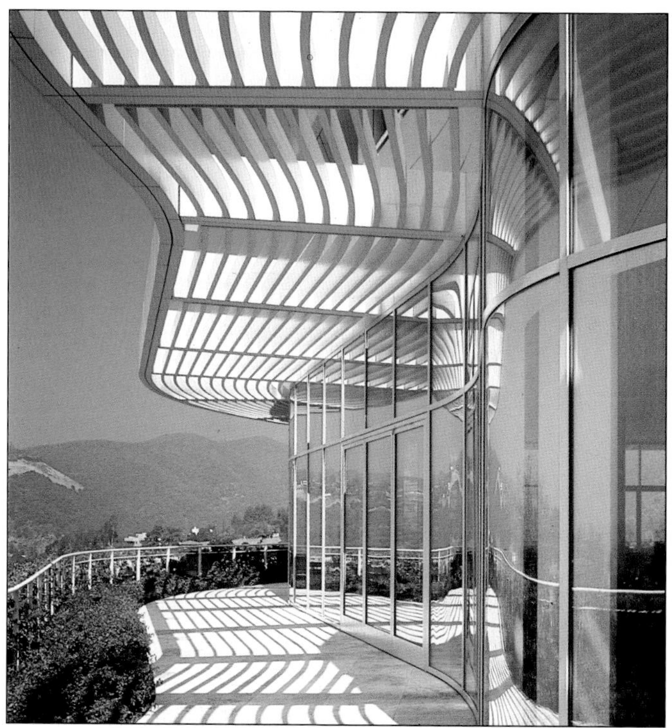

Richard Meiers Getty Center in Brentwood

Vor dem pinkfarbenen Beverly Hills Hotel liegt ein kurzer Abstecher links über den **Rodeo Drive** nahe, der, bevor er sich als feinste Einkaufsstraße der Westküste entpuppt, ein Potpourri baulicher Stilblüten bietet: schnuckelige Hexenhäuschen, Villen mit klassizistischen Säulen, andere im Hazienda-Look oder als plastischer Mix aus Antonio Gaudí, Jugendstil und Buttercremetorte. Überall zeigt man Laune am Bau, pralle Brieftaschen, aber nicht immer Geschmack. Eklektizismus, wohin man sieht: Man kauft, reißt ab und baut neu. Als Nonplusultra des Immobiliengeschäfts gilt zur Zeit das »Platin-Dreieck« zwischen

Beverly Hills, Bel Air und Holmby Hills. Hier wuchert das neue Geld der TV-Produzenten, Talkshow-Masters und des Sultan-Clans aus Brunei. Ein paar der älteren Anwesen stammen noch aus der Frühzeit Hollywoods, als man sich seine Villa von Studiohandwerkern bauen ließ. Kein Wunder, dass die meisten wie Filmkulissen aussehen.

Jenseits vom Santa Monica Boulevard beginnt die hochkarätige Konsummeile des Rodeo Drive, dessen Preisniveau man schon den geparkten Karossen ansehen kann - Mercedes, BMW und RR haben die Nase vorn. Auch Porsches mit schwarzen »BHs«, ledernen Überzügen über den Scheinwerfern. Sehenswert auf jeden Fall: das geschmackvolle Shopping Center der **Rodeo Collection** und das des Two Rodeo Drive.

Der Kreis schließt sich wieder am Sunset, der sich von nun an kräftig in die Kurve legt. Der streng bewachte Eingang zum Nobelviertel Bel Air passiert Revue, und kurze Zeit darauf schimmern hinter Eukalyptusbäumen die Sportanlagen, Studentenheime und sonstigen Gebäude der **Universität von Kalifornien in Los Angeles (UCLA)**. Das nächste Highlight leuchtet von rechts: eine lichte feste Burg hoch oben über dem San Diego Freeway, das **Getty Center**, das zur Zeit neueste, größte und teuerste Kunstmuseum der Welt. Baukosten des Marmorpalasts: 1 Milliarde Dollar, gebaut vom New Yorker Star-Architekten Richard Meier.

Im angrenzenden **Brentwood** wohnt es sich gepflegt, während an der Straße die Spielarten des *California living* vorüberstreifen: Bungalows mit Vogelgezwitscher, Oleander und Bougainvilleen. Gerade **Pacific Palisades** pflegt so sein Image als Riviera-Replik. Hier lag einst das »Weimar der Westküste«, das Refugium deutschsprachiger Exilanten mit den Häusern von Lion Feuchtwanger, Thomas Mann und Arnold Schönberg, die hier vor und während des Naziregimes lebten.

Schließlich sinkt der Sunset dem Meer zu Füßen. Der Highway One, auf den er hinausläuft, führt hart am Wasser nach Santa Monica. Kurz vor dem Pier sollte man sich rechts einordnen für die Ausfahrt Ocean Avenue. In seiner Nähe liegt eins der besten Shopping Center in L.A., **Santa Monica Place**, und vor dessen Haustür eine der belebtesten Straßen der West Side, die **Third Street Promenade** mit originellen Boutiquen, Cafés und bunter Straßenunterhaltung.

Über die schicke Main Street in Santa Monica gelangt man zuletzt nach **Venice** und zum **Ocean Front Walk**, dem Dorado der Ausgeflippten, das sich an manchen Wochenenden zur unbestrittenen Hauptstraße von *California crazy* steigert. Alles geht hier, zu Fuß und auf Händen, auf rollenden Schuhen, Brettern und Rädern, gestylt und geföhnt, zerzaust und halbnackt. Venice, California: Himmelreich für Hedonisten. Aber auch für solche, die sich schinden, allen voran die Muskelmänner in *muscle beach*. Die zahllosen Jogger und Radler verraten, dass Körperkult hoch im Kurs steht. Fit sein ist schon was, fit aussehen aber besser, sogar besser als ein dickes Bankkonto, denn das kann man nicht sehen. Glück, Erfolg - in Kalifornien reicht es nicht, dass man es hat. Man muss es sehen können.

Service & Tipps:

Ⓤ **Metro Rail/Los Angeles**
✆ 1-800-266-6883
Die jüngste Metro in den USA braucht sich hinter ihren Vorläufern in New York, Washington, Atlanta oder San Francisco keinesfalls zu verstecken: sie ist schnell, sauber, sicher und billig. Eine Besichtigung lohnt durchaus und auch, z.B. ein Stück auf der Metro Red Line (zwischen Wilshire Blvd./Western Ave. und Union Station; tägl. 4.45-23.15 Uhr) zu fahren - etwa zwischen Union Station und Pershing Square. Außerdem gibt es Verbindungen zwischen Downtown (7th St./Metro Center) und Long Beach (Fahrzeit 55 Minuten) sowie dem San Fernando Valley und Hollywood. Neben der Haltestelle Pershing Square ist das Design von Hollywood/Highland besonders originell: ein riesiger Walfischbauch aus Stahlrippen. Leider ist der Zuspruch der autoverliebten Angelenos nicht so, wie erwartet, so dass das Streckennetz kleiner als ursprünglich geplant ausfallen wird.

ⓘ **Los Angeles Visitors Information Center**
685 S. Figueroa St.
(Downtown, zwischen Wilshire Blvd. & 7th St.)
Los Angeles, CA 90017
✆ (213) 689-8822
Mo-Fr 8-17, Sa 8.30-17 Uhr
Karten, Broschüren und Infos aller Art, auch auf Deutsch.

❶ Downtown

Aus der Ferne zeichnet sich die Kontur von Downtown meist matt und dunstig ab, erst durch Annäherung gewinnt sie an Schärfe. Trotz jahrzehntelanger Bemühungen, Downtown zum urbanen Zentrum des Siedlungsteppichs L.A. zu machen, sind die Erfolge bis heute allenfalls bruchstückhaft. Daran wird auch die neue Disney Concert Hall wenig ändern, die ausdrücklich den Nebeneffekt haben soll, Downtown aus dem kulturellen Dornröschenschlaf wach zu küssen. Vermutlich wird das nichts bringen, dafür sorgen auch in Zukunft die Zentrifugalkräfte dieser Stadtanlage.

El Pueblo de Los Angeles State Historic Park
125 Paseo de la Plaza
Los Angeles, CA 90012
✆ (213) 628-1274
Führungen Di–Sa 10–13 Uhr zu jeder vollen Stunde
1930 restaurierter Gründungsbezirk der Stadt mit historischen Bauten, mexikanischen Restaurants und Kunstgewerbeshops an der **Olvera Street**. Sehenswert: die **Old Plaza Church, Avila-Adobe** (1818), **Pico House** (der ehemalige Gouvereurspalast von 1870, 430 N. Main St.), **Merced Theatre** (420 N. Main St.) und der Backsteinbau des **Old Plaza Firehouse** (1884).

Los Angeles Central Library
630 W. 5th St. (Grand Ave., Flower & 6th Sts.)
Los Angeles, CA 90071
✆ (213) 228-7000, Fax (213) 289-7069
www.lapl.org/central
Mo–Do 10–20, Fr/Sa 10–18, So 13–17 Uhr
Öffentliche Bibliothek, von der europäische Stadtbüchereien nur träumen können. Der eklektische, aus byzantinischen, ägyptischen, römischen und Art-déco-Stilelementen komponierte Bau von 1930 wurde nach dem großen Brand von 1986 aufwendig renoviert und durch einen lichtdurchfluteten Neubautrakt doppelt so groß wie früher. Sehenswert im Altbau ist vor allem die zentrale Rotunde mit Wandmalereien zur Geschichte Kaliforniens und diversen Skulpturen.

Die Ausstattung der Bibliothek ist edel und großzügig – üppige Ledersessel in den Sitzecken, schlichte schöne Holzbänke in den Gängen, viele PC-Arbeitsplätze mit Abspielgeräten für Videos und CDs.

Million Dollar Theatre
307 S. Broadway
Los Angeles, CA 90013
✆ (213) 473-0720
Ebenso wie das Chinese Theatre von Sid Grauman erbaut (1918 für 1 Mill. Dollar), heute geschlossen, nachdem es kurzfristig als Kirche genutzt wurde.

Bradbury Building
304 S. Broadway
Los Angeles, CA 90013
✆ (213) 626-1893
Sehenswerter Stahl- und Backsteinbau von 1893 mit lichtdurchflutetem Atrium. Architekt: George H. Wyman.

Union Station
800 N. Alameda St. (Downtown)
Los Angeles, CA 90012

Walt Disney Concert Hall, Los Angeles. Architekt: Frank O. Gehry

✆ (213) 683-6875
Bahnhof von 1939 (der letztgebaute der Union Stations in den USA), ein eigenwilliger Stilmix aus spanischer Missionsarchitektur und maurischen Anklängen, mit üppiger Kassettendecke, Marmorboden und schönen Wandkacheln. Eine Art Museum des Eisenbahnzeitalters, denn trotz der AMTRAK-Züge und der darunter liegenden U-Bahn ist das Menschengewusel der frühen Jahre abgeflaut. Dafür ist im Untergrund der Metro-Station mehr los.

Walt Disney Concert Hall
111 S. Grand Ave. (Downtown)
Los Angeles, CA 90012
✆ (213) 972-7211
www.visitlosangeles.com
Die vom Stararchitekten Frank O. Gehry konzipierte Konzerthalle (Ende 2003 eröffnet) dient den Heimspielen des Los Angeles Philharmonic Orchestra.

The Museum of Contemporary Art (MOCA)
250 S. Grand Ave. (California Plaza)
Los Angeles, CA 90012
✆ (213) 626-6222, www.moca-la.org
Mo 11–15, Di/Mi geschl., Do 11–20, Fr 11–17, Sa 11–18 Uhr, Do Eintritt kostenlos, sonst $ 8/5
Farbiger Sandsteinbau von Arata Isozaki (1986) mit mattweißen Oberlichtern über den unterirdischen Ausstellungsräumen. Der 23-Mill.-Dollar-Bau ist komplett privat finanziert und verwaltet. Ausstellung von Werken amerikanischer Künstler von 1940 bis heute. **Patinette Café** gut für ein *lunch al fresco*.

Los Angeles County Museum of Art (LACMA)
5905 Wilshire Blvd.
Los Angeles, CA 90036
✆ (323) 857-6000, www.lacma.org
Mo/Di, Do 12–20, Fr 12–21, Sa/So 11–20 Uhr, Mi geschl., Eintritt $ 9/5
1964 von William Pereira erbaut. Die Sammlung reicht von der Antike bis zur Moderne. Die Kunst des 20. Jh. ist im eindrucksvollen Anderson-Flügel untergebracht. Cafeteria mit Blick auf den exotischen Pavilion of Japanese Art; gut sortierter Museumsshop.

Grand Central Market
317 S. Broadway (3rd. St.)
Los Angeles, CA 90013
✆ (213) 624-2378
www.grandcentralsquare.com
Tägl. 9–18 Uhr
Der quirlige Lebensmittel- und Imbissmarkt, der die Angelenos schon seit 1917 versorgt, ist nach seiner Renovierung noch schöner geworden.

Campanile
624 S. La Brea Ave.
Los Angeles, CA 90036
✆ (323) 938-1447
Der ansehnlich renovierte Bau, der einmal Charlie Chaplin gehörte, besitzt eine der besten kalifornisch-mediterranen Küchen von L.A. und ein besonders romantisches Ambiente. Reservierung empfohlen. (Nebenan: die beliebte **La Brea Bakery**.) $$$

Clifton's Cafeteria
648 S. Broadway (Nähe 7th St.)
Los Angeles, CA 90014
✆ (213) 627-1673
www.cliftonscafeteria.com
Elegante Cafeteria im Ambiente der 1930er Jahre. Lunch und Dinner. $

Farmers Market
6333 W. Third St. (Fairfax Ave.)
Los Angeles, CA 90036
✆ (323) 933-9211
www.farmersmarketla.com
Mo–Fr 9–21, Sa 9–20, So 10–19 Uhr
Ein Tischlein-Deck-Dich mit Kulinaria aus aller Welt (Slogan: *A World of Taste All in One Place*): Markt, Restaurants, Geschäfte. 3 Std. kostenloses Parken.

REGION 3
Los Angeles

L.A. Glitz:
Disney Concert Hall
Als Frank O. Gehry, inzwischen weitweit gefeierter Stararchitekt, in den 1970er Jahren sein kleines Eigenheim in Santa Monica mit Maschendraht und schrägen Eisenstangen mutig verfremdete, wollten ihn die Nachbarn am liebsten aus der Stadt jagen. Die Zeiten haben sich geändert. Heute blickt die ganze Welt bewundernd auf seinen neuesten Geniestreich mitten in Los Angeles – auf die schimmernde Stil- und Stahlblüte der neuen Walt Disney Concert Hall.

❷ Hollywood

Grauman's Chinese Theatre
6925 Hollywood Blvd. (zwischen Highland & La Brea Aves.)
Hollywood, CA 90028
✆ (323) 464-8111, Kinoticket $ 10/7
Exotik am Bau betreibt der von Sid Grauman 1927 entworfene und inzwischen legendäre Kinopalast – draußen ebenso wie drinnen.

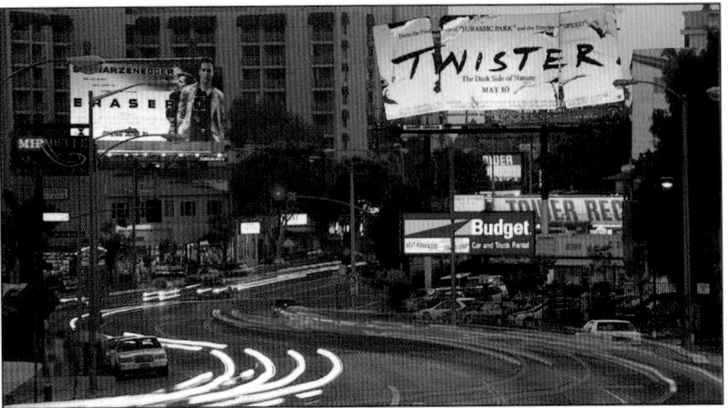

Augenfutter zum raschen Verzehr bietet die Bildergalerie am Sunset Boulevard in Hollywood

Beverly Hills, eine Stadt für sich, die mit der territorialen Umarmung durch L.A. nichts zu tun haben will, ist das Shangri-La der Superreichen mit rund 35 000 Einwohnern, 33 000 Bäumen und den meisten Gärtnern pro Kopf in den gesamten USA. Wie sagte Jean Cocteau? »Ein Mensch zu Fuß ist suspekt.« Tatsächlich, so manch gutgläubiger Tourist, der sich hier nur mal die Beine vertreten wollte, endete in polizeilichem Gewahrsam.

Petersen Automotive Museum
6060 Wilshire Blvd.
Los Angeles, CA 90036
✆ (323) 964-6356 oder (323) 930-2277
Di–So 10–18 Uhr, Eintritt $ 10/3
Traumhafte Oldtimer und ein **Discovery Center**, das Lehrgänge durch die Autokultur vermittelt, die L.A. von jeher mehr geprägt hat als jede andere Stadt der Welt.

Tower Records
8801 W. Sunset Blvd.

(Hollywood)
Los Angeles, CA 90069
✆ (310) 657-7300
www.towerrecords.com
Tägl. 9–24 Uhr
Erstklassiger Musikladen (auch Videos und Bücher).

Musso & Frank Grill
6667 Hollywood Blvd. & Cherokee Ave.
Los Angeles, CA 90028
✆ (323) 467-7788
Seit 1919 Institution in Hollywood, lange Treff von Autoren und Musikgurus. Exzellentes vom Grill. Lunch und Dinner. So/Mo geschl. $$–$$$

Moun-Of-Tunis Restaurant
7445 1/2 Sunset Blvd. (Nähe Gardner Blvd., Hollywood)
Los Angeles, CA 90046
✆ (323) 874-3333
www.mounoftunisrestaurant.com
Exzellente marokkanische und tunesische Gerichte – oft mit Bauchtanz. $$–$$$

Yamashiro's Restaurant
1999 N. Sycamore Ave. (Franklin Blvd.)
Hollywood, CA 90068
✆ (323) 466-5125
Japanisches Restaurant in einer am Hang klebenden Pagode: tolle Aussichten auf die Stadt bei Sonnenuntergang und einem Drink.
$$–$$$

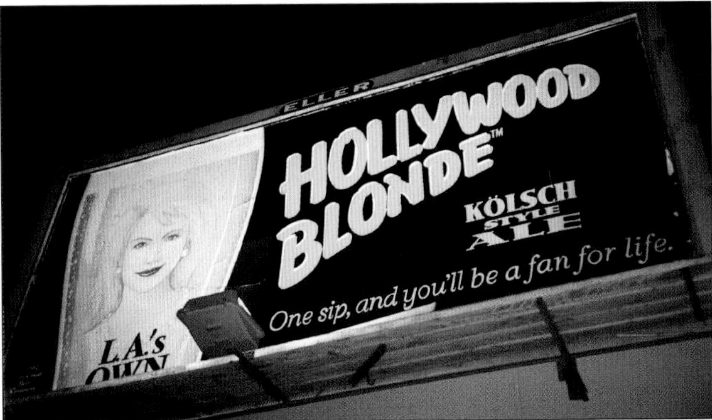

Cologne Goes Hollywood: Bierwerbung in L.A.

The Roxy Theatre
9009 W. Sunset Blvd.
West Hollywood, CA 90069
✆ (310) 276-2222, tägl. 10–2 Uhr
Seit der Eröffnungsnacht 1973 mit Neil Young nah am Geschehen – mit Musik- und Light-Shows, David Bowie und Bon Jovi eingeschlossen. Namhafte Gruppen: Rock, Pop, Jazz. Telefonisch Anfangszeiten und Programm erfragen.

Whisky A Go Go
8901 W. Sunset Blvd. (Hollywood)
Los Angeles, CA 90069
✆ (310) 652-4202
Beliebter Musikclub. Live-Rock und Tanz. Hier erlebten »The Doors« ihren Durchbruch.

House of Blues
8430 W. Sunset Blvd. (La Cienega Blvd.)
West Hollywood, CA 90069
✆ (323) 848-5100
Exzentrischer Musikclub und Restaurant, hier spielte schon Bill Clinton Saxophon. Blues und Südstaatenküche im Einklang.

Musso & Frank Grill – eine Institution in Hollywood

❸ Beverly Hills

Krankenhäuser, Friedhöfe und Beerdigungsinstitute sind nicht erlaubt – ebenso wenig wie Zigarettenkippen, Reklametafeln und McDonalds Läden. Die Wohnhäuser ziehen sich in die Santa-Monica-Berge hinein, je höher, je teurer. Im Süden liegt das Mekka des Materialismus: 300 Luxusboutiquen, 23 Plastikchirurgen. Hier kauft man sich neue Schuhe und ein neues Gesicht. Gut aussehen ist ein hartes Geschäft in Beverly Hills, gepflegte Haut, volles Haar und feine Klamotten sind Pflicht.

Eingerahmt von L. A. hat man stets auf Eigenständigkeit Wert gelegt. Früher plante man sogar, eine Mauer um die Stadt ziehen zu lassen. Viele Anwohner sind auf die vielen Tourbusse sauer, mit denen Touristen durch die Enklave geschleust werden. Die Superreichen verkriechen sich deshalb mehr und mehr und ziehen sich hinter Security-Gitter zurück.

Beverly Hills – was sonst?

The Museum of Television and Radio in California
465 N. Beverly Dr. (Little Santa Monica Blvd.)
Beverly Hills, CA 90210-4601
✆ (310) 786-1000, www.mtr.org
Mi–So 12–17, Do außerdem 17–21 Uhr, Eintritt $ 6
Das weiße und schlicht-elegante Museum, von Richard Meier durch den Umbau einer ehemaligen Bank geschaffen, beheimatet ein Archiv von über 100 000 Radio- und TV-Programmen und Werbesendungen *(commercials)*, die sich der Besucher anhören oder -sehen kann. Historisch bedeutsame Medienereignisse werden in kleinen Theaterräumen präsentiert.

Rodeo Collection
421 North Rodeo Dr.
Beverly Hills, CA 90210
Elegantes Einkaufszentrum mit Restaurant und ansprechendem Innenhof.

Crustacean
9646 Little Santa Monica Blvd.
Beverly Hills, CA 90210
✆ (310) 205-8990, www.anfamily.com
Hervorragende euro-asiatische Küche. Vor allem Meeresfrüchte. So geschl. $$–$$$

❹ Santa Monica

Das alte Seebad (95 000 Einwohner) setzt seine Tradition der Naherholung für Millionen Angelenos auch heute noch erfolgreich fort: durch familienfreundliche Strände, einen geruhsamen Park oberhalb der Klippen (Palisades Park) und einen munteren Pier, der mit Riesenrad und Karussell, Frittenbuden und Angelplätzen Jung und Alt gleichermaßen lockt.

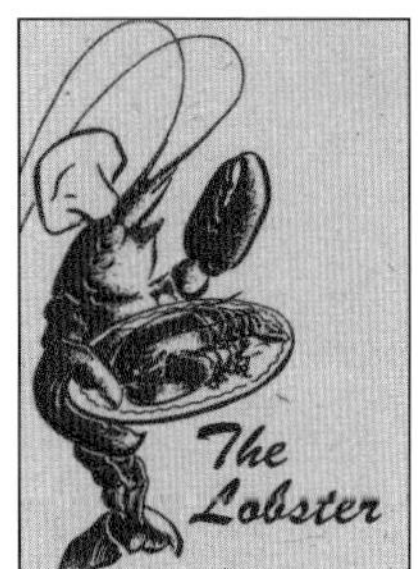

Santa Monica Visitor Information Center
1920 Main St.
Santa Monica, CA 90405
✆ (310) 319-6263 und
✆ 1-800-544-5319
www.santamonica.com
Tägl. 9–18 Uhr (Info-Kiosk auch im Palisades Park, 1400 Ocean Ave.)

Santa Monica Place
3rd St.
Santa Monica, CA 90401
Die 1979–81 erbaute und von Frank O. Gehry entworfene Shopping-Galerie zählt nach wie vor zu den führenden und (wegen ihrer kecken Asymmetrien, Offenheit und Lichtführung) baulich ansprechendsten im Westen von L. A. Zahlreiche Imbissstände stehen zur Auswahl. (Leichtes Parken, teilweise kostenlos.)

Hennessey + Ingalls Inc.
214 Wilshire Blvd. (zwischen 2nd & 3rd Sts.)
Santa Monica, CA 90401
✆ (310) 458-9074, Fax (310) 394-2928
www.hennesseyingalls.com
Tägl. 10–20 Uhr
Führende Kunst- und Architekturbuchhandlung in West-L.A.

Border Grill
1445 4th St.
Santa Monica, CA 90401
✆ (310) 451-1655
www.bordergrill.com
Verfeinerte mexikanische Küche (Highlight: *Halibut Veracruz*) in verwegen-buntem Design. Populär und munter. $–$$

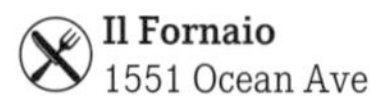

Il Fornaio
1551 Ocean Ave.

Third Street Promenade, Santa Monica

Santa Monica, CA 90401
✆ (310) 451-7800
www.ilfornaio.com
Belebt, offene Küche, sehr schmackhafte italienische Gerichte. Gute Weinauswahl.
$$-$$$

The Lobster
1602 Ocean Ave.
Santa Monica, CA 90401
✆ (310) 458-9294
www.thelobster.com
Gleich am Pier – mit schönen *ocean vistas:* vorzügliche Fischgerichte zum Lunch und Dinner. Die Bar lädt zu Drinks und Sunset. $$-$$$

Drago Ristorante
2628 Wilshire Blvd.
Santa Monica, CA 90403
✆ (310) 828-1585
Anspruchsvolle, authentische italienische Küche, kühles Ambiente. $$-$$$

Josie
2424 Pico Blvd.
Santa Monica, CA 90405
✆ (310) 581-9888
www.josierestaurant.com
So geschl.
Exzellente Wildgerichte: Wildschwein, Antilope, Strauß, Känguru. Tolle Nachtische. $$

Röckenwagner
2435 Main St.
Santa Monica, CA 90405
✆ (310) 399-6504
www.rockenwagner.com
Leichte französisch-kalifornische Küche und deutsche Backkunst. Angenehmes Ambiente. Das Lokal ist aufgeteilt in die Brasserie (Schwerpunkt: Steaks, Saumagen und Spätzle) und in den formaleren Röckenwagner Room *(fine dining)*. Reservierung empfohlen.

Der Sunday Brunch gilt als der beste weit und breit. Lunch ($) und Dinner. $$-$$$

VODA – Vodka & Caviar Bar
1449 2nd St. (im Gebäude des Hotel Carmel)
Santa Monica, CA 90401
✆ (310) 394-6774
www.vodabar.com
Wer sie findet (draußen steht kein Schild, kein Name, kein Zeichen), den überrascht eine schöne Bar, Wodkaliebhaber werden sich besonders freuen. Es gibt auch Leckeres zu essen. $$-$$$

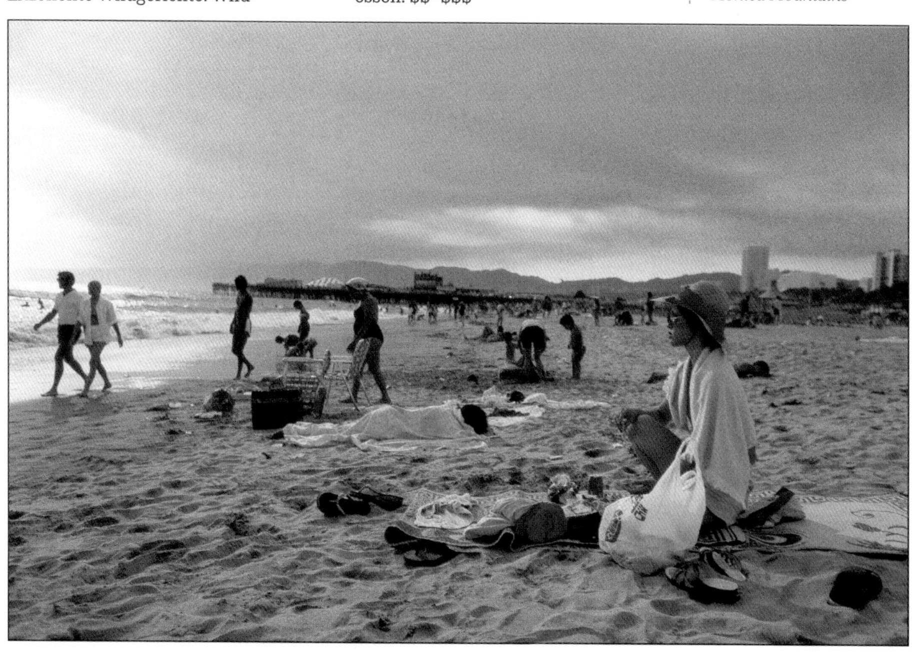

Strandleben in Venice: im Hintergrund die Santa Monica Mountains

Pas de deux, California style

❺ Venice

Der tägliche Auftrieb der Feuerschlucker, Wahrsager, fliegenden Händler und Voyeure am **Ocean Front Walk** ist inzwischen via Postkarten, TV-Sendungen und Filme um die halbe Welt gegangen. Dagegen verharrte der stillere Teil von Venice rund um die beschaulichen Kanäle bis heute im touristischen Windschatten. Die Bewohner werden es zu schätzen wissen. Kanäle, Brücken ebenso wie Entertainment in Meeresnähe gehörten zu Beginn des vorigen Jahrhunderts zur Vision des Zigarettenfabrikanten Abbot Kinney, der an dieser Stelle seinen Traum von einer amerikanischen Renaissance umsetzte. Mit importierten Gondeln und Gondolieri. Heute bilden Mexiko-, Afro-Amerikaner und russische Juden einen beträchtlichen Anteil an der Bevölkerung von Venice. Sehenswert oft: die Basketballspieler beim Sportzentrum am Strand.

Rose Cafe & Market
220 Rose Ave. (Main St.)
Venice, CA 90291
✆ (310) 399-0711
Edelkantine in schlichter Lagerhalle: köstliche Salate, Pasta, Quiches. Self Service oder Bedienung. Man kann auch draußen in der Sonne sitzen. Frühstück und Lunch. (Parken hinter dem Haus). $-$$

Axe
1009 Abbot Kinney Blvd.
Venice, CA 90291
✆ (310) 664-9787, Mo geschl.
Leichte kalifornische Küche, kleine Auswahl von Tagesgerichten, großer Geschmack. Viel Wein und Käse. $$

Joe's
1023 Abbot Kinney Blvd.
Venice, CA 90291
✆ (310) 399-5811
www.joesrestaurant.com
Das kleine, feine, sehr beliebte Restaurant bietet innovative amerikanische Küche. $$

Sidewalk Café
1401 Ocean Front Walk (Nähe Windward Ave.)
Venice, CA 90291
✆ (310) 399-5547
Hangout der *beautiful people* und Logenplatz fürs Straßentheater in Venice. Pasta, Omlettes, *burritos,* Salate. $-$$

❻ Westwood/Brentwood

The Getty Center
1200 Getty Center Dr. (Ausfahrt vom San Diego Fwy./I-405)
Los Angeles, CA 90049-1681
✆ (310) 440-7300, www.getty.edu
Di–Do 10–18, Fr/Sa 10–21, So 10–18 Uhr, Mo geschl.
Eintritt kostenlos
Wie eine massive Trutzburg der schönen Künste wirkt dieses größte und teuerste Museum aller Zeiten, erbaut vom New Yorker Star-Architekten Richard Meier auf einem Hügel am Sepulveda Pass (Brentwood) oberhalb des San Diego Fwy. zwischen L.A. und dem San Fernando Valley. Baukosten: 1 Mrd. Dollar – ein Klacks für den Getty Trust, die finanzstärkste Kunststiftung der Welt. Museum, Auditorium, Verwaltungsbau, Restaurant, Restaurationsräume und Forschungsinstitut (die Bibliothek umfasst 7,5 Millionen Bände). Die Highlights reichen von kostbaren mittelalterlichen Handschriften über Prachtstücke angewandter Kunst bis zu van Goghs »Irisfeld«.

Wer mit dem Auto kommt, muss vorher reservieren und zahlt eine Parkgebühr ($ 5). Benutzer öffentlicher Verkehrsmittel (Bus oder Taxi) haben ohne Voranmeldung kostenlosen Eintritt. Bei MTA (Metro Transit

***Die Getty-Stiftung** betätigt sich als Kunstkäufer, vergibt Stipendien und betreibt konservatorische Arbeiten. Neuerdings will man sich verstärkt auch um die Verbesserung des Kunstunterrichts in Los Angeles kümmern. Es hat den Anschein, dass man zukünftig den Schwerpunkt mehr auf diese Aktivitäten setzen möchte als auf die Erweiterung der Kunstsammlung selbst. Nicht zuletzt auch, um dem Image der Geldverschwendung entgegenzuwirken und der landläufigen Meinung, nur für die Reichen da zu sein.*

Authority) erfährt man die nächstgelegene Bushaltestelle. Am Fuß des Berges wartet ein Luftkissenbähnchen zur Auffahrt. Museumsshop, Cafeteria, imposante Ausblicke auf Stadt, Pazifik und Berge.

Ausflugsziele:

Malibu
Verwegene Pfahlbauten, hölzerne Heimstätten für die elitäre Gemeinde der *media people:* das ist Malibu. Der Besucher kann an den diversen Stränden faulenzen und den Surfern zusehen. Der schmale Sandstreifen vor den Holzvillen zieht alle möglichen bunten Vögel und Snobs an. Der Malibu Surfrider State Beach heißt im Slang schlicht: *the Bu.* Die Wellen sind besonders im August und September gefragt. Der Malibu Lagoon State Beach besitzt einen schönen Badestrand und eignet sich gut für Volleyball und Surfing. Auch Zuma und Leo Carillo Beach zählen zu den schönen Stränden.

Malibu Chamber of Commerce
23805 Stuart Ranch Rd.
Malibu, CA 90265
✆ (310) 456-9025, Fax (310) 456-0195
www.malibu.org

Universal Studios Hollywood
100 Universal City Plaza (Exit vom Hollywood Fwy./US 101)
Universal City, CA 91608
✆ (818) 622-3794 oder 1-800-864-8377
Fax (818) 622-0407
www.universalstudios.com
Im Sommer 8–22, sonst 9–17 Uhr
Eintritt $ 57
Studio-Touren mit viel Nervenkitzel und Kulissenzauber. Highlights u.a.: **Shrek-4D, Terminator 2:3D, Universal CityWalk**, **Waterworld** und der 110 Mill. Dollar teure **Jurassic Park – The Ride**.

Bis zum Anfang des 20. Jahrhunderts lebten in Malibu ganz andere Leute, die Chumash-Indianer, und zwar als Korbmacher, Töpfer und Kanubauer. Ab etwa 1920 wurde die von ihnen bewohnten Rancheria parzelliert und an die Stars des aufblühenden Hollywood verkauft. Im Laufe der Zeit entwickelte sich Malibu zu einer der berühmtesten Gemeinden der Westküste, die bis vor kurzem nicht mal ein Ortsschild nötig hatte. Lange stritt man darüber, ob der immerhin 43 Kilometer lange Küstenstreifen überhaupt zu einer richtigen »Stadt« gemacht werden sollte. 1991 war es dann doch so weit.

7 Disneyland

Disneyland
1313 S. Harbor Blvd.
Anaheim, CA 92803
✆ (714) 781-4565
www.disneyland.com
Mo–Fr 10–20, Sa 9–24, So 9–22 Uhr, im Sommer und an Feiertagen länger
Parkgebühr: $ 7; Eintritt/Ticket für alle Attraktionen (außer den *Arcades*) $ 69, Kinder (3–9 Jahre) $ 59
Weltberühmter Themenpark, 1955 eröffnet, mit heute über 60 Attraktionen und Resort-Hotels. **Disney California Adventure Park** heißt die neueste Parkerweiterung (Baukosten: $ 1,1 Mrd.), der die Highlights des *Golden State* zu einer dreidimensionalen Postkartensammlung zusammenstellt, durchmischt mit Achterbahnen, Monorail-Shuttle, Schlauchbootrutschen, Kinoprogrammen und zwei Dutzend Shows. Außerdem gehört **Downtown Disney** zum Fun-Angebot (zwischen Disneyland und Adventure California gelegen): ein Komplex aus Shops, Restaurants und Musikclubs.

Disneyland in Anaheim

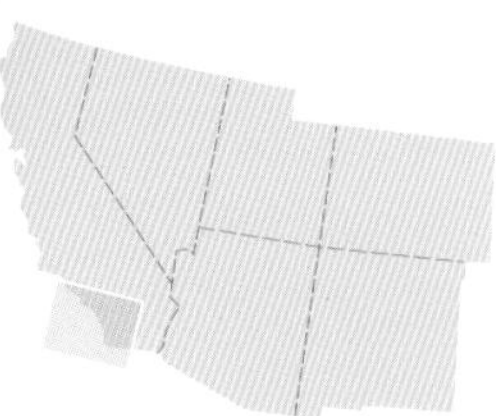

Beach Boys & Car Culture

Southern California

Seit immerhin 1850 will sich das nördliche Kalifornien am liebsten vom Süden abspalten. Der war schon immer unsympathisch – wegen dessen Politik, die die Interessen des Nordens missachtete, seines wirtschaftlichen Expansionsdrangs *(urban sprawl)* und seiner Gier nach Energiequellen. Überhaupt gilt der Norden als insgesamt umweltbewusster als der zersiedelte Süden.

Wo genau die Grenze zwischen beiden Welten verläuft, darüber gibt es unterschiedliche Auffassungen. Die meisten sagen: bei Santa Barbara, andere sagen: spätestens bei Los Angeles. Egal, wenn die Sonne scheint, dann sind im Süden alle auf den Beinen, die Surfer und Wasserratten, die Picknickgruppen und Volleyballer. Southern California: das Synonym für strandnahe Sport-, Körper- und Autokultur! In den frühen 1960er Jahren sah der Rest Amerikas diese Kultur zuerst im Fernsehen: die flotten Teenies in schick lackierten Vans und die Beach Boys. Heute hat sich die Szene perfektioniert. Die Autos sind teurer geworden, der Machokult der *beach bumps* größer und der Transistoren-Sound aggressiver. Auch der Gerätepark hat an technischer Raffinesse zugelegt –

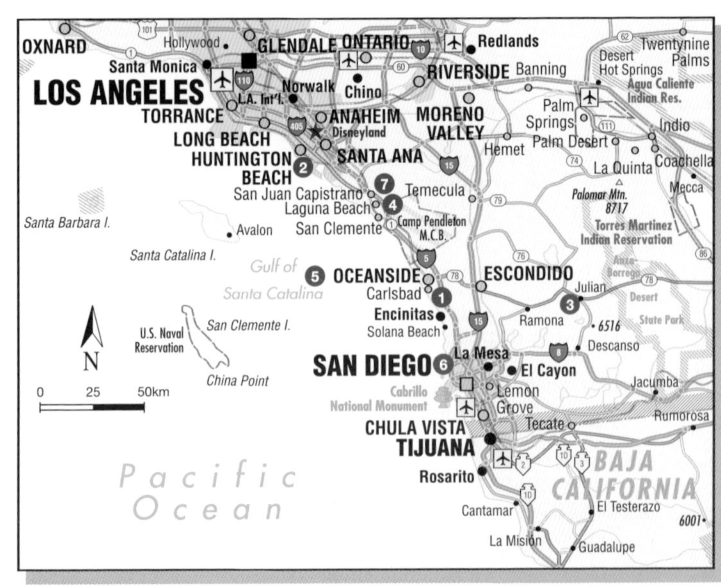

fürs *sky diving*, Dünen-Buggies und *hang glider*. Nur die Surfer sind sich ziemlich treu geblieben – und mit ihnen die sie scharenweise bewundernden Girls, allesamt so ebenmäßig gebräunt, als hätte man ihnen Gold per Airbrush aufgetragen. Das gilt immer schon als spezifisch kalifornisch. Wie man seine Haut zu Markte trägt, davon versteht man hier was. Lieber ein *health nut* sein als ein *couch potato*.

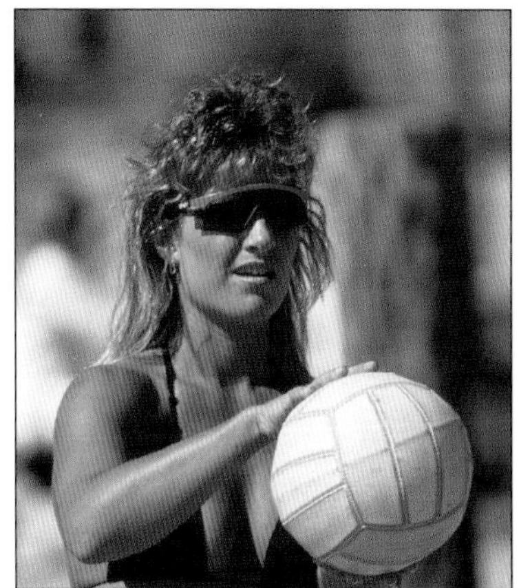

Südkalifornien
Mexiko liegt um die Ecke, und an den Grenzzäunen von Tijuana, spätestens, wird die Variation des kalifornischen Themas »Mexican-American« akut. Hier, am so genannten Tortilla-Vorhang, lebt die Dritte Welt Wand an Wand mit einem der reichsten Länder der Erde. Der Import von billigen Arbeitskräften hat hier wie überhaupt im Südwesten der USA Tradition. Statt kleiner Familienbetriebe gab es im Wesentlichen nur riesige *ranchos*, die schon immer auf Hilfs- und Wanderarbeiter angewiesen waren. Zur Zeit der Missionen arbeiteten die Indianer in dieser Rolle, dann, nach Vollendung des Eisenbahnbaus, die Chinesen und schließlich, nach der Mexikanischen Revolution (1910–15), die Mexikaner. Neben den *braceros*, die eine offizielle Arbeitserlaubnis hatten, waren es illegale Einwanderer, die so genannten *wetbacks*. Die Letzteren hatten sich mit den geringsten Löhnen abzufinden und in überfüllten *barrios* zu leben.

Die Lage ist heute zwar insgesamt entspannter, aber keineswegs grundlegend anders. Weiterhin strömen die *wetbacks* über die grüne Grenze und Kontrollen nützen nichts, weil die territoriale Nachbarschaft symbiotischer Natur ist. Mexiko lindert auf diese Weise sein Arbeitslosenproblem, und Kalifornien profitiert von ebenso billigen wie willigen Arbeitskräften. Wie sich die Zeiten verändert haben! Jene, die vor Ankunft der Gringos die Herren im Land waren, kehren als abhängige *farm hands* zurück. Aufs Ganze gesehen zählen die Landarbeiter zu den letzten gesellschaftlichen Gruppen, die sich in Kalifornien gewerkschaftlich organisiert haben. Erst in den 1960er Jahren gelang es dem 1993 verstorbenen Arbeiterführer Cesar Chavez durch Streiks und politische Kampagnen, die »United Farm Workers« zu organisieren, was allerdings den Trend zu maschinellen Ernteverfahren beschleunigte.

Seither verbesserte sich jedoch die Lage der mexikanischen Immigranten. Man erleichterte ihnen den Zugang zu besserer Ausbildung und höherer Bildung. Einen Teil dieser Erfolge verdanken sie ihrer militanten Organisation, den *Chicanos*, die mit ihrem kämpferischen Solidaritätsappell »Viva la Raza« ein neues Selbstbewusstsein der Mexiko-Amerikaner schufen.

REGION 4
Southern California

❶ Carlsbad

Der Name klingt nach böhmischen Dörfern, und das nicht ohne Grund. Ende des 19. Jahrhunderts fand man, dass zwei hiesige Mineralquellen denen im (damals) berühmten Karlsbad in Böhmen glichen. An Alt-Karlsbad erinnert heute ein romantisches Pfefferkuchenhaus an der Straße.

Huntington Beach Conference and Visitors Bureau
301 Main St.
Huntington Beach, CA 92648-5171
✆ (714) 969-3492 oder 1-800-729-6232
Fax (714) 969-5592
www.hbvisit.com und www.surfcity.usa

Service & Tipps:

Carlsbad Chamber of Commerce
5934 Priestly Dr.
Carlsbad, CA 92008
✆ (760) 931-8400
Fax (760) 931-9153
www.carlsbad.org

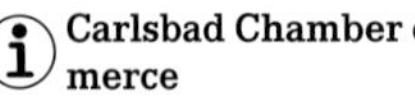

Legoland California
1 LEGO Dr. (Exit Cannon Rd. ab I-5)
Carlsbad, CA 92008
✆ (760) 918-5346
www.legoland.com
Im Sommer tägl. 10–17 Uhr, sonst Di/Mi geschl.
Parken $ 7 (Camper $ 8)
Eintritt $ 50/42
Vergnügungspark für die ganze Familie: berühmte amerikanische Bauten aus Legosteinen im Mini-Format, Kirmesattraktionen.

Torrey Pines State Reserve
N. Torrey Pines Rd. (P.O. Box 38)
Carlsbad, CA 92009
✆ (858) 755-2063
www.torreypine.org
www.parks.ca.gov
Tägl. 8 Uhr bis Sonnenuntergang, Visitor Center und Museum ab 9 Uhr
Eintritt $ 6 pro Auto
Die landschaftlich schönen Strand-Enklaven sind besonders bei Familien gefragt; Surf-Kids sieht man nur ab und zu. Aber wenn, dann schweben sie oft mit den Delphinen über die Wellen und werden von deren Freudensprüngen begleitet. Oberhalb des Strandes kann man auf den Trails wandern (reiche Flora, tolle Ausblicke) und zu den verschiedenen Stränden hinunterklettern. (Alternativ: es gibt auch einen unteren Parkplatz für den Strand.) Am Wochenende geführte Wanderungen um 10 und 14 Uhr. Beste Besuchszeit April/Anfang Mai.

Batiquitos Lagoon Ecological Reserve
7102 Batiquitos Dr.
Carlsbad, CA 92009
✆ (858) 467-4201
Stille Wasserlandschaft mit blauer Lagune und sandigem Boden, seltener Flora und reicher Fauna, darunter Falken, Enten, Wattvögel, Eulen, Schmetterlinge, Kormorane und Pelikane. Jogging- und Wanderweg, toller Golfplatz. (I-5, Exit Poinsettia Lane East, South on Batiquitos Dr., rechts an Gabbiano Dr.)

Fidel's Norte
3003 Carlsbad Blvd.
Carlsbad, CA 92008-2906
✆ (760) 729-0903
Mexikanische Gerichte – drinnen und draußen. Cocktail Lounge. Lunch und Dinner. $

Pfefferkuchenstil: Alt-Karlsbad in Carlsbad

❷ Huntington Beach

An Sommerwochenenden tummelt sich an dieser beliebten Surf-Adresse die südkalifornische Beach-Szene: chromblitzende Vans, donnernde Harleys, muskulöse Blondschöpfe und quietschende Girls.

Service & Tipps:

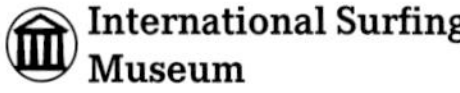

International Surfing Museum
411 Olive Ave. (Nähe Pier)
Huntington Beach, CA 92648
✆ (714) 960-3483
www.surfingmuseum.org
Im Sommer tägl. 12–17, sonst Mi–So 12–17 Uhr
Klein, aber fein: Surfkultur der Westküste – Bretter, Videos, Musik.

❸ Julian

Die guten Stuben liegen an der Main Street, wo es so ziemlich alles gibt, was nach einem Wüstentrip gefragt ist. Hier steht auch das berühmte Julian Hotel, fast der einzige Zeuge der glanzvollen Gold-Rush-Tage des Städtchens. Erst verhältnismäßig spät (1870) wurde man hier fündig, und die Kunde davon verwandelte den Ort über Nacht in eine Stadt aus Zelten und Bretterbuden.

Nach dem Ende des Booms besann man sich auf die Apfelzucht, und seither lebt Julian gut vom Obst, weil es auch den Fremdenverkehr beflügelt. Besonders zur Erntezeit im Herbst kreist alles um den Apfel, den *cider*, den Kuchen und vor allem den schon sprichwörtlich gewordenen *Julian apple pie*, einen köstlichen heißen Strudel wie aus Großmutters Zeiten. Ob duftender Strudel, goldene Vergangenheit oder beides – an den Wochenenden bekommt Julian so viel Besuch, dass man sich auf den wenigen Straßen ringsum wie auf dem Freeway in Los Angeles fühlt.

Immer noch erzählen die Julianer gern, dass seinerzeit nur ein paar Stimmen gefehlt hätten, um Julian zur Provinzhauptstadt zu machen – und eben nicht San Diego. Man munkelt, die aus dem Flachland hätten damals die Bergbewohner hinterhältig mit billigem Fusel vollgekippt, um sie vom Urnengang abzuhalten.

Service & Tipps:

Julian Drug Store and Candy Mine
2134 Main & Washington Sts.
Julian, CA 92036
Freundlicher Drugstore seit 1886 mit *soda fountain*: freundlich, sauber, gut und preiswert. $

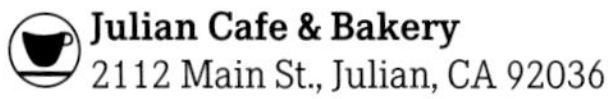

Julian Cafe & Bakery
2112 Main St., Julian, CA 92036
✆ (760) 765-2712
Seit 1872 Herzhaftes und Süßes (Bäckerei!) einschließlich des *Julian apple pie.* Frühstück, Lunch und Dinner. $

Julian Hardware & Mercantile
2111 Main St.
Julian, CA 92036
Karierte Hemden, Jeans und Nützliches für die rauen Berge.

Julian Chamber of Commerce
2129 Main St. (Washington St.)
Julian, CA 92036
✆ (760) 765-1857
Fax (760) 765-2544
www.julianca.com

❹ Laguna Beach

Laguna Beach hält so viel auf sich, dass hier (für Kalifornien) ausnahmsweise einige der schönsten Strände privat sind. Man tut also gut daran, die Hinweisschilder für öffentliche Zugänge zum Strand genau zu beachten. Im Ort passieren Galerien und das pinkfarbene Kunstmuseum Revue – Laguna Beach präsentiert sich gern als Künstlerkolonie. Vernissagen, Ausstellungen und Festivals halten diesen Kunstmarktplatz und seine rund 23 000 Einwohner wirtschaftlich auf Trab. Bei den betuchten Zweithäuslern aus Los Angeles und

Orange County steht der Ort hoch im Kurs. Der lukrative Trend des Strandstädtchens wurde durch das »Pageant of the Masters«-Spektakel ausgelöst, eine Kunst-Show, bei der Schauspieler Sujets berühmter Tafelbilder aus der Geschichte der Malerei nachstellen, Stillleben mit Figuren und Requisiten.

Service & Tipps:

Laguna Beach Visitor & Convention Bureau
252 Broadway
Laguna Beach, CA 92651
✆ (949) 497-9229 oder 1-800-877-1115
www.lagunabeachinfo.org

The Greeter's Corner
329 S. Coast Hwy.
Laguna Beach, CA 92651
✆ (949) 494-0361
Guter Platz zur Stärkung – auf der Terrasse, dem Strand gegenüber. $-$$

The Beach House
619 Sleepy Hollow Lane
Laguna Beach, CA 92651
✆ (949) 494-9707
www.thebeachhouse.com
Nettes Lokal am Strand – Hauptsache: Meeresfrüchte. Cocktail Lounge. Lunch ($) und Dinner. $-$$

Sorrento Grille
370 Glenneyre St.
Laguna Beach, CA 92651
✆ (949) 494-8686
Kräftige, toskanisch eingefärbte Küche: Pasta, Steaks und Fisch. Nur Dinner. $$

Ausflugsziele:

Crystal Cove State Beach
8471 Pacific Coast Hwy. zwischen Corona del Mar und Laguna Beach, CA 92651
✆ (949) 494-3539
Tägl. von Sonnenauf- bis -untergang
Eintritt $ 6 pro Auto
Schöner Strand mit Wanderwegen. Am besten parkt man am Reef Point.

Salt Creek Beach Park
34551 Puerto Place (ab Hwy. 1 südl. von Laguna Beach)
Dana Point, CA 92629
✆ (949) 661-7013
Tägl. 5–24 Uhr, Parken $ 1 pro Stunde
Eingang: Ecke Pacific Coast Hwy. & Ritz Carlton Dr. und die Stufen zum Strand hinuntergehen, der sich bis Dana Point an einem Steilufer hinzieht.

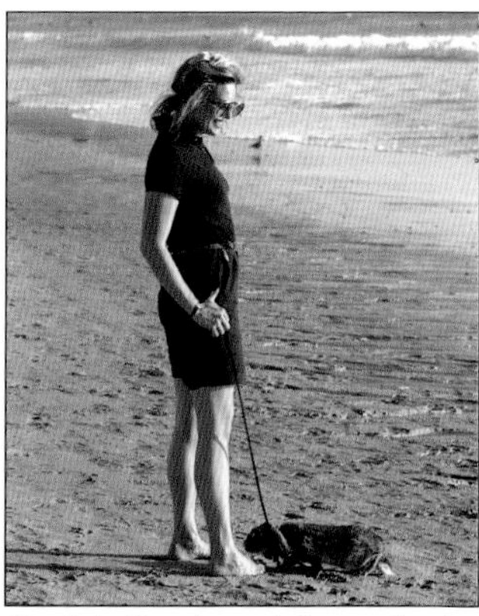

Hase beim Strandgang: in Laguna Beach

5 Oceanside

Wegen der Nähe zum Militärcamp Pendelton beziehen hier überwiegend Soldaten mit ihren Familien Quartier am Strand.

Oceanside Chamber of Commerce
928 N. Coast Hwy.
Oceanside, CA 92054
✆ (760) 722-1534
Fax (760) 722-8336
www.oceansidechamber.com

Service & Tipps:

Chart House Restaurant
314 Harbor Dr.
Oceanside, CA 92054
✆ (760) 722-1345
Neben hervorragenden Fischgerichten werden tolle Aussichten aufs Meer geboten. $$

Ausflugsziel:

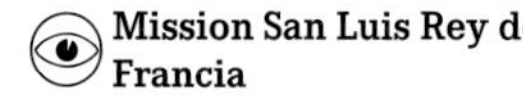

Mission San Luis Rey de Francia

4050 Mission Ave., ein paar Minuten östl. von Oceanside, CA 92057-6402
✆ (760) 757-3651, Fax (760) 757-4613
www.sanluisrey.org
Tägl. 10–16 Uhr, Eintritt Museum $ 5/3

Der strahlend weiße Baukörper mit seinen luftigen Holzdecken ist einer der größten seinesgleichen im ehemaligen *Alta California*, 1798 gegründet und nach dem französischen König Louis IX benannt.

6 San Diego

Verwöhnt von Sonne und sanften Brisen, gut situiert zwischen Küste und Wüste, dem Meer und Mexiko, hat San Diego, die Geburtsstadt Kaliforniens und heute dessen zweitgrößte, in den letzten Jahren Punkte gesammelt. Rund 13 Millionen Besucher wollen sich davon jährlich ein eigenes Bild machen: Nach Industrie und Militär besetzt der Tourismus Rang drei auf der Wirtschaftsskala.

Bunt und munter: das Shopping-Paradies der Horton Plaza in San Diego

Großstädtische Probleme scheinen hier besser im Griff als in anderen kalifornischen Metropolen: Smogbelastung, Kriminalität, Stadt- und Regionalplanung. »San Diego wird immer schöner«, schwärmen nicht nur Lokalpatrioten, sondern längst auch Gäste, die früher die Stadt für den Alterssitz wohlhabender Rentner und Marineoffiziere a.D. hielten und deshalb lieber links ließen. Vorbei. Eine leichte Lebensart durchweht die Hafenstadt, die mit ihren 1,2 Millionen Einwohnern (San Diego County: 2,8 Millionen) mit urbanen Qualitäten ebenso aufwartet wie mit viel Auslauf und Entspannung.

Besonders in Downtown, lange ein Sorgenkind, hat San Diego Hausputz gehalten. Bei ihrem Herzstück, der **Horton Plaza**, haben italienische Renaissance, Art déco und die nautische Formensprache gemeinsam Pate gestanden: so verspielt mixt der Shoppingkomplex Bullaugen, Kommandobrücken, Bögen und Pfeiler, Neon und Metall. Umgeben ist die muntere Mall von dem gefällig sanierten **Gaslamp Quarter**, ein paar Straßenblocks mit viktorianischen Fassaden, hinter denen gemütliche Cafés, schicke Restaurants und Läden nisten. Extratupfer bringt der Frühling mit den Jacarandas, den lilablühenden Trompetenbäumen. Abends kommen noch ein paar *adult video shops* ans Licht: Relikte des ehemaligen *red light district*, dem in erster Linie die Seemänner beim Landgang zugetan waren.

Von der stadterneuerten Konsumszene zur grünen Bühne für den Freizeitspaß: zum **Balboa Park**. Vor allem an Sonntagen ziehen die San Diegans in Scharen in diesen weitläufigen Volksgarten, um es sich gut gehen zu lassen – mit Kind und Kegel, Fahrrad und Grillwürstchen. Mitten in der Großstadt vereint der Balboa Park Museen, Theater, Gewächshäuser und einen Weltklasse-Zoo. Die meisten Dekorbauten sind Überbleibsel der Panama-California-Welt-

In scharfem Kontrast zum gepflegten Coronado steht das Milieu, in das man, kurz nachdem man die Halbinsel verlassen hat, zunächst eintaucht, wenn man die erste mögliche Abfahrt wählt. Unter den Auffahrtsrampen der ebenso fragilen wie schwungvoll geführten Brücke wächst nämlich auf der Stadtseite ein ungewöhnlicher Wald aus Riesenbildern – die Wandmalereien des Chicano Park, eines Wohnviertels der Mexiko-Amerikaner. Ursprünglich als ästhetische Protestaktion gegen den Bau der Betonstelzen entstanden, erzählen die großflächigen Bilder von der glorreichen Geschichte, den gegenwärtigen Problemen im Barrio und den Zukunftsvisionen dieser Minderheit. Erstaunlich, dass trotz der engen Nachbarschaft zu Mexiko der hispanische Bevölkerungsanteil in San Diego kaum mehr als 15 Prozent beträgt.

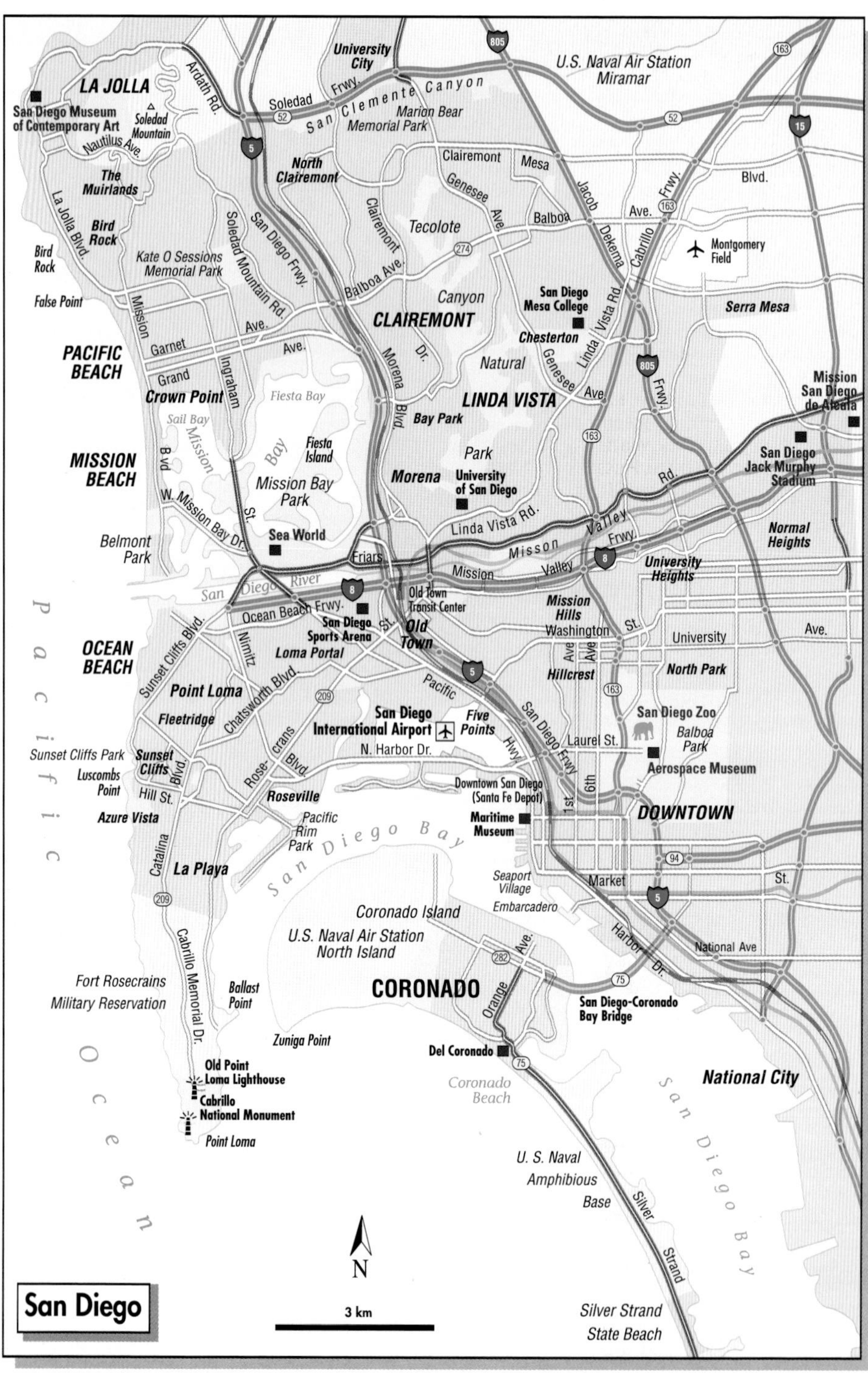
San Diego
LA JOLLA
San Diego Museum of Contemporary Art
Soledad Mountain
University City
U.S. Naval Air Station Miramar
San Clemente Canyon
Marion Bear Memorial Park
Soledad Frwy.
Ardath Rd.
Nautilus Ave.
The Muirlands
Bird Rock
La Jolla Blvd.
Kate O Sessions Memorial Park
False Point
North Clairemont
Clairemont Mesa Blvd.
Genesee Ave.
Balboa Ave.
Tecolote Canyon
CLAIREMONT
Jacob Dekema Frwy.
Cabrillo Frwy.
Montgomery Field
Serra Mesa
San Diego Mesa College
Chesterton
Linda Vista Rd.
Natural Park
LINDA VISTA
PACIFIC BEACH
Garnet Ave.
Grand Ave.
Mission Blvd.
Ingraham St.
Crown Point
Fiesta Bay
Sail Bay
Mission Bay
Fiesta Island
Mission Bay Park
MISSION BEACH
W. Mission Bay Dr.
Belmont Park
Sea World
Morena
Morena Blvd.
Bay Park
University of San Diego
Mission San Diego de Alcala
San Diego Jack Murphy Stadium
Normal Heights
Friars Rd.
Misson Valley Frwy.
Mission Valley
University Heights
San Diego River
Ocean Beach Frwy.
Old Town Transit Center
Old Town
San Diego Sports Arena
Mission Hills
Washington St.
University Ave.
OCEAN BEACH
Sunset Cliffs Blvd.
Nimitz
Loma Portal
Hillcrest
North Park
Point Loma
Chatsworth Blvd.
Pacific Hwy.
San Diego Frwy.
Fleetridge
San Diego International Airport
Five Points
San Diego Zoo
Balboa Park
Laurel St.
N. Harbor Dr.
Rosecrans Blvd.
Sunset Cliffs Park
Sunset Cliffs
Luscombs Point
Hill St.
Aerospace Museum
Downtown San Diego (Santa Fe Depot)
Roseville
Azure Vista
Pacific Rim Park
Maritime Museum
DOWNTOWN
San Diego Bay
Catalina
La Playa
Seaport Village
Market St.
Embarcadero
Coronado Island
U.S. Naval Air Station North Island
Harbor Dr.
National Ave
Cabrillo Memorial Dr.
Fort Rosecrains Military Reservation
Ballast Point
CORONADO
Orange Ave.
San Diego-Coronado Bay Bridge
Zuniga Point
Del Coronado
Old Point Loma Lighthouse
Cabrillo National Monument
Point Loma
Coronado Beach
National City
Pacific Ocean
U. S. Naval Amphibious Base
Silver Strand
Silver Strand State Beach
N
3 km

ausstellung (1915/16) oder stammen noch aus den 1930er Jahren von der California Pacific Exposition.

Wer später ernsthaft behaupten will, in San Diego gewesen zu sein, der muss ganz einfach **SeaWorld** gesehen haben, das lebende Wassergesamtkunstwerk aus und mit dressiertem Meeresgetier, dessen ausgefeilte Kunststücke im Zusammenspiel mit der Akrobatik der Wasserski-Truppe alle Zweifel über die Berechtigung der happigen Eintrittspreise zerstreut.

Weniger sensationell als beschaulich verläuft in der Regel ein Spaziergang am **Embarcadero**. Unbehelligt vom Straßenlärm kann man hier endlos am Wasser der San Diego Bay entlanglaufen (oder -radeln), vorbei am Maritime Museum mit seinen alten Pötten zum **Seaport Village**, dem Ensemble hübscher Holzbauten, teils an Land und teils auf Stelzen im Wasser, mit Restaurants, Läden und Bänken für den Genuss des Sonnenuntergangs.

Natürlich lockt San Diego mit höchst vielseitigen Küstenpartien: steilen und steinigen, (z.B. Sunset Cliffs) flachen und sandigen (z.B. Mission, Pacific und Coronado Beach) oder mit Buchten. Für letztere ist der Ortsteil **La Jolla**, der Standort der Universität von Kalifornien in San Diego, ein gutes Beispiel. Hier ist erst mal die große, palmenumstellte Picknickwiese bei den meerumspülten Felsbuchten attraktiv, von denen der Ort auch seinen Namen hat: »La Jolla«, spanisch für Höhle, Grube, Flussbett. Hier vorne räkeln sich die Robben in der Sonne, während die Möwen die Picknickreste durchforsten. In den naturgeschützten Unterwasser-Canyons vor den handtuchgroßen Sandstränden sind Taucher und Schnorchler Seeanemonen und Einsiedlerkrebsen auf der Spur. In der Brandung tummeln sich die *boogie boarders* (Surfer auf halb hohen Schaumstoffbrettern) und *body surfer.* Weil die Sandsteinbrocken und Strömungen keinen idealen Kinderspielplatz ausmachen, hat man einen *children's beach* geschaffen. Populärer Familientreff und Sportschau – das macht den Reiz des Küstenstücks aus. La Jolla selbst bietet eine Shopping- und Restaurantauswahl vom Feinsten. Nicht zuletzt wegen seiner Ozeannähe zählt das **Museum of Contemporary Art** zu den baulichen Schmuckstücken – mit einer sehenswerten Sammlung, Eingangshalle und Lichtführung.

Entschließt man sich zum Besuch der **Coronado-Halbinsel**, wird man früher oder später auf das **Hotel Del Coronado** stoßen. Dieses Flaggschiff der kalifornischen Hotelbranche verdankt seine Entstehung (1880) dem Wunsch eines Eisenbahnmagnaten, der sich ein Lustschloss im europäischen Stil in die Neue Welt holen wollte.

Es wundert nicht, dass laut Umfragen in 2002 La Jolla als der lebenswerteste Ort in den USA erkoren wurde.

Erfrischend nach vielen Wüstentagen: San Diego

International Visitor Information Center
1040 1/3 W. Broadway & Harbor Dr. (Downtown)
San Diego, CA 92101
✆ (619) 236-1212
Fax (619) 230-7084
www.sandiego.org
Mo–Sa 9–17, ab Mai auch So 10–17 Uhr

Service & Tipps:

Westfield Shoppingtown, Horton Plaza
Zwischen Broadway, G St., 1st & 4th Aves. (Gaslamp Quarter)
San Diego, CA 92101
✆ (619) 239-8108
Mo–Fr 10–21, Sa 10–20, So 11–19 Uhr
Munteres Konsum-Labyrinth: Restaurants, Kinos, Shops. Mit einem Kassenzettel kann man 3 Std. frei parken.

Balboa Park
Von Downtown: 12th St., dann Park Blvd.
San Diego, CA 92101
✆ (619) 239-0512
Erholsamer und abwechslungsreicher Stadtpark; Museen (u.a. **Reuben H. Fleet Science Center**: Thema Raumfahrt und Astronomie, 1876 El Prado, ✆ 619-238-1233; www.rhfleet.org, Eintritt $ 6.75/5.50; **San Diego Museum of Art**); Zoo und Restaurant **Prado**, ✆ (619) 557-9441, www.pradobalboa.com.

Entertainment im Balboa Park, San Diego

San Diego Museum of Art
1450 El Prado, Balboa Park
San Diego, CA 92101
✆ (619) 232-7931
Fax (619) 232-9367
www.sdmart.com
Di–So 10–18, außerdem Do 18–21, im Sommer auch Mo 10–18 Uhr, sonst Mo geschl., Eintritt $ 10/4
Renaissance-, Barock- und europäische Malerei des 19. Jh.

San Diego Zoo
2920 Zoo Dr. (Balboa Park)
San Diego, CA 92101
✆ (619) 231-1515
www.sandiegozoo.org
Im Sommer tägl. 9–16 Uhr, sonst kürzer, Eintritt $ 32/20
Unbestritten einer der besten Zoos der USA.

SeaWorld San Diego
500 SeaWorld Dr. (Mission Bay)
San Diego, CA 92109-7904
✆ (619) 226-3901, (714) 939-6212 oder ✆ 1-800-25-SHAMU
Fax (619) 226-3953
www.seaworld.com
Ganzjährig 10–18 Uhr, im Sommer und an Feiertagen länger
Eintritt $ 53/43
Abenteuerpark mit maritimen Unterhaltungsprogrammen für die ganze Familie. Zu den Highlights zählen u.a.: *Shamu*, der Killerwal, Seeotter, Delphine, Haie, Seelöwen, Eisbären und Pinguine; *Cirque de la Mer*, ein akrobatischer Zirkus mit Erdenmenschen und Meerestieren; der 4-D-Film *Haunted Lighthouse*, Geistererlebnisse rund um einen verwunschenen Leuchtturm und (neu in 2004) *Journey to Atlantis* – eine Reise durch illuminierte Wasserwelten mit Abstürzen in brodelnde Wasserstrudel. – Mehr als 4 Mill. Besucher pro Jahr.

San Diego Maritime Museum
1492 N. Harbor Dr.
San Diego, CA 92101
✆ (619) 234-9153
Fax (619) 234-8345
www.sdmaritime.com
Tägl. 9–20 Uhr, Eintritt $ 10/7

Show in »Sea World« San Diego

Museumsschiffe, u.a. die »Star of India« (1863), die »Berkeley« (1898), »The Medea« (1904).

Seaport Village
849 W. Harbor Dr. (Kettner Blvd.)
San Diego, CA 92101
✆ (619) 235-4014, www.spvillage.com
Tägl. 10–21 Uhr
Beschaulicher Restaurant- und Shoppingkomplex am Wasser – nach dem Motto *landscaped dining and shopping.*

Old Town San Diego State Historic Park

Wallace, Juan, Twiggs & Congress Sts.
San Diego, CA 92110
✆ (619) 220-5422, tägl. 10–17 Uhr
Historischer Stadtkern mit restaurierten Resten der ersten europäischen Siedlung in Kalifornien. Kunstgewerbe, Souvenirs, mexikanische Restaurants.

Museum of Contemporary Art San Diego (La Jolla)
700 Prospect St.
La Jolla, CA 92037-4291
✆ (858) 454-3541
Fax (858) 454-6985
www.mcasandiego.org
Tägl. 11–17, Do 11–19 Uhr, Mi geschl.
Eintritt $ 6/2
Ehemalige, von Robert Venturi beeindruckend um- und ausgestaltete Villa am Meer mit kleiner, aber sehenswerter Sammlung: Fenster zur Kunst und zum Pazifik. Nettes Museumscafé (✆ 858-456-6427, Lunch, Mi geschl.) und gut sortierte Kunstbuchhandlung.

Mission Basilica San Diego de Alcalà
10818 San Diego Mission Rd.
San Diego, CA 92108-2498
✆ (619) 281-8449
Fax (619) 283-7762
www.missionsandiego.com
Tägl. 9–17 Uhr, Eintritt $ 3
Sehenswerte Missionskirche von 1769, die erste im Verbund der 21 in Kalifornien gebauten spanischen Glaubensstationen. Ursprünglich von Junípero Serra auf dem Presidio Hill errichtet, 5 Jahre später an diese Stelle transloziert, von Indianern 1775 niedergebrannt und 1781 (mit Hilfe der Indianer!) wieder aufgebaut. (Anfahrt: I-8 nach Osten bis Ausfahrt Mission Gorge Rd. und Schildern folgen.)

La Cantina Restaurant and Lounge
535 4th Ave.
San Diego, CA 92101
✆ (619) 239-1808
Schöner Raum, dezente Farben: mexikanisch beeinflusste kalifornische Küche *(Latin fusion),* z.B. *chile rellenos, carnitas, burritos, fajitas,* Sandwichs, raffinierte Appetizer, reichlich offene Weine $–$$

Fio's Cucina Italiana
801 Fifth Ave. (Gaslamp Quarter)
San Diego, CA 92101
✆ (619) 234-3467, www.fiositalia.com

Folklore im Postkarten-format

Trendlokal mit Italo-California-Touch. Cocktail Lounge. Nur Dinner. $$-$$$

Sevilla Restaurant, Tapas Bar & Club
555 Fourth Ave. (Gaslamp Quarter)
San Diego, CA 92101
© (619) 233-5979
www.cafesevilla.com
Gemütlich und munter: Happy Hour, Tapas etc., Fr/Sa Flamenco, Tango und Salsa, So Musik aus Brasilien, Mo *Latin Rock*. Bis 2 Uhr morgens. $-$$

The Fish Market & Top of the Market
750 N. Harbor Dr.
San Diego, CA 92101
© (619) 232-3474
Hervorragendes Fischrestaurant, auch Fischmarkt. Tägl. Lunch ($-$$) und Dinner. $$-$$$

Casa de Bandini
2660 Calhoun St. (Old Town)
San Diego, CA 92110
© (619) 297-8211
Mexikanisches Bier und *quesadilla* bzw. Gemüse-*fajita*. Etwas touristisch, aber das älteste und renommierteste Gasthaus in Old Town. Auch zum draußen Sitzen. Cocktail Lounge, Entertainment. Lunch und Dinner. $-$$

Karl Strauss Brewery & Grill
1157 Columbia St. (bei B St., Downtown)
San Diego, CA 92101
© (619) 234-2739
Lunch-Tipp. $-$$

World Famous
711 Pacific Beach Dr. (Pacific Beach)
San Diego, CA 92109
© (858) 272-3100
Rustikales Lokal für Fisch oder Steaks und Bar gleich am Wasser (Boardwalk). Frühstück, Lunch und Dinner. $$

Trattoria Acqua
1298 Prospect St.
La Jolla, CA 92037
© (858) 454-0709
www.trattoriaacqua.com
Luftiges, verwinkeltes Holzlabyrinth

Mission Beach, San Diego

mit *mediterranean view* aufs Meer bei guter italienisch-kalifornischer Kost und gut gefülltem Weinkeller. $$

Tadashi Sushi
1277 Prospect St.
La Jolla, CA 92037
✆ (858) 456-7118
Helles, freundliches Sushi-Lokal. Sehr gute Qualität zu vernünftigen Preisen. Lunch-Specials. Auch Dinner.
$-$$

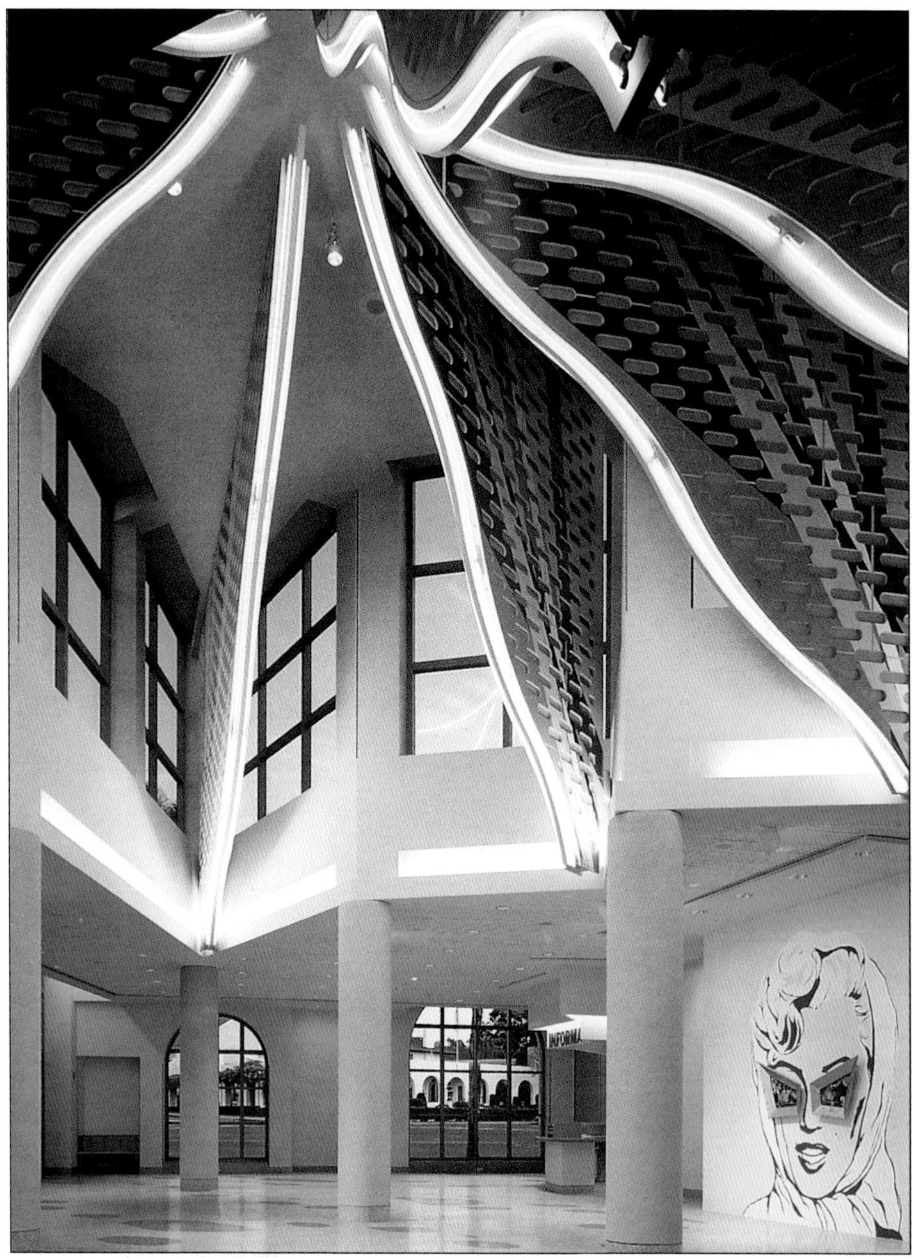

Eingangshalle des Museum of Contemporary Art in La Jolla

Drehpause bei »Manche mögen's heiß«: Jack Lemmon und Marilyn Monroe

Hotel Del Coronado

Ausflugsziel:

Tijuana

Nachmittags kann man sich aber auch zu einem Abstecher nach Mexiko entschließen und nach Tijuana fahren. Gerade dann nämlich entfaltet die Fast-Zweimillionenstadt peu à peu ihr Doppelgesicht: zuerst ihr farbig-grelles Geschäftsleben und dann, bei Einbruch der Dämmerung und der Dunkelheit, ihr Nachtleben der Cantinas und Neons, Mariachi-Musik und Mädchen.

Der Grenzübertritt hat Sofortwirkung. Gerüche, Abgase und Straßenlärm, aber auch reihenweise Zahnärzte (weil sie erheblich billiger sind als die US-Kollegen) machen schlagartig klar, dass dies hier Mexiko ist. Kein Land auf Rädern, sondern eines zu Fuß. Mit gelegentlichen Problemen, versteht sich, denn man muss schon ab und zu ein Auge auf die Bordsteine und Straßen werfen, sind sie doch voller Tücken, haben Löcher und Brüche – ein Krater- und Absturzterrain für hohe Absätze und schwache Knöchel.

Das Leben im Zentrum der Stadt, die Auslagen und Angebote zeigen unmissverständlich, wie weitgehend Tijuana vom großen Nachbarn lebt, von dessen Touristen, die sich ab und an mal einen Katzensprung in diese Klischeewelt der *burros* und *sombreros* leisten.

Das geht nicht ohne Obolus an die zahllosen Bettler: Gitarre spielende Kinder, Frauen mit Säuglingen, Greise. Alle entlarven den Besucher sofort als Geldquelle für die Kurtaxe der Dritten Welt.

Tijuana ist, vom Stierkampf oder dem rasanten Schlagstockspiel *Jai Alai* abgesehen, vor allem wegen seiner Zwitterstellung erstaunlich, wegen seines vielfältigen Changierens zwischen einem auf die USA ausgerichteten Waren- und Dienstleistungsangebot und einem lokalen Marktplatz, zwischen bunter Folklore und grauem Alltag, Dollars und Pesos.

REGION 4
Southern California

San Juan Capistrano Chamber of Commerce
31871 Camino Capistrano, Suite 306
San Juan Capistrano, CA 92673-1878
✆ (949) 493-4700, Fax (949) 489-2695
www.sanjuanchamber.com

Tijuana, Mexiko

7 San Juan Capistrano

In der **Missionskirche** errichtete 1776 Junípero Serra, der unermüdliche Kirchengründer und »Apostel« Kaliforniens, das erste Kreuz. Beim großen Erdbeben von 1812 stürzte der Bau ein und blieb seither eine Ruine. Schön restauriert sind aber die Unterkünfte, Workshops und die Küche der Gottesmänner und Soldaten. Dahinter steht die Kapelle des Padre Serra – auffallend schmal, weil längere Holzbalken für die Deckenkonstruktion nicht zur Verfügung standen. Der hintere Klostergarten, beim Brunnen der vier Evangelisten, lädt zum besinnlichen Verweilen. Am Ausgang steht *vaya con dios*.

San Juan Capistrano ist berühmt wegen der Schwalben, die hier zwischen März und Oktober Quartier beziehen, um dann im Winter nach Argentinien zu reisen.

Service & Tipps:

Mission San Juan Capistrano
Ortega Hwy. & Camino Capistrano (2 Blocks westl. der Kreuzung SR 74 & I-5)
San Juan Capistrano, CA 92673-1878
✆ (949) 234-1300, Fax (949) 489-2695
www.missionsjc.com
Tägl. 8.30–17 Uhr, Eintritt $ 6/4
1776 von Junípero Serra gegründet.

El Adobe de Capistrano
31891 Camino Capistrano (Nähe Mission)
San Juan Capistrano, CA 92675
✆ (949) 493-1163
Angenehmes mexikanisches Restaurant, drinnen und bei schönem Wetter auch draußen. Cocktail Lounge. Lunch ($) und Dinner. $-$$

Ciao Pasta Trattoria
31661 Camino Capistrano
San Juan Capistrano, CA 92675
✆ (949) 496-5002
www.ciaopasta.net
Nette Trattoria gegenüber der Mission, drinnen und draußen. Lunch und Dinner. $-$$

Mission San Juan Capistrano

REGION 5
Central Valley

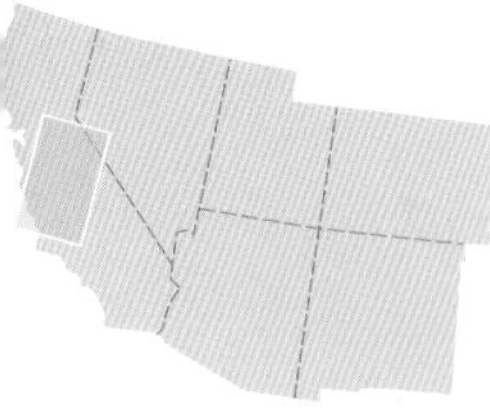

Vitamine ohne Ende

Das Central Valley

Das Tal zwischen Sacramento und Bakersfield, den Sierras und dem Küstengebirge, bildet das landwirtschaftliche Herzland Kaliforniens, das Zentrum des *agribusiness* – ein reichhaltiger Gemüse- und Obstkorb, der große Teile der USA mit Vitaminen versorgt. Der Talboden, brettgerade und ohne Gefälle, ist für die künstliche Bewässerung wie geschaffen.

Bewässert vom Sacramento im Norden und dem San Joaquin River im Süden lassen rund 640 Kilometer Landwirtschaft im Verbund von Kapital, High Tech und billigen Arbeitskräften alles gedeihen, was die US- und Weltmärkte zu schätzen wissen: Baumwolle, Broccoli, Trauben und Tomaten, Milch und Mandeln, Geflügel und Alfalfa, Pfirsiche, Melonen, Nüsse und Apfelsinen. Es waren diese Obst- und Gemüseplantagen, auf denen die »Okies« und »Arkies« (durch Steinbecks Roman »Früchte des Zorns« verewigt) Anfang der 1930er Jahre ihr Glück suchten – und nicht fanden. Sie waren aus der *Dustbowl* Oklahoma und Arkansas in den angeblich so Goldenen Westen gekommen. Heute gibt es deshalb auch nicht nur Großbetriebe. Das wirtschaftliche Rückgrat bilden eher die vielen *minority farmers*, z.B. viele kleine Bauern asiatischer, besonders japanischer Herkunft, die in Handarbeit inmitten einer High-Tech- und Chemie-intensiven Umgebung zu Werke gehen. Tausende Farmen gehören hispanischen Familien.

Die älteste Siedlung im Central Valley heißt **Visalia**, die größte **Fresno**, beides sind Markt- und Umschlagplätze für Obst und Gemüse. So weit das Auge

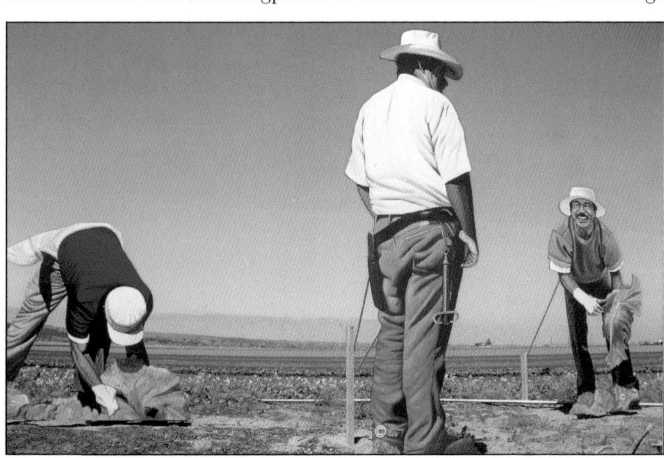

Pappkameraden: Street Art zum Thema »Mexikanische Landarbeiter«

reicht dehnen sich perfekt gepflegte Felder, Haine und Gärten. Und natürlich Rosinenfarmen. Nahezu alle Rosinen der USA stammen aus dieser Region. Schon 1873 setzte man hier auf das Geschäft mit den Runzelfrüchten. Über allem Vitaminreichtum lastet meist bis in den späten Nachmittag hinein die diesig-grelle Hitze, die alle Oberflächen zum Flimmern bringt. Auch die meisten Puter, die zu Thanksgiving röstfrisch dem Grill entsteigen, stammen aus der Gegend um Fresno. Frühling heißt Blütezeit: Dann wird eine Fahrt durch die Obstgärten zu einem farbenfrohen Vergnügen.

Trotzdem zählt, touristisch gesehen, das weiträumige Tal nicht gerade zu den Rennern – wenn man vom Bedürfnis nach einem Obsttag einmal absieht. Eher liegen hier die Zwischenstationen für lange Kalifornien-querbeet-Reisen bzw. Startpositionen *(gateways)* für die beiden Nationalparks Yosemite und Sequoia.

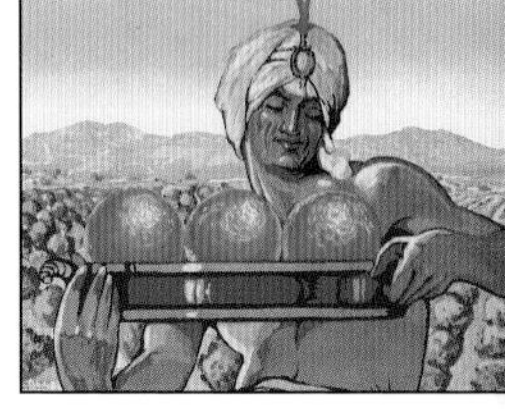

REGION 5
Central Valley

Greater Bakersfield Chamber of Commerce
1725 Eye St., Bakersfield, CA 93301
✆ (661) 327-4421
Fax (661) 327-8751
www.bakersfieldchamber.org

Frühstück im Fenchel – mexikanische Landarbeiter

❶ Bakersfield

Wie Fresno ist auch Bakersfield (Gründung 1873, knapp 250 000 Einwohner) ein bedeutendes Handelzentrum für Farmprodukte, in erster Linie aber spielen Erdöl und Erdgas eine wirtschaftliche Rolle. Bemerkenswert: dass Bakersfield sich einen Namen als Country & Western-Metropole gemacht hat und – die vielen baskischen Restaurants in der Stadt, Nachfahren der baskischen Hirten, die seit dem Gold Rush aus den Pyrenäen auswanderten, vor allem nach Kalifornien und Nevada. Man schätzt, dass heute noch ca. 3 500 Basken in Bakersfield leben.

Service & Tipps:

Fox Theater
2001 H St., Bakersfield, CA 93301
✆ (661) 324-1369
Sehenswerter Kinopalast im kalifornischen Missionsstil von 1930.

Wool Growers Restaurant
620 E. 19th St.
Bakersfield, CA 93305
✆ (661) 327-9584, So geschl.
Sehr beliebte Adresse, baskische (Lamm-orientierte) Küche, schmackhafte und reichliche Portionen. Bar. Lunch und Dinner. $-$$

Happy Jack's Pie & Burger
1800 20th St., Bakersfield, CA 93301, ✆ (661) 323-1661
Das volle amerikanische Essprogramm! Viele behaupten, hier gäbe es die besten Hamburger des Central Valley. *Cash only.* $-$$

Buck Owens' Crystal Palace
2800 Buck Owens Blvd.
Bakersfield, CA 93308
✆ (661) 328-7560, Mo–Sa
www.buckowens.com
Lokaler Honky-Tonk: Live-C & W-Music, Drinks, Tanz und Dinner (deftige amerikanische Küche). $$-$$$

❷ Fresno

Eine der wichtigsten Branchen Kaliforniens, die Obst- und Gemüseproduktion (Truthähne nicht zu vergessen!), hat in Fresno ihren zentralen Marktplatz. 1872 zur Wasserversorgung der Eisenbahn gegründet und heute mit fast 430 000 Einwohnern ist die Stadt das Drehkreuz des *agribusiness* und Verladestation des Tals. Schon die ersten Eindrücke in der Geburtsstadt William Saroyans zeigen den hohen Anteil an mexikanischen Landarbeitern, *Cantinas* und spanischen Werbetexten.

Die im Wesentlichen flach gebaute Stadt wirkt wie ein Sammelbecken für Kettenbetriebe, also Filialen nahezu aller Shop- und Restaurantketten. Auch Downtown kann dem wenig entgegensetzen. Außer einem imposanten Wasserturm, ein paar Gründerzeitvillen (Kearny Mansion Museum oder Meux Home Museum) bietet lediglich der **Tower District** mit dem aufwendig erneuerten Tower Theatre Abwechslung durch Restaurants, Bars, Buchhandlungen und Theater.

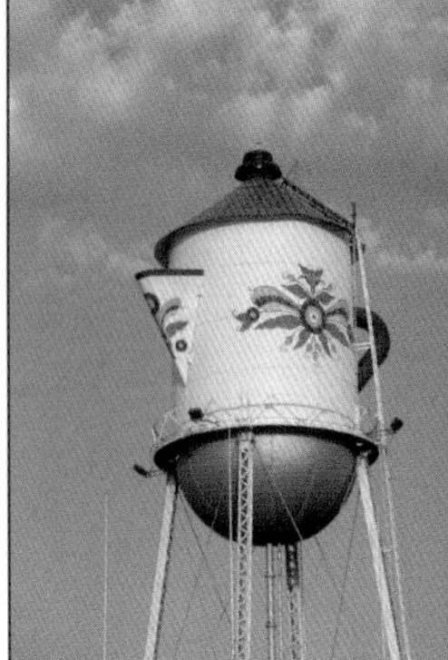

Kanne und Turm bei Fresno

Service & Tipps:

Fresno City & County Convention & Visitors Bureau
848 M St., Fresno, CA 93721
✆ (559) 445-8300 oder 1-800-788-0836
Fax (559) 445-0122
www.fresnocvb.org

Fresno Metropolitan Museum of Art
1515 Van Ness Ave.
Fresno, CA 93721-1200
✆ (559) 441-1444
Fax (559) 441-8607
www.fresnomet.org
Di–So 11–17, Do zusätzlich 17–20 Uhr, Mo geschl., Eintritt $ 8/3
Neben der ständigen Sammlung (Stillleben aus mehreren Jahrhunderten, William Saroyan Memos und Ansel Adams Fotos) bietet das Institut interessante Sonderausstellungen.

Tower Theatre
815 E. Olive Ave.
Fresno, CA 93728
✆ (559) 485-9050
www.towertheatrefresno.org
Ästhetischer Genuss: Das ehemalige Art-déco-Kino von 1939 dient heute als Bühne für Konzerte, Theateraufführungen u.a.

The Daily Planet
1211 N. Wishon Ave.
Fresno, CA 93728
✆ (559) 266-4529
Gelungenes 1930er-Jahre-Interieur: internationale Küche à la carte oder als Festpreis-Menu. Cocktailbar. Lunch und Dinner. $$

Echo Restaurant
609 E. Olive Ave. & Echo Sts.
Fresno, CA 93728
✆ (559) 442-3246, So/Mo geschl.
www.echomenu.com
Gute kalifornisch-französische Küche, täglich wechselnde Speisekarte, frische regionale Zutaten, ergiebige Weinauswahl. Reservierung empfohlen.
$$

Trockenobst

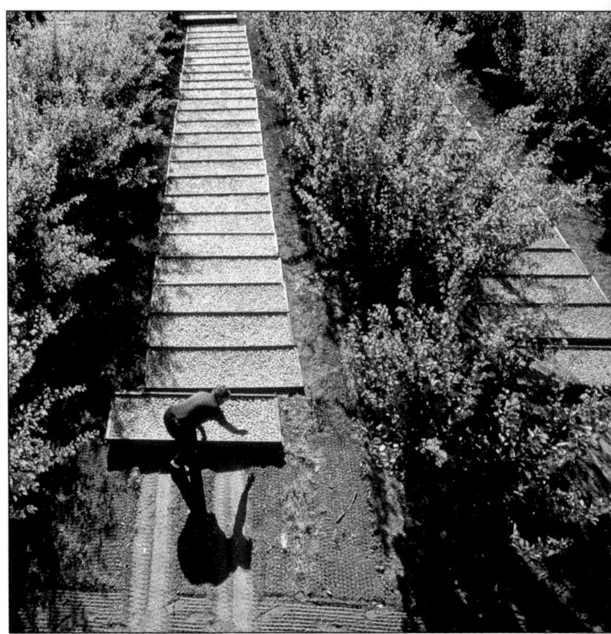

REGION 5
Central Valley

❸ Merced

Merced (64 000 Einwohner) lebt von der Landwirtschaft und vom Stolz auf sein prächtiges Gerichtsgebäude von 1875 und sein jährliches Farmer's Market Festival, das den ganzen Sommer über einmal abends in der Woche die im Umkreis verstreuten Seelen zusammenbringt.

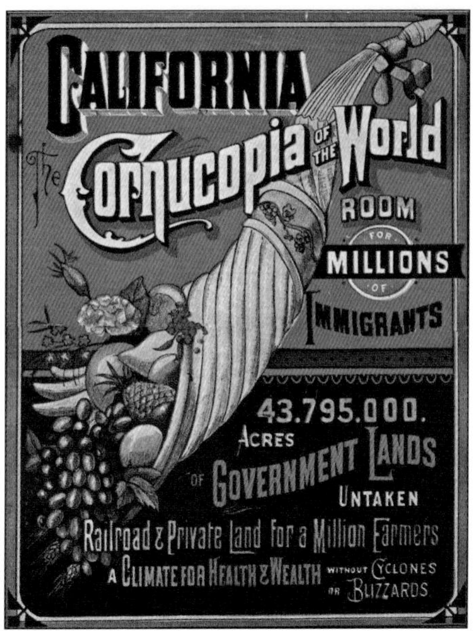

Service & Tipps:

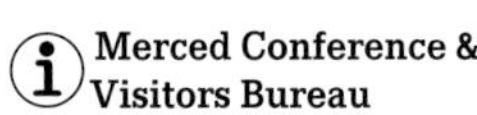

Merced Conference & Visitors Bureau
710 W. 16th St.
Merced, CA 95340
✆ (209) 384-2791 oder 1-800-446-5353
Fax (209) 384-2793
www.yosemite-gateway.org
Hier gibt es auch Tickets für den **Shuttle Bus zum Yosemite Valley**. Die Busse starten am Transportation Center (16th St. zwischen N & O Sts.), an der AMTRAK-Station (K & 23rd Sts.), am Merced Airport am Passenger Terminal, an der Merced Mall (M St. zwischen Loughborough St. & Fairfield Dr.), am Merced Courthouse (22nd & M Sts. vor dem Gericht).

The Branding Iron
640 W. 16th St. (Nähe SR 99)
Merced, CA 95340
✆ (209) 722-1822
Beliebt: amerikanische Küche im Western-Dekor. Auch zum draußen Sitzen. Cocktail Lounge. Lunch ($) und Dinner. $–$$

❹ Modesto

Modesto (knapp 190 000 Einwohner) liegt ziemlich genau im geographischen Zentrum Kaliforniens und verdankt seine Gründung der Pacific Railroad Company. Als diese 1870 nach einem Namen für die Stadt suchte, kam man auf die Idee, die Neugründung nach einem Bankier aus San Francisco zu benennen. Diese Ehre erschien ihm jedoch zu hoch und er lehnte ab. Die Bescheidenheit des Bankiers *(modesty)* erleichterte die Namensfindung für die Stadt.

Modesto ist der Handelssitz der inzwischen auch in Europa bekannten Winzerfamilie Gallo, die jährlich so viele Gallonen Wein produziert, dass damit allein ein Drittel der Menge des in den USA getrunkenen Weins abgedeckt wird. Wer dagegen eine Führung durch **Stan's Brewery** mitmacht, bekommt Gelegenheit, auch das lokale Bier zu probieren. Außergewöhnliche Gaumenfreunden beschert das alljährlich am vierten Wochenende im September stattfindende **Greek Food Festival**.

Service & Tipps:

Modesto Convention & Visitors Bureau
1150 Ninth St., Modesto, CA 95354
✆ (209) 526-5588 oder 1-888-640-8467
Fax (209) 526-5586
www.visitmodesto.com

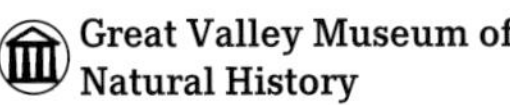

Great Valley Museum of Natural History
1100 Stoddard Ave.
Modesto, CA 95350-5818
✆ (209) 575-6196
Di–Fr 10–16.30, Sa 10–16 Uhr
Eintritt $ 1
Exponate zur Erläuterung der regionalen Flora und Fauna.

La Morenita
1667 E. Hatch Rd.
Modesto, CA 95351
✆ (209) 537-7900
Serviert gute mexikanische Gerichte.
$

Saint Stan's Brewery Restaurant

821 L St.
Modesto, CA 95354

✆ (209) 524-2337
www.st-stans.com
Motto: »Im Himmel erfunden, in Kalifornien gebraut«. Brauereibesichtigung, Bierprobe und herzhafte Kost.
$–$$

Sacramento

In Old Sacramento, dem historischen und deshalb gründlich sanierten Viertel der kalifornischen Hauptstadt (407 000 Einwohner), sorgen Kopfsteinpflaster und Gehsteige aus Holzplanken für Western-Atmosphäre. Wer sein Nostalgiebedürfnis an den hübschen Holzveranden, facettenreichen Häuserfronten, den ungezählten Souvenirs oder am Denkmal des Pony-Express-Reiters noch nicht gestillt hat, der kann mit dem Dampfer auf den Sacramento River hinausfahren und von den »Blue boys blow...« träumen. Der Fluss allein hat Sacramento allerdings nie zu einer wichtigen Hafenstadt gemacht, das schaffte erst 1963 der Seekanal. Die **Capitol Mall,** Sacramentos repräsentative Avenue, hat durch ihre axiale Ausrichtung auf den kühlen Klassizismus des Kapitols eine gewisse Klasse, der auch die umliegende Architektur nicht nachsteht. Gepflegte viktorianische Wohnkultur, umsäumt von Parks und Palmen, verbreiten Hauptstadt-Look.

Wie Sacramento einmal anfing, zeigt **Sutter's Fort**, die Heimstatt des Gründervaters einer eidgenössischen Version der Neuen Welt. Man kann in John Sutters Hauptquartier praktisch einen Vorläufer des heutigen Supermarkts sehen, denn er diente zur Ausstattung und Versorgung der Goldsucher. Die Stadt Sacramento setzte dann im Grunde diese Funktion im großen Stil fort – während Sutter, der als »Kaiser von Kalifornien« im gleichnamigen Film von Louis Trenker noch 1935 gefeiert wurde, selbst als armer Mann starb.

Ausrangiert: Eisenbahn-Museum in Sacramento

Service & Tipps:

Sacramento Convention & Visitors Bureau
1608 I St.,
Sacramento, CA 95814
✆ (916) 808-7777 oder
1-800-292-2334
Fax (916) 808-7788
www.sacramentocvb.org
Mo–Fr 8–17 Uhr

Sutter's Fort State Historic Park
2701 L St. (27th St.)
Sacramento, CA 95816
✆ (916) 445-4422
Tägl. 10–17 Uhr
Eintritt $ 4
Im restaurierten Adobebau von 1839 sind Memorabilien aus der Pionierzeit Kaliforniens untergebracht.

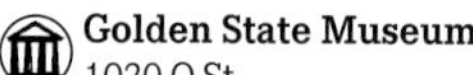

Golden State Museum
1020 O St.
Sacramento, CA 95814
✆ (916) 653-7524
Di–Sa 10–17, So 12–17 Uhr
Eintritt $ 5
Hervorragend präsentiert: multimediale Aufbereitung der kalifornischen Geschichte.

California State Railroad Museum
111 I St. (Old Town)
Sacramento, CA 95814
✆ (916) 445-7387, www.csrmf.org
Tägl. 10–17 Uhr, Eintritt $ 8/3
Ein Muss für Eisenbahn-Nostalgiker: prächtige alte Loks, Waggons, Fotos, Dioramen und Filme erläutern die Geschichte der amerikanischen Schienenwege zwischen 1860 und 1960.

The Firehouse
1112 2nd St. (Old Town)
Sacramento, CA 95814
✆ (916) 442-4772
www.firehouseoldsac.com
So geschl.
Internationale Küche in historischen Räumen der ehemaligen Feuerwehr. Lunch draußen im Innenhof ($) und Dinner. $$–$$$

Fulton's Prime Rib
900 2nd St.
Sacramento, CA 95814-2201
✆ (916) 444-9641
Das traditionelle *American Steakhouse* hat auch eine interessante Fischkarte. $$–$$$

Flussromantik auf dem Sacramento River

❻ Visalia

Visalia (92 000 Einwohner), das so genannte *Gateway to Sequoia*, ist eine der ältesten, wenn nicht überhaupt *die* älteste Stadt zwischen Stockton und Los Angeles, gegründet 1852. Im historischen Viertel verrät noch das eine oder andere opulente Anwesen den Reichtum der einstigen Betreiber der Ranches und Farmen. Leider schneidet der Highway 198 die Stadt in zwei Hälften, aber es lohnt, in die eine oder andere abzubiegen und sich umzusehen. Neben dem sehenswerten **Visalia Fox Theatre** (Main & Encina Sts.) und Antiquitätenshops überraschen vor allem einige Restaurants durch ihr kulinarisches Niveau.

Service & Tipps:

Visalia Chamber of Commerce & Visitors Bureau
720 W. Mineral King St.
Visalia, CA 93291
✆ (559) 734-5876 oder 1-877-847-2542
Fax (559) 734-7479
www.visaliatourism.com

The Vintage Press Restaurant
216 N. Willis St. (Downtown)
Visalia, CA 93291
✆ (559) 733-3033
www.thevintagepress.com
Beliebte Adresse, ansprechende Speiseräume und Gartenlokal: exzeptionelle kalifornische Küche, frische Zutaten aus der Umgebung, reicher Weinkeller. Lunch ($) und Dinner. $$–$$$

Mearle's College Drive-In
604 S. Mooney Blvd. (Hwy. 198)
Visalia, CA 93277
✆ (559) 734-4447
Hübscher, *old fashioned* Coffee Shop: erstklassige Hamburger, Pommes, Shakes. Frühstück, Lunch, Dinner. Kein Alkohol. $

Von den Feldern ins Regal: amerikanische Supermärkte sind gut sortiert

REGION 6
Sierra Nevada

Das Rückgrat Kaliforniens – Sierra Nevada

Gold Country, Lake Tahoe, Yosemite, Sequoia und Kings Canyon National Parks, US 395

»Ein kalifornischer Mineur«: Hydraulische Abbaumethode

Der erste Goldfund von 1848 beim American River im heutigen Coloma löste den *California Gold Rush* aus, den Ansturm der raubeinigen *Forty-Niners*, der die Bevölkerung Nordkaliforniens explodieren ließ. Als der Schreiner James Marshall fündig wurde, lebten ganze 14 000 Amerikaner im Land; vier Jahre später waren es 250 000. Der Treck ins goldene Schlaraffenland – nach *El Dorado* – hatte weltweite Motive: Hungersnöte in Irland, Aufstände in China oder die deutsche 1848er Revolution. Die Yankees waren also nicht allein.

Die San Francisco Bay wimmelte von ankernden Schiffen, deren Besatzungen sich in die Goldminen der so genannten *Mother Lode* in den westlichen Ausläufern der Sierra Nevada schlugen. Die *Digger* krempelten den Boden um, bohrten, hackten und beschossen schließlich die Gesteinshänge mit Wasserkanonen. Reihenweise entstanden Camps, zum Teil mit kuriosen Namen wie *Fiddletown, Humbug Hill, Whiskey Flat, Hangtown* oder *Greenhorn Bar*. Die Größenordnung der Funde: rund zehn Millionen Dollar in Gold 1848, aber schon 80 Millionen in 1852. In San Francisco zog derweil der damals (1849) 20-Jährige Levi Strauss aus Bayern den Goldjungs die richtigen Hosen an: Jeans. Kalifornien trat der Union bei und der Westküstenstaat verlor seine Provinzialität. Mehr noch, der folgende Goldexport integrierte die USA zum ersten Mal in die Weltwirtschaft.

Reichtümer und Pleiten zogen rasch vorbei, die poetische Verewigung der wilden Jahren blieb. So ließ sich Samuel Clemens, alias Mark Twain zu seiner Story vom »Berühmten Springfrosch von Calaveras County« inspirieren.

P.S.: Seit Beginn dieses Jahrhunderts erlebt das California Gold Country eine Renaissance als Weinanbaugebiet.

»So wie man Holland durch die Bilder seiner Meister sieht – hier ein Baum von Ruysdael, dort eine Mühle von Hobbema dann wieder eine Mauer von Vermeer –, so entdeckt man Kalifornien durch seine Kinobilder: Cowboys, Polizisten, Büffelherden, galoppierende Pferde, wilde Engpässe, Dörfer aus Holz haben mich so entzückt, weil ich sie wiedererkannte.«
Simone de Beauvoir

Ein wenig abseits, aber durchaus in den Sierras liegt **Lake Tahoe**, der gemeinhin als einer der schönsten Bergseen der USA gilt. Uferzugänge gibt an vielen Orten, z.B. im Nevada State Park, Sand Harbor oder im Incline Village. Kings Beach bietet am Ufer weiter nördlich einen Platz zum Picknick an. Bei den dicken Steinen am Wasser kann man schön sitzen und auf das in der Nachmittagssonne leuchtende Westufer blicken. Überhaupt ist die Nevada-Seite des Sees weniger erschlossen als ihr kalifornisches Visavis, nicht zuletzt deshalb, weil ein großer Teil davon als State Park die kommerzielle Erschließung bremst.

Ohne Frage gelten der **Sequoia** und **Kings Canyon** sowie **Yosemite** als die absoluten Highlights der Sierras. Der Yosemite National Park liegt mitten im Urgestein des Goldrauschs, in der höchsten und längsten Bergkette der USA, gebildet von einem riesigen Granitblock von rund 600 Kilometern Länge und bis zu 130 Kilometern Breite.

Gemächlich zieht die **US 395** am Osthang der hohen Berge entlang und entfaltet dabei unterwegs eine zwischen alpinen Gipfeln, lieblichen Weiden und bizarre Seen abwechselnde Landschaft, eine Art kalifornische Schweiz, die häufig als Kulisse für Wildwestfilme diente. Wen wundert's, das Wiedersehen von Verfilmtem ist ohnehin eine typisch kalifornische Erfahrung.

❶ Auburn

Placer County Visitor Council
13411 Lincoln Way
Auburn, CA 95603
✆ (530) 887-2111
Fax (530) 887-2134
www.visitplacer.com

Geschickt haben die Stadtväter von Auburn eine Augenfalle für den Transitverkehr auf der Intertate aufgestellt: die überlebensgroße Plastik eines Goldwäschers. Im historischen Kern des Orts (12 500 Einwohner), überragt vom pompöses Gerichtsgebäude, kann man gemütlich herumschlendern.

Service & Tipps:

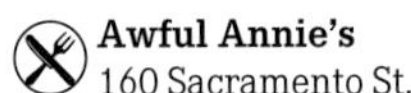

Awful Annie's
160 Sacramento St.
Auburn, CA 95603-5019
✆ (530) 888-9857
Freundliches Lokal, drinnen und draußen. Frühstück und Lunch. $-$$

❷ Bodie

Die alte Minenstadt **Bodie** ist die berühmteste *ghost town* in Kalifornien. In den 1870er Jahren war hier der Teufel los, denn Bodie galt als eine der rup-

Touristen statt Geister bevölkern heute Bodie

pigsten Boomstädte im Wilden Westen. 1932 verließen endgültig die letzten das Nest. Danach konservierte der Denkmalschutz die windschiefen Schuppen, den Friedhof und die Mine. Die nur zum Teil asphaltierte Straße ist gut befahrbar.

Bodie State Historic Park
SR 270
✆ (760) 647-6445
Tägl. im Sommer 8–19, sonst 9–16 Uhr, Eintritt $ 4

Attraktive Geisterstadt in 2 789 m Höhe. Goldcamp von 1859, heute State Park. Geraucht werden darf nur auf dem Parkplatz. Im Winter ist die Zufahrtsstraße oft gesperrt.

❸ Coloma

Bei der **Sägemühle am American River** nahm alles seinen Anfang. Im Wassergraben, der zum Mühlrad führte, fand der Schreiner James Marshall zwei winzige Bröckchen, die er seinem Chef Sutter zeigte. Beide identifizierten den Fund als Gold und verabredeten, die Sache geheim zu halten. Das klappte aber nicht. Sutters Traum von einer heilen Neuen Welt zerbröselte, Marshall verfiel dem Alkohol. Beide starben pleite.
Im Frühling und Herbst schläft Coloma friedlich vor sich hin, und die wilden Geschichten Kaliforniens wehen nur noch zart durch die Akazien. Dann fällt es schwer, sich den Ort als raubeinige Zeltstadt vorzustellen – mit *rowdies, bartenders* und *Fandango ladies*.

James Marshall

Service & Tipps:

Marshall Gold Discovery State Historic Park
310 Back St. (Nähe Hwy. 49, gegenüber Sutters Mühle)
Coloma, CA 95613
✆ (530) 622-3470
Im Sommer tägl. 8 Uhr bis Sonnenuntergang (Park), Museum tägl. 10–17, sonst 10–16.30 Uhr
Historische Ausstellungen und aktuelle Infos.

Sutter's Mill
Hwy. 49 in Coloma
Nachbau (1968) der alten Sägemühle (1848) am Ufer des American River nach Skizzen von James Marshall und alten Fotos.

❹ Columbia

Mit Columbia ist eine ganze Stadt (2 400 Einwohner) zum State Park geworden. Zwischen alten Holz- und Backsteinbauten des *theme park* zwischen Main Street und Broadway wuseln Damen im *granny look*, Fiddler, Kutscher, Banjospieler, Schmiede und zünftige Cowboys, die Crashkurse im Goldwaschen geben – buntes *show biz* mit Darstellern in historischen Kostümen.

City Hotel in Columbia

REGION 6
Sierra Nevada

»17 Jahre hab' ich Teppiche verlegt, bevor ich hierher kam. Auf dem Land ist es halt gesünder. Und kinderfreundlicher.«
Chuck, Columbia

Columbia State Historic Park
11255 Jackson St.
Columbia, CA 95310
✆ (209) 588-9128
Fax (209) 532-5064
Park: 24 Std., Museen und Läden 10-16 Uhr
Museumsdorf und Freilichtbühne der Goldgräberzeit. Theateraufführungen, Ausritte und Postkutschenfahrten, Goldwaschen und Goldminentour.

The William Cavalier Museum
Main & State Sts.
Columbia, CA 95310
Memorabilien aus den goldenen Tagen.

Lickskillet Cafe
11256 State St.
Columbia, CA 95310
✆ (209) 536-9599
Nettes kleines Restaurant in altem Landhaus, drinnen und draußen, je nach Wetterlage. Geflügel, Fisch und Vegetarisches.
$-$$

City Hotel
Main St. (P.O. Box 1870)
Columbia, CA 95310
✆ (209) 532-1479
www.cityhotel.com
Historisches Haus (1856) mit anerkanntem Restaurant (Mo geschl.) und Bar. $$

Saint Charles Saloon
Main & Jackson Sts.
Columbia
Zünftiger Saloon.

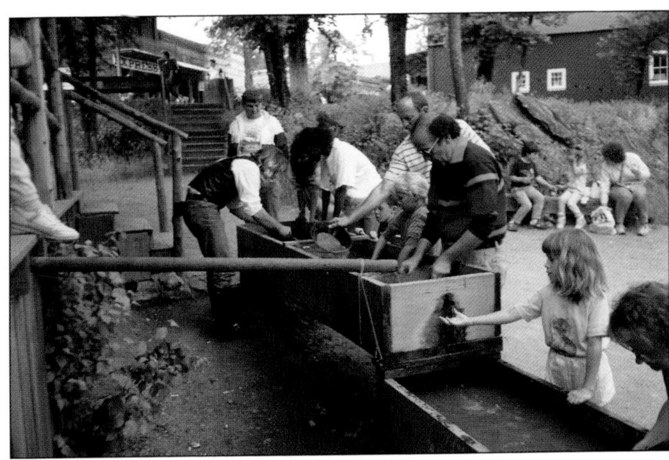

Columbia: Unterricht im Goldwaschen

❺ Highway 49

Der Highway 49 beginnt im Süden in Oakhurst und endet nördlich von Nevada City. Gute Einstiegsmöglichkeiten bieten die I-80 bei Auburn (zwischen Sacramento und Lake Tahoe), die US 50 bei Placerville, die SR 120 bei Chinese Camp, die SR 140 bei Mariposa sowie die SR 41 bei Oakhurst. – Beste Reisezeit: Frühjahr.

Goldgräbermythen am laufenden Band – so ließe sich der kalifornische Highway 49 definieren. Mehr als 500 Kilometer windet sich die ehemalige Hauptstraße der Argonauten durch die Ausläufer der Sierras. Seit einigen Jahren regt sich neues Leben in den hübschen Städtchen. So mancher Aussteiger lässt sich inkognito als Barkeeper nieder und genießt seine neue Rolle als *local hero*. Zufriedenes Hinterweltlertum scheint im Gold Country angesagt.

Highway 49
Durchreisende werden gepäppelt, liebevoll restaurierte Hotels und Saloons halten die Erinnerungen an die alten Tage wach. Wer würde sich nicht gern ins Messingbett schlüpfen wollen, in dem einst Lola Montez schlummerte? Nicht nur gepflegte Nostalgie, auch Sportliches liegt im Trend. Ausrüster ermuntern mit Schaufeln und Pfannen zu zünftigen Schürftouren. Oft arbeitet man mit geschwärzten Stahlpfannen, damit man die begehrten Metallkrümelchen besser sehen kann In der Regel bleibt es bei zwecklosem Planschen, doch manchmal spült die Suche ein paar Unzen in die Reisekasse.

❻ Jamestown

Jimtown heißt der Ort (3 000 Einwohner) im Volksmund. Er zehrt vor allem von seiner Mediengeschichte, denn die fotogenen Fassaden standen als Filmkulissen in Hollywood hoch im Kurs – z.B. für »High Noon« und »Butch Cassidy and the Sundace Kid«.

Service & Tipps:

The Smoke Cafe
18191 Main St.
Jamestown, CA 95327
✆ (209) 984-3733, Mo geschl.
Mexikanische Gerichte, Margaritas an der Bar. Nur Dinner. $-$$

Michelangelo
18228 Main St.
Jamestown, CA 95327
✆ (209) 984-4830
Serviert werden gute italienische Gerichte – man kann drinnen und bei schönem Wetter auch draußen Sitzen. $-$$

❼ Lake Tahoe

Der erste Blick auf den See ist stets eine spektakuläre Überraschung: ein Bergsee im XXL-Format! Doch Heiratskapellen, Snowmobil-Verleihe, Pisten und strikte Parkverbote deuten an, dass man nicht gerade in einen entlegenen Bergwinkel verschlagen wurde, sondern ins populärste Skigebiet Kaliforniens. Der Ort **South Lake Tahoe** (6 200 Einwohner) bringt meist die erste Berührung mit dem See. Im Winter rutschen hier die Kids auf roten runden Schüsseln zum Ufer runter, und der Rest der Familie freut sich.

Viel Deutsch-Schweizerisches grüßt entlang dem südlichen Ufer des Sees, der seinen Namen den Washoe-Indianern (*da án* = See) verdankt. Da grüßen »Heidi's Restaurant«, das »Matterhorn Hotel« oder das »Alpenhaus«. Die schneeträchtigen Chalets mit ihren Eiszapfen erinnern an weihnachtliche Pfefferkuchenhäuser. Schlittenfahrten passen dazu. Langläufer begleiten die Fahrt durch die Nadelwälder mit wechselnden Ausblicken auf den Silbersee. Am *vista point* bei der **Emerald Bay** stellt er sich in seiner ganzen Pracht zur Schau.

Dennoch: eine jahrelang ungehemmte Bebauung hat große Umweltschäden verursacht. Viele Bäume sind eingegangen, und durch die Wasserverschmutzung haben sich die Algen dramatisch vermehrt, so dass das Wasser insbesondere auf der Südseite allmählich seine typische blaue Farbe verliert und sich grünlich zu färben beginnt.

Zu den renommiertesten Skiadressen zählen das olympiaerfahrene **Squaw Valley, Alpine Meadows** und **Heavenly**. In **Stateline**, auf der Nevada-Seite, kann man sein Glück in den Casinos versuchen.

Lake Tahoe
Mark Twain sprach ihm enorme Kräfte zu: »Warum ist die Menschheit so langweilig und macht Wasserkuren, Laufkuren und lange Erholungsreisen ins Ausland? Drei Monate Lagerleben am Tahoesee würden sogar einer ägyptischen Mumie die einstige Frische wiederbringen und ihr Appetit verschaffen wie einem Krokodil.« Heute auch noch? Sieht man sich um, so dürfte heute ein Lagerleben schwer fallen, denn Immobilienfirmen vermarkten inzwischen jeden Quadratzentimeter am Ufer.

Emerald Bay, Lake Tahoe

REGION 6
Sierra Nevada

Lake Tahoe Visitors Authority
1156 Ski Run Blvd.
South Lake Tahoe,
CA 96150
✆ (530) 544-5050
Fax (530) 544-2386
www.bluelaketahoe.com

Service & Tipps:

South Lake Tahoe Chamber of Commerce
3066 Lake Tahoe Blvd. (Hwy. 50)
South Lake Tahoe, CA 96150
✆ (530) 541-5255, Fax (530) 541-7121
www.tahoeinfo.com
Mo–Fr 8.30–17, Sa 9–16 Uhr

Cafe Fiore
1169 Ski Run Blvd.
South Lake Tahoe, CA 96150
✆ (530) 541-2908
Bistro-Café mit guter Küche. $$

Nephele's Restaurant
1169 Ski Run Blvd. & Tamarack
South Lake Tahoe, CA 96150
✆ (530) 544-8130
www.nepheles.com
Kreative kalifornische Küche. Außerdem: private Whirlpools (einschließlich Cocktail-Service). $$–$$$

8 Mono Lake

Mit seinen geschätzten 700 000 Jahren einer der ältesten der Welt, gilt er als friedlicher Greis unter den Seen. Im **Mono Lake Tufa State Reserve** kann man herumlaufen und die Ausblicke genießen: Spiegelglatt und tiefblau ist die Salzlauge, in der die Tufasteine wie Klunker liegen, »malerisch getürmte Felsmassen aus weißlichem, grobkörnigem Gestein«, wie Mark Twain es ausdrückte. Ihre Entstehung verdanken die weißen Türmchen dem durch Verdunstung gesteigerten Mineralgehalt des Sees, der ohne natürlichen Abfluss ist und deshalb doppelt so salzig wie der Ozean. Außer ein paar winzigen Krabben können Fische hier nicht leben.

Umso kontroverser wird daher seit Jahren die Rolle des Los Angeles Department of Water and Power diskutiert, jenes Energieunternehmens, das praktisch das gesamte Wasser der Osthänge der Sierras sammelt, kanalisiert und abführt – in die durstigste Stadt Südkaliforniens.

In Zukunft darf so lange kein Wasser mehr aus den Zubringerflüssen abgeleitet werden, bis der Wasserspiegel so weit gestiegen ist, dass sich die Forellen wieder vermehren und die Vögel wieder nisten. Inzwischen wird das ganze Owens Valley im Sinne des so genannten Bioregionalismus schon langsam zurück gestaut.

Die Fliegen und Krabben, die sich in der trüben Salzbrühe äußerst wohl fühlen und entsprechend vermehren, sind die Nahrung für die Zugvögel, die alljährlich

Salzstangen im Abendlicht: Mono Lake

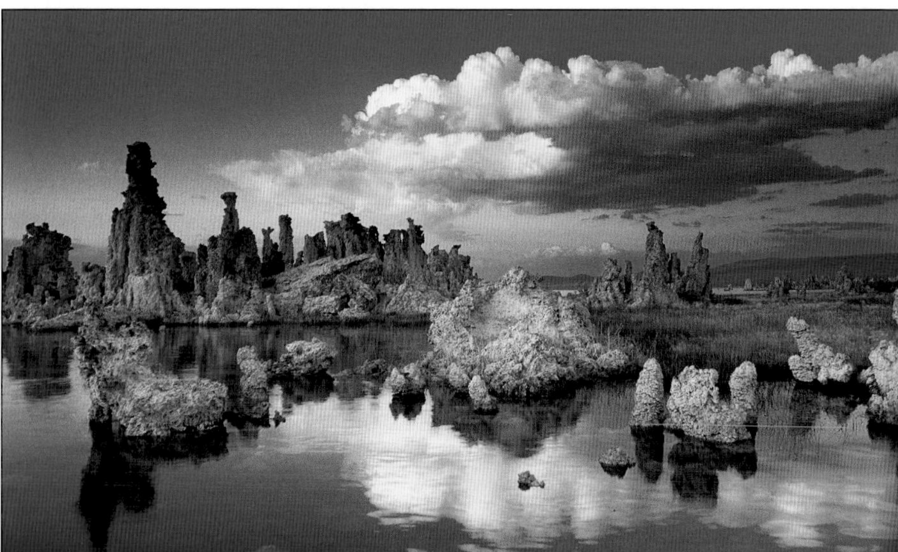

auf dem Weg von Kanada nach Südamerika hier eine Pause einlegen. Auch die nistenden Möwen ziehen sich das Futter für die Jungen aus dem See.

Service & Tipps:

Mono Lake Tufa State Reserve
Ab SR 120, 5 Meilen östl. US 395, Nähe von Lee Vining
✆ (760) 647-6331
www.monolake.org
Tägl. 24 Std.
Bizarres Tufa-Gestein.

Mono Inn Restaurant
55620 Hwy. 395, 4 Meilen nördl. von Lee Vining, CA 93541
✆ (760) 647-6581
Nov.-März geschl.
Gute amerikanische Küche. Drinnen und (bei gutem Wetter) auch draußen auf der Terrasse: mit schönem Blick auf den Mono Lake.
$$-$$$

Mono Lake Committee Information Center & Bookstore
US 395 (P.O. Box 29)
Lee Vining, CA 93541
✆ (760) 647-6595

❾ Oakhurst

Oakhurst (knapp 3 000 Einwohner) markiert, je nach Blickrichtung, Start oder Ziel des 49er Highway. Eine kleine Gedenktafel am Supermarkt erinnert an die rauen Zeiten. Viel mehr ist nicht. Dafür hat der nahe Bass Lake mehr auf Lager: für Schwimmer, Angler und Bootsfreunde.

Erna's Elderberry House
48688 Victoria Lane (Chateau du Sureau)
Oakhurst, CA 93644
✆ (559) 683-6800
Gourmet-Restaurant mit *California cuisine*. Frisches aus dem Küchengarten. Tolle Desserts. Reservierung empfohlen. Lunch ($$) und Dinner.
$$$

❿ Placerville

Über der Bar an der Hauptstraße baumelt eine Puppe am Galgen. So was passierte früher in echt jenen Leuten, die bei den Claims zwischen Mein und Dein nicht recht zu unterscheiden wussten. Der Hang zur Selbstjustiz brachte dem Ort (knapp 10 000 Einwohner) den Spitznamen ein: *Hangtown*. Mit der Stadt wuchs aber die Seriosität, aus Hangtown wurde Placerville, kein Grund zur Sorge also.

Service & Tipps:

Hangman's Tree
305 Main St.
Placerville, CA 95667
✆ (530) 622-3878
Legendärer Saloon mit Galgenstrick aus jenen Tagen, als man Golddiebe an dieser (und anderer) Stelle aufknüpfte. Auch heute noch bisweilen handfest, mit knödelnden *locals* und keineswegs zimperlichen Bardamen.

Sarah's Cafe
301 Main St.
Placerville, CA 95667
✆ (530) 621-4680
Frühstück und Lunch.
$

Casa Grande
251 Main St.
Placerville, CA 95667
✆ (530) 626-5454
Einfache mexikanische Küche. $

El Dorado County Chamber of Commerce
542 Main St.
Placerville, CA 95667
✆ (530) 621-5885
Fax (530) 642-1624
www.eldoradocounty.org

Im Nationalpark lernt man eine Menge: z.B. dass die Bäume eine rötliche Chemikalie produzieren, die sie vor Befall und Krankheiten schützt – ebenso vor den Termiten, deren Appetit auf Holz gefürchtet ist. Und als besonders feuerresistent gelten die Big Trees auch.

Apropos Feuer: Da ihre Keimlinge nur bei direkter Sonneneinstrahlung gedeihen, im Umkreis der Riesen aber meist nur wenig Licht durchdringt, haben wahrscheinlich Waldbrände das lange Überleben dieser Spezies überhaupt erst gesichert. Um möglichst günstige Lichtverhältnisse für die Jungpflanzen zu schaffen, brennt man deshalb heute das Unterholz regelmäßig ab.

⑪ Sequoia und Kings Canyon National Park

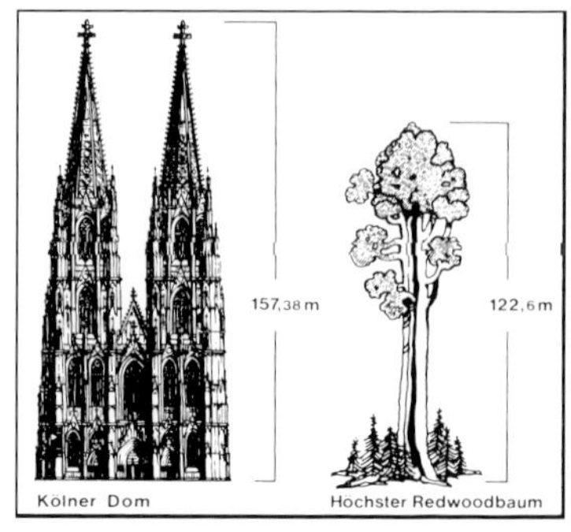

Vom Auto aus bekommt man diesen Riesenbereich der High Sierra nur bruchstückhaft zu Gesicht; das bei weitem größte Terrain der beiden Nationalpark ist *backcountry*. Schon die Zufahrten sind begrenzt: Entweder man wählt die nördliche (von Fresno via SR 180 über Centerville zum Big-Stump-Parkeingang und zum Grant Grove Village/Visitor Center) oder die südliche (von Visalia via SR 198 über Three Rivers zum Ash Mountain Parkeingang und dem Foothills Visitor Center).

Sollte der **Kings Canyon National Park** zuerst auf dem Programm stehen, wählt man am besten den Nordeingang. In der Nähe des Big-Stump-Parkplatzes liegen zunächst die »Tanzböden«, jene umfangreichen Baumstümpfe, auf die die Holzarbeiter in den 1880er Jahren die Sequoias reduzierten. Es gab damals regelrechte Landpartien zu den Gefällten, und die Stümpfe dienten als Tanzflächen.

Die Hochwaldstraße Richtung **Grant Grove Visitor Center** durchstreift eine durch und durch urige Landschaft mit blankgeschliffenen Granitplatten und Steinklötzen, die zwischen den dicken Hölzern liegen, als hätten Riesen sie dorthin geworfen.

Großes ist hier rundum überhaupt gefragt, auch bei der Wahl der militärischen Ehrennamen für die höchsten der Sequoias. Man hat sie einfach in den Generalsrang befördert und zum General Lee oder General Grant gemacht, die unweit vom Highway in einem Hain beisammenstehen, treu umgeben von hölzernen Heerscharen. Übrigens taufte ein österreichischer Wissenschaftler den Baumtyp 1847 nach Sequoyah, dem Schöpfer des Cherokee-Alphabets.

Die Fahrt nach Cedar Grove im Kings Canyon hat es in sich. Zahlreiche Aussichtspunkte (Junction View u. a.) erlauben eindrucksvolle Blicke in den schäumenden Canyon des Kings River, einen der tiefsten in den USA überhaupt. Die steilen Granitwände, von den Ärmchen des Flusses abgesäbelt, sind von Gletschern erweitert worden. Der tiefste Punkt der Schlucht liegt bei 2 630 Metern, gemessen vom Gipfel des Spanish Mountain mit 3 350 Meter Höhe.

Beim Ort **Cedar Grove** liegt die **Zumwalt Meadow**, wo der gurgelnde Fluss zum Picknick und die stillen Almwiesen zur Wanderung durch duftendes Holz einladen.

Bäume kümmern sich nicht um Grenzen. Deshalb geht auch der Kings Canyon unmerklich in den **Sequoia National Park** über – via Generals Highway nach Süden. Der enge Korridor der Straße blättert weitere grüne Bilderbuchseiten auf, bei denen dichter dunkler Urwald und Durchblicke auf leuchtende Bergwiesen wechseln. Im Dunst wirken die Stämme und Steine besonders knorrig. Und wenn der Nebel so richtig quillt, dann wirken die halbverbrannten Stümpfe wie Gnome und Gespenster. Also auch das sonnige Kalifornien hat seine Hexenküchen. Aber bitte, ohne Nebel halt keine Redwoods, denn was sie vom Regen nicht kriegen, das holen sie sich aus dem Nebel.

Beim größten der stämmigen Burschen, dem General Sherman im **Giant Forest**, beginnt ein Lehrgang (Congress Trail) durch die Dinos der Holzszene. Die fleißigen Ranger haben die Scheibe eines Baums freigestellt und an seinen Jahresringen Stationen der Menschheitsgeschichte eingetragen.

Riesig und grün: im Redwood National Park

Service & Tipps:

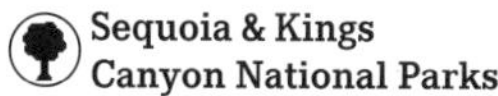

Sequoia & Kings Canyon National Parks
47050 Generals Hwy. (Superintendent)
Three Rivers, CA 93271-9700
✆ (559) 565-3341 oder 1-888-252-5757, Fax (559) 565-3730
www.nps.gov./seki
Eintritt $ 10 pro Auto oder $ 5 pro Person

Giant Forest Museum
Generals Hwy.
Sequoia National Park
✆ (559) 565-4480
Tägl. 9–16 Uhr, im Sommer länger, Eintritt kostenlos
Im historischen Gebäude von 1928 erwarten den Besucher Ausstellungen, Filme und Infos rund um die dicken Bäume. Buchhandlung, Lehrpfad.

Giant Forest
Sequoia National Park
Jede Menge Holz. Mit 1 484 m² ist der **General Sherman Tree** Spitze. Alter: um die 2 500 Jahre, Durchmesser: 11 m.

Grant Grove Visitor Center
Grant Grove Village
Kings Canyon National Park
✆ (559) 565-4307
Im Sommer tägl. 8–18, im Frühjahr/Herbst 8–17, im Winter 9–16.30 Uhr
Infos und Kartenmaterial.

⓬ Sonora

Die Stadt (4 500 Einwohner) galt um 1850 einmal als die »Königin der südlichen Minen«. Kurz zuvor von mexikanischen Minenarbeitern gegründet, hielt ihr Ruf so lange, bis die *placer* nichts mehr hergaben und die Gringos abzogen.

Episkopalkirche in Sonora

Service & Tipps:

Tuolumne County Visitors Bureau
55 W. Stockton St. (P.O. Box 4020)
Sonora, CA 95370
✆ (209) 533-4420 oder 1-800-446-1333
Fax (209) 533-0956
www.thegreatunfenced.com

Tuolumne County Chamber of Commerce
222 S. Sheperd St., Sonora, CA 95370
✆ (209) 532-4212
www.tcchamber.com

Saint James Episcopal Church and Museum
N. Washington & Snell Sts.
Sonora, CA 95370
Tägl. 9–17 Uhr
1850 von einem *carpetect* (Wortschöpfung aus *carpenter* und *architect)* gebaute Holzkirche, wobei der rote Anstrich möglicherweise vortäuschen sollte, die Kirche sei ein solider Ziegelbau.

Hemingway's Cafe Restaurant
362 S. Stewart St.
Sonora, CA 95370
✆ (209) 532-4900
Kalifornische Küche in unterkühltem Dekor. $$–$$$

Good Heavens
49 N. Washington St.
Sonora, CA 95370
✆ (209) 532-3663
Pasta, Salate, Quiches, Crêpes. Lunch und Dinner. $–$$

⓭ US 395: Bishop/Lone Pine

Bishop, Big Pine, Independence, **Lone Pine**: wie Kandiszuckerstücke reiht der Highway ein Nest ans andere. Die Main Streets ähneln sich ebenso wie ihr jeweiliges Umfeld – Haine, Weiden und schmucke Holzhäuschen. Über allem schließlich thront der Mount Whitney, mit 4 418 Metern Kaliforniens höchster Berg.

Service & Tipps:

Owens Valley Paiute-Shoshone Center
2300 W. Line St. (Hwy. 168)
Bishop, CA 93514
✆ (760) 873-4478
Mo–Fr 9–17 Uhr, Eintritt $ 4
Im Reservat der Paiute-Indianer: Die Sammlungen geben Auskunft über Baukunst, Kleidung, Werkzeuge und Ernährung der regionalen Indianerstämme. Im Museumsshop gibt es u.a. indianische Flechtkörbe.

Erick Schat's Bakkery
763 N. Main St.
Bishop, CA 93514
✆ (760) 873-7156
www.erickschatsbakery.com
Ab 7 Uhr morgens ein guter Frühstücksplatz. $

Bar-B-Q Bill's-oney's
187 S. Main St., Bishop, CA 93514
✆ (760) 872-5535
Western style: BBQ und andere amerikanische Gerichte. $$

Whiskey Creek at Bishop
524 N. Main St.
Bishop, CA 93514
✆ (760) 873-7174
Solide amerikanische Kost in gemütlicher Atmosphäre: BBQ, Steaks, Meeresfrüchte, Geflügel und Pasta. Bei schönem Wetter wird auch draußen gedeckt. Cocktail Lounge. Lunch und Dinner. $-$$

Lone Pine Chamber of Commerce
120 S. Main St.
Lone Pine, CA 93545
✆ (760) 876-4444
Fax (760) 876-9205
www.lonepinechamber.org

Seasons
206 S. Main St. (US 395)
Lone Pine, CA 93545
✆ (760) 876-8927
im Winter So geschl.
www.seasonsrestaurantusa.com
Lamm, Geflügel, Steaks, *Seafood*, Pasta. Cocktail Lounge. *Dinner only.* $-$$

Bishop Area Chamber of Commerce and Visitors Bureau
690 N. Main St.
Bishop, CA 93514
✆ (760) 873-8405
Fax (760) 873-6999

⓮ Yosemite National Park

Jahrein, jahraus strömen mehr als vier Millionen Menschen nach Yosemite, um dort ihr Naturwunder zu erleben. Klar, »Yosemite« klingt schön. Vielen halten ihn sogar für den eindrucksvollsten US-Nationalpark. Aber genau deswegen ist es nicht leicht, sich ihm anzunähern, denn wo niemand oder kaum jemand ist, kommt man schwer hin, und wo man leicht hinkommt, ist es meist voll. »Die Amerikaner lieben ihre Naturparks zu Tode«, klagt ein Parkranger. Und beim Spitzenreiter unter den Parks kennt die Liebe erst recht keinen Numerus clausus. Höchstens in Notfällen. Dann wird das Tal wegen Überfüllung geschlossen.

Am Anfang ging es hier gemächlicher zu. Bevor die ersten Weißen auftauchten, verbrachten die Indianer mehr als 2 000 Jahre lang ihre Sommer in *rancherias* und Camps, lebten als Sammler, Fischer, Jäger und Korbflechter, wohnten in *teepees* aus zeltartig aufgestellten und mit Borke bedeckten Baumhölzern. Sie nannten sich Ahwahneechees, »Bewohner des tiefen grasigen Tals« und gehörten zum Stamm der Miwok-Indianer. Goldgier machte der Idylle bald den Garaus. Denn als die *Forty-Niners* (Diggers und Prospektoren) die Indianer aus ihrem Land in den Ausläufern der Sierras *(foothills)* vertrieben, rächten die sich mit Überfällen. Im Gegenzug verfolgte man die Indianer bis in die Berge hinein.

Die eigentliche Entdeckung der Region fiel ins Jahr 1855, als ein englischer Zeitungsverleger hier mit ein paar Begleitern herumreiste, um Stoff für seine Zeitschrift zu sammeln. Mit von der Par-

»Half Dome« über dem Merced River

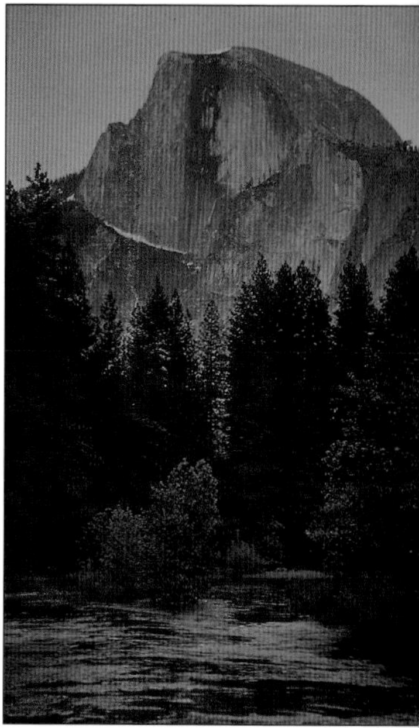

tie war ein Zeichner, dessen Skizzen die landschaftliche Schönheit von Yosemite weltweit bekannt machten. Die Kalifornisierung von Yosemite schien ihren Lauf zu nehmen. Gottlob kam es anders. Naturschützern gelang es 1890, diesen besonderen Teil der Sierras zum Nationalpark erklären zu lassen. John Muir, Kaliforniens prominentester Naturforscher, kämpfte an ihrer Seite.

Schon der erste Blick auf den mächtigen **El Capitan** hat es in sich. Seine kahl polierten Granitwände stürzen senkrecht ins Tal des **Merced River** ab, als wollten sie das Lot fällen. Die Formation des silbrigen Urgesteins kam schon John Muir einst wie ein »Gebirge des Lichts« vor und inspirierte bekanntlich den Lichtbildner Ansel Adams zu seinen klassischen Schwarzweißfotos.

Das **Yosemite Village** bildet das touristische und daher meist überlaufene Zentrum des Parks, obwohl es noch nicht einmal ein Prozent seiner Gesamtfläche ausmacht. Das Visitor Center bewährt sich als nützliche Anlaufstation. Hier beginnt auch ein Trail für die erste Tuchfühlung mit dem Merced-Tal: an den Yosemite Falls vorbei am Fluss entlang, zu Fuß oder mit dem Rad. Backenhörnchen und Vögel haben sich längst auf den Andrang eingestellt, so zutraulich sind sie. Insgesamt 230 Vogelarten flattern durch den Park. Füttern sollte man allerdings keinen.

Knorriges: Jeffrey Pine am Sentinel Dome, Yosemite National Park

Vernal Falls

Außer an belebten Wochenenden geht man auf den Wegen und Trampelpfaden am Merced River sehr angenehm. Unter wuchtigen Koniferen und Granitskulpturen kann man kreuz und quer durch die Blumenwiesen laufen. Auch anspruchsvollere Wanderungen bieten sich von hier aus an, aber auch Ausritte und bequeme Radwege. Für Besucher mit wenig Zeit empfiehlt sich die Fahrt mit dem kostenlosen Shuttle-Bus, der die beliebtesten Sehenswürdigkeiten anfährt: u.a. die **Lower Yosemite Falls**, den Startpunkt des Wanderwegs zum **Mirror Lake** und das **Valley Visitor Center**.

Abends winkt dem müden Wanderer die eine oder andere Abwechslung: die gepflegte Cocktailstunde im **Ahwahnee Hotel** oder (bei den Selbstversorgern) Koch- und Brutzelfreuden in Gesellschaft der Waschbären *(raccoons)* auf dem Campingplatz. Diese aufdringlichen, aber harmlosen Bären mit den schwarzen Augenmasken sehen ganz niedlich aus, wenn sie abends aus ihren Verstecken mit der ganzen Familie zum Dinner ausrücken und bei den Campern als muntere Mitesser aufkreuzen. Aber vor ihnen ist schlichtweg nichts sicher, kein Plastiksack und kein Mülleimer.

Höchstes Hochmoor der Sierras: Tuolumne Meadows

Yosemite National Park (Visitor Center)
P. O. Box 577
Yosemite, CA 95389
✆ (209) 372-0200 oder 1-800-436-7275
www.nps.gov/yose
Tägl. 24 Std. Park-Info, Eintritt $ 20 pro Auto
An den Parkeingängen (Big Oak Flat im Nordwesten an SR 120; Arch Rock weiter südlich, an SR 140; South Entrance im Süden, an SR 41 und Tioga Pass im Osten, an SR 120) erhält man den Yosemite Guide, eine handliche Parkzeitung mit Karte und Tipps zu Sehenswürdigkeiten, Preisen, Bussen, aktuellen Ausstellungen sowie den Parkregeln.

Service & Tipps:

Yosemite Area Regional Transportation System (YARTS)
✆ (209) 723-3153 oder 1-877-989-2787 für Info, Stopps und Tickets:
www.yosemite.com/yarts
Für alle, die ihr Auto nicht in den Park mitnehmen möchten, verkehren **Shuttle-Busse** von den umliegenden Gemeinden auf den Highways 140 und 120 zum Yosemite Valley. Dort besteht Anschluss an den parkinternen (kostenlosen) Shuttle-Bus. Die Busse pendeln u.a. von **Merced, Mariposa, Midpines, El Portal** (Hwy. 140), **Coulterville, Greeley Hill, Buck Meadows** (Hwy. 120 West/132) sowie **Mammoth Lakes, June Lake, Lee Vining, Tuolumne Meadows** (Hwy. 120 East/US 395).

Tickets (zwischen $ 7 und $ 20 je nach Distanz für Hin- und Rückfahrt) gibt es vorab in den Hotels der genannten Orte bzw. bei den dortigen Visitors Bureaus, aber auch beim Busfahrer.

The Valley Visitor Center & Museum
Yosemite Village (Shuttle-Bus-Stop 6 & 9)
✆ (209) 372-0200
tägl. 9–17 Uhr
Wichtigstes Info-Zentrum im Park, ansprechende Ausstellungen über Fauna, Flora, Geologie und das Leben der Miwok- und Paiute-Indianer (**Indian Cultural Museum**).

Mirror Lake/Meadow Trail
Hübscher Bergsee, bequemes Ausflugsziel auf guten Wegen – für Sonntagsspaziergänger. Als Belohnung bietet der Bergsee malerische Spiegelungen der umstehenden Granitdome. Vom Mirror-Lake-Shuttle-Bus-Stop geht man hin und zurück etwa 2 Std., mit Seeumrundung werden es drei.

Vernal Falls
Hier sind schon kräftigere Waden gefragt (hin und zurück etwa 2 Std.). Der letzte Teil des Pfads verläuft über den oft von Sprühwasser verhangenen Mist

Trail, und zwar steil über Stufen im Fels aufwärts.

Upper Yosemite Falls
Etwas anstrengender als der Meadow Trail: gut 11 km Rundkurs mit tollen Aussichten.

Mariposa Grove
Via SR 41 (Wawona Rd.), Nähe Südende des Parks: einer der eindrucksvollsten Sequoia-Haine in den Sierras. Star unter den Baumriesen ist der 2 700 Jahre alte **Grizzly Giant**. Ein kleiner Shuttle fährt tägl. durch die Baumriesen.

Glacier Point
Spektakulärer Blickpunkt für Half Dome, El Capitan und die Vernal und Nevada Falls in über tausend Metern oberhalb des Talgrunds. Glacier Point Road gewöhnlich von Juni bis Okt. geöffnet. An Sommerwochenenden eine ruhigere Alternative zum Valley.

Tuolumne Meadows
Größtes subalpines Hochmoor der Sierra-Kette auf fast 3 000 m Höhe. Zahlreiche Wanderwege und Campgelegenheiten. Im Winter nicht zugänglich.

Tioga Pass
S 120 zwischen Tuolumne Meadows und Lee Vining
Yosemite National Park
Mit 3 031 m höchste Pass-Straße Kaliforniens. Info zum Straßenzustand: ✆ (760) 873-6366, (209) 372-4605 oder 1-800-427-ROAD. Eine Rangerin: »Wenn Sie den Tioga Pass überqueren können, sind Sie ein Gewinner! Der Pass ist zu 90 % des Jahres geschlossen.«

»Keine Beschreibung des Himmels scheint halb so schön.« (John Muir über Yosemite)

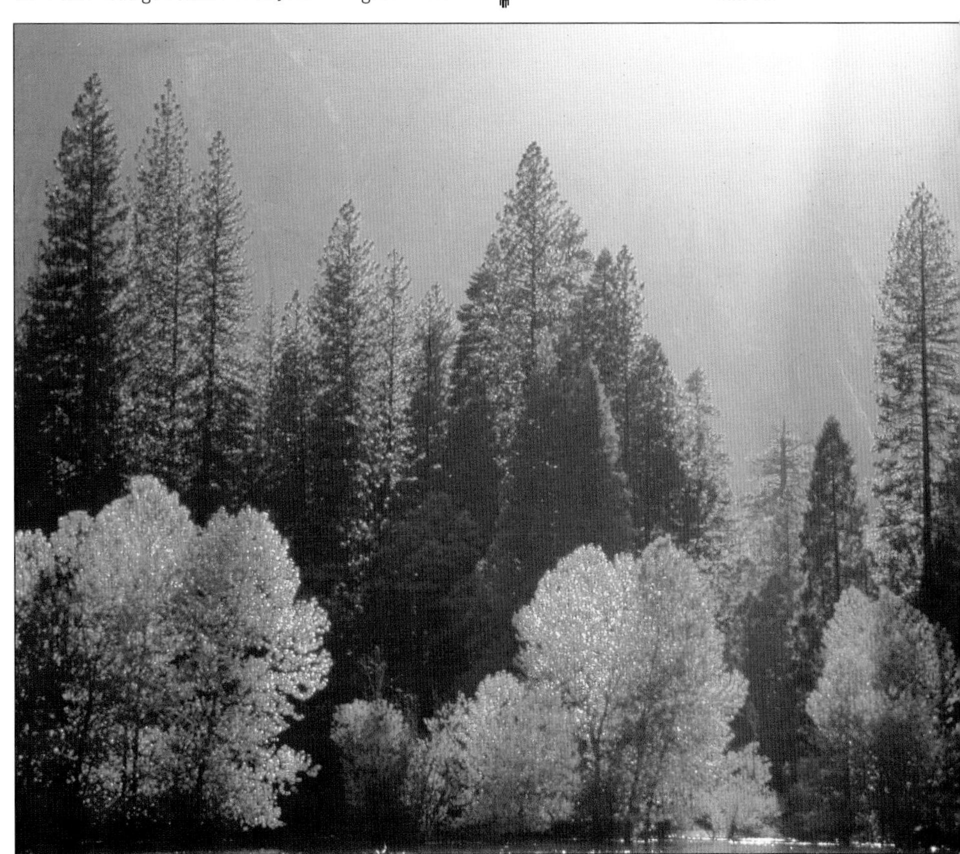

Am Merced River im Yosemite-Tal

REGION 7
California Deserts

Durch die Wüste

California Deserts

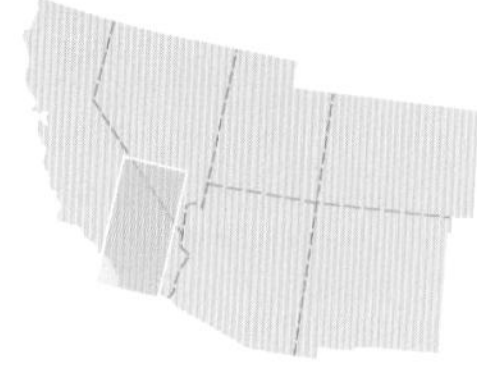

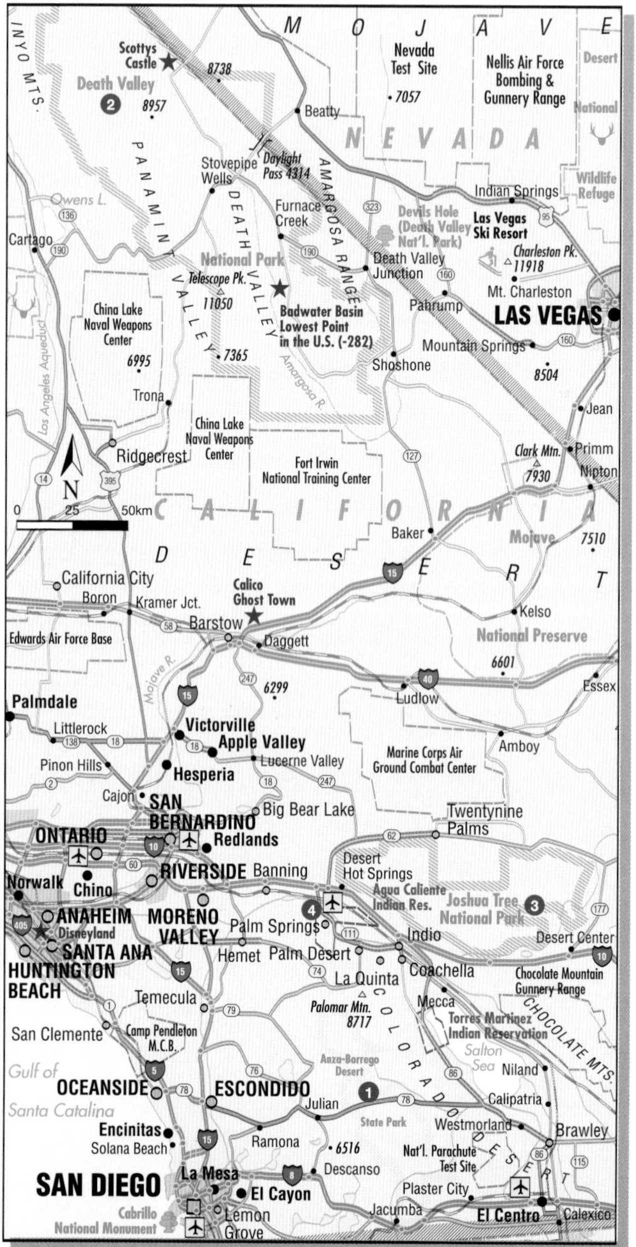

»Wüste«? Nein, lieber nicht!, sagen viele, die sich unter dem Wort nur den Fluchtpunkt für Lebensmüde oder das Exil für Geschasste vorstellen können. Kaliforniens Wüste – die hochgelegene Mojave- ebenso wie die tiefer gelegene Colorado-Wüste – können da jeden eines Besseren belehren, vorausgesetzt, man lässt sich darauf ein.

Zu den unumstrittenen Highlights zählen das glühend heiße Death Valley, das abwechslungsreiche Mojave National Preserve, die weitgehend noch unbekannte Anza-Borrego-Wüste und der besonders für Kletterfreunde attraktive Joshua Tree National Park mit seinen charakteristischen Joshuabäumen, die angeblich von den Mormonen stammen sollen. Und mittendrin im wüsten Angebot: die Wellness-Oase Palm Springs.

❶ Anza-Borrego Desert State Park

Die Steinwelt im **Anza-Borrego State Park** gehört zur Colorado-Wüste und ist daher ein typisches *Low-desert*-Gebiet. An den weit verbreiteten filigranen Ocotillo-Sträuchern kann man meist gut erkennen, ob und wie stark es geregnet hat. Die kleinen Blättchen an den spindeldürren Ruten schwanken: mal grün, mal braun. Zwischen Februar und April (neben dem Winter übrigens die beste Besuchszeit für den Park) leuchten ihre roten Blütenspitzen. Dann breiten sich überall Farbteppiche über das karge Land aus, kleine Sonnenblumen, Wüstenlilien, Löwenzahn und blühende Kakteen.

So malerisch diese kurze Blütezeit, so anders war der Ruf, der Anza-Borrego, dem größten State Park Kaliforniens, lange anhing. Wer immer des Wegs kam, war heilfroh, so schnell wie möglich wieder wegzukommen. Das ging den spanischen Konquistadoren schon so, als sie unter Anza 1774 hier in Richtung Monterey durchzogen. Auch die Passagiere in den Kutschen der rumpelnden *Butterfield Overland Mail*, die im 19. Jahrhundert von St. Louis nach Los Angeles rollten, werden sich im desolaten Wüstenareal kaum anders gefühlt haben.

Erst die Neuzeit mit ihren stressgeprägten Großstädten hat die Fluchtrichtung umgekehrt. Die einsame Schönheit und Stille der Wildnis ist mehr und mehr zum Labsal entnervter Zeitgenossen geworden. Ob das noch lange so bleibt, steht dahin, denn neuerdings gilt es als schick, zum Sektfrühstück mal eben nach Borrego Springs einzufliegen. Zum Beispiel von Palm Springs aus, denn dort ist es mit der richtigen Wüstenruhe schon lange vorbei.

Bei **Borrego Springs** dient das mit viel Verständnis für die umgebende Landschaft gebaute **Visitor Center** als Appetizer für die Schätze des Parks, seine Entstehungsgeschichte, Flora und Fauna. Mehr Wüstenpraxis bringt ein Ausflug zum **Palm Canyon** – eine auch bei Hitze gemächliche Wanderung zu einer schattigen Palmenoase am gurgelnden Creek entlang, zu dem manchmal sogar die Schafe *(Bighorn sheep)* zum Trinken herabkommen. Diese trittfesten und scharfäugigen Gesellen, denen das Tal die zweite Hälfte seines Namens verdankt (*borrego* heißt auf spanisch Lamm), leben gewöhnlich in den höheren Bergregionen. Auf dem Trail im Canyon erkennt man hier und da noch zahlreiche Steinmulden, in denen die Indianer Eicheln für ihr Brot mahlten.

Weitere Highlights im Park: die bizarren Felsformationen, die man von Fonts Point aus gut einsehen kann, und eine Wanderung zum **Split Mountain** durch den *wash* bei Ocotillo Wells.

Ocotillo-Sträucher im Anza-Borrego Desert State Park

REGION 7
California
Deserts

Borrego Springs Chamber of Commerce
786 Palm Canyon Dr.
(P.O. Box 420)
Borrego Springs,
CA 92004-0420
✆ (760) 767-5555 oder
1-800-559-5524
Fax (760) 767-5976
www.borregosprings.org

Service & Tipps:

Anza-Borrego Desert State Park
200 Palm Canyon Dr.
Borrego Springs, CA 92004
✆ (760) 767-5311 oder 1-800-559-5524
Visitor Center: Okt.–Mai tägl. 9–17 Uhr, Rest des Jahres nur Sa/So und an Feiertagen, Eintritt $ 6 pro Auto
Das Visitor Center liegt halbwegs unterirdisch und ist deshalb auf den ersten Blick nicht sofort zu finden. Drinnen gibt es Karten, Infos, Literatur, Ausstellungen, didaktische Shows, draußen ein malerisches Wüstengebiet. **Palm Canyon, Font's Point, Split Mountain** gehören zu den Highlights des Parks. Hotline für den aktuellen Stand der Kakteenblüte: ✆ (760) 767-4684.

Carlee's Place
660 Palm Canyon Dr. (Nähe Christmas Circle)
Borrego Springs, CA 92004
✆ (760) 767-3262
Sympathisches Lokal mit typisch amerikanischer Küche, Bar und freundliche Stimmung. Burger, Sandwichs, Quesadillas, Pizza und Salate, Steaks und Rippchen. $–$$

❷ Death Valley

Schon die Einfahrten zum »Tal des Todes« gleichen einer weichen Mondlandung. Death Valley: die Shoshonen nannten es *tomesha*, »brennender Boden«. Die frühen Siedler gaben ihm den noch fataleren Namen, als sie hier 1849 auf der Suche nach den Goldquellen durchzogen und hofften, das Tal sei eine Abkürzung. Aber sie waren schlecht informiert. Alles, was sie fanden, waren ein Salzboden und der wenig ermutigende Anblick der Panamint Mountains, die ihnen den Weg zu versperren schienen.

West Coast Sahara: die Sanddünen von Stovepipe Wells

Inzwischen ist das Tal zum Nationalpark avanciert, was de facto bedeutet, dass der Landschaftsschutz über die Grenzen der bisherigen Region hinaus ausgedehnt und den 4-Wheel-Drive-Trips durch Dünen und Salzseen ebenso ein Ende gesetzt wurde wie militärischen Übungen, neuen Schürfgenehmigungen und Weiderechten – das alles sind sicher lebensverlängernde Maßnahmen für die kalifornische Wüstenschildkröte und andere gefährdete Pflanzen und Tiere.

Bei **Stovepipe Wells** kann man parken und durch die imposanten Sanddünen spazieren. Es ist erstaunlich, wie viel Lebendiges in den oft blendenden, vom Wind geriffelten Sandbergen nistet: Gräser, Creosote-Büsche, die besonders lange Wurzeln entwickeln, oder Mesquite-Bäume mit ebenso tiefem Wurzelgang, deren gelbe, bohnenartige Früchte schon die Shoshonen schätzten. Außer ein paar nimmermüden Käfern und hitzeresistenten Eidechsen wohnt die Wüstengesellschaft vorzugsweise am Tage unter Tage, d.h. im kühleren und feuchteren Untergrund. Man pflegt erst nachts auszugehen, die Känguruatte z. B. oder der *sidewinder*, jene besonders giftige Klapperschlangenart, die sich seitwärts springend fortbewegt.

Die wohl temperierte Freizeitwelt der **Furnace Creek Ranch:** Ein kleiner Rundgang bringt Neuigkeiten und Bewegung. Das Museum, zum Beispiel. Zwischen den Geräten spielt das Thema Borax die Hauptrolle, jene weiße kristallene Substanz, die unter anderem zur Keramik- und Glasherstellung, aber auch für Seifen Kosmetik und Frostschutzmittel verwandt wird. In den *badlands* des Death Valley, vor allem in den Salzpfannen der ausgetrockneten Seen, gab es besonders reichhaltige Funde, die um die Jahrhundertwende (1885–1907) mit langen Karren von 20 Maultieren abtransportiert wurden. Diese *twenty mule teams* zogen nach Mojave, der nächsten Eisenbahnstation, die allerdings 260 Kilometer entfernt liegt.

Durch den ebenso schattigen Palmenhain, in dessen Kronen die *blackbirds* krächzen, erreicht man den tiefgrünen Golfplatz der Ranch – eine Kostprobe vom *California living*, typisch für ein Land, in dem sich Luxus und Einöde oft überraschend nahe kommen.

Zabriskie Point gehört ohne Zweifel zu den touristischen Imperativen des Todestals. Der **Twenty Mule Drive**, eine kleine Schleife abseits der Hauptstraße, erweist sich als ein gewundener Parcours, der eine weißlich-poröse Gesteinsästhetik zur Geltung bringt. Wenig später zweigt ein Weg zu **Dante's View** ab, der, vorbei an bunten Felsen und der Billie Mine, in vielen Windungen den beträchtlichen Höhenunterschied von über tausend Metern überwindet. Oben, je nach Sonnenstand, kann man sein gelbes, orangenfarbiges, rotes oder lila Wunder erleben. Je später, je besser sieht die Welt von hier oben aus, bis schließlich die Bergkuppen in Ost und West verglühen: kalifornische Götterdämmerung.

Spuren des Leibhaftigen finden sich Im Death Valley übrigens häufig. Außer einem »Kornfeld« gibt es auch einen Devil's Golf Course. Die Nomenklatur des Death Valley neigt überhaupt zum Pathetischen. Sie reicht von Ritter-Tod-und-Teufel-Vorstellungen (die berühmte »Burg« heißt »Scotty's Castle«) bis zu Poetischem auf höchster Ebene: dem Künstlerpfad »Artists Drive« und »Dante's View«. Himmel und Hölle, Höhen und Tiefen der Menschheitsgeschichte werden als vertrauensbildende Maßnahmen herbeizitiert, um die Wirkung der unnahbaren und lebensfeindlichen Wüste zu mildern.

Die Verästelungen der Jumbo-Yuccas erinnern mal an vielarmige Leuchter, mal an Struwwelpeter. Die Vögel lieben ihre Stämme als Wohnraum, und in den abgestorbenen Ästen nisten gern Eidechsen und Termiten, um sich vor der Hitze oder den kalten Winden zu schützen – eine keineswegs friedliche Nachbarschaft, denn unter Echsen gelten Termiten als Leckerbissen. Eulen und Schlangen haben auch so ihre Vorlieben. Sie stürzen sich auf die Eidechsen, wenn die ihren Abendspaziergang machen.

Death Valley National Park
Furnace Creek Visitor Center (SR 190)
Death Valley, CA 92328
✆ (760) 786-3200
Fax (760) 786-3241
www.nps.gov/deva
Eintritt $ 10 pro Auto
Der heißeste, trockenste und tiefstgelegene Punkt Kaliforniens: Infos, Karten, Literatur. Reservierung für Camper: ✆ 1-800-365-2267. (Weitere Ranger Stations: Stovepipe Wells, Shoshone, Wildrose Campground und Beatty.)

Service & Tipps:

Stovepipe Wells Sand Dunes
S 190, Death Valley National Park
Spektakuläre Sanddünen: ein Stück Sahara in Kalifornien.

Badwater und Devil's Golf Course
S 178, Death Valley National Park
Salzseen, die vor über 2 000 Jahren austrockneten.

Zabriskie Point
S 190, Death Valley National Park
Berühmter Aussichtspunkt in der Nähe von Furnace Creek, benannt nach Christian B. Zabriskie, einst Chef der Pacific Borax Company. 1970 Filmset von Antonionis gleichnamigem Film.

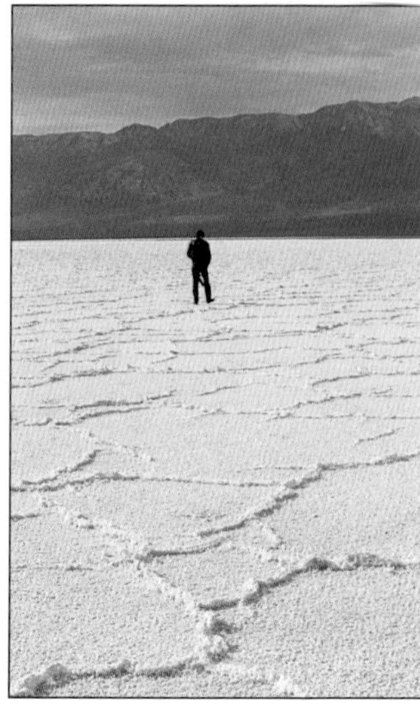

Kein Zweifel: Golfplatz des Teufels

❸ Joshua Tree National Park

Die Besonderheit des Nationalparks besteht darin, dass er durch seine großen Höhenunterschiede an den beiden typischen Wüstenformen Südkaliforniens teilhat – an der Colorado-Wüste im Süden und der Mojave-Wüste im Norden, an *low* und *high desert*. Im Extrem schwankt die Höhe zwischen etwa 400 und 1 500 Metern.

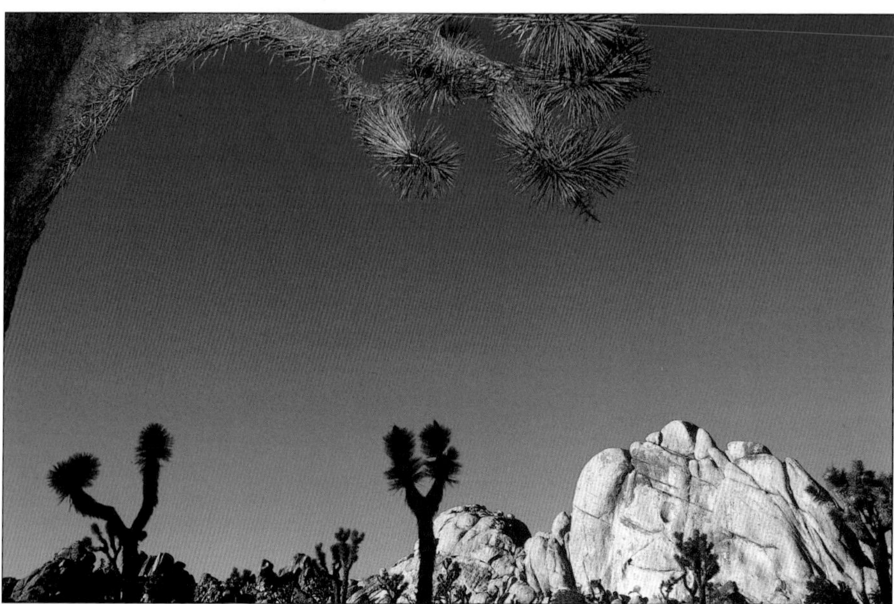

Joshua Tree National Park

Die Vegetation ist dementsprechend vielfältig: Yuccas, Agaven, *smoketrees*, Büsche, Gräser und Wildblumen. Die Ocotillo-Büsche (Christusdorn) tragen ihre Blüten wie rote Flammenzungen und die Cholla-Kateen gleichen borstigen Teddybären, deren scharfe Stacheln den Pflanzenfressern erbarmungslos den Appetit verderben.

Mit unterschiedlichem Tempo kreuzt der eine oder andere Wüstenbewohner den Highway: erst Hase, dann Schildkröte. Darüber erheben sich die Joshua-Bäume, die ihren Namen angeblich von den Mormonen-Pionieren erhielten; sei es, weil die Gestik ihrer Äste zum Gebet zu rufen schien, oder weil sie glaubten, die Bäume wollten ihnen den Weg ins Gelobte Land weisen.

Zu den Highlights des Parks zählen der **Jumbo Rock** und das **Hidden Valley** mit seinen riesigen Granit-Monolithen, die auf heftige Erdbewegungen schließen lassen und die zu Kletterpartien, Picknick- und Campingfreuden anregen. Wieder einmal haben die Camper alle Vorteile, denn sie können gerade dann bei den dicken Brocken sein, wenn die Temperaturen und das Licht am besten sind: abends und frühmorgens.

Joshua Tree National Park
74485 National Park Dr.
Twentynine Palms, CA 92277-3597
© (760) 367-5500
Fax (760) 367-6392
www.nps.gov/jotr

Park rund um die Uhr, Visitor Center tägl. 8–17 Uhr, Eintritt $ 10 pro Auto
Besucherzentrum mit Ausstellungen; 8 ganzjährig geöffnete Campingplätze; Picknickeinrichtungen. Weiteres Besucherzentrum in Cottonwood Springs.

Klettern im Joshua Tree Park

❹ Palm Springs

Ja, Palm Springs, das Baden-Baden Kaliforniens, die Après-Wüste, mehr *dessert* als *desert*, mehr Cocktails als Skorpione! Ein Jungbrunnen für alternde Steinreiche, sagen die einen; heißer Tipp für flotte Singles, finden andere. Zahnärzte und Finanzberater tummeln sich auf den Golfplätzen, die Hedonisten *super cool* am Pool. Die plastische Chirurgie boomt.

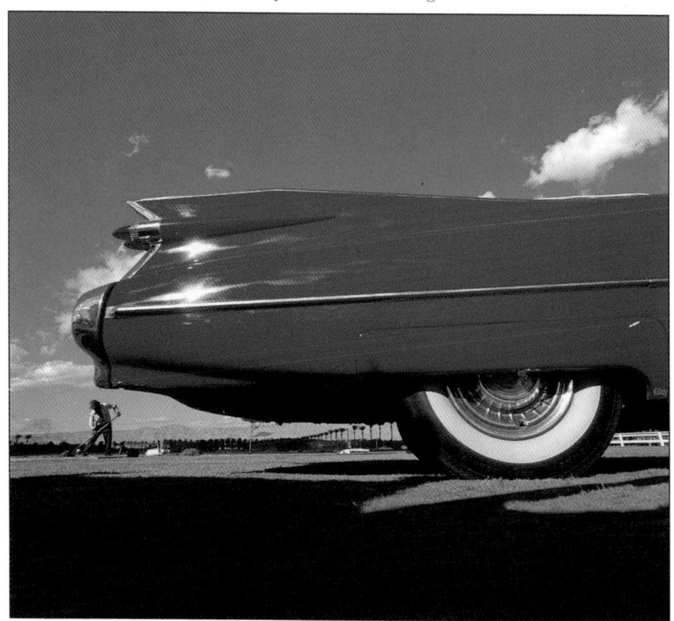

California Classic: Golfplatzidyll in Palm Springs

REGION 7 California Deserts

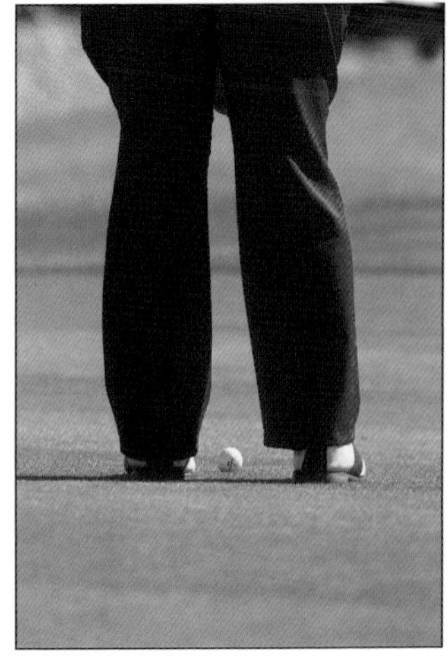

Golfer in Palm Springs

Vom ehemaligen Spielplatz der Hollywood-Stars ist längst der glamouröse Lack ab. Die Geschäfte am Palm Canyon Drive, der früheren Flaniermeile und dem Parcours für Radler wie Eroll Flynn und Greta Garbo, vermarkten T-Shirts und 1950er-Jahre-Geschmack. Die meisten Galerien präsentierten Abschreibungskunst.

Dennoch: *God's waiting room*, die Devise für das Rentnerparadies Palm Springs, hat sich gemausert, nachdem lange Zeit die betuchten *snowbirds* fernblieben und lieber in die weiter östlich gelegenen Oasen des Tals zogen, nach Rancho Mirage, Palm Desert, Indian Wells, ja, sogar nach Scottsdale. Überall dort, und weniger in Palm Springs, spielte sich der exklusive Country-Club-Stil ab, lockten neue Fantasy-Hotels, die Stouffers, Hyatts und Ritz-Carltons. Nicht zuletzt deshalb, weil Bauland dort erheblich billiger war.

»Von High Tech zu No Tech« sagt ein ehemaliger Programmierer, der jetzt Touristen über Wanderpfade durch die Indian Canyons führt.

Palm Springs und Umgebung profitieren inzwischen von der Wirtschaftskraft der *crazy people*, von Yuppies, die hier ihre Bungalows haben und gern einen draufmachen, Schwule, Singles oder FKKler, die sich in den kleinen *nudist hotels* (Motto: *clothing optional)* einnisten, weil den Gästen hier (ganz unamerikanisch) freigestellt ist, wie frei sie sein möchten. Keine Frage, es sind vor allem die Schwulen, die nach den Jahren der Rezession das Geld in die Stadt bringen – ähnlich wie in Key West, Florida, oder Provincetown, Massachusetts. Die Taxifahrer können davon ein Lied singen. Sie fahren häufig Betrunkene nach Hause, die unterwegs merken, dass sie die Adresse ihrer fünften Zweitwohnung vergessen haben.

Einer der Vorteile der mageren 1980er und 1990er Jahre war es, dass vergleichsweise wenig abgerissen und neugebaut wurde. Dadurch überlebten viele historische Gebäude, darunter solche von prominenten Architekten wie Rudolf Schindler, Richard Neutra und dem Bauhaus-Eleven Albert Frey. Seit einiger Zeit spricht man in Palm Springs von einem regelrechten 1950er-Jahre-Architektur-Revival.

Wer abends über den Palm Canyon Drive schlendert, erfährt eine fast europäisch anmutende Flaneur-Szene. Nur die warme Luft, das letzte violette Licht und das wohlige Gefühl von Zeitlosigkeit lassen etwas von der seltsamen Anziehungskraft dieses Ortes ahnen. Erst recht die behaglichen Innenhöfe der kleinen Motels mit ihren Liegestühlen am Pool unter Palmen und Pampelmusen. Diese geschützten Räume bieten eine komfortable Wildnis in der fast schon klassischen Tradition des *Locus amoenus*, des antiken Idealbildes des irdischen Paradieses mit murmelndem Wasser, Grün und Vogelgezwitscher.

Indian Canyons
Kolibris (humming birds), schwirren herum und saugen an den hängenden Flaschen mit Zuckerwasser. Der Palm Canyon windet sich fast 25 Kilometer lang durch karges Gestein, flankiert von über 3 000 prächtigen Palmen in stattlichem Alter (über 200 Jahre), schließlich bekommen sie hier, was sie brauchen: heiße Köpfe und nasse Füße. Sie haben manches Feuer überlebt. Unterhalb ihrer Köpfe tragen sie Baströckchen – abgestorbene Blätter, die herunter hängen und den Stamm verdecken.

Aber auch die nahe Umgebung bietet erholsame Überraschungen, allem voran die **Indian Canyons** im Reservat der Agua-Caliente-Indianer. Fast 25 Kilometer lang windet sich der längste unter ihnen, **Palm Canyon**, durch die Steinwüste, begleitet von über 3 000 Exemplaren prächtiger Palmen in stattlichem Alter von über zweihundert Jahren. Sie haben so manches Feuer überstanden. In diesen Schluchten (Murray, Tahquitz, Andreas) lebten vor Jahrhunderten shoshonensprachige Indianer in einem an Wasser und Wild reichen Terrain. Heute gehören die schachbrettartigen Grundstücke in und um Palm Springs ihren Nachfahren vom Stamm der Cahuilla-Indianer Es geht ihnen nicht schlecht, seit sie aus diesem Grundbesitz und den heißen Quellen Nutzen ziehen – Spielcasinos eingeschlossen.

Service & Tipps:

Palm Springs Chamber of Commerce
190 W. Amado Rd. (Nähe Hyatt Hotel)
Palm Springs, CA 92262
✆ (760) 325-1577
www.pschamber.org

Jensen's Finest Foods
102 S. Sunrise Way & Tahquitz Canyon Dr., Palm Springs, CA 92262
✆ (760) 325-8282, tägl. 7–21 Uhr
Exzellenter Supermarkt zur Picknickausstattung und Frisches zum Frühstück.

Palm Springs Art Museum
101 Museum Dr.
Palm Springs, CA 92262
✆ (760) 325-7186, Fax (760) 327-5069
www.psmuseum.org
Di/Mi, Fr–So 10–17, Do 12–20 Uhr, Mo geschl. (im Sommer auch Di)
Eintritt $ 12.50, Kinder $ 5
Zeitgenössische Kunst, Western Art, Miniaturen, Skulpturen und indianische Kunst. Spezielle Fotosammlungen. Das angeschlossene **Annenberg Theater** präsentiert Musik, Tanz und Schauspiel.

Palm Springs Aerial Tramway
1 Tramway Rd. (ab S 111) (Nordende der Stadt, ausgeschildert), Palm Springs, CA 92262
✆ (760) 325-1391 oder
✆ 1-888-515-8726
www.pstramway.com
Mo–Fr ab 10 Uhr halbstündlich, an Wochenenden und Feiertagen ab 8 Uhr, Fahrpreis $ 21/14
Wem die Hitze zu Kopf steigt, der findet Abkühlung auf der 2 840 m hoch gelegenen Bergstation des Mount Jacinto, zu der die sich drehenden Panoramakabinen der Seilbahn hinauffahren: die einzige rotierende Seilbahn in den USA, gebaut von einer Schweizer Firma (Bodenstation auf 881 m). Die Kabine dreht sich während der 14-minütigen Fahrt zweimal um 360 Grad und gewährt somit Rundumblicke ins Coachella Valley. Werbespruch: *360° of WOW*. Oben gibt's Wanderwege, Maultierritte, Campingmöglichkeiten und das **Alpine Restaurant**.

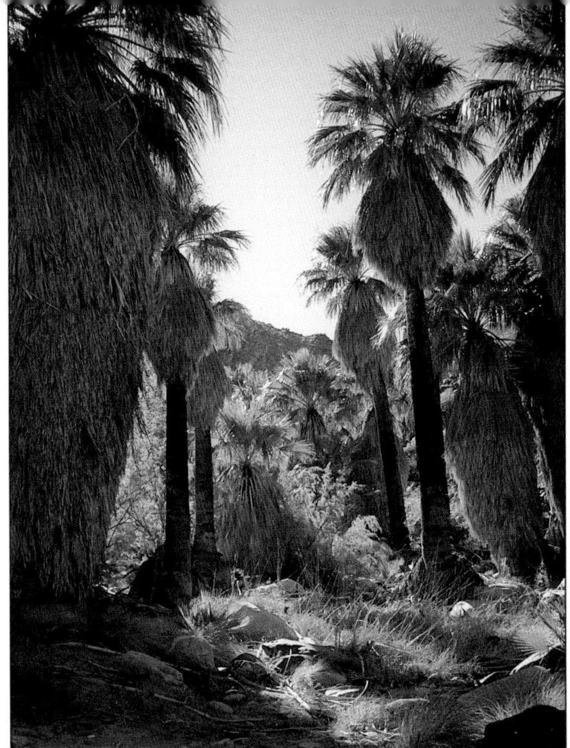

Palm Canyon bei Palm Springs

Tahquitz Canyon

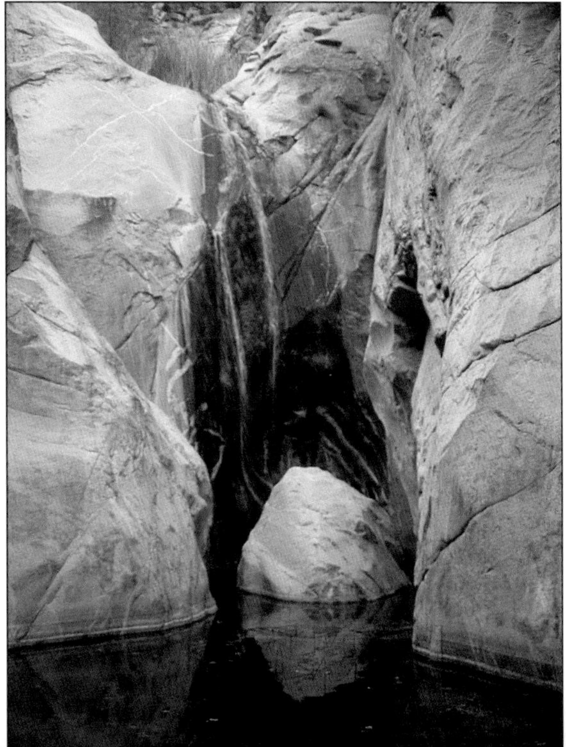

Agua Caliente Indian Reservation (Indian Canyons)
5 km von S 111 (ausgeschildert)
Palm Springs
✆ (760) 325-3400 oder 1-800-790-3398
Herbst/Winter 8–17, Frühling/Sommer 8–18 Uhr, Eintritt $ 6, Kinder (6–12) $ 2
Nach Passieren des Kassenhäuschens kann man im Reservat der Agua-Caliente-Indianer in drei Canyons wandern und picknicken: im ruhigen **Murray** und **Andreas Canyon** und im spektakulären, oft aber überlaufenen **Palm Canyon**. Der **Trading Post** (Infos, Erfrischungen, Souvenirs), wo auch geführte Bergwanderungen starten, liegt am Ende der Fahrstraße oberhalb des Palm Canyon. Vorschlag für einen moderaten Wanderweg: **Victor Trail** (Auskunft und Karte im Trading Post).

Im **Murray Canyon** fallen die kleinen, munter piepsenden Vögel auf, die sich im Gesträuch und in den Palmen tummeln. *Least bells vireo* heißen sie und gehören zu einer gefährdeten Vogelart, obwohl sie gar nicht so wirken.

Tahquitz Canyon
500 W. Mesquite, Palm Springs
✆ (760) 416-7044
www.tahquitzcanyon.com
Tägl. 7.30–17 Uhr (Visitor Center)
Geführte, zweistündige Wanderungen mit einem spektakulären Wasserfall beginnen am Tahquitz Visitor Center um 8, 10, 12, 13 und 14 Uhr, Preis $ 12.60 für Erwachsene, $ 6 für Kinder
Über 30 Jahre war der Canyon für die Öffentlichkeit gesperrt. Ein ominöser Medizinmann soll hier böse Geister entfesselt haben, und die Rückstände der Hippie-Kultur der 1960er und 1970er Jahre hatten das Terrain zugemüllt. 2001 haben die Indianer mit dem schlechten Omen und dem großen Dreck aufgeräumt und den Canyon mit seinen schönen Ausblicken auf Palm Springs wieder freigegeben.

Smoke Tree Stables
2500 Toledo Ave.
Palm Springs, CA 92264
✆ (760) 327-1372
www.smoketreeranch.net
Hier kann man Pferde für Ausritte in die Indian Canyons mieten.

Johannes
196 S. Indian Canyon Dr.
Palm Springs, CA 92262
✆ (760) 778-0017
Leichte eklektische Küche auf hohem europäischem Niveau in attraktivem 1950er-Jahre-Dekor. Der Koch/Eigentümer ist Österreicher und bietet auch einige österreichische Gerichte an. Sehr differenzierte Weinauswahl. $$–$$$

Las Casuelas Terraza
222 S. Palm Canyon Dr.
Palm Springs, CA 92262
✆ (760) 325-2794
www.lascasuelas.com
Muntere Bar und immer gut für eine erfrischende Margarita. Mexi-Cantina mit reichlichen Portionen. Oft Live-Musik. $–$$

Kalura Trattoria
124 S. Palm Canyon Dr.
Palm Springs, CA 92262
© (760) 323-4748
Solide italienische Gerichte, gute Weinauswahl. $-$$

Saint James At The Vineyard
265 S. Palm Canyon Dr.
Palm Springs, CA 92262
© (760) 320-8041
www.stjamesrestaurant.com
Nur Dinner, Mo geschl.
Kalifornisch-mediterrane Küche mit viel Geschmack. Angenehme Räume im Südwest-Dekor mit Fernost-Akzenten. Bar. $$-$$$

El Mirasol
140 E. Palm Canyon Dr.
Palm Springs, CA 92264
© (760) 323-0721
Cocina Mexicana: sympathisches Restaurant mit traditionellen mexikanischen Gerichten. Lunch, Dinner, Bar. (Gleich beim Abbieger zu den/von den Indian Canyons an SR 111). $

Ausflugsziel:

Claude Bell's Dinosaurs
Hwy. 10 (Exit Cabazon)
Cabazon
Bei einem Truck-Stopp in Cabazon stehen zwei Dinosaurier als grünliche Monster am Highway, von denen einer ein kurioses Museum beinhaltet, in das man hineinkrabbeln kann. Augenfutter dieser Art wird dem Autofahrer an vielen Stellen in den USA zur Unterhaltung serviert.

Der größere der beiden Beton-Dinos wurde von Claude Bell in mühevoller Kleinarbeit zwischen 1965 und 1975 erbaut.

Vgl. Abb. S. 115

Entspannung ist Trumpf in den Paradiesgärten von Palm Springs

REGION 8
Las Vegas und Umgebung

Stadt im Glück

Las Vegas und Umgebung

Las Vegas, »Entertainment Capital of the World« – lange begrüßten zwei Neon-Ikonen den Wanderer, der hier sein Glück suchte: die kesse »Vegas Vicky« und der schmauchende Cowboy, »Vegas Vic«. Beide glitzern zwar noch heute an den Casinofassaden der alten Fremont Street, aber inzwischen werden sie von anderen Blickfängen übertrumpft: von den verblüffenden Scheinarchitekturen der sich Jahr um Jahr vermehrenden Mega-Resorts, die sich einem bestimmten »Thema« widmen. Da ragen ägyptische Pyramiden auf, komplette Skylines, romantische Piratenverstecke oder Bonsai-Versionen europäischer Städte. Amerikanern wird mitten in der Wüste die Welt im Zeitraffertempo zu Füßen gelegt, denn hier kann man über den Canal Grande gondeln (The Venetian), im Eiffelturm zu Abend essen (Paris-Las Vegas), sich aufs römische Forum begeben (Caesars Palace) oder im Medici Cigar Club eine gute Havanna rauchen (Monte Carlo) – also, eine Weltreise fürs Wochenende ohne lästige Fremdsprachen, Hitze und Schmutz, dafür aber

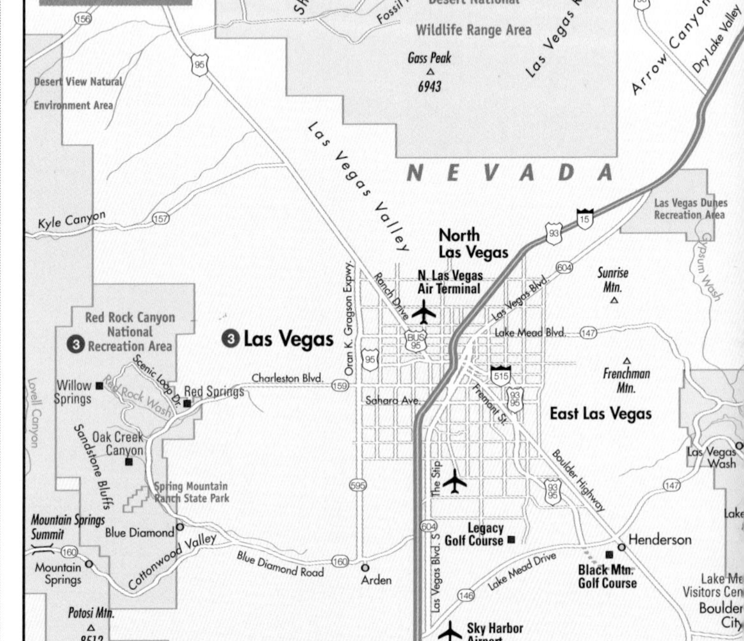

preiswerter und zeitsparender. Und während die Stimme Pavarottis die Wasserorgien am »Comer See« (Bellagio) untermalt, glühen und sprühen die Vulkanfeuer im Mirage.

❶ Las Vegas

Was Las Vegas seit langem auf die Beine stellt, degradiert andere US-Fantasy-Hotels zu kleinen Fischen. Nirgendwo sonst in den USA gedeihen die Metastasen der Freizeitkultur so perfekt wie hier. Und das rund um die Uhr. Anspruchsvolle Kauf- und Essgelüste rangieren neuerdings ganz vorn, noch vor dem Glücksspiel. Unvorstellbar, dass die Stadt einmal als bescheidene Mormonensiedlung begann.

Im Vergleich zu allen US-Metropolen wächst die Stadt am schnellsten. Greater Las Vegas bringt es jetzt auf fast 1,3 Million Einwohner, ganz Nevada, der »Silver State«, gerade mal auf knapp zwei Millionen. Jeden Monat ziehen 3 000 Amerikaner nach und geraten in den Sog des Boomtown-Fiebers. Mehr und mehr Neubaugemeinden, von Mauern ringsum geschützt, *gated communities*, und neue Golfplätze umlagern die Stadt, erweitern ihre Grenzen und den Wasserbedarf.

Trends kommen und gehen wie im Taubenschlag. Nach ein paar Jahren der Familienfreundlichkeit mit Futterkrippen, Verwahranstalten und Spielecken ist inzwischen wieder mehr Verruchtheit angesagt – die Rückkehr zum Image von »Sin City«, von einem elektronischen Sodom und Gomorrha, nicht zuletzt auch, um sich gegen die Sexangebote des Untergrunds besser behaupten zu können. Ob Kindertagesstätte oder Revier für Nachtschwärmer, in jedem Fall bleibt die Stadt ihren vollen Reiseeinsatz wert: *Faites vos jeux!*

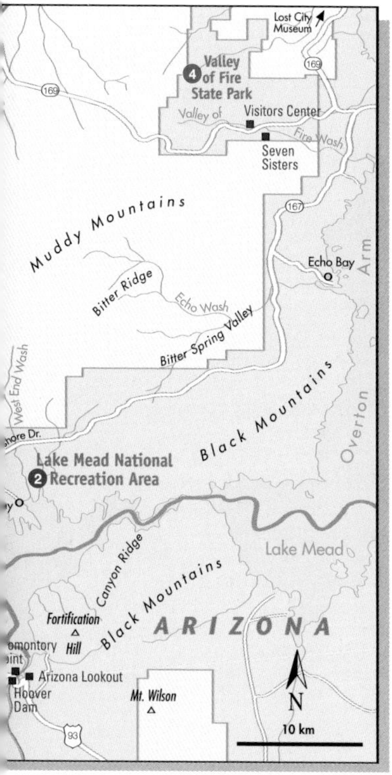

Marlene und Armstrong

MAKE MONEY THE OLD-FASHIONED WAY. GRAB IT (Autoaufkleber)

Service & Tipps:

The Mirage
3400 Las Vegas Blvd. S.
Las Vegas, NV 89109
✆ (702) 791-7111
www.themirage.com
Einige der 9 Restaurants besetzen Spitzenränge: allen weit voran das erstklassige **Renoir** ($$$). Munteres Super-Aquarium an der Rezeption, Delphinbecken und Heimat der weißen Tiger. Seit dem Angriff eines Tigers auf Roy Horn ist die weltberühmte Show abgesetzt.

Treasure Island
3300 Las Vegas Blvd. S.
Las Vegas, NV 89109

Im Mai 2005 feierte Las Vegas sein 100-jähriges Bestehen.

Las Vegas Chamber of Commerce
3720 Howard Hughes Pkwy.
Las Vegas, NV 89109
✆ 735-1616
Fax 735-2011
www.lvchamber.com
Mo–Fr 8–17 Uhr

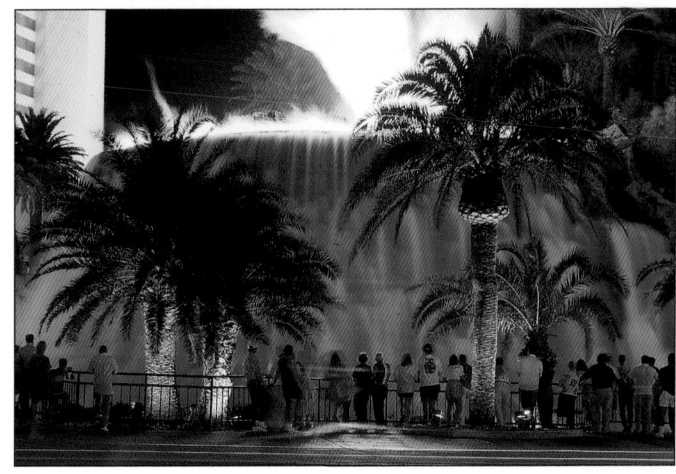

Vulkanausbruch als Entertainment: allabendlich vor dem »Mirage«

Das »Venetian« beschäftigt 17 000 Angestellte.

✆ (702) 894-7111
www.treasureisland.com
Mega-Resort mit Südseekulisse – tägl. ab 16 Uhr alle 90 Min. – »Cirque du Soleil Mystère« gilt immer noch als beste Show für Liebhaber der Familienunterhaltung. Phantastische Zirkusnummern mit Clowns, Sängern, Musikern und Trapezkünstler.

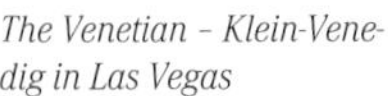

The Venetian – Klein-Venedig in Las Vegas

The Venetian
3355 Las Vegas Blvd. S.
Las Vegas, NV 89109
✆ (702) 414-1000
www.venetian.com
16 Nobelrestaurants, Shopping Strip und Gondelfahrten, Nightclubs, Konzertbühne und das Guggenheim Hermitage Museum für Wechselausstellungen klassischer Kunst.

Paris-Las Vegas Casino Resort
3655 Las Vegas Blvd. S.
Las Vegas, NV 89109
✆ (702) 946-7000
760-Millionen-Neubau mit 4 000 Angestellten bietet Replikate vom Eiffelturm, Opernhaus, Louvre, Hotel de Ville und Arc de Triomphe,
8 Restaurants und ein Shopping-Erlebnis entlang der kopfsteingepflasterten Rue de la Paix.

Stratosphere Hotel & Casino
2000 Las Vegas Blvd. S.
Las Vegas, NV 89104
✆ 1-800-998-6937
www.stratospherehotel.com
Tower So–Do 10–1, Fr/Sa 10–2 Uhr
Höchster Aussichtsturm der USA: 383 m.

Hotel-Casino-Shopping-und-Entertainment-Komplex mit Dreh-Restaurant, Lounge und freien Ausblicken auf das Lichtermeer Las Vegas. Casino, Heiratskapellen. Als Show läuft (tägl. außer Do) »American Super-

Wasserballett vor dem Bettenhaus des »Bellagio«

stars« – Imitationen von Elvis, Madonna, Gloria Estefan u. a.

Caesars Palace
3570 Las Vegas Blvd. S.

Las Vegas, NV 89109
✆ (702) 731-7110
www.caesars.com
Das 1966 als erstes Themenhotel in Las Vegas eröffnete Haus umfasst Casinos, diverse Restaurants und eine ansprechende Shopping Mall. Elton-John-Show: »The Red Piano«.

Bellagio
3600 Las Vegas Blvd. S. (Flamingo Rd.)

Las Vegas, NV 89109-4303
✆ (702) 693-7111
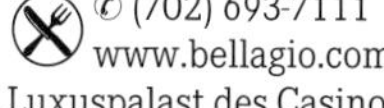
www.bellagio.com
Luxuspalast des Casino-Königs Steve Wynn mit 8 000 Angestellten, 13 Restaurants (darunter das preisgekrönte Restaurant **Picasso**), Top-Boutiquen an einer Nachbildung des Comer Sees, dessen Wasser in Abständen und mit musikalischer Begleitung in zischenden Fontänen zum Himmel spritzen. Baukosten: 1,6 Mrd. Dollar.

Die düster und gruftig wirkende Kunstgalerie mit Werken französischer Impressionisten bildet den abendländischen Kontrapunkt zum vulgären Alltag des Casinomilieus. Entertainment: Fr–Di 19.30 und 22.30 Uhr läuft »**O**« (Cirque du Soleil) – eine Show im, auf und über dem Wasser mit über 70 internationalen Artisten. Wegen variabler Zeiten am besten vorher anrufen.

Luxor Las Vegas
3900 Las Vegas Blvd. S.
Las Vegas, NV 89119
✆ (702) 262-4444
www.luxor.com
30-stöckige Schlaf-, Schlemmer- und Spielpyramide, von einer Sphinx und einem Obelisken bewacht. 5 Pools, Shops, IMAX-Kino, beliebter Nachtclub (»Ra«). Auf Grund der Schräglage der Seitenwände heißen die *elevators* hier *inclinators*.

Las Vegas Hilton Hotel
3000 Paradise Rd.
Las Vegas, NV 89109
✆ 1-888-732-5111, www.lvhilton.com
Ein Dutzend Restaurants. Tägl. läuft die Show »Star Trek: The Experience« und beamt die Besucher in die virtuelle Welt der außerirdischen *Aliens*. Der Space-Bummel dauert 22 Minuten, aber jeder kann in der simulierten Zukunft bleiben, essen und trinken, so lange er will.

New York-New York Hotel & Casino
3790 Las Vegas Blvd. S. (Höhe W. Tropicana Ave.)
Las Vegas, NV 89109
✆ (702) 740-6969
www.nynyhotelcasino.com
Manhattan im Bonsai-Format (Maßstab 1 : 3): Nachbildung von New Yorker Wahrzeichen, u.a. Empire State

Show: Heirat in Fan-Kostümen

<u>Besondere Feste in Las Vegas:</u>
Irische Musik begleitet die St. Patrick's Day Parade zu Ehren des irischen Nationalheiligen (März); die Las Vegas Helldorado erinnern an die Wildwesttage von Las Vegas (Mai); Nevada Day Parade (Okt.); das National Finals Rodeo gilt als eins der wichtigsten Rodeos im Westen (Dez.).

REGION 8 Las Vegas und Umgebung

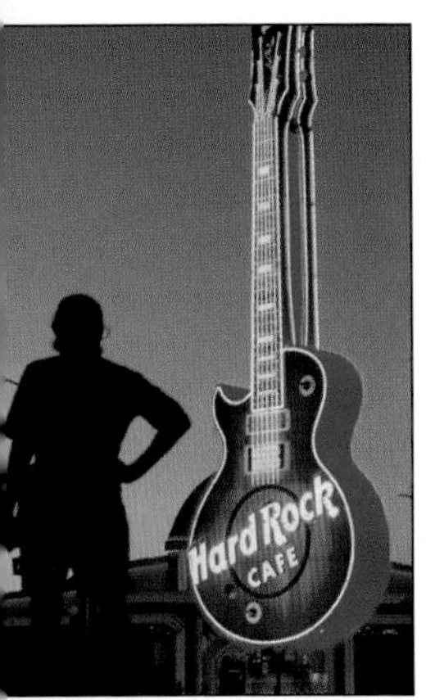

Neonwerbung einer bekannten Restaurant-Kette in Las Vegas

Wynn Las Vegas
3131 Las Vegas Blvd. S.
Las Vegas, NV 89109
✆ (702) 770-7100 oder 1-888-320-WYNN
Fax (702) 770-1571
www.wynnlasvegas.com
Finanz-Tycoon Steve Wynn erweitert sein Casino-Imperium in Las Vegas mit 2,7 Mrd. Dollar für ein neues spektakuläres Hotelcasino – das teuerste der Welt. 2 716 Zimmer, 18 Restaurants, Originale von Picasso und Chagall, 137 Spieltische, 1 960 Spielautomaten und ein Golfplatz, der einzige am Strip. Der Neubau steht auf dem Gelände des ehemals berühmten »Desert Inn«, der lange Howard Hughes als Versteck diente. $$$$

Building, Central Park, Chrysler Building, Ellis Island, Freiheitsstatue und Brooklyn Bridge. Die Achterbahn Manhattan Express düst wie in Coney Island durch die Kulisse. Drinnen warten mehr *slot machines* (2 400) als Zimmer (2 033) auf Glückssucher.

Excalibur Hotel & Casino
3850 Las Vegas Blvd. S. (Nähe Tropicana Ave.)
Las Vegas, NV 89109
✆ (702) 597-7777
www.excalibur-casino.com
6 Restaurants, Shops, Heiratskapelle. Tägl. Dinnershow in der King Arthur's Arena **Tournament of Kings**: ein auf mittelalterlich getrimmter Schwerterkampf zwischen Gut und Böse mit anschließender Siegerhochzeit. Die Puterschenkel werden, wie einst, mit den Fingern gegessen und so mancher Weinbecher kippt im Getöse um.

Nevada State Museum & Historical Society
700 Twin Lakes Dr. (Washington Ave. & Lorenzi Park)
Las Vegas, NV 89107
✆ (702) 486-5205, Fax (702) 486-5172
Tägl. 9–17 Uhr, Eintritt $ 4/0
Geschichte, Kultur und Archäologie Nevadas von 11 000 v. Chr. bis 1950: Indianersiedlungen, *ranching*, Eisenbahn, Minen, Nukleartests. Auch die Pflanzen- und Tierwelt der Mojave-Wüste kommt zum Zuge.

Las Vegas Natural History Museum
900 Las Vegas Blvd. N.
Las Vegas, NV 89101
✆ (702) 384-3466, Fax (702) 384-5343
www.lvnhm.org
Tägl. 9–16 Uhr, Eintritt $ 6/3
Prähistorische Tiere und andere naturgeschichtliche Funde der Region: von den Dinos bis heute. Für Kinder und Erwachsene spannend und unterhaltsam.

The Liberace Museum
1775 E. Tropicana Ave. (Spencer St. & Liberace Plaza)
Las Vegas, NV 89119
✆ (702) 798-5595
www.liberace.org
Mo–Sa 10–17, So 12–16 Uhr
Eintritt $ 12/8
Devotionalien des legendären Walter Valentino Liberace, des 1987 verstorbenen »King of Glitz« und »Mr. Showmanship«, des wohl typischsten und populärsten Entertainers und Kitsch-Pianisten, den Las Vegas je erlebt hat: verrückte Luxus-Autos, hochglanzpolierte Konzertflügel, funkelnde Kostüme, Schmuck und Pelze, Fotos und andere persönliche Gegenstände. Heute ist das Museum eine Stiftung zur Förderung junger Show-Talente.

The Forum Shops
Ceasars Palace
3500 Las Vegas Blvd. S.
Tägl. 10–23 Uhr
Internationale Designer-Boutiquen und schicke Restaurants – eine architektonische Fantasie darüber, wie man sich im digitalen Zeitalter »die alten Straßen von Rom« vorstellt: mit Piazza, pseudo-antikem Figurenprogramm am Zierbrunnen und Lasershow unter pastellfarbenem Firmament aus zarter Lüftlmalerei.

Boulevard Mall
3528 S. Maryland Pkwy.
Las Vegas, NV 89109
✆ (702) 732-8949
www.boulevardmall.com
Mo–Sa 10–21, So 11–18 Uhr
Zur Zeit größtes Shopping Center in Nevada: 144 Spezialgeschäfte und Kaufhäuser (Sears, Dillard's, J.C. Penny's, Broadway) und Restaurants.

Vegas Pointe Plaza
9115 Las Vegas Blvd. S.
Las Vegas, NV 89123
✆ (702) 897-9090
Mo–Sa 10–20, So 10–18 Uhr
Outlet Mall für Gelegenheitskäufer und Schnäppchensucher – auch Markenartikel sind drastisch reduziert.

The Fashion Show Mall
3200 Las Vegas Blvd. S. & Spring Mountain Rd., Las Vegas, NV 89109
✆ (702) 369-0704
www.thefashionshow.com
Mo–Fr 10–21, Sa 10–19, So 12–18 Uhr
Hell und ansprechend: führende Warenhausketten (Saks Fifth Avenue, Neiman Marcus, Bullock's, Dillard's, May Company) und über 100 z.T. recht gute Spezialgeschäfte und Fut-

terecken (Cafés, Snack-Bars und Restaurants).

Tillerman
2245 E. Flamingo Rd. (Nähe Eastern), Las Vegas, NV 89119
✆ (702) 731-4036
Vor allem Fisch, täglich frisch. Angenehmer Raum, lockere Atmosphäre. Keine Reservierungen, daher oft Warteschlangen. Cocktail Lounge. Nur Dinner. $$

Chinois Las Vegas
3500 Las Vegas Blvd. S. (The Forum Shops at Caesars)
Las Vegas, NV 89109
✆ (702) 737-9700
Beliebt: Starkoch Wolfgang Pucks west-östliche Küche mit Pfiff. $$

Palm Restaurant
3500 Las Vegas Blvd. S. (The Forum Shops at Caesars)
Las Vegas, NV 89109
✆ (702) 732-7256
Schräg gegenüber von **Spago**: kleine Nischen, europäischer Touch. Meeresfrüchte (vor allem Hummer) und Steaks bilden die Stärken der Küche. $$-$$$

Chin's
3200 Las Vegas Blvd. S. (Fashion Show Mall)
Las Vegas, NV 89109
✆ (702) 733-8899
Erstklassige chinesische Küche, gemütliches Lokal. Lunch *(dim sum)* und Dinner. Mi-So Piano-Entertainment. Reservierung empfohlen. $$-$$$

Ricardo's
4930 W. Flamingo Rd. (Decatur)
Las Vegas, NV 89103
✆ (702) 227-9100
www.ricardosoflasvegas.com
Eins der besten mexikanischen Restaurants in Las Vegas. $-$$

Bootlegger Ristorante
5025 S. Eastern Ave. (Nähe Tropicana Ave.)
Las Vegas, NV 89119
✆ (702) 736-4939
Familienbetrieb, bei vielen *locals* hoch im Kurs: italienisch-romantisch in Rot und Schwarz mit Pasta, Fisch und Diät-Menüs. $-$$

Tickets online:
www.ticketmaster.com

❷ Lake Mead/Hoover Dam

Ringsum ist Las Vegas mit attraktiven Ausflugszielen gut versorgt. In südlicher Richtung führt der Expressway 515 schnell in stillere Wüstenwelten. Schon beim Ortsausgang von Boulder City kommt der **Lake Mead** in Sicht, und die Ufer von Boulder Beach bieten die erste Chance, ins kühle Nass zu hüpfen und am Strand zu picknicken.

Wenig später entfaltet sich der mit Hochspannungsmasten und -drähten vernetzte steile Canyonrand des Colorado River, der hier vom massiven **Hoover Dam** reguliert wird, 1931–36 erbaut und weltweit einer der höchsten seiner Art (242 m). In der Spitzenbauzeit waren hier mehr als 5 000 Arbeiter Tag und Nacht tätig. Fast 100 Menschen starben, und im Schnitt gab es täglich 50 Verletzte. Die sieben Millionen Tonnen Beton, die in den 46 Monaten verbaut wurden, hätten ausgereicht, eine zweispurige Straße von Miami bis Los Angeles anzulegen. Aufzüge führen zu den 17 Mega-Turbinen des E-Werks hinunter, das heute vier Milliarden Kilowattstunden im Jahr liefert.

Jenseits des Damms beginnt Arizona. Die Straße folgt dem Fluss, dem **Black Canyon** – mit schönen Ausblicken auf die wilde Canyonlandschaft: im Winter eine beschauliche Autotour, zwischen Frühjahr und Herbst ein Ausflug zu ungewöhnlichen Wasser- und Badefreuden. **Willow Beach** garantiert dafür. Die felsumstellte Oase bietet alles, was das sportliche Herz begehrt: Strand, eine Marina mit Tret-, Haus-, Motor- und Schlauchbooten, die man hier leihen kann (um die Schluchten des Colorado über 80 Kilometer hinunterzufahren), Angelplätze unter Palmen und Oleanderbüschen; außerdem ein Restaurant, Motel und Campingmöglichkeiten.

Service & Tipps:

Hoover Dam
Boulder Hwy. (SR 93) (Visitor Center)
© (702) 597-5970 und 1-866-291-8687
Tägl. 9–17.15 Uhr, Führung $ 10
Einer der höchsten Staudämme der Welt, staut den Colorado zum **Lake Mead**. Aufzüge führen zum E-Werk hinunter; Führungen. Unten ist die Mauer 220 m dick, oben 14 m.
Route von Las Vegas (Halbtagesausflug): US 93 nach Süden über Henderson und Boulder City (55 km).

Hoover Dam

Lake Mead National Recreation Area
601 Nevada Hwy., 6 Meilen auf SR 166 nordöstl. von Boulder City, NV 89005
© (702) 293-8990 (Visitor Center)
Fax (702) 293-8936
Visitor Center tägl. 8.30–16.30 Uhr
Parkeintritt $ 5 pro Auto
Halbtages- oder Tagesausflug von Las Vegas (40 km entfernt). Stausee zur Kontrolle von Überschwemmungen und Dürreperioden und zur Energiegewinnung. 1 323 km Ufer mit zahlreichen Marinas. Wasserski, Bootsverleih (Haus-, Motor-, Paddelboote), Angeln (z.B. *Catfish,* Barsch, Forelle). Bademöglichkeiten, Segeln und Tauchen. am **Boulder Beach**.

❸ Red Rock Canyon

Red Rock Canyon National Conservation Area
HCR 33, Box 5500 (Visitor Center)
Las Vegas, NV 89124
© (702) 515-5350
Im Sommer tägl. 6–20, sonst bis 17 oder 19 Uhr, Visitor Center tägl. 8–16.30 Uhr, Eintritt $ 5 pro Fahrzeug
Felsformationen und Wüstenlandschaft zum Reiten und Wandern.

Spring Mountain Ranch State Park
8000 Blue Diamond Rd. via SR 160 (Red Rock Canyon)
Blue Diamond, NV 89004
© (702) 875-4141
Picknickplatz tägl. 8 Uhr bis Sonnenuntergang, Ranchhaus tägl. 10–16 Uhr
Führungen, Eintritt $ 6 pro Auto
Zum Picknick und/oder Genuss des Sonnenuntergangs ein schönes Plätzchen zum Sitzen und Schauen. Auf Hinweisschild nach BLUE DIAMOND achten!

❹ Valley of Fire

Von Las Vegas entweder direkt über I-15 nach Norden, SR 169 rechts oder (als Fortsetzung des Ausflugs zum Hoover Dam) über die szenisch sehr ansprechende Route am Lake Mead entlang: von der SR 166 ein kleines Stück über die SR 147 auf die SR 167 und dann den Schildern nach.

In **Overton Beach** kann man baden und etwas essen, dann folgt ein reich gestaffeltes Bergpanorama, dessen Formationen wie glühendes Lavagestein aussehen und bei denen Hobby-Geologen leicht ins Schwelgen geraten. Die rötliche Steinwelt hat seit nunmehr (geschätzten) 150 Millionen Jahren ihre prähistorischen Zeitgenossen – Dinos, Basket Makers, Anasazi- und Paiute-Indianer – prächtig überlebt und scheint auch für die Zukunft gerüstet, denn schon mehrfach mussten die alten Steine als Filmkulisse für »Star Trek« herhalten.

Bei den **Seven Sisters** steigert nachmittags das abnehmende Licht die Wirkung der natürlichen Umwelt: Harte Konturen verklären sich langsam, bis schließlich die Umrisse und Farben im Dunkeln entschwinden. Bei den *beehives* (den »Bienenkörben« oder Sandstein-Domen) kann man durch die grün kontrastierenden Creosote-Büsche laufen. Kinder finden es hier ganz toll, weil sie in und auf den Steinen prima herumkrabbeln können.

Oberhalb vom Visitor Center bietet die **Rainbow Vista** ein schönes Panorama, und vom Parkplatz von Mouse's Tank führt ein Pfad durch den **Petroglyph Canyon** mit eindrucksvollen indianischen Felszeichnungen. Wer bis zu **Mouse's Tank** durchhält, trifft auf ein natürliches Sammelbecken für Regenwasser, einst das Versteck eines indianischen Klausners.

Valley of Fire State Park
SR 169, Overton, NV 89040
✆ (702) 397-2088, Eintritt $ 6 pro Auto
Visitor Center tägl. 8.30–16.30 Uhr, Park tägl. von Sonnenauf- bis -untergang
Wanderwege, Picknick, versteinerte Bäume *(petrified wood),* indianische Petroglyphen. Camping.

Valley of Fire: Erosions-Fans geraten hier ins Schwelgen

REGION 9
Utah – der Süden

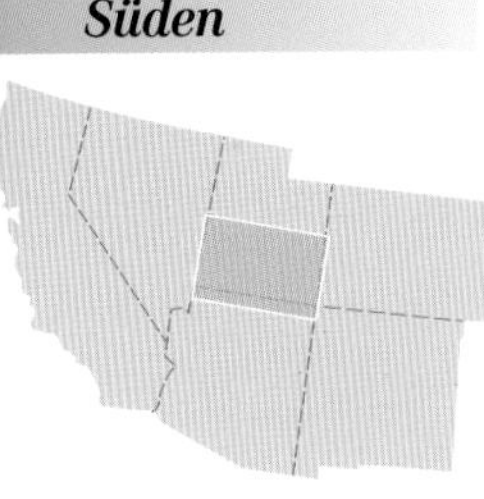

Steinreich und felsenfest

Utah – der Süden

Also hierhin hat es die Verfolgten letztlich geführt – die Mormonen, deren Kirche, die »Church of Jesus Christ of Latter-day Saints« (LDS) 1830 in Fayette, im Staat New York, gegründet wurde und die als eine der ungewöhnlichsten Religionsgemeinschaften in den USA des 19. Jahrhunderts gelten kann. Ihr Selbstverständnis basiert auf dem »Book of Mormon« des New Yorker Bauernbubs Joseph Smith, Jr., der träumte, von einem Engel zu vergrabenen goldenen Schrifttafeln geführt worden zu sein, deren Symbole Smith übersetzte und zum »Buch Mormon« machte. Es handelt vom Schicksal eines alten Volkes aus dem Nahen Osten, das nach Amerika auswandert – eine Fortschreibung der biblischen Geschichte auf US-Boden.

Nach der (erzählten) Umsiedlung in die neue Welt begann daselbst die tatsächliche, denn wo immer sich die Mormonen niederließen (u.a. in Ohio, Illinois, Missouri) gab es Ärger und Streit, Mord und Totschlag, verursacht meist durch Furcht vor ihrer ökonomischen Stärke, ihrer Wählerblockbildung, ihrem religiösen Exklusivanspruch, ihrer Polygamie und ihrer Opposition gegen die Trennung von Staat und Kirche. 1844 wurde

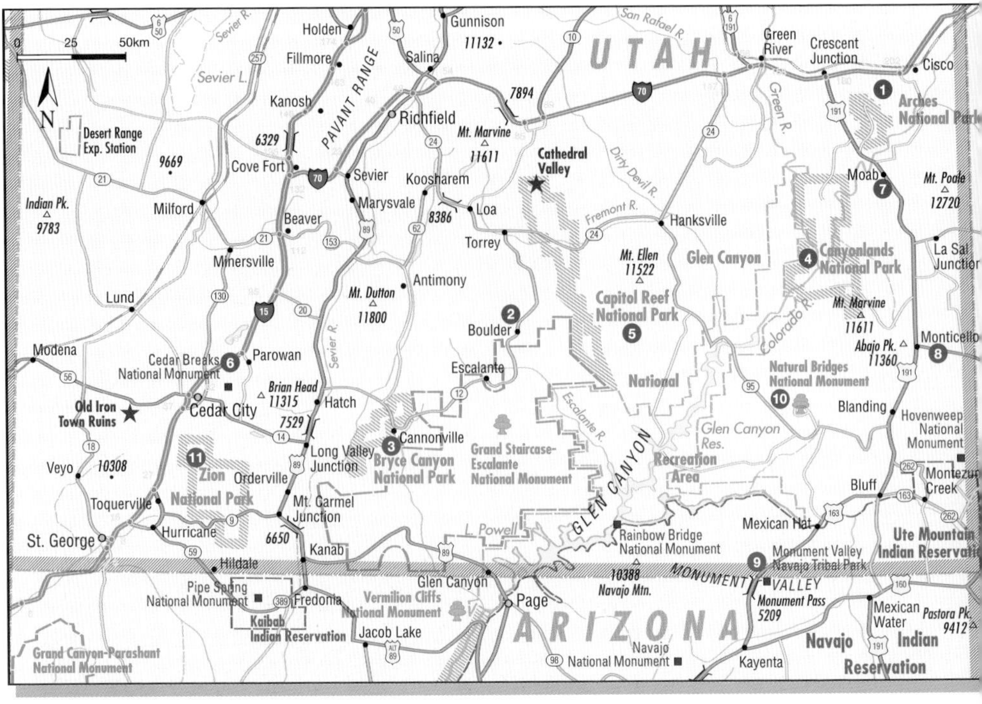

Smith in Illinois ermordet, ausgerechnet in dem Jahr, in dem er sich um das Amt des US-Präsidenten bewerben wollte.

Bald nach seinem Tod brachen 15 000 Mormonen unter Führung des *frontiersman* und neuen Propheten Brigham Young nach Westen auf und gründeten 1848 am Großen Salzsee Salt Lake City den Staat »Deseret«, das »Land der Honigbiene«, wie es im »Buch Mormon« steht. Neben den Geburtstagen von John Smith und Brigham Young feiert man in Utah nach wie vor den 24. Juli als »Pioneer Day«, den Tag, an dem der Treck das Gelobte Land am Salt Lake erreichte. Und auch dem Bienenkorb hält man im »Beehive State« die Treue.

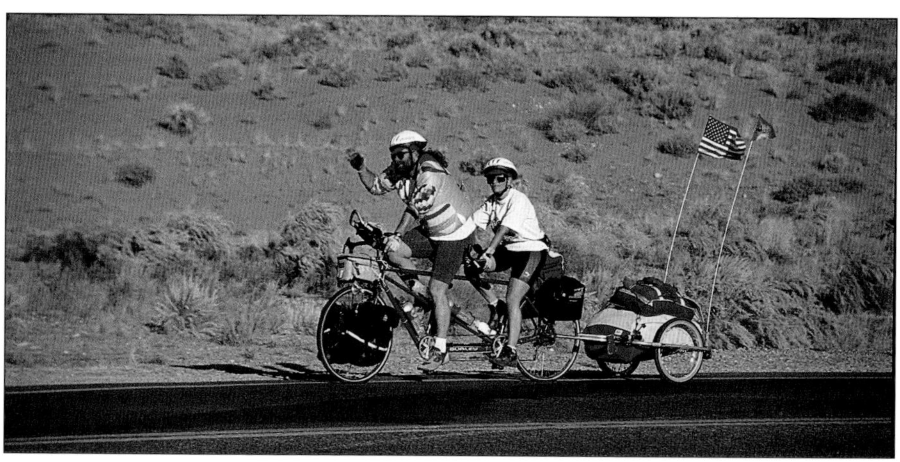

Im Gleichtritt durchs felsige Utah

Als die Siedler eintrafen, gehörte das Land zu Mexiko. Erst 1848, mit dem Friedensschluss von Hidalgo, fiel das Territorium an die USA. Aber auch dieser Exodus hatte Schattenseiten, denn auf ihrem Weg nach Westen blieben die Mormonen weiterhin unbeliebt, weil sie stets in großen Massen anrückten, alles aufkauften, besetzten und politisch unter ihre Fuchtel zu bekommen suchten. Die Bundesregierung misstraute der Staatsgründung am Salzsee zutiefst und sandte 1857 sogar Truppen ins Land, um die Heiligen zur Ordnung zu rufen. Ein offener Krieg wurde zwar vermieden, aber es gab Übergriffe und Tote.

Als sich im Zuge ihrer Siedlungserfolge durch Fleiß, Sauberkeit und Solidarität Wüsten in blühende Gärten verwandelten und strittige Grundsätze wie die Vielweiberei offiziell abgeschafft wurden, stabilisierte sich die Lage. 1896 endlich wurde das »Territory of Utah« in die Union aufgenommen. In der Folgezeit lockerte sich die strenge Linie dieser im Grunde konservativen Christen, die durch ihr kommunales Handeln und ihre autoritäre Kirche von Anfang an konträr zum romantisierenden Individualismus amerikanischer Protestanten stand. Gleichwohl überlebt ihr missionarischer Eifer, was ihre Mitgliederzahl auf inzwischen über elf Millionen gesteigert hat, von denen etwa die Hälfte in den USA leben. Inzwischen verhalten sich die meisten Mormonen im alltäglichen Leben weit pragmatischer, als es die Dogmen aus dem kirchlichen Hauptquartier in Salt Lake City, dem »LDS-Vatikan«, vorsehen. Die Geburtenrate sinkt (Brigham Young hinterließ noch 27 Frauen und 56 Kinder), Kondome sind diskret erlaubt, Scheidungen zumindest nicht mehr verboten, so dass ihre Rate inzwischen im nationalen Durchschnitt liegt. Auch der so genannte *code of health* – kein Tee, kein Kaffee, kein Alkohol, kein Tabak – hat viele Schlupflöcher bekommen.

REGION 9
Utah – der Süden

»Balanced Rock« im Arches National Park

Tiefe Blicke im hohen Bogen – im Arches National Park

❶ Arches National Park

Was von einer USA-Reise hinterher wirklich hängen bleibt, das sind oft die Wanderungen. Kaum ein Stopp am *view point* hinterlässt so dauerhaftere Eindrücke wie jene, die man zu Fuß gesehen und erlebt hat. Und es gibt wenige Nationalparks, auf die dies mehr zuträfe als auf die fragilen Sandsteinbögen und felsigen Nadelöhre, die im Arches National Park beisammenstehen. Wie oft im Südwesten haben auch hier Wasser und extreme Temperaturunterschiede die Sandsteinskulpturen geformt. Der beliebteste Trail führt zum **Landscape Arch**; Konditionsstärkere legen noch einen Gang zu: zum **Double-O Arch**. An der Wolfe Ranch beginnt der Weg zur bekanntesten Steinbrücke des Parks, dem **Delicate Arch**.

Arches National Park
Visitor Center, 5 Meilen nördl. von Moab, UT 84532
✆ (435) 719-2299
www.nps.gov/arch
März–Okt. tägl. 7.30–18, sonst 8–16.30 Uhr, Eintritt $ 10 pro Auto
Im Sommer kann es sehr heiß werden, so dass man Wanderungen auf den Morgen oder Abend verlegen sollte. Picknickplätze gibt es u.a. am Devils Garden Trailhead und am Delicate Arch Viewpoint.

Im Besucherzentrum auch Registrierung für die Fiery Furnace Walks, die April–Sept. tägl. um 10 und 16 Uhr stattfinden. (Dauer: 2 1/2–3 Std.) Treffpunkt anschließend auf dem Parkplatz Fiery Furnace. Am besten vorher anrufen.

❷ Boulder

Ein Grund, die *ranching town* zu besuchen, sind Ausgrabungen und ein kleines Museum, die den Wohnbau der Anasazi veranschaulichen.

Anasazi Museum State Park
SR 12, Boulder, UT 84716
✆ (435) 335-7308
Tägl. Mai–Sept. 8–18, sonst 9–17 Uhr

Eintritt $ 6 pro Auto
Ausgrabungen der University of Utah 1958/59: ca. 80 Räume eines 800 Jahre alten Anasazi-Dorfes, Nachbau einer Anasazi-Wohnung.

❸ Bryce Canyon National Park

Die ebenso märchenhaften wie kariösen Zahnsteinhälse *(hoodoos)* sind für den Bryce Canyon National Park ebenso charakteristisch wie dessen Wälder und Weiden. Wegen seiner Höhenlage von ca. 2 500 Meter am Canyonrand ist die Fernsicht in Bryce überdurchschnittlich gut (besonders im Winter) und die Temperaturen sind auch im Sommer angenehm.

Von unten wirken die bizarren Zinnen noch beeindruckender als aus der Panoramasicht vom Canyonrand. Sie resultieren aus einer inzwischen mehr

als 60 Millionen Jahre dauernden Erosion, als Seen und Flüsse mit ihren Ablagerungen begannen, die Erde sich anhob, um das riesige Colorado Plateau zu bilden, zu dem die meisten Nationalparks in Utah, Colorado, New Mexico und Arizona gehören. Enormer Druck brach das Plateau in fragmentarische Klumpen, deren Ränder und Enden durch Wind und Wetter, Regen, Eis und Schnee ebenso malträtiert und ausgefressen wurden wie durch die Flüsse: hier in erster Linie durch die Nebenarme des Paria River. Die Bezeichnung »Canyon« stimmt bei Bryce ja eigentlich gar nicht; im Grunde besteht er aus einer an ihren Rändern heftig ausgefransten, hufeisenförmigen Schüssel.

Anders als die Erdgeschichte ist die der menschlichen Besiedelung auf ein Puzzle dürftiger Spuren angewiesen. Es gibt so gut wie kaum Hinweise auf die Anasazi und auch nur wenige auf die Paiute-Indianer. Erst als die LDS-Pioniere sich an die Stelle der indianischen Bevölkerung setzten, profiliert sich die neuere Landesgeschichte. Anfangs durch einen gewissen Ebenezer Bryce, der 1875 als schottischer Emigrant und Siedlungsführer ins Paria-Tal kam, so dass der Caynon hinter seiner Hütte bald den Namen weg hatte: Bryce's Canyon. Seit die Schluchten von Bryce als Nationalpark firmieren (1928), ist das Apostroph verschwunden; statt dessen hat man, wie auch in Zion, das halbe Weltkulturerbe bemüht, um die Naturwunder sprachlich in den Griff zu bekommen – von »Thors Hammer« durch den »Garten der Königin« bis zum »Tempel der Osiris«.

Der Archäologe am Tisch gibt seine persönliche Erfahrung mit den Mormonen zum Besten. Vor Jahren hatte er den Auftrag, in Navoo, Illinois, wo Brigham Young zuerst siedelte, dessen unterirdischen Keller auszugraben, einen Ziegelbau, in dem große Mengen Kartoffeln, Rüben, Möhren und Äpfel eingelagert waren. Das sei bei den meisten Mormonen heute noch so: Sie hätten Eingemachtes für Jahre im Keller – nicht aufgrund einer Kriegsbunker-Mentalität, sondern aus Angst vor der biblisch prophezeiten großen Hungersnot.

Andererseits gingen Glaubenslehre und tägliche Praxis gelegentlich auch getrennte Wege, z.B. beim Thema »Immobilien«. Utah habe bekanntlich durch Atombombentests verseuchte (hot) Landstriche, doch viele Makler hätten keinerlei Probleme damit, radioaktives Land zu verhökern.

Zu ihrer ausgeprägten Geldorientierung gehöre auch, dass Händler oft verschiedene Preise berechneten – für Mormonen und für Nicht-Mormonen, bei Obst und Gemüse zum Beispiel.

Eis am Stiel: Bryce Canyon im Winter

»Ein verdammter Ort, wenn einem hier eine Kuh durchgeht.« (Ebenezer Bryce, Mormonensiedler)

Service & Tipps:

Bryce Canyon National Park
Östl. der Kreuzung S 12 & US 89 an S 63
Bryce Canyon, UT 84717
✆ (435) 834-5322
www.nps.gov/brca/
Eintritt $ 20 pro Auto
Visitor Center (tägl. 8–16.30 Uhr, im Sommer länger) mit kleinem interessantem Museum. Noch gibt es die Möglichkeit, den Park mit dem eigenen Auto zu erkunden, es steht aber auch schon ein Shuttle-Bus zur Verfügung.

Wandervorschläge
Vom Sunrise Point aus: den **Queen's Garden Trail** über 2,5 km (1–2 Std.) oder den **Navajo Trail** über 3,5 km (1–2 Std.).

Bryce Canyon Airlines/ Helicopters
P.O. Box 640004 (Ruby's Inn)
Bryce Canyon, UT 84764
✆ (435) 834-5341 oder 1-800-979-5050
Hubschrauberflüge über die Ostflanke des Canyon, 15 Minuten bis 3 Stunden. Preis: $ 45–120.

Garfield County Travel Council
55 S. Main St., Panguitch, UT 84759
✆ (435) 676-1160 oder 1-800-444-6689
Fax (435) 676-8239
www.brycecanyoncountry.com

Cowboy's Smokehouse BBQ
95 N. Main St.
Panguitch, UT 84759
✆ (435) 676-8030, So geschl.
Originelles und mit vielen Hirschgeweihen dekoriertes Esslokal mit Mesquite-Grill und Western-Outfit. Am Wochenende Western-Live-Musik. Lunch ($) und Dinner. $–$$

Country Corner Cafe
80 N. Main St.
Panguitch, UT 84759
✆ (435) 676-8851
Zuverlässig und ab 7 Uhr morgens geöffnet: Burger and Steaks in einer ehemaligen Tankstelle. $

Ausflugsziel:

Grand Staircase-Escalante National Monument
Interagency Visitor Center
755 W. Main St.
Escalante, UT 84726
✆ (435) 826-5499, tägl. 7.30–17.30 Uhr
Ca. 40 Meilen östlich von Panguitch auf Hwy. 12. Das zerklüftete Gebiet um den Escalante und Paria River wurde 1996 zum Naturreservat erklärt: faszinierende Felslandschaft, schöne Wasserfälle, Dino-Fossilien.

❹ Canyonlands National Park

Alm-Szenen mit weidendem Vieh und schönen Ausblicken auf die alpinen La Sal Mountains begleiten die Anfahrt zum Canyonlands National Park, dessen Hoheitsgebiet sich im Wesentlichen auf das karge Terrain am Zusammenfluss von Green und Colorado River erstreckt. Das weitläufige Felsszenario ist dreigeteilt, wobei der nördliche Teil der Island In The Sky Moab am nächsten liegt. Weiter südlich dehnt sich das von Monticello erreichbare Gebiet der **Needles** aus, während die abgelegene **Maze** überhaupt nur zu Fuß oder mit einem 4-Wheel-Drive zugänglich ist. Dennoch, an kurzen Wegen und langen Wanderungen herrscht kein Mangel. Das Visitor Center informiert.

Am Island In The Sky bietet ein kurzer Abstecher zum **Green River Overlook** gute Aussichten auf den Fluss. Wer noch ein Stückchen weiterfährt, kann einen Blick auf den kraterförmigen **Upheaval Dome** werfen. Späte Spuren eines frühen Meteoren? Der **Grand View Overlook** liegt am äußersten Ende der Reihe der *vista points* und entfaltet eine marode Urlandschaft, in der die Felskamine wie kariöse Zahnhälse aus dem Tal aufragen. Wer ihnen näher kommen will, benutzt von hier aus den Wanderweg – ein müheloser Spaziergang ohne Steigungen bis an den Rand der »Insel«.

Der **Dead Horse Point** liegt immerhin auch fast 2 000 Meter hoch. Er zählt zweifellos zu den spektakulärsten Flussschleifen des Colorado. Im vorigen Jahrhundert rasten hier wilde Mustangs durchs Gelände. Sein Name erinnert an diejenigen, die hier verdursteten.

Wer dem Abgrund zu nahe kommt, dem kann leicht schlecht werden. Anderen dagegen reicht der bloße Augenschmaus der dramatischen Aussichten nicht; sie stürzen sich mit ihren *hang gliders* lieber in die Tiefe. Unten erkennt man zwei blaue Seen. Sie haben etwas mit den dort lagernden so genannten *pot ashes* zu tun, die dadurch, dass man Wasser in die Senke pumpt, aus der ehemaligen Mine herausgesogen werden. Durch die Verdunstung des Wassers gewinnt man diese Substanz, die einen wesentlichen Bestandteil von Dünger ausmacht.

Service & Tipps:

Canyonlands National Park
2282 S. W. Resource Blvd.
Moab, UT 84532-8000
✆ (435) 719-2313
Fax (435) 259-4351
www.nps.gov/cany/
Tägl. 8–16.30 Uhr (im Winter kürzer),
Eintritt $ 10 pro Auto
Im Park gibt es auch Campgrounds, und zwar im nördlichen Teil (Island In The Sky) Willow Flat, im südlichen Teil Squaw Flat.

Dead Horse Point State Park
32 Meilen entfernt von Moab
UT 84532-0609
✆ (435) 259-2614
Visitor Center im Sommer tägl. 8–18, sonst 8–17 Uhr
Eintritt $ 6 pro Auto

Kariös: Felsen im Monument Basin, vom Grand View Point im Canyonlands National Park aus gesehen

❺ Capitol Reef National Park

Die Sandsteinklippen im Wüstenhochland des Capitol Reef zählen zu den spektakulärsten und farbigsten Faltungen des Colorado Plateau - eine über 160 Kilometer lange, so genannte *waterpocket fold* voller Pools, die jede Menge Regenwasser hamstern können. Bereits in der Nähe des Visitor Center ragen die über 300 Meter hohen, bunten Felskamine, die die Navajo für den »schlafenden Regenbogen« hielten, über den Fremont River hinaus. Im Tal blühen und reifen je nach Jahreszeit die Obstbäume. Kirschen, Äpfel und Birnen, Pfirsiche, Aprikosen, Maulbeeren und Pflaumen: eine Art »Red Rock Eden« - späte Früchte von **Fruita**, einer Mormonensiedlung, die hier seit den 1880er Jahren bis weit ins vorige Jahrhundert hinein bestand und von der nur noch Ruinen erhalten sind. Die Schule, eine Scheune und einige andere Gebäude hat man restauriert.

Erheblich spärlicher als die Merkmale dieser »historischen Landschaft« sind die Spuren früherer Siedler, die der Indianer der so genannten *Fremont Culture* des 9. Jahrhunderts, die, offenbar mit den Anasazi verwandt, hier Ackerbau betrieben, jagten und in Gruben- bzw. Erdhäusern lebten. Reste kann man noch vom **Hickman Bridge Trail** erkennen. Das Wasser war der Grund für Ihr Kommen. Aber warum verschwanden sie? Es existieren, wie meistens, mehrere Theorien: Es sollen Trockenperioden oder Stammesfehden gewesen sein, wahrscheinlich beides.

Außer der Fahrt über den **Scenic Drive** gibt es vielerlei Möglichkeiten, der Steinwelt zu Fuß zu Leibe zu rücken: etwa den vom Wasser glattpolierten Steinwänden des **Grand Wash** zu folgen oder (am Ende des Drive) in die **Capitol Gorge** zu laufen - eine leichte, kaum mehr als halbstündige Wanderung vorbei an prähistorischen Felszeichnungen und »Wassertaschen«.

Farm in Fruita, Capitol Reef National Park

Service & Tipps:

Capitol Reef National Park
P. O. Box 15,
Torrey, UT 84775-9602
✆ (435) 425-3791 oder
1-800-332-2696
Fax (435) 425-3026
www.nps.gov/care/
Park 24 Std., Visitor Center im Sommer tägl. 8–18, sonst 8–16.30 Uhr
Eintritt $ 5 pro Auto
Visitor Center am Hwy. 24 am Nordende des Parks. Klettern, Jeep-Trips, z.B. über die Burr Trail Road, und zahlreiche Wanderwege: durch die **Capitol Gorge** oder hinauf in Richtung **Golden Throne**, was etwas anstrengender ist und wofür man etwa zwei Stunden rechnen sollte – aufwärts vom Grund der Schlucht auf das Dach der Klippen am Fuß des »Goldenen Throns« mit schönen Ausblicken.

Cafe Diablo
599 W. Main St.
Torrey, UT 84775
✆ (435) 425-3070, geöffnet April–Okt.
Nettes Bistro mit sehr guter *Southwest Cuisine*, kleine Terrasse. Cocktails. Nur Dinner. $$

Capitol Reef Inn & Cafe
360 W. Main St.
Torrey, UT 84775
(435) 425-3271
www.capitolreefinn.com
Witziger Buchladen mit verblüffend gutem, gemütlichen Restaurant (Forelle!). $–$$

❻ Cedar Breaks National Monument

Das Cedar Breaks National Monument nimmt eine Spitzenstellung unter den Parks in Utah ein. Die Region liegt über 3 000 Meter hoch, was im Sommer angenehm kühle Temperaturen, für wenig Trainierte aber leicht auch Atemprobleme wegen der dünnen Luft mit sich bringen kann. »Kreis der bemalten Klippen« nannten die Indianer dieses in Millionen Jahren aufgeschichtete und erodierte Felskolosseum, das die ersten Siedler in »Cedar Breaks« umtauften – wegen der vielen Juniperbäume und *bristlecone pines* am Beckenrand.

»Breaks« steht für *badlands* und meint mehr oder weniger bizarr erodiertes Ödland mit karger Vegetation. Die Farbe des zerklüfteten Steinpanoramas aus Türmen, Bögen, Säulen und verwinkelten Canyons schwankt zwischen Rot-, Lila- und Gelbtönen, je nach Tageszeit und Lichteinfall.

Cedar Breaks National Monument
2390 W. Hwy. 56, Suite 11
(Superintendent)
Cedar City, UT 84720-4151
✆ (435) 586-9451
Fax (435) 586-3813
www.nps.gov/cebr/
Visitor Center im Sommer 8–18, danach bis Mitte Okt. 9–17.30 Uhr
Campingplatz in der Nähe von Point Supreme. Der Rundkurs am Rand des »Amphitheaters« ist 8 km lang. Eintritt $ 3 pro Person.

❼ Moab

Moab, landschaftlich schön gerahmt, eine grüne Oase, gefällig umgeben von erodierten Rotlingen – also ein wahrlich erfreulicher Fleck, um den Colorado River zu überqueren. Das fanden schon Mitte des 19. Jahrhunderts Mormonen-Missionare und gründeten deshalb genau hier ihre Siedlung, trotzten den Indianern gingen landwirtschaftlich zu Werke. Sie brauchten dann allerdings immerhin bis 1903, bis sie die Stadtrechte bekamen.

Aber nicht nur fromme Siedler schrieben hier Geschichte. Auch Butch Cassidy und andere Gangs hinterließen ihre Spuren – mit ein Grund vielleicht, warum Moab und Umgebung später so oft als Schauplatz von Western-Literatur und Filmen gefragt war. Viele Romane von Zane Grey und ungezählte Hollywoodstreifen bedienen sich der Felskulissen: etwa »Rio Conchos«, »Indiana Jones« oder »Thelma und Louise«.

Unabhängig von den Fiktionen erweckten Uranfunde in den 1950er Jahren die Stadt aus ihrem landwirtschaftlichen Halbschlaf zum Aufbruch in die Hektik des Minengewerbes. Doch bald ging dem Uran-Boom die Luft aus. Nur beträchtliche Vorräte an Öl und Potasche blieben erhalten.

Auf den Besucher macht das kleine Städtchen (ca. 4 000 Einwohner) in rund 1 300 Metern Höhe am Fuße der La Sal Mountains einen überaus belebten und offenen Eindruck. Es ist nach typischer Mormonenart in großen quadratischen Häuserblocks mit breiten Straßenzügen ausgelegt. Jeeps heizen vorbei, Schlauchboote werden verladen. Moab vermarktet sich als Hot Spot der Outdoor-Sportler, als Mekka der Mountainbiker, als Startplatz für Safaris in die Off-Road-Welt der umliegenden Wasserläufe und Steinwüsten.

Während der Osterwoche, wenn die »Moab Jeep Safari« angesagt ist, geht es besonders hoch her. Dann rollen Hunderte von Jeeps aus ganz USA an und nehmen Kurs auf die Jeep Roads, die, einst von Prospektoren oder Minengesellschaften angelegt, das Canyonland der Umgebung durchfurchen: ein Rest Amerika ohne Zäune, weil sich das Land zum allergrößten Teil nicht in Privatbesitz befindet. Im Herbst, an Halloween, geht es auf dem »Fat Tire Festival« mit den dicken Reifen der Mountainbikes erneut zur Sache. (Beste Jahreszeiten: Ende März bis Ende Mai sowie Mitte September bis Anfang November.) Längst entsprechen Lokale und Boutiquen dem Gusto der sportiven Jugend. Und so haben alle was davon: die Cracks sowieso, aber auch die Nichtturner, die schlemmen wollen oder die Läden mit indianischem Kunsthandwerk oder modische Klamotten zu schätzen wissen.

Willkommen in Moab

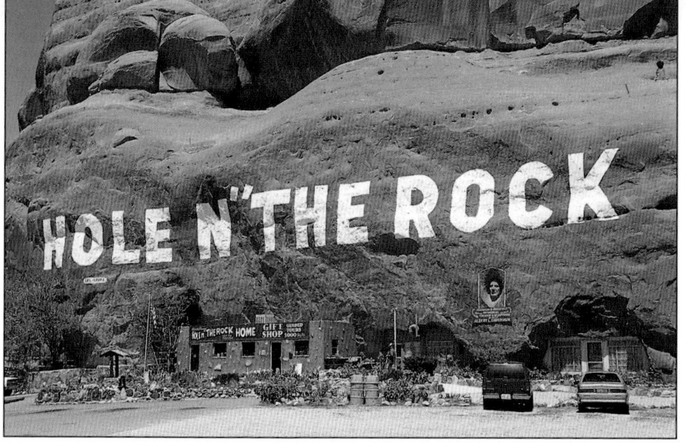

Eigenheim, südlich von Moab

Moab Information Center
Main & Center Sts. (P. O. Box 550), Moab, UT 84532
✆ (435) 259-8825 oder 1-800-635-6622
www.moab-utah.com
www.discovermoab.com
Im Sommer tägl. 8–20, sonst bis 17 Uhr
Informationsquelle für die sportlichen Angebote der Region (Trails, Helikopter, Pferde, Jeeps, Golfplätze, Kanus) und Verleih von Mountainbikes, Schlauchbooten usw.

Dan O'Laurie Museum
118 E. Center St., Moab, UT 84532
✆ (435) 259-7985
Im Sommer Mo–Sa 13–20, sonst Mo–Do 15–19, Fr/Sa 13–19 Uhr, So geschl., Eintritt $ 3
Kleines Museum mit archäologischen und historischen Details über das Moab Valley - von den prähistorischen Indianern über Trapper und Missionare bis zum Uran-Boom der 1950er Jahre.

Moab Cyclery
391 S. Main St., Moab, UT 84532
✆ (435) 259-7423, Fax (435) 259-6235
www.moabcyclery.com
Tägl. 10–18 Uhr
Mountainbike-Verleih, Landkarten und geführte Touren.

Tag-A-Long Expeditions
452 N. Main St., Moab, UT 84532
✆ 1-800-453-3292, Fax (435) 259-8990
www.tagalong.com
Halb- und ganztägige Schlauchbootfahrten und Jeeptouren im Canyonlands National Park; auch mehrtägige Expeditionen im ganzen Canyongebiet. Längere Touren vorab reservieren, Tagestrips können auch noch am Vorabend gebucht werden.

Rim Cyclery
94 W. 100 North
Moab, UT 84532
✆ (435) 259-5333 oder 1-800-304-8219
Fax (435) 259-7217, tägl. geöffnet
Mountainbike-Vermietung, Landkarten und Tipps für geführte Touren.

Moonflower Market
111 N. 100 West, Moab, UT 84532, ✆ (435) 259-5712
Naturkost-Laden.

Western Image
79 N. Main St., Moab, UT 84532-2302, ✆ (435) 259-3006
Gut sortierter Laden für Westernfreunde: Cowboy-Memorabilien.

Sunset Grill
900 N. Hwy. 191 (Main St.)
Moab, UT 84532, ✆ (435) 259-7146
Höhenlage mit schönem Panoramablick auf Moab, amerikanische Küche, Cocktails. Nur Dinner. $$

Honest Ozzie's Cafe
60 N. 100 West
Moab, UT 84532
✆ (435) 259-8442, tägl. 7–15 Uhr
Slogan: NATURAL AND UNNATURAL FOODS. Kleines selbstgestricktes Lokal (drinnen und draußen) mit frisch zubereiteten Kleinigkeiten. Frühstück und Lunch. (Der Name ist ein Wortspiel mit »Anasazi«.) $

Center Cafe
60 N. 100 West (Nähe Main St.)
Moab, UT 84532

✆ (435) 259-4295
Klein und fein, mit gutem Wein. Internationale Küche: Fleisch-, Fisch- und Pastagerichte. Nur Dinner. $$-$$$

Slick Rock Cafe
5 N. Main & Center Sts.
Moab, UT 84532, ✆ (435) 259-8004
www.slickrockcafe.com
Bistro und kleine Bar. Alkoholische Getränke, wie generell in Utah, nur im Zusammenhang mit einem Gericht - auch wenn es nur Chips & Salsa sind. $-$$

Desert Bistro
1266 N. Hwy. 191 (nördl. Ortsausgang), Moab, UT 84532
✆ (435) 259-0756
Gemütliches Landhaus von 1898 am Ende des Moab Valley mit schattigem Garten und gepflegter Küche - Jägerschnitzel und Rheinischer Sauerbraten eingeschlossen. Nur Dinner. $$

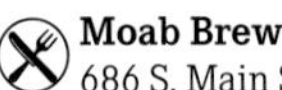

Moab Brewery
686 S. Main St.
Moab, UT 84532-2901
✆ (435) 259-6333
www.themoabbrewery.com
Treffen der jungen Mountainbiker-Szene bei Pizza und selbstgebrautem Bier. Oft Live-Musik. $

Ausflugsziel:

Hole N" The Rock
11037 US 191, 24 km südl. von Moab, UT 84532
✆ (435) 686-2250
Touren im Sommer tägl. 8–20, sonst 9–17 Uhr, Führungen $ 5
Origineller Souvenirladen im Fels. 12 Jahre lang betätigte sich der Bildhauer Albert Christensen als Steinmetz, um seine »Villa Felsenstein« zu schaffen. Als er 1957 starb, war das Schlupfloch immer noch nicht groß genug, so dass seine Frau Gladys dem harten Stein weitere Quadratmeter Wohnfläche abgewinnen musste. Privatsache, versteht sich, doch auch eine kuriose Fußnote zum regionalen Thema Klippensiedlung.

8 Monticello

Wie wär's mit einem erfrischenden *Western tea* in Monticello? So arg viel verpasst man derweil hier nicht.

San Juan County Visitor Services
117 S. Main St., Monticello, UT 84535
✆ (435) 587-3235 oder 1-800-574-4386

Lamplight Restaurant & Lounge
655 East Central 491, Monticello, UT 84535, ✆ (435) 587-2170
Üppig geschmückt, simple Küche. $-$$

MD Ranch Cookhouse
380 S. Main St., Monticello, UT 84535, ✆ (435) 587-3299
Gegrilltes in Ranchatmosphäre: Steaks, Rippchen, Büffel, Forellen etc. Lunch ($) und Dinner. $-$$

9 Monument Valley Navajo Tribal Park

Monument Valley Navajo Tribal Park
P.O. Box 360289 (Visitor Center)
Monument Valley, UT 84536
✆ (435) 727-5874
Im Sommer 7–19, sonst 8–17 Uhr, Parkeintritt $ 5
Eine kleine Ausstellung zeigt das Modell einer Navajo-Siedlung: *hogan* (Wohnhaus), *sweathouse* (Sauna, religiöse Feiern, sozialer Treff), *corral* (Pferch), *shadehouse* (schattenspendendes Holzgerüst aus Balken mit Gestrüppbelag). Vom Picknickplatz geht der Wildcat Trail ab, ein Wanderweg, den man ohne Führung auf eigene Faust begehen kann. Gleich beim Visitor Center liegt auch ein schöner Campingplatz. Campingplatzreservierungen: ✆ (801) 727-3353.

Bühnendekoration für die klassische Wildwest-Oper: Monument Valley

⑩ Natural Bridges National Monument

Vom Wasser gelöchert, durch Hitze verwittert und vom Winde verweht: So sind im Laufe der Zeit die eleganten Sandsteinbrücken geformt worden. In erster Linie haben die mäandernden Flussläufe den Fels ausgewaschen und letztendlich durchbohrt.

Der kreisförmige Rundkurs des **Bridge View Drive**, beginnend am (solarenergieversorgten) Visitor Center auf der über 2 000 Meter hohen, mit Piñon- und Juniperbäumen bewachsenen Mesa, verbindet die Parkplätze, von denen man zu dem Brückentrio vordringen kann, das seine mehr oder minder 225 Millionen Jahre auf dem Buckel hat.

Über Leitern geht es steil abwärts zur filigranen **Sipapu Bridge**, durch die in der Mythologie der Hopi die Geister kommen, wenn man geboren wird, und durch die sie nach dem Tod wieder entschwinden. Andere Trails führen zur klobig-massiven **Kachina Bridge**, bei der Petroglyphen unter anderem eine Kachina-Darstellung *(lightening snake)* zeigen, und zur zierlichen **Owachomo Bridge**, der ältesten von allen. Irgendwann wird sie die erste sein, die in sich zusammenbricht. Keine Angst, die Vorsichtsmaßregeln zielen vorerst in andere Richtungen: zur Wasserflasche, zur Vorsicht bei aufziehenden Gewittern und plötzlichen *flash floods* in den Canyons.

Dass in diesen Windungen des White und Armstrong Canyon einmal (vor 2000–650 Jahren) die Anasazi wohnten, lässt sich unter anderem an den Klippenwohnungen, Kivas und Petroglyphen ablesen, die man in der Nähe der Trails zu den Brücken entdecken kann. Dasselbe gilt für einige gut erhaltene Ruinen, die wie Schwalbennester an den steilen Canyonwänden kleben. Hopi haben hier nie gelebt. Aber sie kamen der Anasazi-Kultur am nächsten; und weil weder Navajo noch Paiute geeignete Namen für die Brücken zu bieten hatten, griff man auf die Sprache der Hopi zurück und ersetzte die Namen der Anglos, die von der Familie der (»Wieder«-)Entdecker Ende des vorigen Jahrhunderts abgeleitet waren.

Natural Bridges National Monument
P. O. Box 1 (Visitor Center)
Lake Powell, UT 84533
✆ (435) 692-1234
www.nps.gov/nabr
Visitor Center im Sommer tägl. 8–18, sonst 8–17 Uhr, Eintritt $ 6 pro Auto
Im Sommer beste Wanderzeit: frühmorgens und abends. Die 15 km lange Rundfahrt, die Ausblicke auf 3 Steinbrücken gewährt, dauert etwa eine halbe Stunde. Von den *vista points* sind die Abstiege zu den Brücken unterschiedlich lang: Sipapu Bridge Trail (ca. 1 Std.), Kachina Bridge Trail (ca. 1 Std.), Owachomo Bridge Trail (ca. 20 Min.).

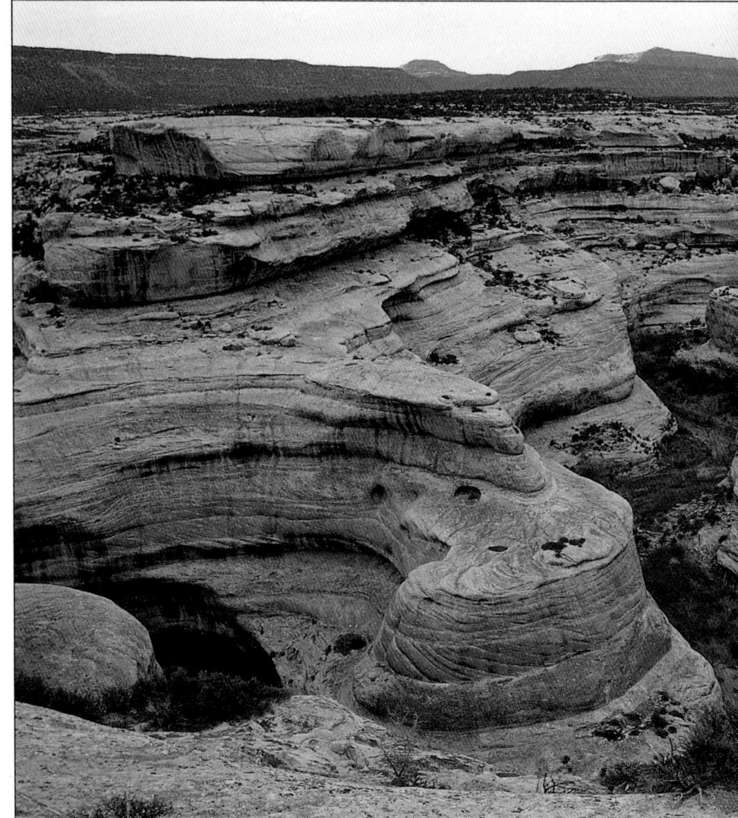

Vom Wasser gelöchert: Natural Bridges National Monument

⑪ Zion National Park

Das üppige Grün auf der Talsohle der Schlucht zählt zu den ersten und wohltuenden Eindrücken im Zion National Park, der sich an den Füßen der steilen Canyonwände hinzieht, den der Nordarm des Virgin River in 200 Millionen Jahren ausgewaschen hat.

Das Gebiet war, wie Felszeichnungen und Fundamente von Lehm- und Steinhäusern belegen, 500-1200 n. Chr. von den Anasazi bewohnt, in der Folgezeit von den nomadischen Paiute-Indianern, bis dann in den 1860er Jahren die ersten frommen Mormonensiedler auftauchten. Ihnen kamen die grandios aufgeschichteten Steinterrassen wie »natürliche Tempel Gottes« vor, wie die Himmelsstadt Zion. Folgerichtig tragen die hohen Highlights, die den Canyongrund flankieren, hehre Namen: **The West Temple** z. B. (linker Hand, gleich bei der Einfahrt) oder **The Great White Throne**.

Vor den Mormonen zeigten andere Pioniere oder Trapper offenbar wenig Interesse an der Erforschung des Canyon oder sie verpassten ihn schlicht: die ersten europäischen Entdecker, die katholischen Emissionäre und Padres Dominguez und Escalante 1776 ebenso wie eine Gruppe von Pelzhändlern unter der Führung des berühmten Pfadfinders Jedediah S. Smith 50 Jahre später.

Erst die Große Depression überführte das himmlische Jerusalem in einen brauchbaren Park. 1919 gegründet, beauftragte Franklin D. Roosevelt 1933 die Anlage der ersten entscheidenden Befestigungen und Trails.

Zion National Park

REGION 9
Utah – der Süden

Von Fall zu Fall rauscht das Wasser an den Canyonwänden im Zion National Park

Abends, auf der Terrasse des Restaurants, hinter ebenso bunten wie ordentlichen Blumenkästen, kommt es zur ersten kulinarischen Test im Mormonenstaat. Aus heiterem Himmel fragt der Kellner als erstes: »Bier?« Was ist aus den sprichwörtlich strengen »liquor laws« der Mormonen geworden? Nun, man nimmt sie inzwischen lockerer, doch nach wie vor verschroben. Schon die alte Dame im Motel hatte erzählt, dass man Springdale zwar gern »trocken« haben wolle, aber es hätte nie geklappt. Ein kaltes Bier zu einer scharfen Pizza – das könne doch niemand verbieten. ALCOHOLIC BEVERAGES MENU UPON REQUEST liest man häufig, d.h. Weinkarten müssen ausdrücklich angefordert werden, man bekommt sie nicht wie sonst ungefragt vorgelegt. Hat man gewählt, muss man auch austrinken oder die Reste stehen lassen, denn das Gesetz beschränkt den Bewegungsspielraum der Flasche unerbittlich: UNLAWFUL TO REMOVE, lautet die Aufschrift. Und noch etwas: Alkohollizenzen werden per capita vergeben. Also, je dünner die Besiedlung, je kleiner das Nest, umso trockener bleibt es.

Davon profitieren jährlich rund zweieinhalb Millionen Besucher. Am Fuß des **Temple of Sinawava**, einem der markanten Massive des Canyons beginnt der bequemste aller Wanderwege, der Gateway to the Narrows Trail. Das letzte und eigentlich spannende Wegstück führt allerdings durch den spektakulären Engpass des **Virgin River**, flussaufwärts durch gurgelndes und meist eisiges Wasser. Nichts für Zimperliche oder Wasserscheue! Viele laufen in Sandalen und kurzen Hosen, Abgehärtetere gehen sogar barfuss. Die Felswände tröpfeln, rieseln und gurgeln; Farne und anderlei Grünzeug wachsen wild zwischen den unzähligen Rinnsalen am Rande des Flussbetts, ja, es gibt sogar völlig unerwartet einen *desert swamp* – ein Feuchtgebiet mitten in der Wüste.

Die Nachbarschaft von Moos und Fels, Frosch und Eidechse macht auch den Reiz der anderen Trails aus, z. B. des Weges zu den **Emerald Pools**, an dessen steilen hängenden Gärten es allenthalben rauscht und rinnt, sickert und gurgelt. Die Abhänge sind übersäht von Wildblumen und Käfern. Vor allem die Höhenunterschiede auf den Trails (zwischen ca. 1 200 und 3 000 Metern) sorgen für Abwechslung.

Service & Tipps:

Zion National Park
Springdale, UT 84767-1099
✆ (435) 772-3256 oder 1-888-518-7070
www.zionpark.com
http://reservations.nps.gov/zion
Das Visitor Center (mit sehenswertem Museum) ist tägl. im Frühling und Herbst 8–18, im Sommer 8–19, im Winter 8–17 Uhr geöffnet, der Park selbst durchgehend, Eintritt $ 20 pro Fahrzeug
Der **South Campground** verfährt auf *First come, first served*-Basis ($ 14 pro Nacht), beim **Watchman Campground** kann man reservieren:
✆ 1-800-365-2267, $ 16 pro Nacht.
April–Okt. kostenloser **Shuttle-Service** vom Parkeingang zu allen wichtigen Stationen, tägl. 5.45–23 Uhr. Da der Parkplatz am Visitor Center im Sommer meist schon mittags überläuft, empfiehlt es sich, schon in Springdale selbst den City-Shuttle zum Parkeingang zu benutzen. (Auf Zeichen SHUTTLE PARKING achten.)
Drei Wandervorschläge: der **Hidden Canyon Trail** (3,2 km, ca. 3 Std., etwas mühsam; ca. 280 m Höhenunterschied) beginnt am Weeping-Rock-Parkplatz und führt durch eine enge Schlucht zu tollen Ausblicken. Der **Angels Landing Trail** ist noch spannender, aber nichts für Leute, die leicht schwindlig werden: sein Name kommt nicht von ungefähr, der letzte Kilometer sorgt für den Adrenalinausstoß! (Start: Grotto Picnic Area; 8,6 km, ca. 4 Std., ca. 500 m Höhenunterschied). Bequem dagegen: der Trail zu den **Emerald Pools** (Start: gegenüber der Lodge).

Giant Screen Theatre
145 Zion Park Blvd.
Springdale, UT 84767
✆ (435) 772-2400 oder 1-888-256-FILM
www.zioncanyontheatre.com
Im Sommer 11–20 Uhr, Eintritt $ 7
Zion virtuell: der Film »Zion Canyon Treasure of the Gods« liefert spektakuläre Landschaftsbilder für den bequemen Sessel.

Worthington Gallery
789 Zion Park Blvd.
Springdale, UT 84767
✆ (435) 772-3446
www.worthingtongallery.com
Töpferstudio im Ortszentrum mit ungewöhnlicher Keramik.

Switchback Grille & Deli
1149 Zion Park Blvd.
Springdale, UT 84767
✆ (435) 772-3700
Herzhafte Gerichte (Frühstück, Lunch, Dinner) und Souvenirladen mit praktischer Mode. $$

Bit & Spur Mexican Restaurant & Saloon
1212 Zion Park Blvd.
Springdale, UT 84767
✆ (435) 772-3498
Im Winter geschl.
Gente, decente, hot cuisine: gute mexikanische Küche (z.B. *Tostada supreme*), aber auch Steaks und *smoky chicken*. Akzeptable Margaritas und Wein. T-Shirts mit Petroglyphen. Nur Dinner. $–$$

Pioneer Restaurant
828 Zion Park Blvd.
Springdale, UT 84767
✆ (435) 772-3233
Vom *veggie burger* bis zum deftigen Steak. Frühstück, Lunch und Dinner. $–$$

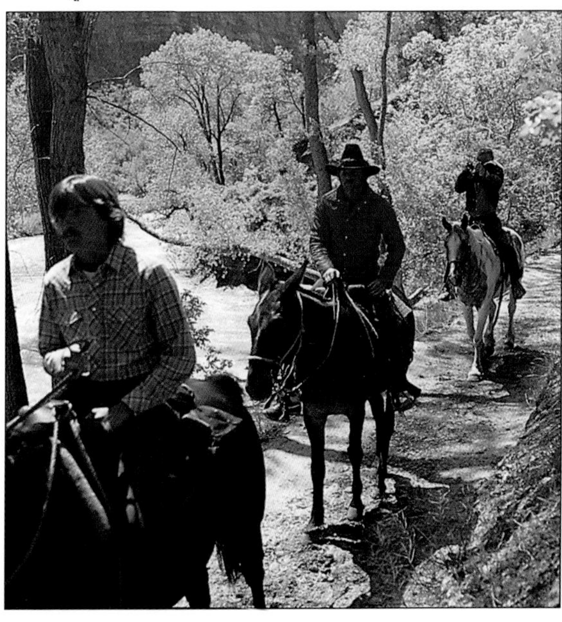

Ritt am Virgin River

REGION 10
Südwesten von Colorado

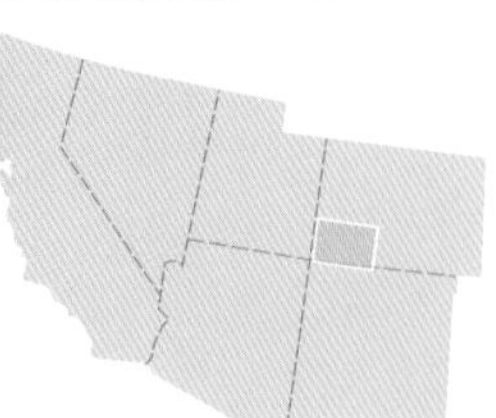

»Blicke hundert Meilen weit und tausend Jahre zurück«

Im Südwesten von Colorado

Mit natürlichen Glanzstücken ist Colorado allemal gesegnet. Ganz im Süden verstecken sich im Mesa Verde National Park eindrucksvolle Reste von Klippensiedlungen *(cliff dwellings)* der Anasazi. Neben Chaco Canyon im nördlichen New Mexico zählt Mesa Verde zu den bedeutendsten Dokumenten indianischer Baukunst im amerikanischen Westen.

Über das hübsche Durango, entlang dem Animas River und über die atemberaubende Gebirgsstraße (San Juan Skyway) durch die San Juan Mountains gelangt man über Silverton und Ouray (und gegebenenfalls einen Abstecher nach Telluride) nach Montrose und von dort zum Black Canyon of the Gunnison National Monument – ein spektakuläres, 16 Kilometer langes Stück Canyon, das der Gunnison River geformt hat, begrenzt von Steinwänden, die wegen ihres immensen Alters besonders für Geologen ein gefundenes Fressen sind.

Das Alter (sprich: Hunderttausende von Jahren) spielt auch bei einem der bekanntesten Highlights in Colorado eine wichtige Rolle: bei den durch Ablagerungen nach heftigen Winden entstandenen, fast 200 Meter hohen Sanddünen, die sich im Great Sand Dunes National Monument am Westhang der Sangre de Cristo Mountains türmen.

ⓘ **Cortez Chamber of Commerce**
928 E. Main St.
Cortez, CO 81321
✆ (970) 565-3414
www.cortezchamber.org

❶ Cortez

Mit Unterkünften und Restaurants spielt Cortez seine Zubringerrolle für den nahen Mesa Verde Nationalpark.

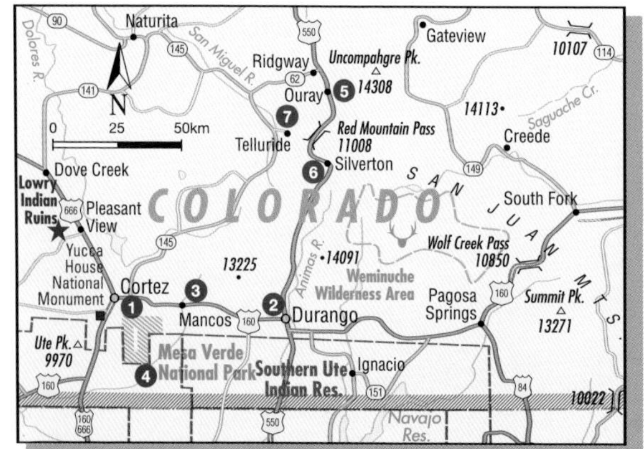

Service & Tipps:

Earth Song Haven
34 W. Main St.
Cortez, CO 81321
✆ (970) 565-9125, So geschl.
Fantasievoller Frühstücks- und Lunch-Garten mit Büchern, Pflanzen und Vögeln. $

Main Street Brewery & Restaurant
21 E. Main St., Cortez, CO 81321
✆ (970) 564-9112
Brauerei mit solider Basisversorgung: *Fish 'n' chips*, Hamburger etc. $-$$

Homesteaders Restaurant
45 E. Main St., Cortez, CO 81321
✆ (970) 565-6253
www.thehomesteaders.com

Zum knuffigen Futterbunker umfunktionierte Scheune mit deftiger Kost: Rippchen und Steaks. Im Winter So geschl. $$

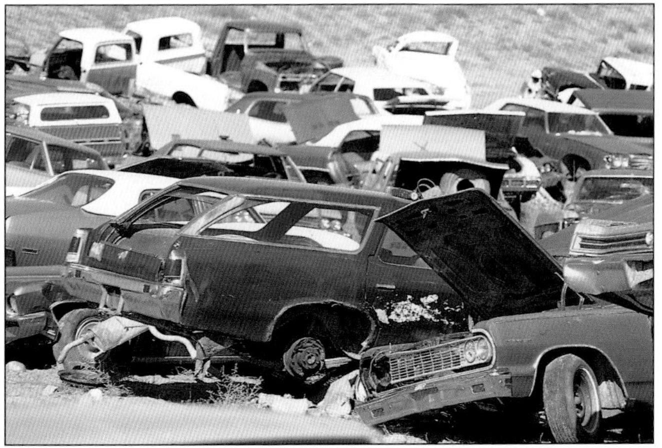

Endstation Autosucht: Schrottplatz bei Cortez

❷ Durango

Die Main Street von Durango wimmelt ansprechend von kleinen Geschäften, Bars, Cafés und Restaurants – und Wandmalereien, die die mehr oder weniger goldene Vergangenheit der Bergbaustadt in Erinnerung rufen, die im Gold-

Eisenbahnromantik vom Feinsten: mit dem Dampfzug von Durango nach Silverton

REGION 10
Südwesten von Colorado

Viktorianische Zuckerbäcker haben sich das State Hotel in Durango ausgedacht

HAVE A GNEISS DAY (T-Shirt-Text in Durango)

<u>Feste in Durango:</u> ***Pro Rodeo Series von Juni bis August. Und: Durango Cowgirl Classic, La Plata Fairgrounds, 25th St. & Main Ave., ✆ (970) 247-1666. Wochenende um den 4. Juli: das einzige Rodeo mit ausschließlich weiblichen Teilnehmern.***

und Silber-Rush der 1880er Jahre gegründet wurde. HAVE A GNEISS DAY trägt man hier auf T-Shirts – ein Wortspiel mit den lokalen Mineralien in der lokalen Bergwerksgeschichte. Seine sicher größte Attraktion wartet heute am Bahnhof: die nostalgische Durango-Silverton-Eisenbahn, deren Lustfahrten gewöhnlich mit viel Rummel verbunden sind. Man muss schon einen Tag zulegen und (auch noch) rechtzeitig vorbestellt haben, um ein Ticket für die als romantisch gepriesene Dampftour durch die Berge nach Silverton zu ergattern. Das war mal sehr anders. Ursprünglich transportierte die 1882 gebaute Schmalspurbahn Minenarbeiter, Gerät und Erze zu und aus den nahen San-Juan-Bergen, die wegen ihrer Gold- und Silberschätze ausgebeutet wurden.

Service & Tipps:

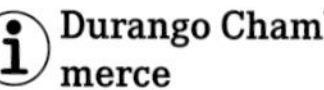

Durango Chamber of Commerce
111 S. Camino del Rio
Durango, CO 81303
✆ (970) 247-0312 oder 1-888-414-0835
www.durangobusiness.org

Durango & Silverton Narrow Gauge Railroad Co.
479 Main Ave.
Durango, CO 81301
✆ (970) 247-2733 oder 1-877-872-4607
Fax (970) 259-3570
www.durangotrain.com
Mai–Okt., Hin- und Rückfahrt $ 60/30

Der Zug dampft von Durango aus am »Fluss der Verlorenen Seelen« *(Rio de Los Animas Perdidas)* vorbei durch die Bilderbuchlandschaften des San Juan National Forest nach Silverton und wieder zurück. Für die Strecke von je 70 km braucht die »D&SNGRR« etwa 3 1/2 Std. Rechtzeitig reservieren! Auch für Behinderte geeignet.

Mountain Bike Specialists
949 Main Ave., Durango, CO 81301, ✆ (970) 247-4066
www.mountainbikespecialists.com
Mountainbike-Verleih und Routenvorschläge, $ 22 halber, $ 30 ganzer Tag.

Gardenswartz
863 Main Ave.
Durango, CO 81301
✆ (970) 247-2660
Seit 1928 die Nr. 1 der lokalen Outfitter für Outdoor-Sportarten: Messer, Gewehre, Angelruten, Schlafsäcke, Töpfe und dicke Socken.

Henry's on Main
699 Main Ave. (im Strater Hotel)
Durango, CO 81301
✆ (970) 247-4431
Guter Frühstücksplatz. Auch Lunchpakete zum Mitnehmen. Dinner. $-$$

Seasons Rotisserie & Grill
764 Main Ave.
Durango, CO 81301
✆ (970) 382-9790
www.seasonsofdurango.com
Angenehmes Lokal mit italienisch angehauchter neu-amerikanischer Küche; auch zum draußen Sitzen. Lunch (außer So, $) und Dinner. $$-$$$

Olde Tymer's Cafe
1000 Main Ave.
Durango, CO 81301
✆ (970) 259-2990
Szene-Kneipe im Wildwest-Look mit riesigen Hamburgern, guten Salaten und anderen Kleinigkeiten. $

Gazpacho New Mexico Restaurant
431 E. 2nd Ave., Durango, CO 81301
✆ (970) 259-9494
www.gazpachorestaurant.com
Hübsches kleines Lokal mit neumexikanischer Küche. Lunch und Dinner. $

❸ Mancos

Klein und still pflegt Mancos seinen Ruf als alternatives Künstlerdörfchen. Die lieblichen Matten und glücklichen Kühe des Tals helfen dabei – ein Oberbayern-Transplantat.

❹ Mesa Verde National Park

»Blicke hundert Meilen weit und tausend Jahre zurück«, heißt es werbeträchtig am Parkeingang. Doch erst nach etwa einer Stunde Autofahrt auf der kurvigen Hochstraße mit eindrucksvollen Aus-, Rund- und Rückblicken auf die umliegenden grün-schwarzen Bergketten gelangt man zu dessen Highlights, den vergleichsweise gut erhaltenen Ruinen von Klippensiedlungen der Anasazi, die hier während ihrer so genannten klassischen Periode zwischen 1100 und 1300 lebten. Danach zogen sie nach Süden ab. Wegen einer Dürreperiode Ende des 13. Jahrhunderts, wegen feindlicher Attacken? Auch hier weiß man nichts Genaues.

Verlassen und still blieben jedenfalls anschließend die pastorale Landschaft der tief eingeschnittenen Canyons, die Pueblos auf der Mesa und die Ruinenstädte in den Felsnischen und Grotten, die Klippensiedlungen, die längst zum Markenzeichen des Parks geworden sind. Neben Chaco Canyon im nördlichen New Mexico zählt Mesa Verde zu den bedeutendsten Dokumenten indianischer Baukunst im amerikanischen Westen.

An einem verschneiten Dezembertag des Jahres 1888 trauten zwei Cowboys plötzlich ihren Augen nicht. Was sie unterhalb einer Canyonwand entdeckten, mussten sie für eine Fata Morgana halten: ein Bauensemble mit einem erkennbaren Layout aus Wegen, Türmen, Plätzen und Häusern, deren Stockwerke durch Leitern verbunden waren. Wiederentdeckung, Restaurierung und touristische Aufbereitung nahmen fortan ihren Lauf.

Inzwischen ist das kunstvolle Mauerwerk des so genannten »grünen Tafelbergs« wegen seiner dichten Bewaldung mit robusten Piñonkiefern und Wacholdersträuchern (Juniper) zum Haus der offenen Tür geworden. Allerdings dürfen einige nur mit Rangerführungen betreten werden, denn besonders im Sommer wird es hier oben ganz schön wuselig. Die Hitze drückt, die vielen Menschen ebenfalls, es gibt keine Parkplätze, statt dessen babylonisches Sprachengewirr und entsprechenden Lärm in den Ruinen. Dennoch, trotz seiner jährlich mehr als 700 000 Besucher schneidet Mesa Verde, was die Luftverschmutzung angeht, unter den Nationalparks der USA noch am besten ab. Jüngste Messungen haben sogar einen Rückgang der Schwefeldioxydbelastung der Luft bescheinigt.

Die besten Besuchszeiten sind, wie bei den meisten natürlichen Kathedralen des Südwestens, Mai (vor Memorial Day) und Herbst - des Laubs, der Temperaturen und der Ruhe wegen.

Nach Passieren des Far View Visitor Center folgen die Pueblo-Ruinen der **Far View Ruins**, die schöne Weitblicke ins Land erlauben. Etwas später, auf der **Chapin Mesa** in der Nähe von **Cedar Tree Tower and Kiva** sind noch Reste der alten Bewässerungssysteme zu finden, terrassierte historische Felder, die ebenso wie Wasserauffangbecken und Gräben belegen, wie fortgeschritten die Landwirtschaft auf den Mesas war. Im **Archäologischen Museum** weiter südlich gibt es eindrucksvolle Dioramen zu sehen, die die Epochen der Anasazi-Kultur im Mesa-Verde-Gebiet anschaulich rekonstruieren: Die Basket Maker oder »Korbmacher«, die um 750 ihre Grubenhäuser *(pit houses)* durch oberirdische Pueblo-Bauten ersetzten und diese dann später von der Mesa hinab wie Schwalbennester in die Felshöhlungen verlegten. Sie wirken heute landschaftlich und klimatisch besonders angepasst.

Abgesehen von ihrer verteidigungsstrategisch günstigen Position, bot die apsisartig in den Fels verlegte Wohnanlage im Sommer Sonnenschutz und im Winter Wärme, die tagsüber in den Steinwänden gespeichert wurde und den extremen Temperaturabfall zur Nacht milderte.

Das **Spruce Tree House**, nur ein paar Schritte unterhalb des Museums, zeigt das auf einen Blick. Die Siedlung gilt als die am besten konservierte, mit mehreren Kivas und über hundert kleinen Räumen. Wer dem Mesarand weiter folgt, erreicht den **Sun Temple**, von dem aus man auf den gegen-

Wohnen in steiler Wand: die Ruinen des Cliff Palace im Mesa Verde National Park □

überliegenden **Cliff Palace** herunterblickt, die mit mehr als 200 gemauerten Räumen stattlichste und größte erhaltene Anlage im Park.

Auf einem zusätzlichen zweiten Rundkurs südlich vom Museum kann man sich das **Square Tower House**, diverse Grubenhäuser und das **House of Many Windows** ansehen. Auch die (abgelegenere) **Wetherill Mesa** hat bedeutende *cliff-dwellings* für alle, die sich noch einen Extratag Zeit nehmen, z.B. für das **Long House** und das mehrstufige **Step House**, die beide aber auch nur geführt zu besichtigen sind. (Auskünfte beim Far View Visitor Center.)

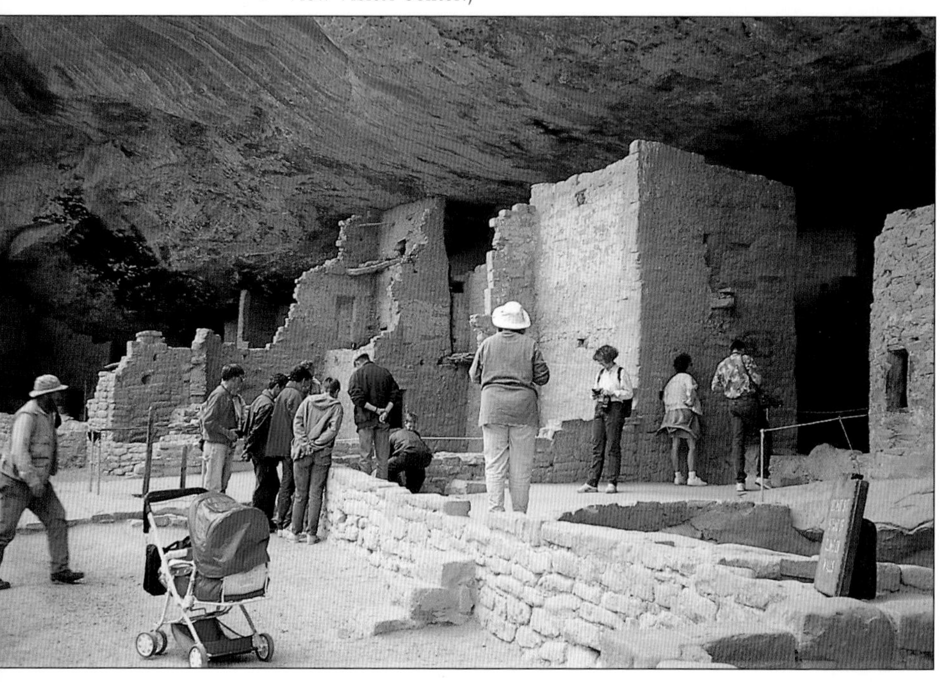

Haus der offenen Tür: Spruce Tree House im Mesa Verde Park

Mesa Verde National Park
P.O. Box 8
Mesa Verde, CO 81330
✆ (970) 529-4465/-4461 oder
✆ 1-800-449-2288
Fax (970) 529-4637
www.visitmesaverde.com
www.nps.gov/meve/
Tägl. 8–18 Uhr, Eintritt $ 10 pro Auto
Im **Morefield Village** am Anfang der Parkstraße gibt es einen Campingplatz (Mai–Okt.). Im **Far View Visitor Center** auf ca. 2 500 m Höhe (tägl. 8–17 Uhr) kann man sich u.a. für eine Führung zum **Cliff Palace** anmelden. Die Tour dauert 1 Std. und beginnt halbstündlich. Leider ist keine telefonische Vorbestellung möglich; man muss praktisch um 8 Uhr morgens hier sein (besser noch um 7.30 Uhr!) und sich erst einmal ein Ticket besorgen. Dasselbe gilt für die Führung zum **Balcony House**. (Cliff Palace und Balcony House an einem Tag sind zu viel.) Etwa 10 km südlich am Rim Drive liegt das sehenswerte **Archaeological Museum** auf der Chapin Mesa (tägl. 8–18.30 Uhr, ✆ 970-529-4575). Ausgangspunkt für den Abstieg zum **Spruce Tree House** (tägl. 9–18.30 Uhr). Auf der Spruce Tree Terrace gibt es auch etwas zu essen.

Die knapp 20 km lange Zufahrt zur Wetherhill Mesa und ihren Klippensiedlungen ist gewöhnlich von Juni bis Sept. geöffnet. Wegen der erhöhten Feuergefahr im trockenen Südwesten kann es grundsätzlich nicht schaden, sich rechtzeitig zu erkundigen, ob auch alle Teile des Parks zugänglich sind. Wanderwege.

❺ Ouray

Das alpine und über 2 500 Meter hoch gelegene Ouray, dessen Name von einem Häuptling der Ute-Indianer stammt, fühlt sich als »Switzerland of America«. Tatsächlich findet hier der sportlich orientierte Erholungsuchende eine vielseitige Palette von Angeboten. Sie reichen von den schon von den Indianern hoch geschätzten heißen Mineralquellen (es gibt u.a. ein großes öffentliches Schwimmbad), Jeep-, Mountainbike- und Skilanglaufpisten bis hin zu Wanderpfaden und spektakulären Canyons. Der **Box Fall Canyon** ist ein Musterbeispiel dafür. Hier kann man von einer Hängebrücke aus Wasserfälle und die gerade mal sechs Meter enge Klamm bewundern, während zu beiden Seiten fast 100 Meter hohe, senkrechte Granitwände aufsteigen. Bei Kletterern sind die vereisten Fälle im Winter äußerst beliebt.

Als Prospektoren in den 1870er Jahren herausfanden, dass reiche Gold- und Silberfunde in den umliegenden Bergen zu erwarten seien, vertrieb man als erstes die Ute-Indianer, die hier ihr Wintercamp aufschlugen, weil große Elch- und andere Wildherden für reiche Jagdgründe sorgten.

Die Hauptstraße des 600-Seelen-Städtchens wirkt heute bunt und belebt vor allem durch seine viktorianischen Häuschen. Wie im nahen Silverton waren Silberfunde auch für die Gründung von Ouray verantwortlich. Diese Quellen sind längst erschöpft, der Minen-Tourismus mit dem Jeep dagegen Trumpf.

Service & Tipps:

Ouray Chamber Resort Association
1230 N. Main St.
Ouray, CO 81427-0145
✆ (970) 325-4746
www.ouraycolorado.com

Switzerland of America Tours
226 7th Ave., Ouray, CO 81427
✆ (970) 325-4484 oder
1-800-432-5337
www.soajeep.com
Halb- oder ganztägige Jeeptouren in das Hinterland der Berge $ 50–100; auch Jeepverleih $ 130 pro Tag einschl. freie Meilen.

Ouray Hot Springs Pool and Park
1200 Main St. (US 550, Nordende der Stadt)
Ouray, CO 81427
✆ (970) 325-7073
Sommer tägl. 10–22 Uhr
Eintritt $ 8/6
Großzügiger öffentlicher Pool mit Fitnesscenter rings um die geothermischen Quellen (26–40 °C).

Bon Ton Restaurant
426 Main St.
Ouray, CO 81427
✆ (970) 325-4951
www.stelmohotel.com
Gepflegtes italienisches Lokal in den Gewölben des historischen St. Elmo Hotels. $$

Outlaw Steakhouse
610 Main St.
Ouray, CO 81427
✆ (970) 325-4366
www.outlawrestaurant.com
Rustikales Steaklokal mit großer Western-Bar. Nur Dinner. $$

❻ Silverton

Das historische Minenstädtchen wirkt wie ein Schaufenster für viktorianische Baukunst, die gut aus dem Kulissenfundus für einen Western stammen könnte. Die Passagiere der Eisenbahn aus Durango, für die hier Endstation ist, werden es zu schätzen wissen.

Service & Tipps:

Silverton Chamber of Commerce
414 Greene St., Silverton, CO 81433
✆ (970) 387-5654 oder 1-800-752-4494, Fax (970) 387-0282
www.silvertoncolorado.com

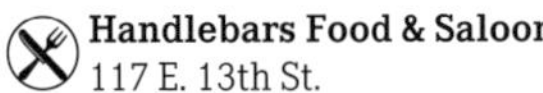

Handlebars Food & Saloon
117 E. 13th St.
Silverton, CO 81433
✆ (970) 387-5395
www.handlebarsco.com
Restaurant im Westerndekor mit Live-Musik. Lunch ($) und Dinner. $-$$

❼ Telluride

Der Name? Nun, er kommt vom spröden, silbrigen Halbmetall Tellur, das oft gebunden an Schwermetalle (Nickel, Silber, Gold) in Ouray und auch an dieser Stelle vorkam. Und kaum war man sich im Basislager Columbia der verborgenen Schätze sicher, taufte man den Ort in Telluride um. Die Erträge zogen alles Weitere nach sich: ein repräsentatives Hotel, ein Opernhaus (1889) und schließlich ein attraktives Westernstädtchen mit reichhaltiger viktorianischer Architektur. Heute liegt Telluride im touristischen Trend - im Sommer wegen der vielfältigen Möglichkeiten für Mountainbiker, Wanderer oder Tennisfreunde und im Winter erst recht, denn die Hänge bieten hervorragende Skipisten.

Service & Tipps:

Bear Creek Falls
Rund 4 km langer Wanderweg (einfach) in einem ruhigen Seitental; alternativ kann man auch den 3 km langen, steilen Trail zu den Bridal Veil Falls gehen.

Telluride Outside
121 W. Colorado Ave.
Telluride, CO 81435

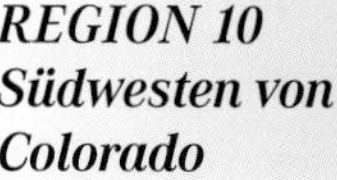

✆ (970) 728-3895 oder 1-800-831-6230
Fax (970) 728-2062
www.tellurideoutside.com
Breites Angebot von Bike-, Allrad- und Wildwassertouren in den Bergen um Telluride.

Powder House
226 W. Colorado Ave.
Telluride, CO 81435, ✆ (970) 728-3622
Wildspezialitäten, Ente und Steaks in einem gepflegten Westernlokal, dazu eine gute Weinkarte. $$-$$$

Swede Finn Hall
472 West Pacific Ave.
Telluride, CO 81435, ✆ (970) 728-2085
Ideenreiche *Southwest cuisine* in einem historischen Versammlungssaal der Bergleute; viele regionale Biersorten an der Bar. $$

Floradora
103 W. Colorado Ave.
Telluride, CO 81435
✆ (970) 728-3888
Legeres historisches Lokal mit mexikanisch angehauchter Kost (auch Pasta, Fisch und Steaks) und Bar. $$

221 South Oak
221 S. Oak St.
Telluride, CO 81435
✆ (970) 728-9507
www.221southoak.com
Hochgelobtes Restaurant mit eklektischer neuamerikanischer Küche. $$-$$$

New Sheridan Bar
231 W. Colorado Ave.
Telluride, CO 81435
✆ (970) 728-3911
Urige Bar im ältesten Hotel der Stadt.

Noir Bar
123 S. Oak St.
Telluride, CO 81435
✆ (970) 728-8862
Martini- und Weinbar, auch für späte Gäste.

Honga's Lotus Petal
138 E. Colorado Ave.
Telluride, CA 81435
✆ (970) 728-5134
Gemütlich und beliebt: köstliche asiatische Küche und Sushi-Bar. $-$$

Telluride & Mountain Village Convention & Visitors Bureau
630 W. Colorado Ave.
Telluride, CO 81435
✆ 1-888-605-2578
www.visittelluride.com

Grandiose Gipfel: die San Juan Mountains bei Telluride

REGION 11
Arizona –
der Norden

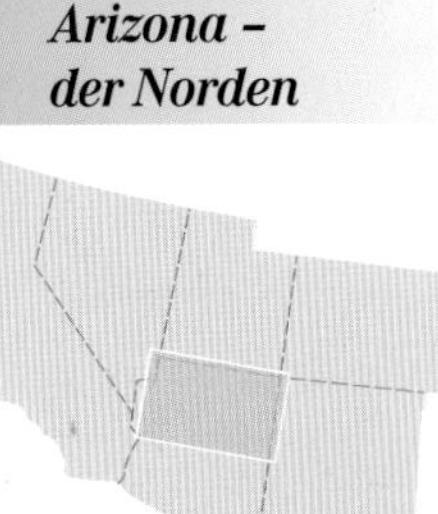

Indian Country

Arizona - der Norden

Grand Canyon, Lake Powell, Monument Valley, Canyon de Chelly, Petrified Forest und Oak Creek Canyon – das Plateau des Colorado im Norden Arizonas ist mit landschaftlichen Knüllern im XXL-Format nur so gespickt. Auf dem größten Teil leben die Navajo-, und, sozusagen in einer Enklave, die Hopi-Indianer. Es handelt sich um das flächenmäßig größte Reservat in den USA mit 180 000 Einwohnern. Die Navajo-Hauptstadt heißt Window Rock. Prähistorische Siedlungen (Anasazi) und alte Pueblodörfer (Hopi) gehören heute zu den wichtigsten Sehenswürdigkeiten.

Praktisch auf der Grenzlinie zwischen Norden und Süden verläuft die heutige Interstate 40, die meist in Sichtweite der Spur der legendären Route 66 folgt und deshalb mit Oldtimern und viel Nostalgie aufwartet: zum Beispiel in Holbrook, Winslow, Flagstaff, Seligman und Kingman.

❶ Canyon de Chelly

Von Chinle geht es hinauf zum South Rim Drive des nahe gelegenen **Canyon de Chelly**. Die Straße verläuft am oberen Rand der Steilwand, von der sich abgrundtiefe Blicke auftun. Hier und da erkennt man Ruinen alter Pueblos der Anasazi aus dem 9. und 12. Jahrhundert. Unbezwingbar ragt in der Mitte des engen Tals die graziöse Säule des **Spider Rock** 244 Meter hoch auf.

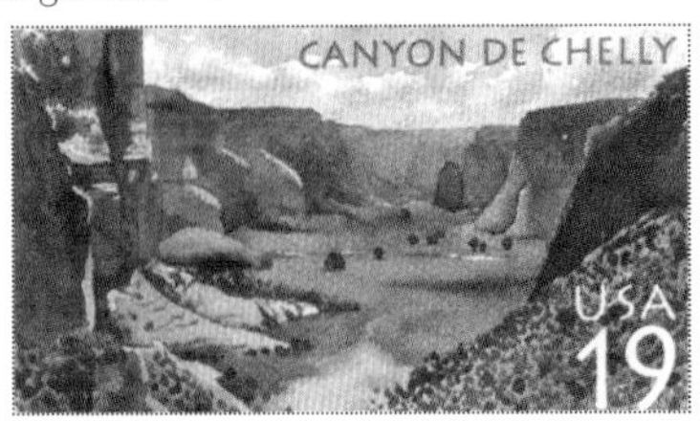

Die Navajo leben erst seit etwa 1700 n. Chr. in dieser Region. Der abgeschiedene Canyon de Chelly war ihre letzte Zuflucht im Krieg gegen die US-Armee. 1864 drang die Kavallerie unter der Führung des Trappers Kit Carson in diese natürliche Festung ein und zwang die Indianer zur Kapitulation. 8 000 Navajo wurden daraufhin nach Fort Sumner im Osten von New Mexico umgesiedelt, durften aber später wieder hierhin zurückkehren. Sie leben noch heute im Canyon, wie man an den kleinen Farmen und Obstgärten erkennen kann. An den diversen Aussichtspunkten der Straße verkaufen sie Silberschmuck, Ketten aus Türkis und Korallen.

Service & Tipps:

Canyon de Chelly National Monument
P. O. Box 588, 5 km östl. von Chinle, AZ 86503, ✆ (928) 674-5500
www.nps.gov./cach
Mai–Sept. 8–16, sonst 8–17 Uhr, Eintritt kostenlos
Die bis zu 300 m tiefen und 40 km langen Schluchten des Canyon de Chelly im Reservat der Navajo-Indianer waren von 348 v. Chr. bis 1300 von verschiedenen Indianerstämmen bevölkert. In den tiefroten Steilwänden sind zahlreiche Ruinen der Anasazi-Kultur aus der Zeit zwischen 900 und 1300 n. Chr. erhalten. Danach lebten hier sporadisch Hopi-Stämme.

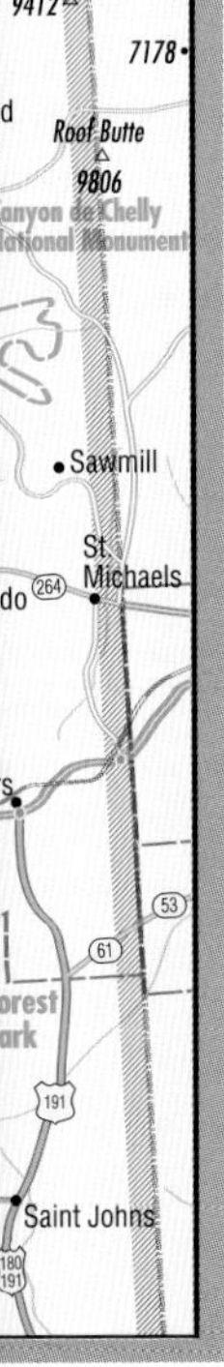

Thunderbird Lodge
Hwy. 191 & Route 7 (3 Meilen nach Osten, am Eingang zum Canyon de Chelly)
Chinle, AZ 86503-0548
✆ (928) 674-5841
Cafeteria ($–$$), Jeep-Fahrten und Ausritte in den Canyon.

Ausflugsziel:

Hubbell Trading Post
SR 264, Ganado, AZ 86505
✆ (928) 755-3475
www.nps.gov/hutr/
Im Sommer tägl. 8–18, sonst 8–17 Uhr
Handelsposten von 1878, Herstellung und Verkauf von indianischem Kunsthandwerk, kleines Museum.

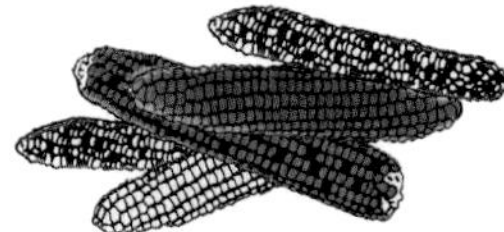

Eine Indianerin erklärt ihre Sandbilder, die Technik und die immer wieder auftauchenden Symbole der vier heiligen Pflanzen: corn (Mais), squash (Kürbiss), tobacco und beans.

❷ Flagstaff

Flagstaff (53 000 Einwohner), Handelszentrum der Holzarbeiter und Indianer, der Schaf- und Viehzüchter, ist heute die wichtigste Stadt im Nordosten von Arizona. Als 1876 jemand die US-Flagge an einem geschälten Kiefernstamm befestigte, hatte der Ort seinen Namen weg. *Flag staff* hängte fortan sein Fähnchen nach dem Wind: in Richtung Holz, Viehwirtschaft, Eisenbahn, Universität und Tourismus. Wer durch die gute Höhenluft und die Straßen der lebendigen Innenstadt wandert, trifft meist auf Leute, die für den Durchschnitt in Arizona nicht ganz typisch sind. Sie wirken in der Mehrzahl eher kontinentaleuropäisch und durch Birkenstock und New-Age-Literatur, therapeutische Massagen und Schwangerschaftshilfen, Bioläden und vegetarische Restaurants weit entfernt vom Wilden Westen. Ohne Frage strickt auch die Universität am aufgeklärten Flair von Flagstaff mit.

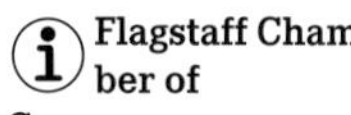

REGION 11 Arizona – der Norden

Flagstaff Chamber of Commerce
101 W. Route 66
Flagstaff, AZ 86001
✆ (928) 774-4505
Fax (928) 779-1209
www.flagstaffchamber.com

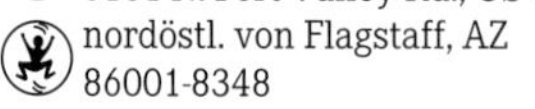

Service & Tipps:

Museum of Northern Arizona
3101 N. Fort Valley Rd., US 180 nordöstl. von Flagstaff, AZ 86001-8348
✆ (928) 774-5213
Fax (928) 779-1527
www.musnaz.org
Tägl. 9–17 Uhr, Eintritt $ 5/2
Ausgezeichnete Präsentation der Naturgeschichte Arizonas und der Indianerkulturen. Massiv gebaut aus braungrauem Stein sitzt der weitläufige Bau geduckt im Wald – so unscheinbar, als wäre auch drinnen nicht viel zu erfahren. Falsch. Die wechselhafte geologische Geschichte des Colorado Plateau wird ebenso anschaulich erläutert wie die Knochen der Dinosaurier; daneben gibt es Lehrreiches über die prähistorischen und zeitgenössischen Indianer zu sehen. Eine ganze Kiva wurde originalgetreu nachgebaut, und wem es die Webmuster der Navajo angetan haben, der kann hier Details finden. Sehr guter Buchladen und Indianerkunstverkauf.

Cafe Espress
16 N. San Francisco St.
Flagstaff, AZ 86001-5230
✆ (928) 774-0541
Populär und gemütlich: vegetarisches Café-Restaurant. $–$$

Charly's Pub & Grill
23 N. Leroux & Aspen Sts.
Flagstaff, AZ 86001
✆ (928) 779-1919
Im historischen Weatherford Hotel (1897, heute Jugendherberge). Sandwiches, Suppen, Salate und Südwestspezialitäten. Manchmal mit Musik. $–$$

El Charro Cafe
409 S. San Francisco St.
Flagstaff, AZ 86001-5744
✆ (928) 779-0552
Verlässliche mexikanische Küche. $

Black Bart's Steak House & Musical Revue
2760 E. Butler Ave.
Flagstaff, AZ 86004
✆ (928) 779-3142 oder 1-800-574-4718
Uriger Saloon und Steakhaus mit musikalischen Einlagen durch die singende Bedienung. Nur Dinner. $$–$$$

Museum Club
3404 E. Route 66
Flagstaff, AZ 86004
✆ (928) 526-9434
www.museumclub.com
Blockhaus von 1931: ursprünglich ein Museum für ausgestopfte Tiere und Trading Post, heute ein populäres *roadhouse* mit Country & Western-Tanzdiele, Bar. Im Volksmund: »The Zoo«.

Ausflugsziele:

Wupatki National Monument
US 89 nördl. von Flagstaff
✆ (928) 679-2365
Visitor Center im Sommer 8–18, sonst 9–17 Uhr, Ruinen von Sonnenauf- bis -untergang, Eintritt $ 5/0

Leuchtender Stein am Bau: Ruinen im Wupatki National Monument

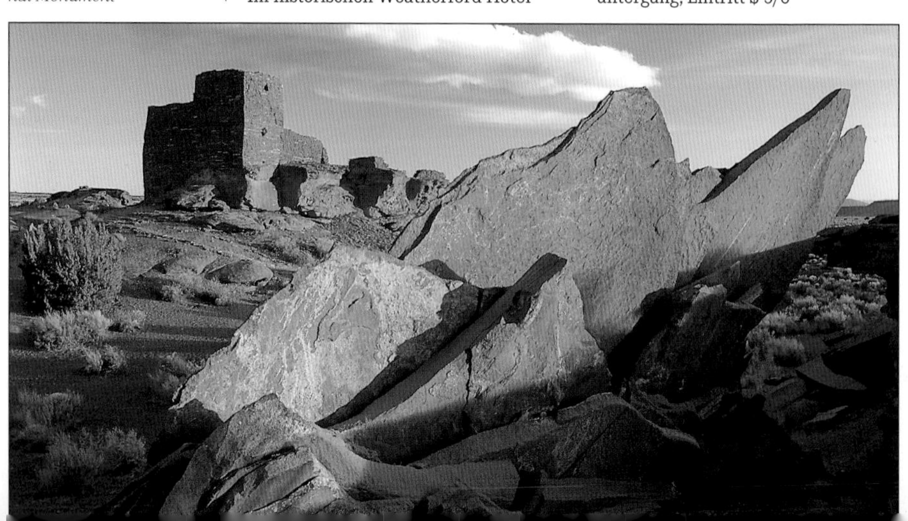

Von Flagstaff US 89 ca. 20 km nach Norden, dann Abzweig rechts: durch Lavafelder (schwarze Erde, grüne Bäume, blauer Himmel) geht die Fahrt zunächst zum Krater, dann zu den Wupatki-Ruinen mit ihren braunroten Farbeinheiten von Boden, Gestein und Bauresten. Auch sonst fallen seltsame Parallelen auf. Die verwitterten Gesteinshöhlen sehen aus wie Mini-Klippensiedlungen und die Relikte der gemauerten Siedlung der Sinagua-Indianer wie eine natürliche Fortsetzung des Gesteins.

Sunset Crater Volcano National Monument
6400 N. Hwy. 89
Flagstaff, AZ 86004
✆ (928) 526-0502, www.nps.gov/sucr
Tägl. 8–18 Uhr (Visitor Center)
Eintritt $ 5/0
Knapp 20 km nördlich von Flagstaff via US 89, dann 3 km auf Sunset Crater-Wupatki Loop Rd.: imposanter Kegel eines Vulkans, der um 1060 für rund 200 Jahre tätig war. Das aufgrund von Schwefel und Eisenoxyd rostrot eingefärbte Gestein der über 300 m hohen abgestumpften Kegelspitze überragt die angrenzenden Lava- und Aschefelder und steht in Kontrast zum grünen Baumbewuchs und den schwarzen Basaltsteinen.

Grand-Canyon-Pionier John Wesley Powell soll dem Krater angeblich den Namen gegeben haben, weil die Spitze bei Sonnenuntergang gewissermaßen Feuer fängt und rosenrot leuchtet.

Kleiner Wandervorschlag: über den **Bonita Lava Flow Nature Trail**. Anstrengender: der ca. dreistündige Weg zum O'Leary Peak. Im Winter ist er manchmal wegen Schnee geschlossen.

❸ Grand Canyon National Park

Über Wildblumen, bonsaiartige (wegen der geringen Niederschläge) Piñon- und Juniperbäume hinweg streift der Blick über das von Auffaltungen und vulkanischen Eruptionen aufgewühlte Steinmeer, durchgeknetet und geschliffen von Wasser und Wind, ausgesägt vom mächtigen Colorado – zu einem Urloch, das Platz hat für vier verschiedene Vegetationszonen, von der Wüste am Grund bis zum feuchten Koniferenwald in den Höhen.

So alt wie die Gesteinsschichten sind auch die Jahresringe ihrer Bewohner, Entdecker und Bewunderer. Archäologische Funde datieren die ältesten menschlichen Spuren auf 2000 v. Chr., danach ist die indianische Siedlungsgeschichte besser belegt. Wie in anderen Canyons des Südwestens waren es auch hier die Anasazi, die etwa zwischen 500 und 1000 n. Chr. siedelten, bis sie vermutlich wegen anhaltender Dürreperioden abwanderten. Heute leben die Hualapai- und Havasupai-Indianer noch im Westteil des Canyons.

Die spanischen Kontakte mit der wilden Schlucht im 16. und 18. Jahrhundert waren sporadisch und ohne erkennbare Konsequenzen. Ob Expeditionstrupp oder Franziskanerpater solo, alle waren schnell wieder weg. Im Grunde gilt das auch für die ersten Amerikaner, für die wanderlustigen Pelzhändler seit Beginn des 19. Jahrhunderts ebenso wie für die Landvermesser und Prospektoren, die nach dem Ende des Amerikanisch-Mexikanischen Kriegs folgten.

Ein gewisser Joseph Ives, seines Zeichens Leutnant, setzte 1858 als erster mit ein paar Soldaten dazu an, den Colorado per Boot auszukundschaften – eine Tortur, weil er mit einem untauglichen Boot von der Mündung aus flussaufwärts fuhr. Er

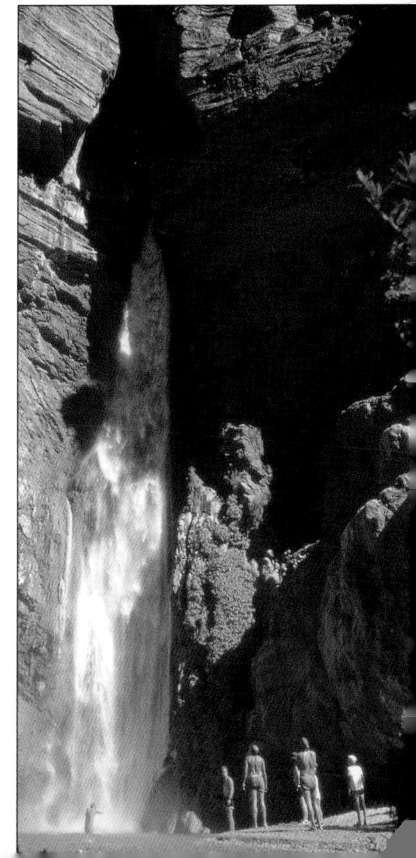

Grand Canyon: Zwei Milliarden Jahre Erdgeschichte haben ihn geformt ▷

Einsicht in den Grand Canyon

schaffte es bis zu der Stelle, wo heute der Hoover Dam steht, und scheiterte. Die »große Schlucht« hat er nie gesehen.

Erst rund zehn Jahre später kam jemand mit mehr Geschick. Major John Wesley Powell wagte sich 1869 vom Green River in Wyoming flussabwärts aufs Wasser und erreichte (allerdings unter beträchtlichen Schwierigkeiten und Verlusten) den Grand Canyon. Seine Expedition erregte Aufsehen, leistete einen bedeutenden Beitrag zur Kartographie und brachte die systematische Erforschung der gesamten Flusslandschaft in Gang.

Doch nicht so sehr das Praktische und Ökonomische, weder die Suche nach Eisenbahnrouten noch die nach Blei, Zink und Kupfer verschafften dem Grand

Canyon die durchschlagende Publicity. Das erreichten vielmehr die Ästheten, die zahlreichen Landschaftsmaler und Poeten, die den steinernen Kosmos in leuchtenden Farben zu schildern begannen, Neugier weckten und so die ersten Touristen anlockten.

1890 wurde der **Bright Angel Trail** befestigt, 1901 (bis heute!) ersetzte eine Stichstrecke der Santa-Fe-Eisenbahn zwischen Williams und dem South Rim den Kutschenservice von Flagstaff, und die ersten Hotels (El Tovar 1905) brachten den Luxus haarscharf bis zum Abgrund der Schlucht. Zugleich reifte der Gedanke, die Wildnis als Nationalpark zu schützen. Präsident Roosevelt setzte sich nach einem Besuch im Canyon vehement dafür ein und erklärte ihn 1906 schon einmal zum National Monument. Unter der Präsidentschaft von Woodrow Wilson erhielt der Grand Canyon im Jahr 1919 dann den Status eines Nationalparks.

War damit die Rettung seiner einzigartigen Naturlandschaft besiegelt? Kaum. Die Eindämmung des Colorado River durch den Glen Canyon Dam, der den uralten Fließrhythmus durcheinanderbringt, zunehmend dickere Luft, die den Blick trübt, aber auch der Massentourismus auf und über seinen Fluten sind Alarmzeichen, die inzwischen auch anderen Nationalparks Sorgen machen. Rund fünf Millionen Besucher im Jahr, dazu flatternde Hubschrauber und Hunderte von Gummi-Tomahawks sind schwer zu verkraften.

Inzwischen sind einige Konsequenzen gezogen. Um die Zahl der Privatautos einzuschränken, wird außerhalb des Parks geparkt und Busse übernehmen den Personentransport. Ein Pendelbus verkehrt entlang dem **West Rim Drive**. Oder Wandern auf dem **Rim Nature Trail** am Canyonrand zwischen Hermit's Rest im Westen und Yavapai Point im Osten (14 km).

Service & Tipps:

Grand Canyon National Park – South Rim
P. O. Box 129 (Superintendent)
Grand Canyon, AZ 86023
✆ (928) 638-7888
http://reservations.nps.gov/
www.thecanyon.com/nps
Eintritt $ 20 pro Auto

Grand Canyon IMAX Theater
S 64, Tusayan, AZ 86023
✆ (928) 638-2468, Fax (928) 638-8249
www.grandcanyonimaxtheater.com
Im Sommer jede halbe Stunde zwischen 8.30–20.30 Uhr Vorführung des Films »Grand Canyon – The Hidden Secrets«. In der Hochsaison ist Reservierung angeraten.

Papillon Grand Canyon Helicopters
Hwy. 64, Tusayan, AZ 86023
✆ (928) 638-2419 oder 1-800-528-2418
Fax (928) 638-9349, www.papillon.com
Halb- und einstündige Flüge über den Canyon ab $ 90.

Grand Canyon Airlines
Airport südl. vom Village im Grand Canyon, AZ 86023
✆ (928) 638-2463 oder 1-800-528-2413
Fax (928) 638-9461
www.grandcanyonairlines.com
45- bis 55-minütige Rundflüge über den Canyon.

El Tovar Dining Room
Grand Canyon National Park (El Tovar Hotel)
Grand Canyon, AZ 86023
✆ (928) 638-2631
Gepflegter historischer Speiseraum mit guter Küche. Cocktail Lounge. Unbedingt reservieren. Lunch ($) und Dinner. $$–$$$

REGION 11 Arizona – der Norden

Grand Canyon Visitor Center
Grand Canyon Village, P.O. Box
Grand Canyon, AZ 86023-0130
✆ (928) 638-7888
Sommer tägl. 7.30–20, sonst 8–17 Uhr

Holbrook Chamber of Commerce
100 E. Arizona St.
Holbrook, AZ 86025
✆ (928) 524-6558 oder 1-800-524-2459

❹ Holbrook

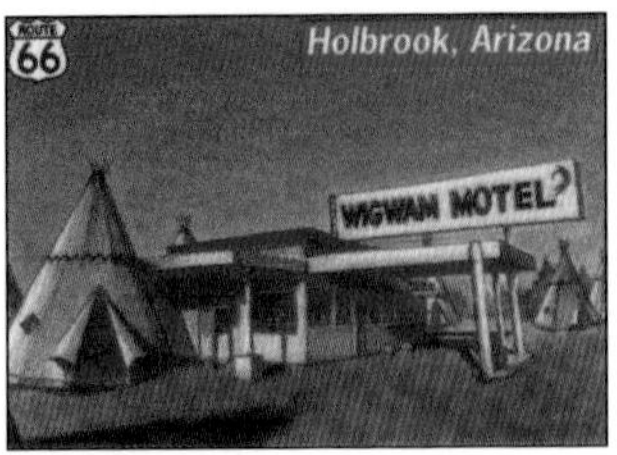

In dieser Stadt (4 700 Einwohner) trägt die Route 66 den Namen Hopi Boulevard, der gesäumt ist von tapferen Bau-Veteranen aus jener Zeit, als der Bypass der Interstate noch unbekannt war. Dass die Hauptstraße dem allgemeinen Massensterben widerstanden hat, liegt vielleicht daran, dass die 1881 gegründete Stadt immer schon ein beliebter Stopp für Siedler, Händler und Cowboys war. Jedenfalls konnte sich eine ansehnliche Zahl von Familienunternehmen gegen den Druck der Franchisebetriebe an der Autobahn behaupten. Highlight für Route-66-Nostalgiker: die weißen Zementzelte des Wigwam Motel.

Service & Tipps:

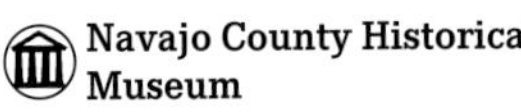

Navajo County Historical Museum
100 E. Arizona St.
Holbrook, AZ 86025
✆ (928) 524-6558 oder 1-800-524-2459
Nur Mo–Fr geöffnet
Im Gerichtsgebäude von 1898 sind Zeugnisse der prähistorischen Indianerkultur und der Pioniere untergebracht.

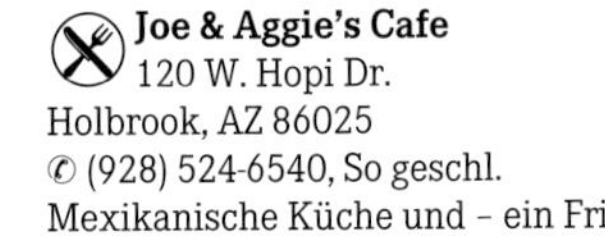

Joe & Aggie's Cafe
120 W. Hopi Dr.
Holbrook, AZ 86025
✆ (928) 524-6540, So geschl.
Mexikanische Küche und – ein Friseurladen. $

Romo's Cafe
121 W. Hopi Dr.
Holbrook, AZ 86025
✆ (928) 524-2153
Gemütlich. Hausmannskost. $–$$

❺ Hopi-Dörfer (Oraibi, Walpi)

Schon seit mehr als tausend Jahren wohnen die utoaztekischsprachigen Hopi in dieser kargen Steinwelt. Während ihre entfernten Verwandten, die kriegerischen Azteken, weiter südlich ein mächtiges Reich aufbauten, haben sie als friedliche Bauern ein abgeschiedenes Leben auf dem öden Hochplateau des heutigen Arizona vorgezogen. Ihre Dörfer stehen gut geschützt und kunstvoll errichtet auf den äußersten Enden der Mesas. Unten, am Fuß der schroff abfallenden Berge, pflanzten sie auf kleinen, vom Grundwasser durchfeuchteten Feldern Mais, Kürbisse und Bohnen.

Stets war ihr Selbstbewusstsein stark ausgeprägt. Sie widersetzten sich ebenso hartnäckig wie erfolgreich dem christlichen Glauben und hielten an ihrer Religion fest. Heute gibt es ständige Grenzstreitigkeiten mit ihren Nachbarn, den Navajo, *newcomer,* von denen sie nie viel gehalten haben.

Old Oraibi, das uralte steinerne Dorf, wirkt meist ausgestorben, trotz der vereinzelten TV-Antennen, die so aus den Dächern ragen wie einige alte Kivaleitern aus dem Boden. Viele der Hopi arbeiten außerhalb und kommen oft nur zum Wochenende heim. Als kleinen Einblick in das traditionelle Leben der Hopi kann man im winzigen Laden des Dorfes mal *piki* probieren, hauchdünnes, auf flachem Stein gebackenes Brot. Überraschend ist dabei die Farbe, *piki* wird nämlich aus blauem Maismehl *(blue corn)* hergestellt. **Walpi** heißt das Dorf auf der First Mesa und ist nur in Begleitung eines Führers zu besichtigen.

Kachinafigur (Hopi)

❻ Jerome

Früher lebte das Bergnest vom Kupfer seiner Minen, heute von den Dollars seiner Touristen. An Wochenenden in der Hauptsaison erstickt der Ort förmlich an der munteren Mischung aus Hell's Angels und Familien. Dann stauen sich die Warteschlangen an Snackbuden und Restaurants, die *Artsy-craftsy*-Läden quellen über, und die Girls im charmanten Lattenverschlag des Cafés im spitzen Eckhaus an Main Street verkaufen Quiche und Cappuccino im Eiltempo.

Keine Spur mehr von den harten Männern im täglichen Kampf mit dem harten Berg, von der Geschichte der »Männer, Minen und Moneten«, den einschlägigen *saloons* und *bordellos*, die genau 70 Jahre lang die Geschichte Jeromes in der Region des Mingus Mountain geprägt haben – von 1883, dem Gründungsjahr der federführenden United Verde Copper Company, bis 1953, als der Abbau eingestellt und Jerome zur *ghost town* wurde.

Ein finanzkräftiger New Yorker, Eugene Jerome, hatte zunächst in die Erschließungsfirma investiert, aber der große Wurf gelang erst, als United Verde den Besitzer wechselte, ein Eisenbahnanschluss und eine leistungsstarke Schmelze im nahen Clarkdale gebaut wurden. Dennoch: die Stadt musste nach Jerome benannt werden, obwohl er sie nie zu Gesicht bekam.

Um die 15 000 Leute arbeiteten hier, als die Mine zu den ergiebigsten der Welt zählte – bis 1929 der Kupferpreis in den Keller ging und die ganze Nation in tiefe wirtschaftliche Depression verfiel. Der Abwärtstrend des großen *crash* kam sogar ganz konkret. Als unterirdische Sprengungen die Erde nachgiebig machten, rutschte Jerome förmlich den Hang des Cleopatra Hill hinunter. Zuvor war man gerade stolz darauf, so dicht und eng am Hügel beieinander zu wohnen, dass jeder nicht nur einen freien Blick hatte, sondern sich nur aus dem Fenster zu legen brauchte, um sich am Kamin des Nachbarn ein Streichholz anzuzünden. Der Zweite Weltkrieg läutete zwar noch einmal eine kurze Erholungsphase ein, aber bald danach zogen die Arbeiter in die Minen von Ajo und Bisbee, die den gleichen Eignern gehörten.

Treppenidyll in Jerome

Rund tausend Jahre zuvor hatten die Sinagua-Indianer bereits im vielfarbigen Gestein der Black Hills herumgestochert und blaue Azurite, Obsidiane und Malachite für Schmuck, Handel und Pigmente zur Einfärbung ihrer Körper und Keramiken zutage gefördert. Sehenswert im Übrigen: der alte Friedhof!

Service & Tipps:

Jerome Chamber of Commerce
310 Hull Ave., Jerome, AZ 86331
✆ (928) 634-2900
Tägl. 9–18 Uhr

Flatiron Cafe
416 Main St., Jerome, AZ 86331
✆ (928) 634-2733
Espresso, Cappuccino, Eis, Gebäck, Frühstücks- und Lunchspezialitäten. $

House of Joy
416 N. Hull Ave.
Jerome, AZ 86331
✆ (928) 634-5339
Kontinentaleuropäische Küche in einem ehemaligen Bordell. Reservierung empfehlenswert, da wenige Tische und nur Sa/So geöffnet. $$

English Kitchen
119 Jerome Ave.
Jerome, AZ 86331
✆ (928) 634-2132
Frühstück und Lunch. Mo geschl. $

REGION 11
Arizona – der Norden

London Bridge

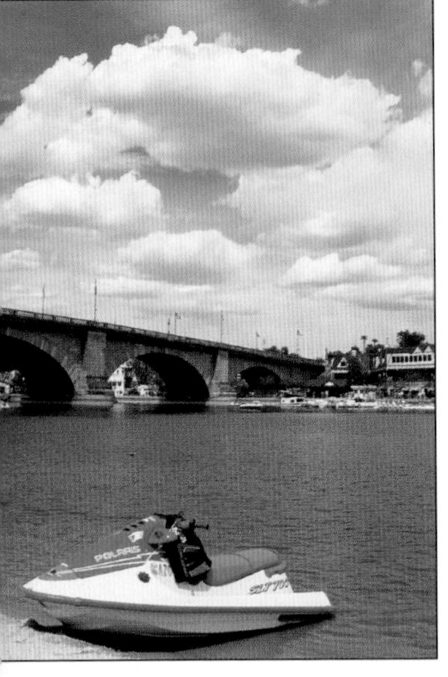

❼ Lake Havasu

Seit 1938 wird der Colorado River zu diesem Kunstsee gestaut, der rund 70 Kilometer die kargen Kulissen der Felsufer bewässert. Er bietet Erfrischungen beim Schwimmen, per Boot oder auf dem Wasserski. Praktisch holt er dazu das Blaue vom Himmel in die Wüste herunter, umstellt es mit schwarzbraunen Felsen und garniert das Ganze noch durch grüne Uferränder – eine farbenfrohe Kulisse, wie man sie sich nicht schöner wünschen kann. »Blau« heißt in der Sprache der Mojave-Indianer »havasu«. Der Stau erreicht, dass hier einmal nichts zu sehen ist vom angeblichen Rot des Colorado-Flusses, das er einst dem Wüstenschlamm verdankte und von dem er seinen Namen hat.

Verständlicherweise fungiert das kühle Nass im weiten Umkreis dieser superheißen Region als Freizeitknüller. An Wochenenden rollt ein regelrechter Maschinenpark aus allen Himmelsrichtungen nach Havasu: Pick-ups, beladen mit Booten oder *dune buggies*, Camper mit Fahr- und Motorrädern im Schlepptau. Im Nu wird dann der Fluss zum Highway der Motorboote und *jet skier*, zum spritzigen Spielplatz der Jugend, wo jeder dem anderen die Schau stehlen möchte. Mit viel Camping, Transistorlärm, BBQ-Qualm und Bier an Land.

In Lake Havasu City wird der Colorado von einem architektonischen Treppenwitz bekrönt, von der **London Bridge**, einer europäischen Fata Morgana mitten in der Wüste von Arizona. Zusammen mit den passenden Straßenlaternen wurde das Bauwerk von der Themse ausgerechnet an diesen Fleck der Erde geschafft. Der spektakuläre Umzug, so hört man, sei ein Missverständnis gewesen, denn eigentlich hatte man die Tower Bridge haben wollen, aber zufällig wurde eine andere Brücke eingepackt. Niemand scheint sich daran zu stören.

Service & Tipps:

Lake Havasu Convention & Visitors Bureau
314 London Bridge Rd.
Lake Havasu City, AZ 86403
✆ (928) 453-3444 oder
1-800-242-8278
Fax (928) 453-3344
www.golakehavasu.com

Parker Dam
Hwy. 95, Parker Dam, CA 92267
✆ (760) 663-3712
Staudamm des Colorado River und Kraftwerk zwischen Arizona und Kalifornien nördlich von Parker, 1934–38 erbaut. Die Wassermassen, die er zum Lake Havasu staut (ca. 840 Mrd. Liter), kommen Arizona (tägl. ca. 5 Mrd. Liter – bis hin nach Phoenix – durch das Central Arizona Project) und Südkalifornien (tägl. ca. 4 Mrd. Liter durch das Colorado River Aqueduct – vor allem für L.A.) zugute. Weitere Funktionen: Hochwasser-Kontrolle und Freizeitwert.

Shugrue's
1425 McCulloch Blvd.
Lake Havasu City, AZ 86403
✆ (928) 453-1400
Täglich frischer Fisch, Steaks, selbstgebackenes Brot. Cocktail Lounge. Lunch ($) und Dinner. $$

Krystal's Fine Dining
460 El Camino Way
Lake Havasu City, AZ 86403
✆ (928) 453-2999
Spezialisiert auf Steaks und Meeresfrüchte. Cocktail Lounge. Nur Dinner. $$

Paradise Cafe
3280 N. Parker Dam Rd. (SR 95 gleich südl. von Parker Dam)
Lake Havasu, AZ 85344
✆ (928) 667-2404
Kleinigkeiten, Snacks. $

⑧ Monument Valley (Kayenta)

Der Weg zum Visitor Center im Monument Valley ist von Verkaufsbuden, Pferdeställen und Lattenverschlägen fliegender Navajo-Händler flankiert. Im Besucherzentrum erfährt man unter anderem, welche Highlights man allein erkunden kann, welche nur mit Führer. Naheliegend ist sicher eine kurze *self-guided tour* mit dem eigenen Wagen, aber die schlechten Straßen verleiden jeden Spaß, für Camper sowieso. Mit einem vierrad-getriebenen Fahrzeug und indianischer Führung oder auf einer Jeep-Tour hinauf zur **Hunt Mesa**, um dort oben den Sonnenuntergang zu erleben, sieht man natürlich mehr.

Wer sich nach einem staubigen Tag in **Kayenta** auf die Happy Hour freut und dabei nicht auf eigene Bestände zurückgreifen kann, hat schlechte Karten. Der Ort, Basislager für das XXL-Tal, und alle Hotels sind strikt alkoholfrei.

Monument Valley Navajo Tribal Park
P.O. Box 360289 (Visitor Center)
Monument Valley, UT 84536
✆ (435) 727-5874
Im Sommer 8–19, sonst 8–17 Uhr, Parkeintritt $ 5

Eine kleine Ausstellung zeigt das Modell einer Navajo-Siedlung: *hogan* (Wohnhaus), *sweathouse* (Sauna, religiöse Feiern, sozialer Treff), *corral*, *shadehouse* (schattenspendendes Holzgerüst aus Balken mit Gestrüppbelag).

Monument Valley

Montezuma Castle

9 Montezuma Castle

Wo einst die Sinagua-Indianer (*sin agua* = ohne Wasser) wohnlich an der Felswand klebten, da nisten heute Bienen und bauen die Schwalben und Raben ihre Nester: im **Montezuma Castle**, einer gut erhaltenen *cliff-dwelling* aus dem 13. Jahrhundert. Wie anderswo – ob in Mesa Verde oder im Canyon de Chelly – sorgten die Felsbauten in erster Linie für eine Anpassung an die klimatischen Verhältnisse und nicht für eine bessere Verteidigung. Jeder ernsthafte Feind hätte leichtes Spiel mit den Bewohnern in der Felsenburg gehabt, wenn er unten am Beaver Creek bloß lange genug gewartet hätte, um den Zugang zum Wasser zu blockieren. Übrigens: ähnlich wie bei den Aztec Ruins im nördlichen New Mexico verfielen frühe weiße Siedler auch angesichts dieser Siedlung dem Irrtum, ihr Ursprung ginge auf die Azteken zurück. Daher der (falsche) Name.

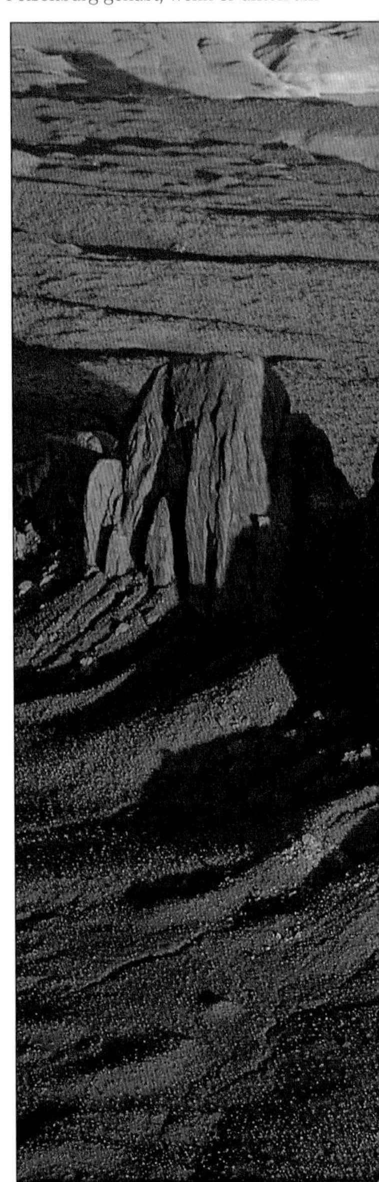

Montezuma Castle National Monument
Exit 289 von I-17 (Montezuma Castle Hwy.), Camp Verde, AZ 86322
✆ (928) 567-3322
Tägl. im Sommer 8–19, sonst 8–17 Uhr, Eintritt $ 3/0
Fünfstöckiger Klippenbau der Anasazi (Singua-Indianer) aus dem 12. und 13. Jh., die von Wupatki hierher kamen. Besuch des Visitor Center und Rundgang durch den Park. Die Räume waren nur über Leitern zugänglich.

10 Navajo National Monument

Die historische Klippensiedlung Betatakin ähnelt denen im Canyon de Chelly und in Mesa Verde. Hier lebten im 13. Jahrhundert die Kayenta-Anasazi, aber nur etwa fünfzig Jahre lang, obwohl sich die Felsaushöhlungen, nach Süden hin offen, als Behausungen bestens eigneten, weil sie im Winter die Sonnenwärme nutzbar machten. Man vermutet, dass starke Erosionen das Flussbett und die angrenzenden, landwirtschaftlich genutzten Flächen plötzlich absenkten und schließlich zerstörten.

Kurzbesucher sollten die Chance zu einem kleinen Spaziergang zum Canyonrand nutzen, das ist erholsam und erlaubt einen guten Blick auf die Ruinen. Bei den Piñyonkiefern wachsen rundblättrige Büffelbeeren, Wacholder, Klippenrosenbüsche und natürlich die hartgesottenen Burschen, die Yuccas, aus denen die Navajo und Hopi Malpinsel und Sandalen herstellten und sogar Shampoo gewannen, indem sie die Wurzeln zerstampften.

Navajo National Monument
HC 71 Box 3, Tonalea, AZ 86044
✆ (928) 672-2700

Tägl. 8–17 Uhr, Eintritt kostenlos
45 km westl. von Kayenta. Im Sommer tägl. Führungen zu den Ruinen.

Lake Powell, Arizona

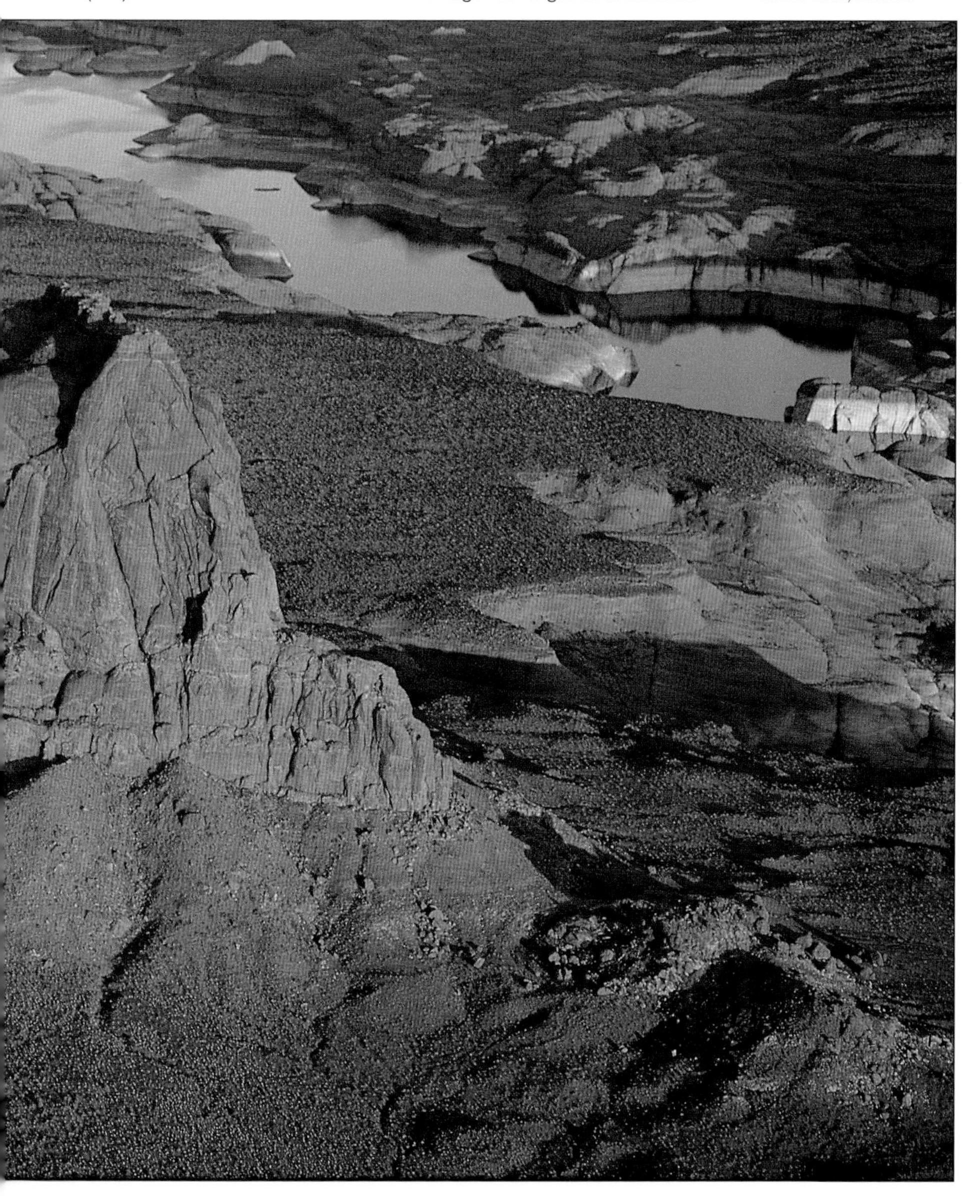

⓫ Page/Lake Powell

Jeder Besucher merkt schnell, dass Page nichts anderes als eine Versorgungsstation für den Freizeit- und Sportbetrieb an und auf Lake Powell ist. Unterkünfte, Restaurants und technische Ausrüstungen für die Bootsleute stehen an erster Stelle. Schon bei Baubeginn sah man das Wachstum der 1957 gegründeten Siedlung voraus und tauschte deshalb mit den Navajo-Indianern 17 Quadratmeilen des umliegenden Landes gegen einen Batzen gleicher

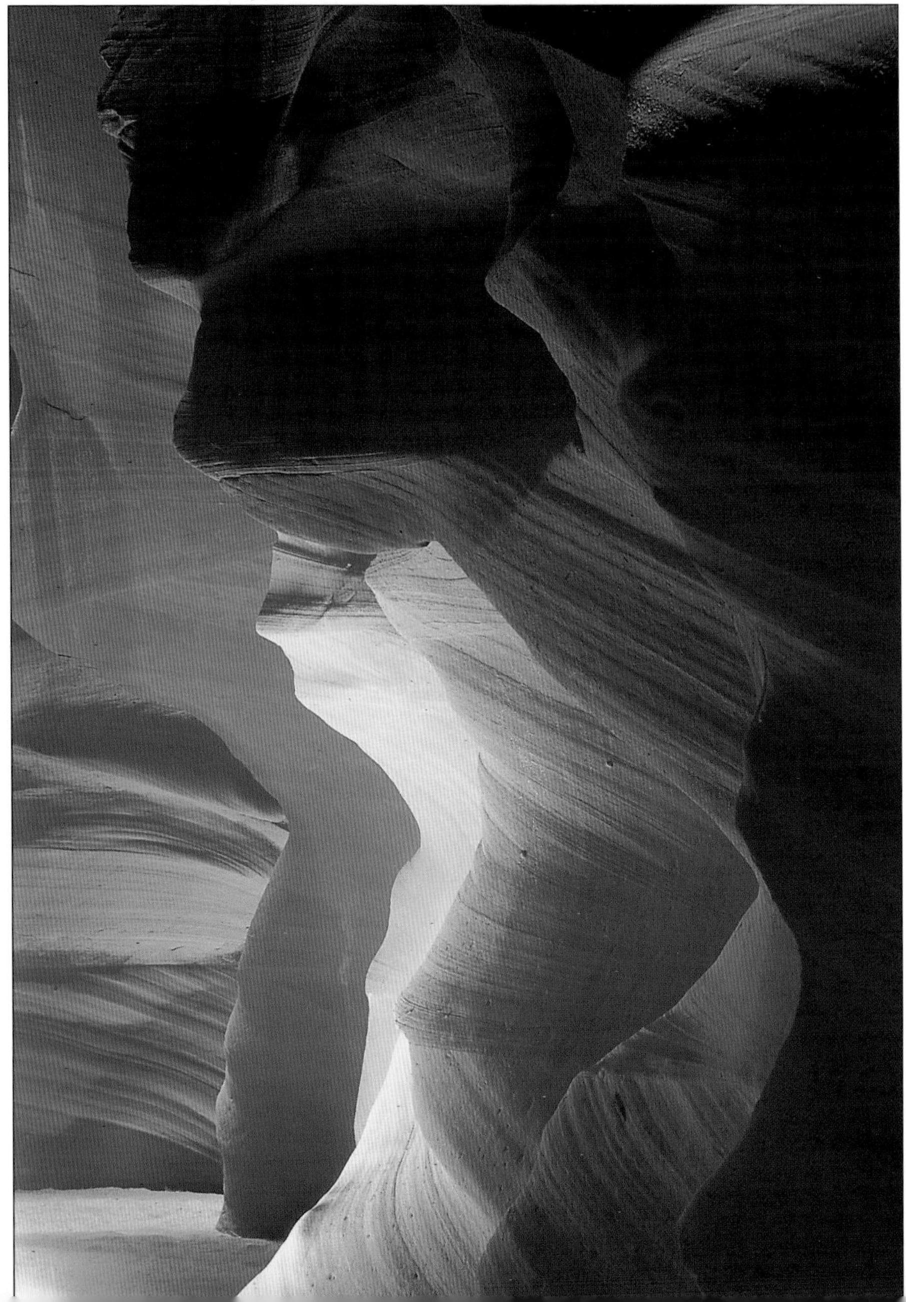

Größe in Utah. Resultat: Page wuchs zu einer Enklave innerhalb des Reservats. Und da die Indianer die Sommerzeitumstellung nicht mitmachen, geraten viele Anglos leicht in Zeitverwirrung. In Page sollte deshalb jeder genau wissen, wo er sich gerade befindet und wohin er will, wenn er pünktlich sein will.

Zu beiden Seiten des Staudamms erstrecken sich unterschiedliche Wassermengen: rechts das weite Blau des Lake Powell, links das grünliche dünne Rinnsal jenes Stroms, der seinem spanischen Namen »Roter Fluss« nicht mehr entspricht. Die rote Farbe rührte von den aufgewühlten Stein- und Schlammpartikeln her, die nun am **Glen Dam** hängen bleiben und auf die Dauer zur Versandung des Lake Powell führen werden. Auf absehbare Zeit aber wird er bleiben, wofür er beliebt ist: Quelle für Wasserfreuden und elektrische Energie, was die zahlreichen Haus- und Schnellboote ebenso beweisen wie die Eisenmasten und Verdrahtungen in Dammnähe.

Service & Tipps:

Page-Lake Powell Chamber of Commerce
664 N. Navajo Dr., Dam Plaza
Page, AZ 86040
✆ (928) 645-2741 oder 1-888-261-7243
Fax (928) 645-3181
www.pagelakepowellchamber.org

Rainbow Bridge National Monument
Box 1507
Page, AZ 86040
✆ (928) 608-6404
www.nps.gov/rabr/
Diese größte natürliche Steinbrücke der Welt ist den Indianern heilig und nur zu Fuß erreichbar - entweder über einen 22 km langen Pfad oder per Boot (vom Lake Powell aus) mit anschließendem kurzen Fußweg. Wanderer und Bootsfahrer benötigen dazu ein Permit, das vom **Navajo Nation's Park and Recreation Department**, P.O. Box 308, Window Rock, AZ 86515, ausgestellt wird. Bootstouren für Gruppen starten von Page aus (✆ 1-800-528-6154).

Antelope Canyon Tours
22 S. Lake Powell Blvd.
Page, AZ 86040
✆ (928) 645-9102 oder 1-866-645-9102
www.antelopecanyon.com
Touren in den Canyon (SR 98 östlich von Page). Unter den so genannten *slot canyons* der Gegend gilt der Antelope Canyon als einer der schönsten und dekorativsten, besonders zur Mittagszeit, weil dann die Sonne senkrecht durch den Spalt einfällt und das Gestein zum Leuchten bringt: ein Dorado für Profi- und Hobbyfotografen. Selbständiges Wandern zum Canyon ist allerdings nicht mehr möglich.

Antelope Slot Canyon Tours
48 S. Lake Powell Blbd.
Page, AZ 86040
✆ (928) 645-5594
www.antelopeslotcanyontours.com
Führungen 1. Mai–15. Sept. 8.30, 10.30, 13, 15, 17 Uhr
Der Navajo-Indianer Chief Ray Tsosie und seine Guides führen durch den Canyon.

John Wesley Powell Memorial Museum
6 N. Lake Powell Blvd. & N. Navajo Dr.
Page, AZ 86040
✆ (928) 645-9496 oder 1-888-597-6873
www.powellmuseum.org
Mo–Fr 9–17 Uhr, Eintritt $ 5/1
Zu Ehren des Canyonforschers Powell: Dokumente der frühen Kulturen und geologische Geschichte.

Dos Amigos Restaurant
608 Elm St., Page, AZ 86040
✆ (928) 645-3036
Ordentliches mexikanisches Restaurant. Tägl. Lunch und Dinner. $

Ken's Old West Restaurant & Lounge
718 Vista Ave.
Page, AZ 86040
✆ (928) 645-5160
Urige Western-Lounge und Restaurant: Rippchen, Steaks, Geflügel, Salate. Meist Live-Country-Music und Tanz. Nur Dinner. $$

⓬ Petrified Forest National Park/Painted Desert

Dass man vor lauter Bäumen manchmal den Wald nicht mehr sieht, überrascht nicht. Dass man ihn aber vor lauter Steinen nicht mehr erkennt, das passiert nur im Petrified Forest National Park. Hier glitzern und schimmern versteinerte Bäume je nach Lichteinfall um die Wette. Die bunten Nachfahren und Bruchstücke eines prähistorischen Waldes haben sich so gut erhalten, weil sie nach ihrem Absterben unter Sand und Vulkanasche luftdicht verschlossen blieben. Als sie, verursacht durch neue Erdbewegungen, nach mehr als 200 Millionen Jahren wieder an die frische Luft kamen, war das Holz längst durch Mineralien ersetzt – Alchemie in der Wüste.

Mitte des vorigen Jahrhunderts, als man den steinernen Wald entdeckte, weckte er weniger Bewunderung als Begehrlichkeit. Einzelne Brocken und ganze Stämme wurden abtransportiert, gesprengt oder zerschlagen, um an die eingeschlossenen Amethyste zu kommen. Erst 1906 legte man den Schatzjägern das Handwerk und stellte die Region unter Schutz; 1962 avancierte sie sogar zum Nationalpark.

Vom Scenic Drive aus, aber auch zu Fuß auf bequemen Wanderwegen oder in den kühlen Ausstellungsräumen der Visitor Center lesen sich die 225 Millionen Jahre Erdgeschichte wie ein offenes, farbig illustriertes Buch. Besonders der südliche Parkteil bietet optische Leckerbissen, allen voran die **Blue Mesa**. Am Ausgang achtet die »Vehicle Inspection Station« darauf, dass kein Stein den Park als Souvenir verlässt. Auch wenn jeder nur ein winziges Stück in die Tasche steckte, würde sich der Verlust enorm summieren. So wurden allein in 1999 an die zwölf Tonnen fossile Hölzer aus dem Park geschmuggelt.

Versteinertes Holz: Petrified Forest

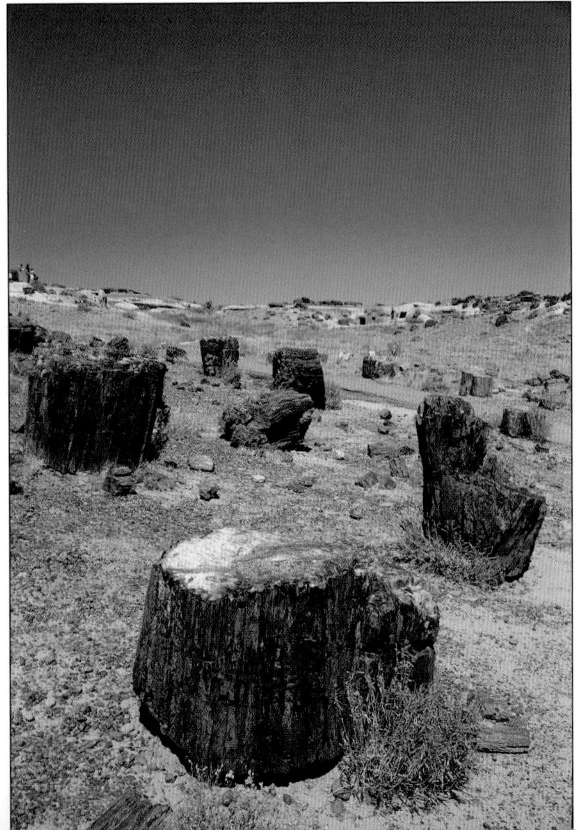

Petrified Forest National Park
P. O. Box 2217, Petrified Forest National Park, AZ 86028
✆ (928) 524-6228
www.nps.gov/pefo/
Im Sommer tägl. 7–19, im Winter 8–17 Uhr
Eintritt $ 5 pro Auto
Am Nordeingang informiert das **Painted Desert Visitor Center**, am Südeingang das **Rainbow Forest Museum** über Geologie und Geschichte. Eine 43 km lange Autoroute verbindet die fossilen Welten des ehemaligen Wald- und Sumpfgebiets: szenische Ausblicke (u.a. Painted Desert, The Teepees und Blue Mesa), Anasazi-Ruinen (Puerco Indian Ruins aus der Zeit vor 1400), Petroglyphen (Newspaper Rock), bizarre Brücken (Agate Bridge), kleine Wanderwege (z.B. an der Blue Mesa; im Crystal Forest; von den Long Logs, den buntesten Stücken des Parks, zum Agate House; am Rainbow Forest Museum) und Picknickplätze (Chinde Point, Rainbow Forest Museum).

⑬ Prescott

Eine waldreiche Umgebung, reichlich frische Luft (Höhenlage: fast 2 000 Meter), Sauberkeit und eine überschaubare Größe (knapp 35 000 Einwohner) haben aus Prescott heute eine Art Luftkurort gemacht. Und weil er als Fluchtburg mit gepflegtem Lebensstil so beliebt ist, handelte er sich das Motto *Everybody's Hometown* ein. Für viele allerdings wuchs die Stadt in den letzten Jahrzehnten beängstigend schnell, und heute sind die Konsequenzen vor allem in der Zersiedelung offenkundig.

Anders dagegen die historischen Innenstadtbereiche, die man ausgehend von der Courthouse Plaza bequem zu Fuß erkunden kann. Auffällig sind die zahlreichen Bauten aus Holz anstelle der regionaltypischen Adobebauten – obwohl viele der ursprünglichen Gebäude durch das Feuer im Jahre 1900 vernichtet wurden. Die Unmengen an Ponderosakiefern und deren Nadelhölzer zeichnen für diesen Zug in Prescotts Architektur verantwortlich.

Nachdem die ersten Siedlungsspuren 1838 durch Goldfunde im Granit Creek gelegt wurden, machten später die Saloons entlang Montezuma Street die Straße allseits als *Whiskey Row* bekannt. Noch heute bewahrt **The Palace** Überbleibsel davon.

Service & Tipps:

Prescott Chamber of Commerce
117 W. Goodwin St. (Montezuma St.)
Prescott, AZ 86303
✆ (928) 445-2000 oder 1-800-266-7534
www.prescott.org

Sharlot Hall Museum
415 W. Gurley St. (Downtown)
Prescott, AZ 86301
✆ (928) 445-3122
www.sharlot.org
Mo–Sa 10–16, So 12–16 Uhr
Eintritt $ 5
Gegründet 1928 von der Historikerin und Dichterin Sharlot M. Hall, widmet sich das Institut anschaulich der lokalen Geschichte – vom Goldgräbernest zur College Town. Ausstellungsräume mit reizvoll rekonstruierten Interieurs, historischen Gebäuden (darunter die Territorial Governor's Mansion) und schöne Gärten.

Murphy's
201 N. Cortez St.
Prescott, AZ 86301
✆ (928) 445-4044
www.murphysrestaurants.com
Beliebter Treff: traditionelle amerikanische Küche. Lunch ($) und Dinner. Bar, große Bierauswahl. Di Jazz.
$$

The Palace Restaurant & Saloon
120 S. Montezuma St.
Prescott, AZ 86301
✆ (520) 541-1996
Einst (1877) eine der ältesten Bars des Landes, heute Familienrestaurant in historischem Dekor. Amerikanische Küche. Lunch ($) und Dinner.
$–$$

The Peacock Dining Room
122 E. Gurley St. (The Hassayampa Inn)
Prescott, AZ 86301
✆ (928) 778-9434
Verfeinerte amerikanische Küche, eleganter Speiseraum.
$$–$$$

The Rose Restaurant
234 S. Cortez St.
Prescott, AZ 86303
✆ (928) 777-8308
Kreative, europäisch ausgerichtete Küche, gute Weinauswahl. Gilt als eins der besten Lokale in Prescott.
$$–$$$

Ausflugsziel:

Granite Dells
SR 89, nördlich von Prescott
Fotogene Granitbrocken im Watson Lake – ideal zum Camping und Wandern.

⓮ Sedona

Schon am Stadtrand von Sedona lockt ein »Treatment Center« zur *Therapy on the Rocks*. Der Hang zur Innerlichkeit und Esoterik ist denn auch sonst hier präsent. Er prägt den Ort mindestens ebenso wie jene Einrichtungen, die jede *resort town* zieren, die vor allem die irdischen Wünsche nach einem guten Leben bedienen möchten: mehr als drei Dutzend Galerien mit »Western Art«,

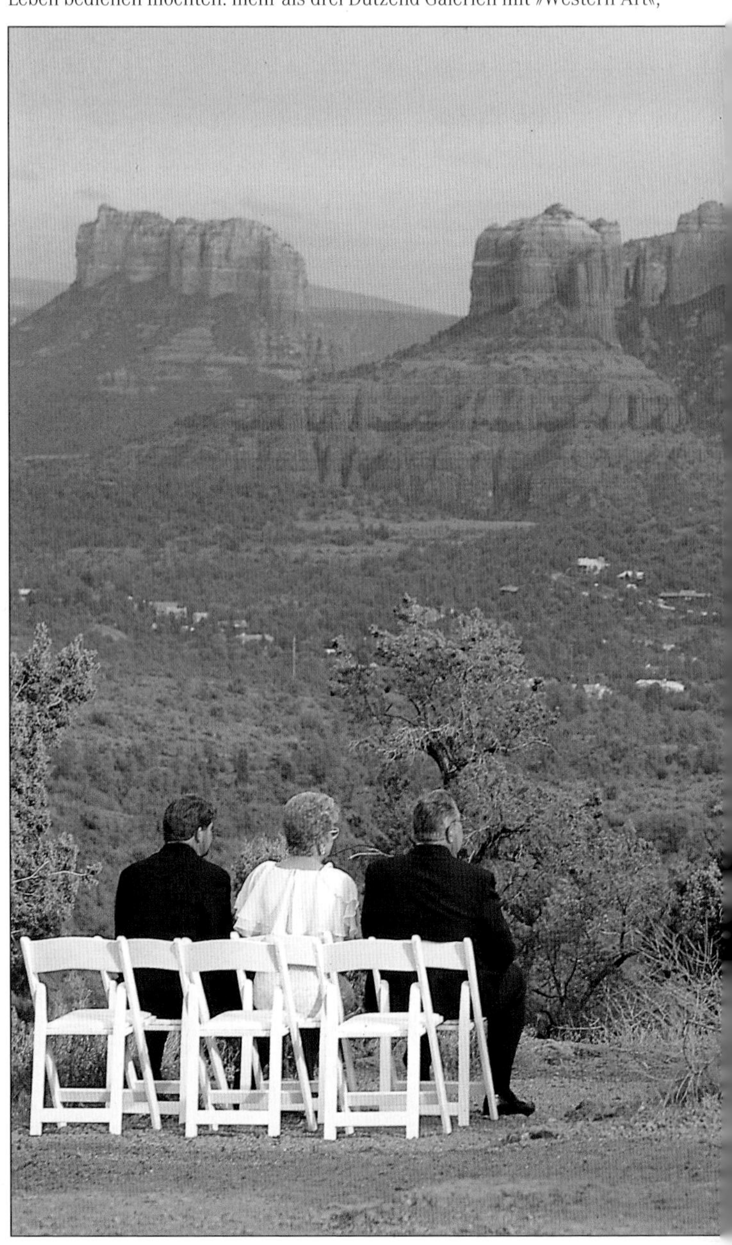

Ehe mit Ausblick: Hochzeit im Oak Creek Canyon bei Sedona

Wellness-Oasen, Shopping vom Feinsten und jede Menge Cafés sowie Gourmet-Restaurants. Und im *Red Rock Country* darf der alpine Touch natürlich nicht fehlen. Die »Matterhorn Motor Lodge« hat das begriffen.

Wie fing das an? Die Familie der Namenspatronin und Pionierin Sedona Schnebly baute hier 1902 ein Haus mit Garten, ein »Sedona« *in nuce*, aus dem längst ein Touristen-Mekka geworden ist, das Natur- und Kunstfreunde gleichermaßen erfreut. Außer Fiestas (mit buntem *ballet folklórico*), Jazz- (Sep-

REGION 11 Arizona – der Norden

Auch als Film-Set hat Sedona Tradition. Sie begann in der Schwarz-Weiß-Ära mit heroischen Western. Jesse Lasky's Stummfilm-Adaption von Zane Grey's »Call of the Canyon« war einer der ersten Streifen, die hier gedreht wurden. Später folgten »sagebrush sagas«, in denen Cowboys auf weißen Pferden gegen blutrünstige Indianer im Schatten großer Felsen kämpften. Inzwischen sind Western passé, aber Film, TV-Produktionen und Werbesendungen nutzen nach wie vor das fotogene Terrain.

tember), Kammermusikfestivals (Juni) und Weihnachtsfeiern (mit leuchtenden *luminarias*) werden im *red rock outback* Wanderrouten, Heißlufttrips, Jeeptouren und Lamatrecks angeboten. Neben einem guten Dutzend feiner Restaurants bemühen sich eine Reihe erstklassiger Resorts darum, die Reisekassen der zahlungskräftigen Klientel zu erleichtern. Lediglich die Einheimischen meiden das teure Pflaster: ein Großteil des Dienstleistungspersonals zieht es vor, außerhalb des Ortes zu wohnen.

Die Blüte der lokalen Kunstszene geht auf die frühen 1960er Jahre zurück, als das **Sedona Art Center** gegründet wurde, bis heute eine Combo aus Galerie und Schule. Kurze Zeit später konstituierte sich die Gruppe der »Cowboy Artists of America«, die so einflussreich wurde, dass lange Zeit Kunst in Sedona mit »Western Art« gleichbedeutend war. Inzwischen ist das vorbei. Neben den Cowboy im späten Gegenlicht ist längst auch Expressionistisches und Abstraktes getreten, ergänzt durch zeitgenössische Plastik, Keramik und Schmuck, alles in allem eine konservative Palette mit Idealem und bunter Romantik. Von Irritierendem, Exzentrischem oder gar Provokantem fehlt jede Spur.

Der Kunst- und Filmszene steht die des »OM« nicht nach. Seit Ende der 1980er Jahre zählt Sedona neben dem Central Park in New York oder Waikiki zu den amerikanischen New-Age-Hochburgen. Einige Gurus hatten den Ort als einen *power point* unseres Planeten ausgemacht, an dem die Energie nur so aus der Erde strömt. Andere gingen semantisch vor und fanden heraus, dass schon der Ortsname ein elektromagnetisches Omen sei, weil, wenn man ihn rückwärts läse, *anodes*, »Anoden«, dabei herauskämen. Daraufhin gab's kein Halten mehr. Aus allen Teilen des Landes strömten plötzlich die Gesundbeter, Kräuterpriester Heiler und Ufomanen, Yoga-Jünger und Sanyasins nach Sedona. Ein regelrechter Supermarkt esoterischer und spiritueller Dienstleistungen machte sich breit. Es gibt den Golden World New Age Bookshop und Bioläden, Kurse und Massagen, Beratungen ebenso wie aquarische Gruppen oder solche, die in gemeinsamen Schwitzbädern alten Zeremonien frönen, mit Wünschelruten herumlaufen oder sich an jene aus Steinen am Boden ausgelegte Medizinräder anschließen (»anodes«!), in denen sich nach Auffassung der Hopi-Indianer historische Energien aus früheren Kulthandlungen und Vibrationen der Erde bündeln. Den Hopis gehörte einst das Land des Red Rock Canyon.

Service & Tipps:

Sedona-Oak Creek Canyon Chamber of Commerce
331 Forest Rd. & US 89A
Sedona, AZ 86339
✆ (928) 282-7722 oder 1-800-288-7336
www.sedonachamber.com
Mo–Sa 8.30–17, So 9–15 Uhr

Tlaquepaque Arts & Crafts Village
336 Hwy. 179 (Nähe Hwy. 89A, Ortsmitte)
Sedona, AZ 86339
✆ (928) 282-4838, Fax (928) 282-4805
www.tlaq.com
Inszeniertes Mexiko: ein (1973) nachgebautes Dorf mit Schatten, Shops und Schleckereien (z.B. »El Rincon«) – ohne Schmutz, Armut und Autoverkehr.

Red Rock State Park
4050 Red Rock Loop Rd., Nähe US 89A und Sedona, AZ 86336
✆ (928) 282-6907
Im Sommer tägl. 8–20, sonst 8–17 Uhr, Visitor Center im Sommer 9–18, sonst 9–17 Uhr
Eintritt $ 8 pro Auto
Naturpark an den Ufern des Oak Creek mit Wanderwegen.

Chapel of the Holy Cross
780 Chapel Rd. (off SR 179)
Sedona, AZ 86339
✆ (928) 282-4069
Mo–Sa 9–17, So 10–17 Uhr
Zeitgenössische katholische Kirche

(1956) im rotem Gestein – mit dominierendem großen Kreuz und schönem Blick.

The Heartline Cafe
1610 W. Hwy. 89A
Sedona, AZ 86336
✆ (928) 282-0785
www.heartlinecafe.com
Interessante Südwestküche. Ergiebige Weinkarte. Lunch ($) und Dinner. $$–$$$

El Rincon Restaurante Mexicano
336 Hwy. 179 (Tlaquepaque Village)
Sedona, AZ 86336
✆ (928) 282-4648
www.elrinconrestaurant.com
Klassische mexikanische Gerichte und gute Margaritas. Lunch und Dinner. $

Ausflugsziel:

Slide Rock State Park
6871 N. Hwy. 89A, nördl. von Sedona, AZ 86336
✆ (928) 282-3034
Im Sommer tägl. 8–19, März/April 8–18, sonst 8–17 Uhr, Eintritt $ 8 pro Auto
Das kühle Quellwasser des Oak Creek hat die Steine glatt geschliffen, so dass man auf einer Art flachen Rutsche in den Fluss gleiten kann. Ein Spaß für die ganze Familie. Schwimmen, Wandern, Picknick.

REGION 11 Arizona – der Norden

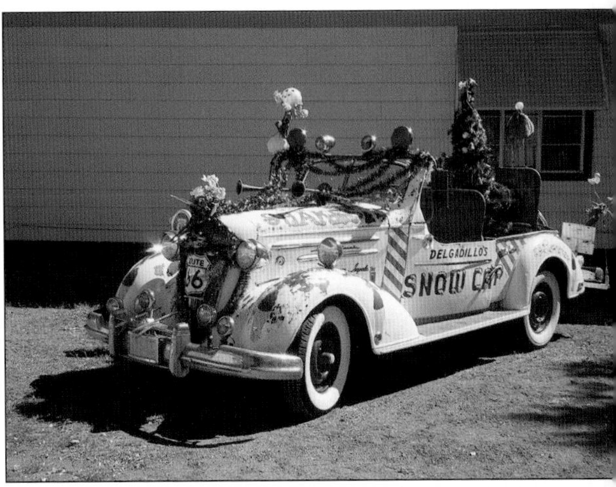

Spaß auf Rädern: Werbemobil für den »Snow Cap Drive-In«, Seligman

»Die Route 66 ist wie Elvis Presley, sie stirbt nie.« (Oldtimer)

⓯ Seligman

Chino Street in Seligman (gesprochen: SLIG-men) entspricht so richtig dem Geschmack der Route-66-Fans: »66 Motel«, »Historic 66 General Store«, der legendäre »Snow Cap Drive-In«, Antiquitätenläden – ein perfektes Schaufenster der Nostalgie. Dass die 1886 gegründete Eisenbahnsiedlung ihre automobile Ur- und Frühgeschichte so lupenrein bewahrt hat, geht vor allem auf das Konto des hier ansässigen Friseurs Angel Delgadillo. Wie viele 66-Veteranen sieht er den Highway nicht bloß als Straße, sondern als Lebensader einer großen Gemeinde, die unter keinen Umständen sterben durfte.

Seligman Chamber of Commerce
801 E. Route 66
Seligman, AZ 86337
✆ (928) 422-3939

Angel & Vilma Delgadillo's Route 66 Gift Shop
217 E. Route 66
Seligman, AZ 86337
✆ (928) 422-3352
www.route66giftshop.com
Einschlägiger Souvenirshop.

Delgadillo's Snow Cap
301 Route 66
Seligman, AZ 86337
✆ (928) 422-3291
Gut für ein Eis; ansonsten *standard highway food.*

Die Route 66, sagt ein Cowboysänger, war 2 000 Meilen Entertainment, Kultur und Spaß, eine einzige große rollende Show, einiges davon Tingeltangel, einiges in Ordnung. Ich wundere mich, dass immer noch so viele so viel für ein Stück Beton empfinden.

⑯ Tuzigoot National Monument

Die Sinagua-Indianer, Sammler und Jäger ihres Zeichens, saßen, wie der Name sagt (vgl. Montezuma Castle) häufig auf dem Trockenen, als sie in der Gegend um Flagstaff siedelten. Deshalb zogen sie hierher und vermischten sich zusammen mit den ebenfalls angereisten Anasazi mit den Mogollon- und Hohokam-Kulturen. Diese waren bereits zuvor (nach 600) aus dem Gila Basin gekommen und sesshaft geworden; sie lebten in *pit houses* und von Bohnen, Mais, Squash und Baumwolle.

Die Sinagua übernahmen die Bewässerungstechniken der Hohokam-Indianer und fingen an, oberirdisch zu mauern und zu bauen, was möglicherweise auf das Vorbild der Anasazi zurückzuführen ist. Auch die T-förmigen Türen sprechen für diesen Einfluss, obwohl es überhaupt nur wenige Türen gab, weil der Einstieg durch Luken im Dach erfolgte – Wohnen auf dem Dachpenthouse.

Sie blieben für rund 400 Jahre (1000–1425), dann verschwanden sie. Warum und wohin, weiß man hier ebenso wenig genau wie bei anderen prähistorischen Indianersiedlungen des Südwestens. Tuzigoot (gesprochen: TUU-siguut) ist ein Apachen-Wort für *crooked water* (gekrümmtes Wasser), was sich auf den nahen Pecks Lake bezieht. Die Spanier, die zuerst 1583 durch das Valle Verde zogen, hielt es nicht lange, weil auch hier nichts von dem zu finden war, was sie im Sinn hatten: Gold.

»Ein Haus sollte nicht auf einem Hügel stehen, sondern ein Teil davon sein« – die Toplage von Tuzigoot veranschaulicht diesen Satz von Frank Lloyd Wright.

Von der Kuppe des Hügels hat man einen imponierenden Rundblick über das Tal, auf die nahen Berghänge der Black Hills und auf die offenen, apfelsinengelben Drainagen, in die die Abwässer und Schlämme der Kupfergewinnung im nahen Jerome und Clarkdale gepumpt wurden. Um Staubverwehungen zu verhindern, werden die Flächen von Zeit zu Zeit geflutet.

Tuzigoot National Monument
Tuzigoot Rd.
Camp Verde, AZ 86322
✆ (928) 634-5564
www.nps.gov/tuzi
Tägl. im Sommer 8–18, sonst 8–17 Uhr, Eintritt $ 3/0
Von den Sinagua-Indianern ca. 400 Jahre bewohnter Pueblo (Blütezeit: 110 Wohnungen für ca. 225 Bewohner) und dann verlassen. Sehenswerte Ausgrabungen im Visitor Center.

Die Ruinen von Tuzigoot oberhalb des »Valle Verde«

⑰ Williams

Rund um den kompakten Downtown-Block macht Williams einen aufgeräumten und freundlichen Eindruck. Zwei Straßen teilen sich das Erbe der historischen Route 66, je nachdem, aus welcher Himmelsrichtung man kommt: Railroad Avenue sorgt für den Verkehr von Osten nach Westen, Bill Williams Avenue, benannt nach einem Pelztrapper, für den in umgekehrter Richtung. Vielleicht gründet die Vitalität des seit 1881 bestehenden Örtchens darauf, dass es erst ziemlich spät, nämlich 1984, von der Interstate umkurvt und links liegengelassen wurde – die letzte Stadt an der Route 66 übrigens, der dies widerfuhr.

Zunächst glaubte man, das sei's gewesen. Aber es kam anders. Unzählige Arbeitsstunden freiwilliger Helfer flossen in die Stadterneuerung, und viele historische Gebäude schlüpften unter den Rock des Denkmalschutzes. Man sollte im Zentrum mal eine Runde drehen, um sich beide Straßen anzusehen. Häufiger noch als anderswo steht an den Motels AMERICAN OWNED. Vertrauensbildende Maßnahmen? Ja, denn solche patriotischen Hinweise reagieren auf die Tatsache, dass (nicht nur) hier viele Motels inzwischen von Pakistanis und Indern geführt werden.

Gleich beim Visitor Center und dem »Fray Marcos Hotel« liegt der Bahnhof, wo der AMTRAK-Zug »Southwest Chief« hält und von dem aus die **Grand Canyon Railway Line** schon seit 1901 zum Grand Canyon dampft. Nicht umsonst nennt sich Williams »Gateway to the Grand Canyon«. Noch heute bietet die Nostalgie-Tour (mit Wild-West-Entertainment an Bord) eine willkommene Gelegenheit für einen autofreien Reisetag.

Service & Tipps:

Grand Canyon Railway
223 N. Grand Canyon Blvd.
(Williams Depot)
Williams, AZ 86046
✆ 1-800-THE-TRAIN
Tägliche Rundfahrten zum Canyon und zurück. Reservierung empfohlen.

Rod's Steak House
301 E. Bill Williams Ave.
Williams, AZ 86046
✆ (928) 635-2671
www.rods-steakhouse.com
Seit 1946 bewährt gute Steaks. Cocktail Lounge. So geschl.
$$

Old Smoky's Restaurant
624 W. Route 66
Williams, AZ 86046
✆ (928) 635-2091
Unspektakulär, aber beliebt, besonders zum Frühstück. Lunch und Dinner.
$

Bill Williams Mountain Trail
Williams
Ranger-Info: ✆ (928) 635-2633
Schöner Tagesausflug: 5–6-stündige Waldwanderung mit schönen Aussichten. Rund 700 m Steigung: von ca. 2 300 auf 3 000 m. Beste Zeit: spätes Frühjahr bis früher Herbst.

The Red Garter Bed & Bakery
137 W. Railroad Ave.
Williams, AZ 86046
✆ (928) 635-1484
www.redgarter.com
Aus einer ehemals verruchten Combo aus Saloon und Bordell ist heute (neben einem kleines Hotel) ein Café mit frischen Backwaren geworden.

⑱ Winslow

Die beste Werbung für Winslow machten einst die »Eagles« – mit der Zeile »Standing on a corner of Winslow, Arizona« aus dem Song *Peaceful Easy Feeling*. Also, nichts wie hin – zur Ecke 2nd und Kinsley. Ansonsten beherbergt die Stadt – wie Holbrook eine alte Railroad Town aus den 1880er Jahren – ein liebevoll ausgestattetes **Old Trails Museum**, wo es eine Menge zu sehen gibt: Knochenreste von Monstern der Vorzeit, die im Little Colorado River gefunden wurden, indianische Dokumente aus dem nahen Pueblo und andere Regionalia.

Service & Tipps:

Winslow Chamber of Commerce
101 E. Second St.
Winslow, AZ 86047
✆ (928) 289-2434, Fax (928) 289-5660
www.winslowarizona.org

Old Trails Museum
212 N. Kinsley Ave.
Winslow, AZ 86047
✆ (928) 289-5861
Di–Sa 13–17 Uhr
Instruktives kleines Museum: Stadtgeschichte, Eisenbahn, Route 66.

Casa Blanca Cafe
1201 E. 2nd St.
Winslow, AZ 86047
✆ (928) 289-4191
Authentische mexikanische Küche. $

Falcon Restaurant
1113 E. 3rd St. (Ostende)
Winslow, AZ 86047
✆ (928) 289-2342
Familienrestaurant. $–$$

»On the road again« – going West in Arizona

REGION 12
Arizona –
der Süden

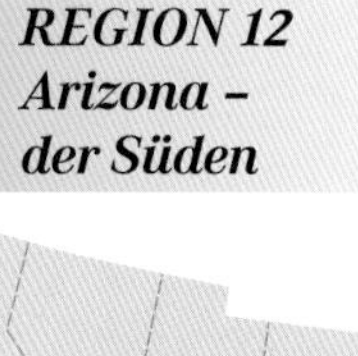

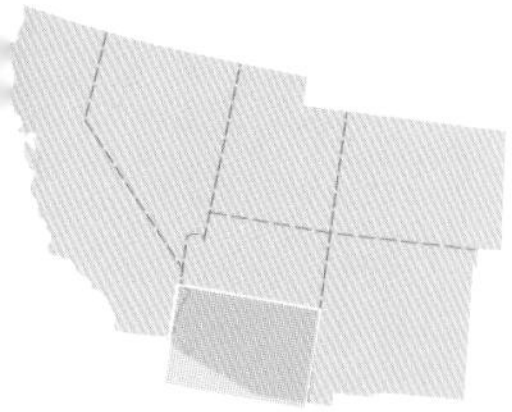

Sommerhitze und Wintergärten

Arizona – der Süden

Anders als die bewaldeten Höhenlagen des Nordens überzieht karges Kakteenland den größten Teil des Südens von Arizona. Orgelpfeifenkakteen, vor allem aber die charakteristischen Saguaros beherrschen das Terrain zwischen dem Südrand des Colorado Plateau (Mogollon Rim) und der mexikanischen Grenze. Die Saguaro-Kakteen haben sich längst als Ikone des Südwestens etabliert – in nahezu allen Westernfilmen sind sie dabei. Wenn Originale am Set fehlten (wie meistens), dann pflanzten die Dekorateure aus Hollywood sie kurzfristig wie im Blumentopf ein.

Zwischen Staub und Stachelgewächsen überrascht eine vielseitige Palette aus Indianerreservaten (San Xavier, Papago, Gila,

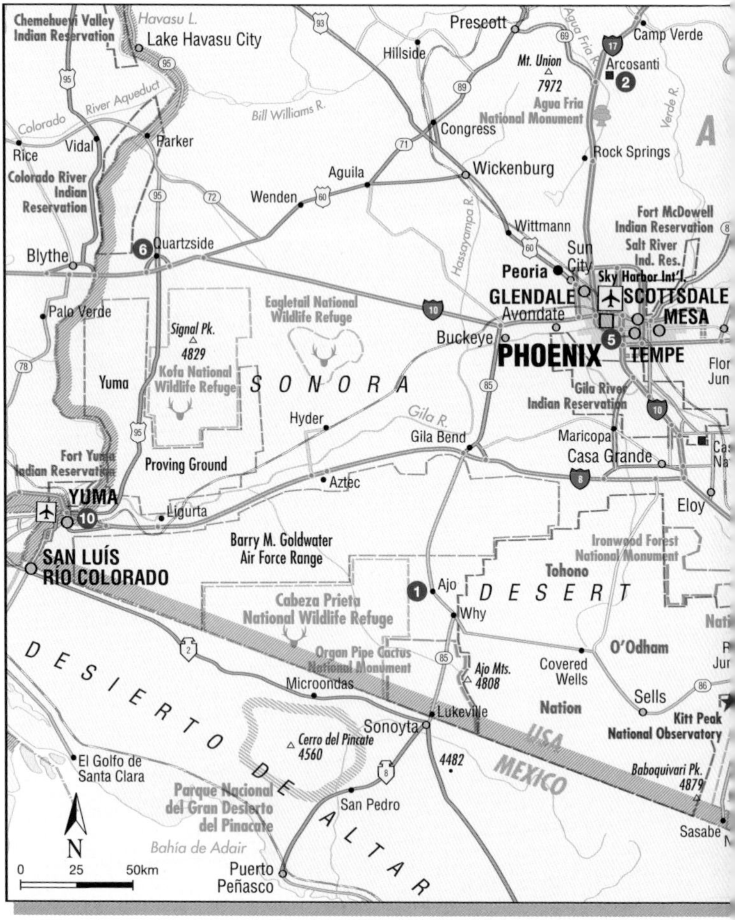

Apachen) und Westernstädten (z. B. Tombstone, Bisbee), Missionskirchen (San Xavier del Bac, Tumacacori) und Minencamps, spukigen Kalksteinhöhlen (Colossal Cave, Kartchner) und bizarren Felsformationen (Chiricahua National Monument).

Die dominierende Stadt der Südregion heißt **Phoenix**, die Hauptstadt Arizonas. Wer sie mit dem Flugzeug anfliegt, sieht das Layout ihrer Anlage auf einen Blick – das plötzlich aus dem braunen Wüstenboden auftauchende Grün der bewässerten Felder, die linearen Autopisten, die Glasbunker von Downtown und die endlosen Eigenheimparzellen mit ihren angrenzenden grünblauen Türkissteinen, den Pools. Dreihundert Tage im Jahr, so hat man werbewirksam errechnet, wölbt sich der blaue Himmel über Phoenix und seiner Nachbargemeinde **Scottsdale**, jener Wüstenadresse, unter der extravagante Resorts zum derzeit wohl komfortabelsten *dolce far niente* des Südwestens verführen.

Ein wenig anders kümmert sich die reizvolle Universitätsstadt **Tucson** um das Wohl seiner Besucher. Wie die meisten Städte den Südwestens ist sie von einem Kranz von Ranches, *dude ranches* oder *working ranches* umgeben, die geplagten Großstädtern die Cowboy-Variante von Ferien auf dem Bauernhof ermöglichen. Die Angebote reichen von rustikalen Hütten, die dem Gast nach burschikosem Schulterklopfen auf Anhieb das Gefühl einflößen, schon ein langjähriger Mitarbeiter auf der Ranch zu sein, bis hin zu De-Luxe-Versionen, die die Cowboyrolle und das Wellness-Programm dezenter verknüpfen – Jacuzzi, Fitnessräume, Golf und Tennis inklusive.

Südlich von Tucson schließlich kann man am **Santa Cruz River** die Spuren der spanischen Besiedlung besonders deutlich verfolgen – ebenso wie die der rauen Wildwest-Zeiten. Dieser äußerste Südostzipfel Arizonas geht zurück auf den so genannten »Gadsden Purchase« von 1853. Acht Jahre nach der Integration von Texas in das Territorium der USA kaufte der damalige Eisenbahnpräsident James Gadsden von Mexiko für 15 Millionen Dollar einen elf Millionen Hektar großen Landkorridor entlang der Grenze von New Mexico und Arizona zwischen Colorado und Rio Grande

Chile-Schoten: das Salz des Südwestens

River für die USA – ein Batzen Land, der für den Ausbau der Southern Pacific Railroad gedacht war. Es gibt viele in dieser Gegend, die die hier traditionell guten Beziehungen zwischen Indianern, Mexikanern und Anglos darauf zurückführen, dass dieses Land ausnahmsweise gekauft und nicht gewaltsam besiedelt wurde.

Metropolis in Arizona: Blick auf Phoenix

❶ Ajo

Ajo (gesprochen: A-ho) kam durch die ersten Kupferfunde in Arizona auf die Landkarte. Heute versucht sich die kleine Gemeinde (ca. 4 000 Einwohner) als sonniger Standort für Pensionäre zu profilieren: die Lebenshaltungskosten liegen niedrig und der Golfplatz des Ajo Country Club in Reichweite.

Die Orgelpfeifenkakteen fühlen sich in der Sonora-Wüste zu Hause

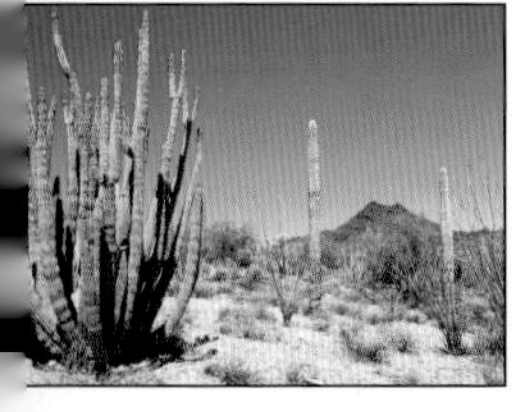

Service & Tipps:

Ajo District Chamber of Commerce
400 Taladro St., Ajo, AZ 85321
✆ (520) 387-7742
Fax (520) 387-3641
www.ajochamber.com

Dago Joe's
2055 N. Ajo-Gila Bend Hwy.
Ajo, AZ 85321, ✆ (520) 387-6904
Mexikanische Gerichte und Drinks. $

Organ Pipe Cactus National Monument
10 Organ Pipe Dr.
Ajo, AZ 85321
✆ (520) 387-6849
www.nps.gov/orpi
Tägl. 8–17 Uhr (Visitor Center), Park 24 Std.
Eintritt $ 8 pro Auto
Unberührtes Schutzgebiet der Sonora-Wüste, 25 km südlich von Ajo mit herrlichen Orgelpfeifenkakteen. Visitor Center, Rundfahrten.

❷ Arcosanti

Sanfte Klänge im Wüstenwind: Glocken in Arcosanti

Die Stadtutopie Arcosanti des italienischen Architekten Paolo Soleri gründete von Anfang an auf der Strahlkraft der Sonne und der Macht des Geldes. Der Sonnenschein sollte – anders als sonst in den USA – den städtischen Energiebedarf mitten in der Wüste decken, die Dollars den Kapitalbedarf, den Traum ins Werk zu setzen. Die Sonne schien, aber der Geldsegen blieb aus. Sponsoren fanden sich keine, weder in der Privatwirtschaft noch beim Staat. Ein Manko, das unter anderem den Verdacht nährte, Soleri sei im Grunde eher ein charismatischer Scharlatan, der lediglich die kostenlos für ihn arbeitenden Studenten ausbeute, um sich zu profilieren.

5 000 Menschen sollten einmal in einem urbanen Komplex leben, der als ein Gegenstück zur typisch amerikanischen Stadt (ausufernd, naturzerstörend, Energie vergeudend, Auto abhängig) konzipiert war. Aber Arcosanti ist bis heute eine Baustelle geblieben – mit ominösen Kuppeldächern und gewaltigen Betonplatten – ein bisschen Theaterkulisse, ein bisschen Sichtbeton im Bauhausstil.

Eine Hand voll Leute arbeitet und lebt hier. Es gibt eine hübsche Cafeteria, wo man gut aufgehoben ist und in die reizvolle Landschaft blickt, begleitet vom gelegentlichen Läuten der Windglocken, die hier gefertigt (und verkauft) werden und inzwischen zu einem Markenzeichen Soleris geworden sind.

Arcosanti
HC 74, Box 4136, 3 km östl. der I-17 bei Cordes Junction, Exit 262
Mayer, AZ 86333
✆ (928) 632-7135
Fax (928) 632-6217
www.arcosanti.org
Tägl. 9–17, Führungen tägl. 10–16 Uhr
Eintritt Visitor Center kostenlos, geführte Tour $ 8
Torso der ökologischen Stadtvision von Paolo Soleri: ein architektonisches Experiment als Freilichtmuseum; Bäckerei, Café, Verkauf von Windglocken.

Arcosanti
Der Architekturstudent, der die Besucher durch die bizarren Formen führt, erzählt die Entstehungsgeschichte des Projekts, erklärt die wärmespeichernde Funktion der Apsisbauten und die Vorzüge der kurzen Wege zwischen allen Punkten. Der Ansatz sei gut, meint er, aber der Plan, hier wirklich diese Superstadt zu bauen, sei längst aufgegeben. Man wolle im Wesentlichen das Bestehende als ein permanentes Forschungs- und Lehrzentrum für alternative Baumethoden und Stadtplanung erhalten.

❸ Bisbee

Bei der Vermarktung seiner Vergangenheit schlägt Bisbee deutlich leisere Töne an als das benachbarte Tombstone. Das liegt sicher daran, dass hier nicht Todesquoten, sondern Kupfergewinne zählten. Der gut 6 000-Seelen-Ort in der steilen Schlucht des Mule Pass kommt ohne Ampeln, Designer-Getue und blasierte Boutiquen aus und verwöhnt den Besucher statt dessen mit einem Mix aus originellen Läden, Cafés und esoterischem Flair.

Bisbees internationaler Ruf basiert auf der Entdeckung der Copper Mine Lode im Jahre 1877 – einer der reichsten Kupferadern des Westens. Durch den Eisenbahnanschluss expandierte die Stadt und kroch wie ein Wuppertal des Wilden Westens die steilen Berghänge hoch. Bisbee besaß solide Backsteinhäuser, asphaltierte Straßen, fließendes Wasser und eins der schönsten Hotels weit und breit: das **Copper Queen Hotel**, das sich noch heute zeitlos wie eine Pagode über dem Zentrum der gedrungen wirkenden Altstadt erhebt, auf jeden Fall aber wie ein Denkmal.

1975 stoppte die Kupferförderung. Die Minenarbeiter suchten das Weite und die Immobilienpreise sanken in den Keller. Das gefiel vor allem den Lebenskünstlern während der Hippiezeit, die sich deshalb nach Bisbee aufmachten, was aber allerlei Zank zwischen *newcomers* und *oldtimers* nach sich zog. Mit der Zeit aber wurden auch die Hippies älter, machten sich selbständig und wählten Ronald Reagan.

Seither geht es in Bisbee dennoch gemächlich zu: in den Buchhandlungen, in den kleinen Stadtmuseen, die Andenken an die Tage voller Kupfer, Zink, Mangan, Gold und Silber versammeln, und in den Antiquitäten- und Schmuckläden, die Modisch-Mineralisches anbieten. Gleich in der Nähe liegt die riesige **Lavender Pit**, der größte Krater Arizonas, aufgewühlt von Kupfergier und dann verlassen. In einem Jahrhundert baute man hier immerhin acht Milliarden Tonnen Kupfer ab.

Oldie-Idyll: Shady Dell Campground in Bisbee

Service & Tipps:

The Bisbee Chamber of Commerce
1 Main St., Bisbee, AZ 85603
✆ (520) 432-5421 oder 1-877-424-7234
Fax (520) 432-3308
www.bisbeearizona.com

Bisbee Mining and Historical Museum
5 Copper Queen Plaza
Bisbee, AZ 85603
✆ (520) 432-7071
www.bisbeemuseum.org
Tägl. 10–16 Uhr
Im alten Hauptquartier der Copper-Queen-Minenverwaltung: Ausstellung, Bibliothek und Fotoarchiv zur regionalen Geschichte.

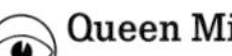

Queen Mine Tours

118 Arizona St.
Bisbee, AZ 85603
✆ (520) 432-2071
www.amdest.com/az/bisbee/queenmine.html
Tägliche Loren-Touren in die unterirdische, kühle Kupfermine (gute Std., $ 8/3.50). Ebenfalls: Abfahrt der Vans zur Besichtigung der offenen **Lavender Pit** und Stadtrundfahrten.

Cafe Roka
35 Main St.
Bisbee, AZ 85603
✆ (520) 432-5153, www.caferoka.com
Gute italo-kalifornische Küche. Leider So–Di geschl. Im Sommer nur am Wochenende geöffnet. Nur Dinner. Reservierung empfehlenswert! $$

❹ Chiricahua National Monument

In diesem abgelegenen Naturschutzgebiet im Südostzipfel von Arizona lagen einst die Jagdgründe der Chiricahua-Apachen (gesprochen: schi-ri-KA-wa) unter ihrem Häuptling Cochise, der sich in den 1860er Jahren vehement gegen das Eindringen der Weißen wehrte. In den felsigen Gassen zwischen den vulkanischen Gesteinskulpturen, steilen Canyonwänden und schattigen Wäldern fühlen sich nicht nur Wildschweine und Waschbären wohl, sondern auch die (erprobte) Wanderer, die abseits vom Massentourismus Ruhe und frische Luft suchen.

Steinhälse im Chiricahua National Monument

Chiricahua National Monument
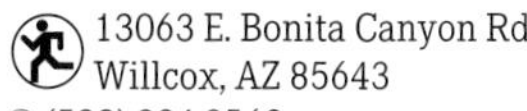
13063 E. Bonita Canyon Rd.
Willcox, AZ 85643
✆ (520) 824-3560
www.nps.gov/chir
Visitor Center tägl. 8–16.30 Uhr
Eintritt $ 5
Visitor Center im Bonita Canyon, Wanderwege, Camping. Erreichbar sind die zwischen 1 500 und 2 500 m hohen Chiricahua Mountains von Willcox (Nähe I-10 östl. von Tucson) über die S 186 oder von Douglas aus (US 80) über die US 191, S 181, aber auch von Portal aus über eine *dirt road* (Pinery Canyon Rd.), die allerdings im Winter geschlossen ist (Nichts für Camper!).

Feste & Feiern:
Zu den populären Festen in Scottsdale zählt die Parada del Sol in der 3. Januarwoche mit Rodeos und anderen Veranstaltungen, die mit einer großen Parade abschließen.

❺ Phoenix/Scottsdale

Zwei Millionen Einwohner machen die Hauptstadt Arizonas inzwischen zu einer Mega-Oase im **Valley of the Sun**. Dieses ebenso gnadenlos heiße wie komfortable Tal besteht aus 23 Städten und Gemeinden, zu denen Rentnerburgen wie **Sun City**, die Universitätsstadt und das stark von Mormonen besiedelte **Tempe** sowie die extravaganten Ferienanlagen von **Scottsdale** und **Carefree** gehören.

Wohin man blickt weiße Traumvillen an palmengesäumten Boulevards, überquellende Bougainvilleen und mediterran anmutende Brunnen – so zähmt man wilde Wüsten zu einer gepflegten Wohn- und Freizeitkultur. Ein Hauch von Oman liegt über der knochentrockenen Stadt, in der allerdings die Luftfeuchtigkeit stetig wächst: durch das System der Kanäle, die Wasserspeicher und kühlenden Sprühnebel, die an den Malls durch eine *mass of mist* die Lufttemperatur senken.

Die Fantasy-Resorts versuchen sich gegenseitig mit üppigen Inszenierungen zu übertreffen. Weder Mühen noch Millionen wurden gescheut, um dem verwöhnten Kurgast den Himmel auf Erden zu schaffen: illuminierte Pools,

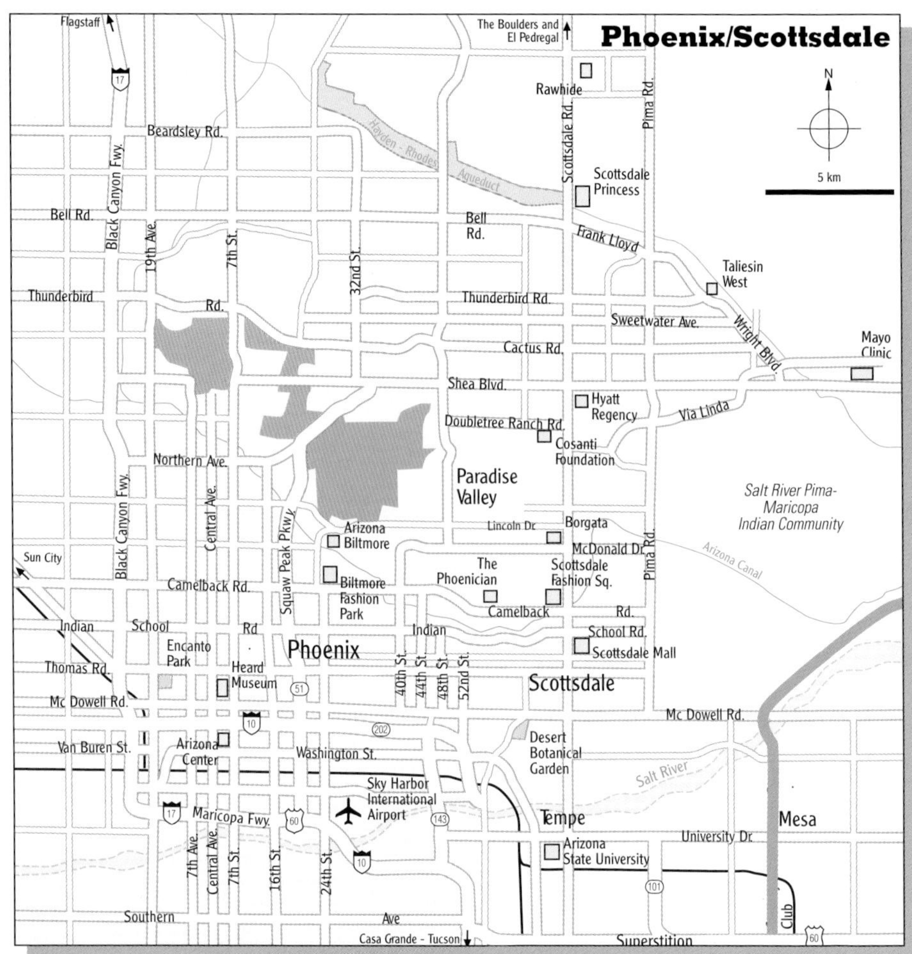

heiße Jacuzzi-Becken und rauschende Wassergärten im römischen Stil: »Caracalla West«. Die markanten Bergrücken am Rande des Tals, die bei klarem Licht so aussehen, als seien sie wie bei der elektrischen Eisenbahn aus Pappmaché gefertigt, nehmen sich im Licht der untergehenden Sonne wie betörende Tableaus einer Wildwest-Oper aus. Sogar bei schlechtem Wetter kann man sei-

Aus der Luft gegriffen: die Wasserlandschaft des Hyatt Regency Resort in Scottsdale

ne natürlichen Wunder erleben, wenn plötzlich Windböen in die Palmenschöpfe fahren, Regenbogen, Donner und Blitze aufgeboten werden, die zwischen Sonnenuntergang und polterndem Gewitter alles in Aufruhr bringen, was vorher wüst und tot schien.

Lange ahnte Phoenix nicht, dass es seinem Namen einmal derartig Ehre machen würde. Der prophetische Name stammt von einem britischen Abenteurer, der meinte, dieser Platz sei aus den Ruinen der prähistorischen Hohokam-Indianer wieder auferstanden. Nichts da, der Ort (1870 gegründet) dümpelte als staubige *frontier town* mit Postkutschen, Saloons und Cowboys, Minenarbeitern und Soldaten lange vor sich hin. Erst im 20. Jahrhundert, als die Wirtschaftskräfte der großen »C«s – *cattle, copper, cotton, climate, citrus* – von neuzeitlicheren abgelöst wurden, setzte ein ebenso rasantes wie ungeplantes Wachstum ein, das inzwischen jenen *urban sprawl* geschaffen hat, der dem von Los Angeles oder Houston nicht allzu viel nachsteht.

Die Entwicklung verlief im Dreisprung: durch den Bau der Southern Pacific Railroad, die deutliche Bevölkerungszuwächse brachte; durch die Vollendung des Roosevelt-Damms am Salt River zu Beginn des 20. Jahrhunderts, der Phoenix einen ähnlich dramatischen Boom bescherte wie der Hoover Dam Las Vegas (dank des Segens öffentlicher Gelder!); und schließlich durch die mit Ausbruch des Zweiten Weltkriegs verbundenen wirtschaftlichen Vorteile, die der Stadt allein drei neue Luftwaffenstützpunkte sicherten.

Ökonomisch nicht zu unterschätzen war auch der Effekt der Anfang der 1950er Jahre eingeführten *air conditioning*, weil sich nachts niemand mehr in feuchte Tücher einwickeln musste, um die Hitze zu überleben. Klimakontrolle und ausgeklügelte Wasserversorgung schafften letztendlich die gedeihlichen Voraussetzung für die High-Tech-Welt, von der die meisten Phoenicians heute (gut) leben. Ob General Electric, Honeywell oder Hughes Aircraft – immer waren es zudem auch niedrige Löhne und schwache Gewerkschaften, die den Wohlstand des »Valley of the Sun« festigten.

Stadterkundung

Vormittag:	**Heard Museum** in Phoenix oder Shopping Tour in Scottsdale
Mittag:	Lunch (**Arizona Center** in Phoenix oder **Scottsdale Mall**)
Nachmittag:	**Taliesin West** (Scottsdale) oder Westernkulisse von **Rawhide** oder Badefreuden am Pool.

Zum Auftakt: der Besuch des **Heard Museum** – ein Schnittpunkt der Kunst und Kultur des Südwestens. Dazu gehören außer Keramik und Kachinas auch recht praktische Dinge, etwa was aus der Saguaro-Frucht alles gemacht werden kann: z.B. Sirup, Marmelade, Wein.

Das bringt das Thema Lunch auf den Tisch. Und wo gäbe es da eine größere Auswahl als im nahen **Arizona Center**, der attraktiven Shopping-Oase aus schattiger und wassergekühlter Gartenarchitektur, die besonders zur Mittagszeit hochhackige Damen und beschlipste Herren an die zahlreichen Töpfe der Bistros und Cafés zieht.

Neil David, First Bite, Kochare, 1987. 11,5 cm hoch (Hopi, First Mesa)

Eine Alternative zum Museumsmorgens wäre ein Vormittag im benachbarten **Scottsdale**. Dessen Wahrzeichen, die Silhouette des Camelback Mountain, markiert optisch die Grenze zu Phoenix, während am Boden alles fließend ineinander übergeht. Doch je länger man fährt, umso klarer wird, dass der Lebensstil in Scottsdale nicht von armen Eltern ist. Schließlich stellen seine rund 150 000 Einwohner eine der reichsten Gemeinden des Landes. Tourismus, Einzelhandel, Banken und Versicherungen machen den Löwenanteil des Wirtschaftswachstums aus.

Die städtischen Anfänge waren dürftig, was in dieser kargen Gegend nicht überrascht. Ein Baptistenpfarrer aus New York, ein gewisser Winfield Scott, gründete den Ort 1888 als eine weiße Zeltstadt – im selben Jahr, in dem der Arizona-Kanal fertig gestellt wurde, der von da an für die Bewässerung der

Trockenregion sorgte. Das heute verfeinerte Kanalsystem geht allerdings letztlich auf die Hohokam-Indianer zurück, die hier bereits vor 2 000 Jahren Wasser aus dem Salt River einleiteten, um Bohnen zu züchten.

Prompt begannen Scott und andere Pioniere damit, ihren Traum von einer blühenden Wüstenoase durch den Anbau von Zitrusfrüchten, Erdnüssen und Kartoffeln zu untermauern. Andere gesellten sich aus gesundheitlichen Gründen des guten Klimas wegen hinzu: Leidende (Arthritis, Asthma, Tuberkulose) und Genesende. Das um die Jahrhundertwende nachrückende Künstlervölkchen vertrug sich erstaunlich gut mit der inzwischen herangewachsenen Gemeinde aus Farmern, Ranchern und Industriellen. Das blieb im Wesentlichen so bis zum Zweiten Weltkrieg.

Danach explodierte die Einwohnerzahl durch die Ansiedlung großer Elektronikfirmen (allen voran Motorola). Scottsdale wurde Sitz der Mayo-Klinik, und der Tourismus machte die Stadt zum begehrten Ziel für gutsituierte Kurgäste und viele Künstler – was sich heute unter anderem an einem guten Dutzend erstklassiger Ferienhotels, mehr als 100 Golfplätzen und doppelt so vielen Kunstgalerien ablesen lässt. Natürlich auch an den schicken Malls, deren Architektur, Klientel und Preisniveau ohne die Dollars aus dem Mittleren Westen und die zahlreichen Firmenumsiedlungen aus Kalifornien nie zustande gekommen wären. Besonders in den letzten Jahren sind viele Kalifornier der Hektik, den Erdbeben und zunehmenden sozialen Konflikte im »Goldenen Staat« überdrüssig geworden.

Die meisten neuen Konsumtempel neigen zum Burgenbau. So wie sich manche Städte im Norden gegen die winterliche Kälte verbunkern und schlichtweg ins Souterrain ziehen (Montreal zum Beispiel), verschanzen sich Phoenix und Scottsdale ebenso wie andere Städte im *Sunbelt* vor der brütenden Hitze.

Hilfreich für eine Shopping-Tour durch die Einkaufsparadiese ist »Ollie the Trolley«, ein kleiner Bus, der zwischen Hotels und Malls pendelt. Sie liegen

Arbeitszimmer des Meisters Frank Lloyd Wright: Taliesin West

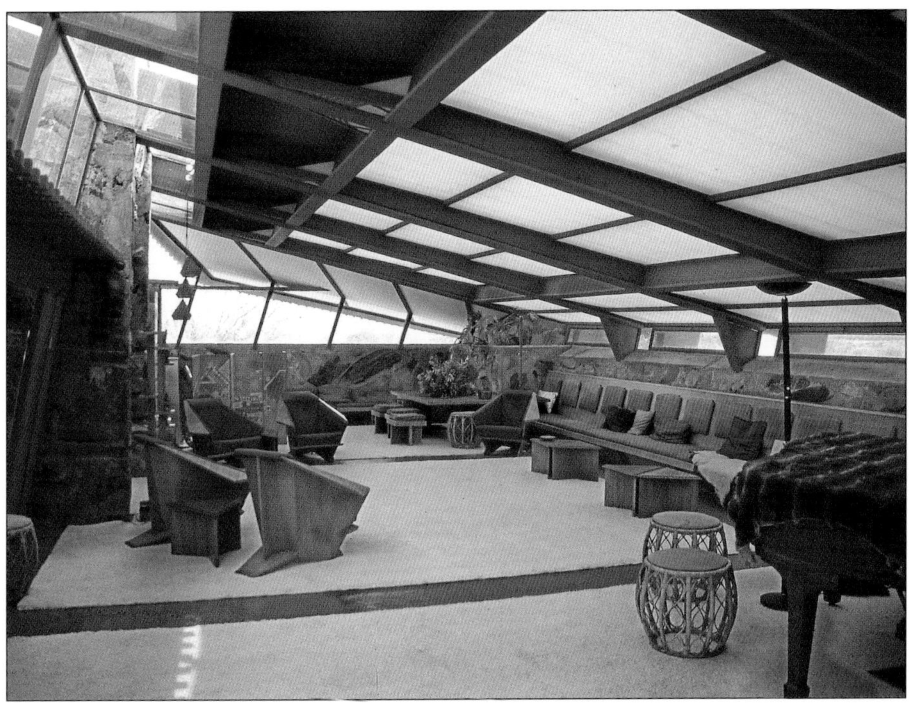

im Wesentlichen alle auf der Scottsdale Road, dem wichtigsten Parcours des *Southwest de Luxe*. Deutlich erinnert er an Los Angeles (wie das gesamte »Valley of the Sun« übrigens), denn von einer »Stadt« im herkömmlichen Sinn kann hier keine Rede sein. Alles liegt verstreut, und meilenweite Anfahrten zu Restaurants, Hotels oder Geschäften sind keine Seltenheit. Froschhüpfen ist gefragt.

Vielleicht zuerst ein Sprung zur **Borgata**, einem schattigen Fuchsbau aus einem Stilgemisch spanischer und italienischer Elemente, *patio* und *piazza*, Brunnen und Arkaden. In der Nähe liegt der **Scottsdale Fashion Square**, ein heller weitläufiger Komplex des glasbedachten Galleria-Typs – mit vielen Palmen und heftigem Wasserrauschen.

Frische Luft dagegen weht in der **Scottsdale Mall**, die sich an **Old Town**, ein Straßenquadrat aus Shops und Lokalen, anschließt und übergeht in einen ebenso grünen wie schattigen Skulpturenpark voller lila blühender Jacaranda-(Trompeten-)Bäume und gemütlicher Picknicktische: schön zum Sitzen, Schauen und Spazieren.

***Pater Eusebio Francisco Kino** spielte hier um das Jahr 1700 den städtischen Geburtshelfer. Der Jesuit, dessen Standbild denn auch den Eingang der örtlichen Historischen Gesellschaft ziert, gründete die erste Mission im Land der Papago-Indianer. Später, während der Apachenkriege, diente das inzwischen errichtete US-Fort als Kavalleriestützpunkt. Ab 1880 brachte die Eisenbahn erste Ansätze von Zivilisation, doch so richtig bergauf ging es mit der Stadt erst nach dem Zweiten Weltkrieg.*

Architekturfreunde werden **Taliesin West** (gesprochen: täli-ÄSSIN), den markanten Frank-Lloyd-Wright-Bau am Nordostrand von Scottsdale, zu schätzen wissen. Die Führungen folgen dem Rhythmus der verschachtelten Räume, den Passagen, Terrassen und Innenhöfen, während es zwischendurch nicht nur bauliche Details und vielfältige Korrespondenzen zwischen Drinnen und Draußen zu bewundern, sondern meist auch Anekdoten des eigenwilligen Baumeisters und ersten Star-Architekten der Moderne zu hören gibt.

Zu den Besonderheiten seiner Winterresidenz gehören sicherlich der *garden* bzw. *living room* (der zu Zeiten von Wright häufig umgebaut wurde und ein regelrechtes Design-Labor war) und das originelle Theater *(dinner theater* oder *cabaret)* mit schönen Wandlampen und einer Felsnische für den Konzertflügel. In jeder Hinsicht aber ist Taliesin West ein Beleg für eine der zentralen Thesen von Wright, die der »Destruction of the Box«, der »Zerstörung des Kastens«, jener immer wiederkehrenden Bauform des Schuhkartons. Die Dynamik der ungewöhnlichen Formen, der Wände und Dächer, sprengt die Rechteckigkeit der Wohn- bzw. Arbeitsschachtel.

Belebt wird sie nicht zuletzt durch die Baumaterialien: die Felsbrocken, die vor Ort gesammelt wurden, der Sand aus den nahen *washes* und schließlich die Verwendung von Textilien und Plastikmaterialien. Die sehenswerte Beziehung zwischen Baustoffen und umgebender Landschaft; von der Textur des Mauerwerks und der von Berg und Boden; die Schrägen der Mauern und Dächer im Verhältnis zu den Berghängen; das ausgeklügelte Verhältnis von Licht und Schatten; die Art der natürlichen Belüftung – all dies steht freilich in schroffem Gegensatz zum Durchschnitt der Eigenheime des ausufernden Scottsdale, die dem architektonischen Kleinod, zum Leidwesen seiner Liebhaber, immer näher rücken.

»Unser neues Camp gehört zu der Wüste von Arizona, als hätte es schon während ihrer Erschaffung dagestanden«, notierte Wright. Der Architekt als genialer Schöpfer, dessen Kraft jedoch am Rande seines Grundstücks endet. Aber da sind ja noch die Schüler! Rudolph Schindler, Werner M. Moser und Richard Neutra gehörten zu ihnen. Auch Paolo Soleri. Er kam 1947 als Student (und späterer Protegé) nach Taliesin West. Knapp zehn Jahre später machte er sich selbständig und gründete die Cosanti-Stiftung, die heute ebenfalls in Scottsdale angesiedelt ist. Fortan konnte er seinen raum- und energiesparenden Konzepten nachhängen, der so genannten *arcology* (aus *architecture* und *ecology*), die dann ansatzweise in Arcosanti ein paar Meilen nördlich Gestalt annahm.

Meilen, Malls, Museen – nichts davon zählt, wenn man sich einfach nur erholen will. Man muss zum Eintritt in die diversen Paradiesgärten der Hotellerie dort nicht unbedingt ein Zimmer gebucht haben, um sich verwöhnen zu lassen. Man parkt einfach sein Auto und nutzt die entsprechenden Einrichtungen (einige gegen Gebühren, die nur unwesentlich über denen für die Hotelgäste liegen): Pool, Spa, Tennis- und Golfanlagen, die Gondel zum

Restaurant, die Bar oder (für biologisch Interessierte) die Geländetour, auf der man die bodennahe Bevölkerung des Südwestens zu Gesicht bekommt, u.a. Saguaros und andere Kakteen, Jacarandas und Oleander, Bougainvilleen, Iris und Dattelpalmen, Hasen und Hörnchen, Salamander, *road runners,* Wachteln und schwarze Schwäne.

Meist hat die findige Concierge noch einiges mehr auf Lager, vor allem dann, wenn es um erholsame Kontakte mit den Kakteen geht, um Ausritte, Touren mit dem Jeep oder Planwagen, den Besuch von Rodeos oder anderen Festen und Feiern.

Service & Tipps:

ⓘ **Scottsdale Visitors Center**
4343 N. Scottsdale Rd., Ste. 170
Scottsdale, AZ 85251
✆ (480) 421-1004 oder
1-800-782-1117
Fax (480) 421-9733
www.scottsdalecvb.com
Mo–Fr 8.30–18

ⓘ **Arizona Office of Tourism**
1110 W. Washington,
Suite 155
Phoenix, AZ 85007
✆ (602) 364-3700 oder
1-866-275-5816
Fax (602) 364-3701
www.azot.com

Downtown Phoenix

Kachina-Clown (Hopi)

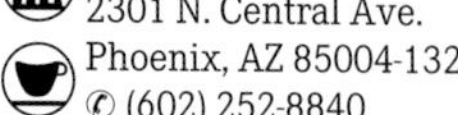

Heard Museum
2301 N. Central Ave.
Phoenix, AZ 85004-1323
✆ (602) 252-8840
www.heard.org
Tägl. 9.30–17 Uhr, ganzjährig auch Führungen
Eintritt $ 10/3
Das 1929 gegründete, renommierte Kunstinstitut ist in einer zwar nur nachgebauten, aber dennoch ansehnlichen Hacienda mit schönen Innenhöfen, Skulpturen und Brunnen untergebracht und zeigt eine der bedeutendsten kulturgeschichtlichen Sammlungen des Südwestens. Zu sehen sind indianische Flechtkörbe, Keramik, Schmuck, Textilkunst und eine hochkarätige Parade historischer Kachinas, eine der umfangreichsten in den gesamten USA. Außerdem finden sich hier Nachbildungen traditioneller indianischer Bauformen: ein *pit house* der Hohokam, ein *wickiup* der Apachen und ein *hogan*. Ergiebiger Museumsshop (Bücher, Teppiche, Kachinas und andere indianische Kunstgegenstände). Einladendes Café.

Arizona Center
455 N. Third St.
Phoenix, AZ 85004-2223
✆ (602) 271-4000
www.arizonacenter.com
Mo–Sa 10–21, So 12–18 Uhr
Attraktiver Konsumkomplex mit Brunnen und Gärten: Boutiquen, Nachtclubs, Restaurants, z.B. **Sam's Cafe**: Lunch mit Südwest-Geschmack, ✆ (602) 252-3545 ($–$$).

Desert Botanical Garden
1201 N. Galvin Pkwy. (Papago Park), Phoenix, AZ 85008-3437
✆ (480) 941-1225
www.dbg.org
Mai–Sept. 7–20, sonst 8–20 Uhr, Eintritt $ 10/4
Vögel, Eidechsen und Erdmännchen beleben die vielköpfige Kakteenversammlung. Hauptblütezeit: März bis Mai. Auch für Kinder sehr spaßig: viele halten sich unter dem streng riechenden *skunk tree* die Nasen zu und flippen aus. Im schattigen **Patio Café** kann man sich stärken. (Schöne Anfahrt: 64th St. ab McDowell.)

Phoenix Art Museum
1625 N. Central Ave. (McDowell Rd.)
Phoenix, AZ 85004-1685
✆ (602) 257-1222, www.phxart.org
Di–So 10–17, Do bis 21 Uhr, Mo geschl., Eintritt $ 9/3
Umfangreiche Sammlungen amerikanischer, asiatischer und europäischer Kunst sowie aus der Kolonialzeit und Lateinamerika. Museumsshop.

Pueblo Grande Museum and Archaeological Park
4619 E. Washington St.
Phoenix, AZ 85034-1909
✆ (602) 495-0901 oder 1-877-706-4408
Mo–Sa 9–16.45, So 13–16.45 Uhr
Eintritt $ 2/1
Dokumentation der im 15. Jh. versunkenen Kultur der Hohokam-Indianer und Relikte ihrer Siedlungs- und Bewässerungskunst.

Biltmore Fashion Park
2502 E. Camelback Rd. (24th St.)
Phoenix, AZ 85016
✆ (602) 955-8400
www.shopbiltmore.com
Mo–Mi 10–19, Do/Fr 10–20, Sa 10–18, So 12–18 Uhr
Shopping Center, Restaurants, Szenelokale, Bars.

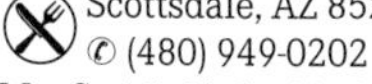

Scottsdale Fashion Square
7014 E. Camelback Rd.
Scottsdale, AZ 85251-1227
✆ (480) 949-0202
Mo–Sa 10–21, So 11–18 Uhr
Geräumiges Shopping Center mit Geschäften, Kinos, renommierten Warenhäusern. (Dillard's, Nordstrom, Robinson's) und diversen guten Restaurants.

Borgata of Scottsdale
6166 N. Scottsdale Rd. (zwischen Lincoln & McDonald Drs.)
Scottsdale, AZ 85253
✆ (480) 953-6311
Shopping im San-Gimignano-Look: kurze, schattige Wege zwischen Mode, Schmuck und Restaurants *al fresco*.

Old Town Scottsdale
Scottsdale Rd., Main St., Indian School Rd.
Restaurierte Old-West-Atmos-

phäre mit Shops, Galerien, Bars, Restaurants. Viel Westernkunst und Indianerschmuck.

Scottsdale Mall
3939 Civic Center Plaza
Scottsdale, AZ 85262-4433
Geruhsame Parkanlage, garniert mit hübschen Wasserspielen und plastischen Kunststücken.

An ihrem Rand liegt auch das **Scottsdale Center for the Arts** (7380 E. 2nd St., Scottsdale Mall, Scottsdale, AZ 85251-5604, ✆ 480-994-2787), ein aktives Kunstzentrum für Wechselausstellungen, Theater, Konzerte und Festivals. Hübscher Souvenirshop!

The Frank Lloyd Wright Foundation
12621 Frank Lloyd Wright Blvd. & Cactus Rd.
Scottsdale, AZ 85261-4430
✆ (480) 860-2700
Fax (480) 391-4009
Tägl. 9–16 Uhr
Ein- und dreistündige *Behind the Scenes*-Führungen. Winterquartier, Studio und Architektenschule des Baumeisters Frank Lloyd Wright (1876–1959) am Fuß der McDowell Mountains. 1937–40 gebaut und von Wright bis zu seinem Tod bewohnt. Beispielhaft für sein Prinzip der »organischen Architektur«: durch die Lage inspiriertes Design, Integration von Baukörper und Umgebung, Environment für Arbeit und Wohnen.

Heute Sitz der Frank Lloyd Wright Foundation, des Archivs und der gleichnamigen Architektenschule. Buchhandlung mit umfangreicher F.-L.-W.-Literatur.

Cosanti Originals
6433 E. Doubletree Ranch Rd.
Paradise Valley, AZ 85253
✆ (480) 948-6145 oder 1-800-752-3187
www.consanti.com
Mo–Sa 9–17, So 11–17 Uhr
Hauptquartier der Soleri-Stiftung: Workshops und Gießerei der berühmten Windglocken (auch Verkauf).

Echo Canyon Park
Camelback Mountain
Phoenix/Scottsdale
✆ (602) 256-3220 oder (602) 262-4837
Der einstündige Pfad durch die **Echo Canyon Recreation Area** beginnt an

Winterresidenz des Star-Architekten: Taliesin West von Frank Lloyd Wright

der Kreuzung von Tatum Blvd. und McDonald Dr. (Nähe 44th St.). Am Anfang etwas mühsam, danach leicht: Aufstieg auf den »Kamelkopf« mit Fernblick. Am besten wochentags, wenn noch ein Parkplatz zu bekommen ist.

Rawhide Western Town & Steakhouse

5700 N. Loop Rd.
Chandler, AZ 85255
✆ (480) 502-5600
www.rawhide.com, Okt.-Mai Mo-Do 17-22, Fr-So 11-22, sonst tägl. 17-22 Uhr, Eintritt kostenlos
Nach dem Grand Canyon auf Platz zwei der Touristenattraktionen in Arizona: Western Town und Steakhouse. Campinggelegenheit. (Südlich von Phoenix. I-10 South, Exit 162 (Wild Horse Pass Blvd.)

Roxsand Restaurant & Bar
2594 E. Camelback Rd. & 24th St. (Biltmore Fashion Park), Phoenix, AZ 85016
✆ (602) 381-0444
Transcontinental cuisine: eine gastronomische Fusion aus asiatischer, europäischer, orientalischer, indianischer und südamerikanischer Küche - mit hervorragenden Ergebnissen. *Piri, Piri* z.B., Lunch ($) und Dinner. $$-$$$

AZ 88
7353 E. Scottsdale Mall
Scottsdale, AZ 85251
✆ (480) 994-5576
Restaurant/Bar, toll im Park gelegen: kühles Design, heiße Gerichte. Tägl. Lunch und Dinner. $$

Furio
7210 E. 2nd St.
Scottsdale, AZ 85251
✆ (480) 945-6600
www.furio.tv
Angenehm für Drinks und unspektakuläre, aber geschmackvolle Gerichte zum Dinner.
$$

Z Tejas Grill
7014 E. Camelback Rd. (Scottsdale Fashion Sq.),
Scottsdale, AZ 85251-1227
✆ (480) 946-4171
www.ztejas.com
Lecker und lebhaft. Die Küche arbeitet nach dem Motto: »Dining South By Southwest« - von Voodoo-Thunfisch und *Gumbo Ya Ya* bis zur gefüllten *Navajo Roll*. $-$$

P.F. Chang's China Bistro
7135 E. Camelback Rd. (Scottsdale Fashion Sq.)
Scottsdale, AZ 85251
✆ (480) 949-2610
www.pfchang.com
Ausgezeichneter Gourmet-Chinese. Fr/Sa nur Lunch. $$

Ausflugsziel:

Man sieht ihn schon von weitem, den seltsamen Baldachin, das schützende Dach für die mysteriösen Ruinen von **Casa Grande**. Schon vor 1 500 Jahren lebten Hohokam-Indianer im Tal des Gila River. Viel weiß man nicht über ihre Kultur. Einfache Farmer waren sie, die in kleinen, verstreuten Dörfern lebten. Zur Bewässerung ihrer Baumwoll-, Mais- und Kürbisfelder legten sie ein kompliziertes, mehr als 1 000 Kilometer langes Kanalsystem an. Außerdem betrieben sie eine ausgefeilte Töpferei und handelten mit Mexiko.

Doch warum sie um 1350 unserer Zeitrechnung hier ein mächtiges, vierstöckiges Bauwerk errichteten, ist unklar. Sollte es ein Fort sein? Für Rituale genutzt werden? Die neuere Forschung weist darauf hin, dass die oberen Fenster exakte astronomische Beobachtungen ermöglichen. Also eine Sternwarte? Ein Bummel zum großen Hauptbau und durch die zahlreichen umliegenden Ruinen wird meist begleitet von bunten Schmetterlingen und summenden Kolibris.

Casa Grande Ruins National Monument
1100 Ruins Dr. (SR 87)
Coolidge, AZ 85228
✆ (520) 723-3172
www.nps.gov/cagr
Tägl. 8-17 Uhr
Eintritt $ 3/0
Rund 600 Jahre alte Hohokam-Ruine im Tal des Gila River. Visitor Center, Lehrpfade.

❻ Quartzsite

Dieses ehemaliges Goldgräberkaff mausert sich in den Wintermonaten zum Parkplatz für Hunderttausende mobiler Rentner, *snowbirds*, die hier in ihren Wohnwagen den kälteren Nordregionen und dem Schneeräumen entkommen möchten. 2 300 Einwohner erweitern sich im Winter bis zu einer Million! Dazu vier Truck Stops, keine Bank – und die Warteschlange beim Postamt reicht oft zwei Straßenblocks weit. Wer im Januar noch nie in Quartzsite war, hat keine Ahnung vom RV-Leben, heißt es. Fliegende Händler, Floh- und Tauschmärkte *(swap meets)* sorgen tagsüber ebenso für Entertainment wie morgens die Spaziergänge durch Kakteen und Creosote-Büsche und nachts das Betrachten der Sterne.

Quartzsite Chamber of Commerce
100 E. Main St.
Quartzsite, AZ 85346
✆ (928) 927-5600, Fax (928) 927-7438
www.quartzsitechamber.com

Scottsdale

Vgl. Phoenix S. 186 ff.

❼ Tombstone

Am 26. Oktober 1881 erschoss im O. K. Corral in Tombstone Sheriff Wyatt Earp die bösen McLowrey-Brüder und Billy Clanton. Die dreißig Sekunden des *shoot out* brachten Ställe, Sattlerei und Schmiede ins Standardlexikon des Wilden Westens. Heute stehen auf dem Schauplatz die Akteure als lebensgroße Puppen herum, wie tiefgefroren in ihrer letzter Position vor dem Sprung ins Jenseits.

Gleich am Ortseingang verzeichnet der **Boothill Graveyard** die genaue Todesart vieler Namenloser und legendärer Westmänner. Ob erstochen, legal oder versehentlich erhängt, von Indianern in den Hinterhalt gelockt oder sonst wie umgekommen – alle liegen einträchtig unter der Erde und in der Nähe von zirpenden Zikaden und plappernden Touristen.

Hoch ging es einst her in der reichen Silberminenstadt, die sich in den 1880er Jahren durch lockeres Geld und leichtes Leben einen Namen machte. In *bordellos*, Spelunken und Opiumhöhlen vertrieben sich die damals rund 10 000 Silbermänner die Zeit – bis die Minen nichts mehr hergaben und die Schürfer abzogen. Vom wüsten Dolce Vita stehen nur noch die Kulissen: einige Bars, der **O. K. Corral** und das **Bird Cage Theatre** von 1881 mit zahlreichen Requisiten aus der Zeit, als es sich als Bühne, Bar und Spielsalon seines schlechten Rufs erfreute.

Shoot-out in Tombstone

Service & Tipps:

Tombstone Chamber of Commerce
105 S. 4th St.
Tombstone, AZ 85638
✆ (520) 457-9317 oder 1-888-457-3929
www.tombstone.org
Mo–Fr 9–17 Uhr

Boothill Graveyard
SR 80, nördl. von Tombstone, AZ 85638
✆ (520) 457-9344, tägl. 7.30–18 Uhr
300 Gräber biederer Bürger, die in ihren Betten, und Desperados, die unter besonderen Umständen starben.

O. K. Corral
308 Allen St. (zwischen 3rd & 4th Sts.), Tombstone, AZ 85638
✆ (520) 457-3456, tägl. 9–17 Uhr
Schauplatz für den Showdown von

1881, der monatlich am 1. und 3. So nachgespielt wird.

Bird Cage Theatre
517 E. Allen & 6th Sts.
Tombstone, AZ 85638-0248
✆ (520) 457-3421 oder
1-800-457-3423
www.tombstoneaz.net
Tägl. 8–18 Uhr, Eintritt $ 4.50
Seit 1881 nahezu unverändertes Theater, Saloon und Honky-Tonk-Tanzlokal – einst beste Adresse zwischen New Orleans und San Francisco.

Tombstone Courthouse State Historic Park
219 E. Toughnut St.
Tombstone, AZ 85638
✆ (520) 457-3311
Tägl. 8–17 Uhr, Eintritt $ 4–11
Gerichtsgebäude mit landesgeschichtlichen Ausstellungsstücken.

Crystal Palace Saloon
5th & Allen Sts.
Tombstone, AZ 85638
✆ (520) 457-3611
Legendär, aber einige neuere Bars im Ort wirken lebendiger.

Nellie Cashman's
117 5th St.
Tombstone, AZ 85638
✆ (520) 457-2212
Ältestes Restaurant der Stadt, solide Gerichte zu jeder Tageszeit: Frühstück, Lunch und Dinner. $–$$

8 Tubac

Tumacacori Mission

Im stillen Tubac hat sich ein buntes Künstlervölkchen eingenistet. Ursprünglich (1752) stand hier ein spanisches Presidio zur Kontrolle der aufständischen Indianer. Damit ist Tubac die älteste europäische Siedlung in Arizona. Als kirchlicher Pionier der Spanier hatte Pater Kino zuvor versucht, die Indianer im südlichen Arizona – Apachen, Papago und Pima – zu missionieren und in der Viehzucht zu unterweisen. In seiner Nachfolge entstand eine Reihe von Missionskirchen, unter ihnen **San José de Tumacacori** (sprich: tume'KAkeri) im gleichnamigen National Historical Park ganz in der Nähe (5 km).

Tubac Chamber of Commerce
P.O. Box 1866, Tubac, AZ 85646
✆ (520) 398-2704, www.tubacaz.com

Cafe Fiesta
19 Tubac Rd., Tubac, AZ 85640
✆ (520) 398-2332
Einfach und gut: Salate, Suppen und Sandwiches. Frühstück und Lunch. $

Tumacacori National Historical Park
1891 E. Frontage Rd.
Tumacacori, AZ 85640
✆ (520) 398-2341
www.nps.gov/tuma/
Tägl. 8–17 Uhr

Gründer von Tucson: Pater Eusebio Francisco Kino

Eintritt $ 3
Ruine der massiven Missions-Adobekirche **San José de Tumacacori** von 1691, von Franziskanern erbaut, aber nie vollendet. Kirche, Museum (Spaniens Einfluss auf die Region), Garten und Friedhof. Rechts neben dem Kircheneingang steht noch das wuchtige Baptisterium, über dem sich der Ansatz des nie zu Ende gebauten Glockenturms erhebt. Ungewöhnlich und beeindruckend ist die (dachlose) Totenkapelle auf dem Friedhof hinter der Kirche. Für Souvenirs und leibliche Stärkung sorgen die Etablissements auf der gegenüberliegenden Straßenseite: Gifts, Mission Gallery and Art Studio, Sandwiches und die Old Tumacacori Bar. (I-19, Exit 29, 5 km südl. von Tubac.)

9 Tucson

Knapp 800 000 Einwohner bevölkern Tucson, das in einem Hochwüstental liegt, geschützt von vier Bergmassiven: den Santa Catalina, Rincon, Santa Rita und Tucson Mountains. Das moderne Tucson, liberaler Gegenspieler des eher konservativen Phoenix, lebt im Wesentlichen von der Air Force und der UofA, der Universität von Arizona. Das trockene, sonnenreiche (350 Tage im Jahr Sonne!) und besonders im Winter angenehme Klima hat die Stadt außerdem zu einer beliebten Rentneradresse gemacht, und den zugezogenen High-Tech-Firmen gefällt die klare und staubfreie Wüstenluft.

Die meisten Tucsonans wissen das (universitätsbedingte) kulturelle Niveau ihrer Stadt ebenso zu schätzen wie das noch vorherrschende *grassroot feeling*: Die Stadtväter seien erstaunlicherweise für alle und vieles ansprechbar, heißt es, und dadurch stände Tucson, was die Chancen der Mitbestimmung in der kommunalen Verwaltung und Politik angehe, vergleichsweise gut da.

Die touristischen Highlights winden sich wie ein Kranz um die ausufernde und durchweg flache Stadt – wegen der happigen Entfernungen an einem fort-

Typisch für die Region um Tucson: die Saguaro-Kakteen

geschrittenen Nachmittag unerreichbar. Dennoch bieten sich zumindest zwei Alternativen zum Hotelpool an: ein Bummel durch die Altstadt (bzw. über die mit Kaffeehäusern, Boutiquen und Kunstgalerien gespickte 4th Street) oder ein Ausflug zum östlichen Teil des Saguaro National Park.

Der historische Kern von Downtown Tucson (im Karree zwischen Franklin, Court, Congress und Main Street) erschließt sich leicht zu Fuß. Bester Parkplatz und Ausgangspunkt: das **Tucson Museum of Art**, in dessen Nachbarschaft nicht nur zahlreiche Galerien, Kunstakademien und Restaurants in alten Adobebauten eingezogen sind, sondern auch einige Häuser, die vom Architekten Henry Trost um die Jahrhundertwende für reiche Junggesellen entworfen wurden, so dass der Distrikt den Beinamen *snob hollow* bekam. Auch wenn einige der Villen zur umgebenden spanischen Baulandschaft wie die Faust aufs Auge passen, können sie sich durchaus sehen lassen.

Broadway entwickelt sich in östlicher Richtung stadtauswärts zum Old Spanish Trail, der schließlich zum **Saguaro National Park (East)** führt, wo sich Fotofans und Naturliebhaber so richtig an den Kakteen erfreuen können, besonders am Spätnachmittagszeit, wenn das Licht am schönsten ist. Bis zu 200 Jahre alt können diese »Könige der Wüste« werden und bis zu 15 Meter hoch. Nach einem ordentlichen Regenguss kann ein erwachsener Kaktus bis zu sieben Tonnen wiegen – und bis zu zwei Jahre lang ohne einen Tropfen Wasser leben. 50 Jahre braucht er, um seinen ersten Arm zu entwickeln.

Im Frühjahr, zwischen April und Anfang Juni, blühen die Kolosse. Nach Sonnenuntergang öffnet sich eine der oft über hundert kleinen weißen Blütenknospen und wartet darauf, am nächsten Morgen bestäubt zu werden, danach verwelkt sie noch am selben Tag.

Metropolitan Tucson Convention & Visitors Bureau
100 S. Church Ave.
Tucson, AZ 85701
✆ (520) 624-1817 oder 1-800-638-8350
Fax (520) 884-7804
www.visittucson.org
Mo–Fr 8–17, Sa/So 9–16 Uhr

Service & Tipps:

Arizona-Sonora Desert Museum
2021 N. Kinney Rd. (über Speedway nach Westen), Tucson, AZ 85743
✆ (520) 883-2702
Fax (520) 883-2500
www.desertmuseum.org
Im Sommer 7.30–22, sonst 8.30–17 Uhr, Eintritt $ 9/2
Einzigartiges Wüstenmuseum in natürlicher Umgebung.

Old Tucson Studios
201 S. Kinney Rd.
Tucson, AZ 85735
✆ (520) 883-0100
www.oldtucson.com
Tägl. 10–16 Uhr
Eintritt $ 15/10
Das »Hollywood in der Wüste« dient seit 1939, als Columbia Pictures es für den Film »Arizona« errichtete, als Drehort für mehr als 300 Filme und TV-Produktionen.

Mission San Xavier del Bac
1950 W. San Xavier Rd., (I-19, Exit 92 S.), 16 km südl. von Tucson, AZ 85746
✆ (520) 294-2624
www.sanxaviermission.org
Tägl. 8–17 Uhr, Eintritt kostenlos
1783–97 von Franziskanern unter Jesuitenpater Eusebio Francisco Kino im indianischen Dorf Bac (»wo das Wasser fließt«) in spanischem Kolonialbarock erbaut, im Reservat der San-Xavier-Indianer (Papago-Indianer) und immer noch die Gemeindekirche, als die sie gebaut wurde. Im Innern sind vor allem die vorzüglich restaurierten Fresken und der Altar bemerkenswert. Die Gottesdienste werden von der hispanischen Gemeinde ebenso besucht wie von den Tohono-O'odham-Indianern.

Flugzeugfriedhöfe
Valencia, Kolb, Irvington Rd.
Ein so genannter *boneyard* in der Nähe des Pima Air Museum: Geister-Armada der US Air Force.

Tucson Museum of Art & Historic Block
140 N. Main Ave.
Tucson, AZ 85701
✆ (520) 624-7333
Fax (520) 624-7202
www.tucsonarts.com

Di-Sa 10-16, So 12-16 Uhr
Eintritt $ 5
Vor allem sehenswert wegen seiner Western Art Collection, aber auch wegen seiner Sammlung von präkolumbischer und spanischer Kolonialkunst.

Umgeben ist das Museum vom **El Presidio Historic District**, dem restaurierten spanisch-mexikanischen Stadtkern mit einer Reihe von Museen, Galerien, Restaurants mit hübschen Patios, Bars in historischen Häusern: z.B. das **Edward Nye Fish House** mit dicken Adobewänden von 1868 (120 N. Main St.), daneben das **Hiram S. Stevens House** von 1856 (150 N. Main Ave.), das **Leonardo Romero House** von 1860 (Meyer Ave.), **J. Knox Corbett House** von 1906 mit Patio-Restaurant (180 N. Main Ave.) und **La Casa Cordova** von 1848 (175. N. Meyer Ave.), eins der ältesten Häuser in Tucson.

Zwischen Alameda und 6th. St. steht die von Henry Trost 1901 entworfene **The Owl's Club Mansion** (378 N. Main Ave.). Vom gleichen Architekten stammt auch das **Steinfeld House** (300 N. Main Ave.). Südlich davon schließt sich der **El Presidio Park** an.

Saguaro National Park West
2700 N. Kinney Rd. (Tucson Mountain District)
Tucson, AZ 85743
✆ (520) 733-5158
www.nps.gov/sagu/
Visitor Center tägl. 9-17 Uhr, Park 7 Uhr bis Sonnenuntergang, Eintritt kostenlos
Kakteenwald, Visitor Center, Rundkurs (Bajada Loop Drive), Lehrpfade.

Saguaro National Park East
3693 S. Old Spanish Trail
(Rincon Mountain District)
Tucson, AZ 85730-5601
✆ (520) 733-5153
www.nps.gov/sagu/
Visitor Center tägl 9-17 Uhr, Park 7 Uhr bis Sonnenuntergang
Eintritt $ 6 pro Auto
Der Saguaro-gespickte Autokorso lädt zu einer einstündigen Rundfahrt. Wanderer können sich dem Tanque Verde Trail oder dem Cactus Forest Trail anvertrauen.

Cafe Poca Cosa
88 E. Broadway und 20 S. Scott
Tucson, AZ 85701
✆ (520) 622-6400
Zwei vorzügliche mexikanische Restaurants auf einen Streich. Die enge Hütte an Scott Ave.: *gourmet Mexican food* zum Frühstück und Lunch ($). Schräg gegenüber (Broadway): Lunch und Dinner mit ungewöhnlichen und täglich wechselnden Kreationen. Auch zum draußen Sitzen. Abends unbedingt reservieren! So geschl. ($$)

Janos
3770 E. Sunrise Dr. (im Westin La Paloma Resort), Tucson, AZ 85718
✆ (520) 615-6100
www.janos.com

Highlight des Südwestens: Mission San Xavier del Bac

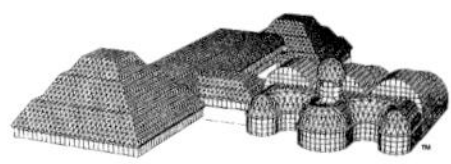

Biosphere 2 Center

Vielfach ausgezeichnet für seine *Southwest Nouvelle Cuisine* (Mais, Kaktus, *chile* etc.); reiche Weinauswahl. Eleganter Raum und freundlicher Service; romantische Aussicht auf die Lichter von Tucson. Reservierung empfohlen. Dinner only. So geschl. (Mitte Mai–Mitte Nov. auch Mo geschl.) $$–$$$

Saguaro Corners Restaurant
3750 S. Old Spanish Trail (Escalante Rd.)
Tucson, AZ 85730-5638
✆ (520) 886-5424, Mo geschl.
Gegenüber vom Eingang zum Nationalpark (East): Gut für einen erfrischenden Schluck und Deftiges zur Stärkung. Von den (begehrten) Fensterplätzen aus kann man sich am Anblick von *javelina* (entzückenden schwarzen Wildschweinen), Coyoten und Vögeln erfreuen, die hier ebenso wie die Gäste des Restaurants gefüttert werden. $–$$

Cactus Moon Café
5470 E. Broadway (Ostende der Stadt)
Tucson, AZ 85711
✆ (520) 748-0049
Nacht- und Country & Western-Musikclub. Wer mal Cowboy spielen und/oder tanzen will, kommt besonders mittowochs und freitags auf seine Kosten.

Ausflugsziel:

Biosphere 2
Hwy. 77 *(mile marker* 96.5)
Oracle, AZ 85623

✆ (520) 896-6200 oder 1-800-828-2462
www.bio2.com
Tägl. 9–16 Uhr
Führungen. Eintritt $ 20/13
Die einst zur New Yorker Columbia University gehörenden Forschungs- und Lehreinrichtung ist heute Touristenattraktion.

20 Autominuten nördlich von Tucson via Oracle Road.

⑩ Yuma

Das beschauliche Nebeneinander von Zitrusplantagen und RV-Parks in Yuma beweist, dass Rentner und Apfelsinen in der südlichen Hitze gleichermaßen prächtig gedeihen. Der alte Dampfschiffhafen am Colorado River ist verschwunden, aber das alte **Gefängnis**, das in vielen Hollywoodstreifen vorkommt, steht noch.

YUMA
Territorial Prison
State Historic Park

Service & Tipps:

Yuma Convention & Visitors Bureau
377 S. Main St., Yuma, AZ 85364
✆ (928) 783-0071 oder 1-800-293-0071
www.visityuma.com

Yuma Territorial Prison State Historic Park
1 Prison Hill Rd. (4th St. Exit von I-8)
Yuma, AZ 85364
✆ (928) 783-4771
Tägl. 8–17 Uhr, Eintritt $ 4/0
Abfahrt von der I-8 kurz in der Nähe des Colorado River (ausgeschildert). Altes Gefängnis (1876–1909), 33 Jahre die Heimatadresse für viele Desperados des Südwestens. Viele Häftlinge sollen damals an Lungenentzündung gestorben sein, weil die Zellen keine Wände, sondern nur Gitterstäbe hatten, durch die der Wind pfiff.

Lutes Casino
221 S. Main St.
Yuma, AZ 85364
✆ (928) 782-2192
Ältestes Lokal für Pool und Dominospiele (aber kein Casino); gute Hamburger und Sandwichs. $

Brownie's Restaurant
1145 S. 4th Ave.
Yuma, AZ 85364
✆ (928) 783-7911
Solide amerikanische Küche. $

Vista Point Rundreise durch Kalifornien und den Südwesten

Die Route

Vista Point Rundreise durch Kalifornien und den Südwesten

Der amerikanische Südwesten ist, weiß Gott, ein weites Feld, erst recht, wenn man den größten Batzen von Kalifornien noch dazurechnet. Der folgende ausgearbeitete Routenverlauf verknüpft die »klassischen« Highlights des Südwestens, also das Grundprogramm der meisten Reisen zwischen Pazifik und Co-

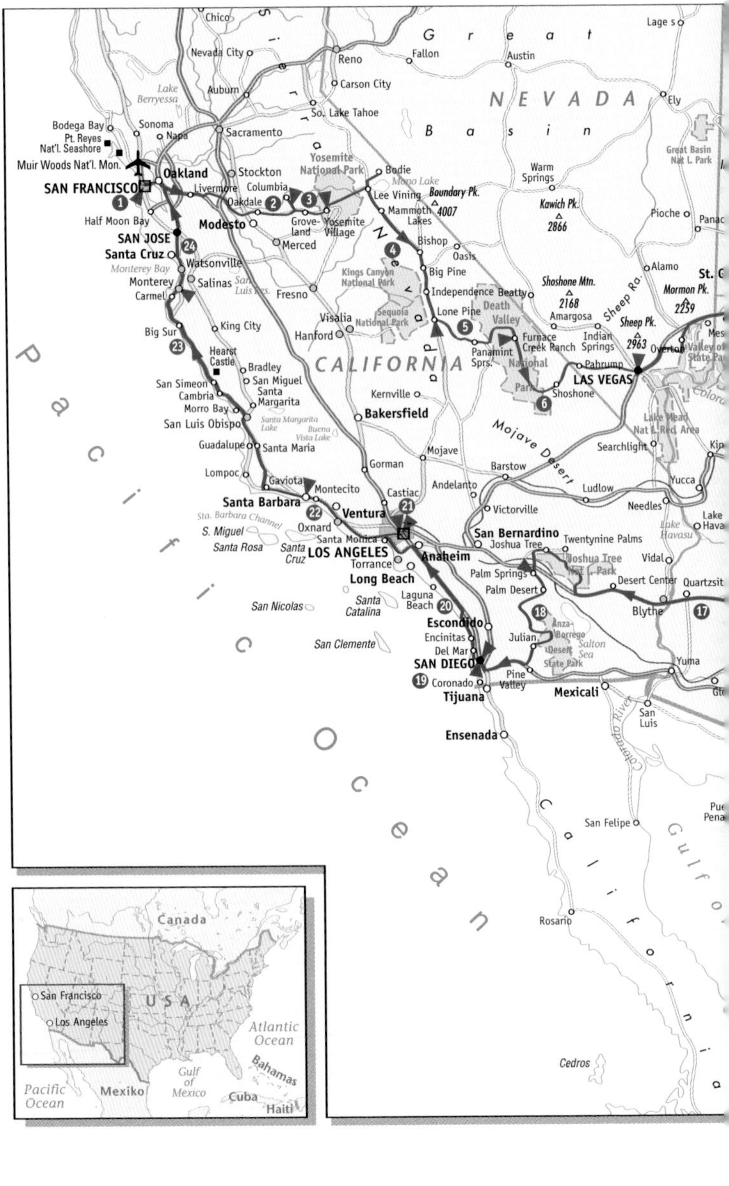

◁ *Durch die Wüste: Stovepipe Wells im Death Valley*

lorado Plateau. Was die Entfernungen und die Reisedauer angeht, ist das kein Pappenstiel. Durch die Reihenfolge der Tagesetappen nach dem Jede-Nacht-in-einem-anderen-Bett-Prinzip bleiben gut drei Wochen auf der Strecke.

Die Route

Mindestens, denn wer fühlt sich schon in einem so engen Reisekorsett wohl, kommt nachmittags in San Francisco an und fährt gleich am nächsten Morgen weiter? Wozu über die Pisten des Death Valley im Schweinsgalopp brettern – wenn man hier oder in anderen Nationalparks herrlich wandern und sitzen, im schlaflosen Las Vegas die Reisekasse aufbessern, im feinen Scottsdale auf Shopping-Tour gehen kann? Und wer möchte sich

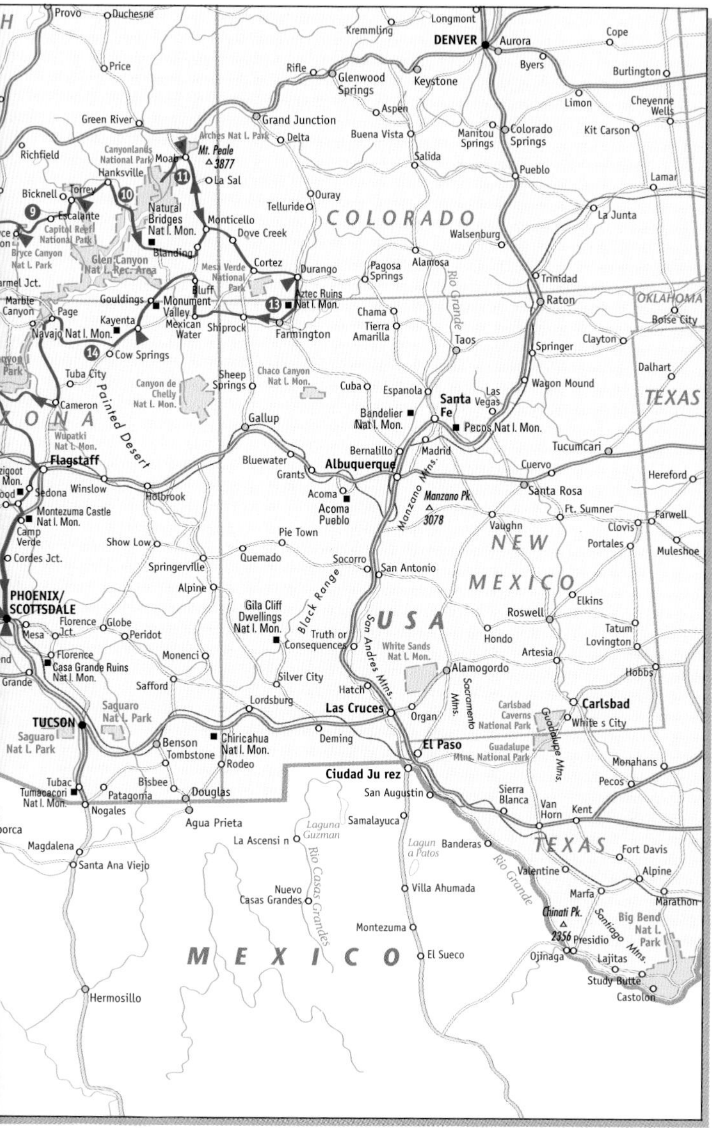

nicht nach langer Wüstentour in die Pazifikwellen stürzen oder sich im verrückten Venice oder gepflegten Santa Barbara aufs Rad schwingen? Also, je länger, je lieber.

Mit Ausnahme einiger hochgelegener Parks (z.B. Cedar Breaks) sind die Straßen und Pässe entlang der Route meist ganzjährig zu befahren. Für die Wintermonate (manchmal bis in den Mai/Juni hinein) empfiehlt es sich, wegen des geschlossenen Tioga-Passes im Yosemite-Nationalpark auf diesen Park zu verzichten und die Reise nicht in San Francisco, sondern (als Gabelflug) in Los Angeles zu beginnen und von dort ins Death Valley, nach Las Vegas und weiter wie beschrieben fortzusetzen. Wer dennoch in San Francisco starten möchte, der sollte sich zwischen Anfang November und Mitte Juni vor der Abfahrt bei der Parkverwaltung erkundigen, ob der Pass frei ist. Ist er es nicht, bieten sich zwei Umwege durch die Sierra Nevada in Richtung Death Valley an: (die schönere) über Sacramento, Lake Tahoe und dann auf der US 395 nach Süden; oder (die schnellere, aber längst nicht so schöne) über Bakersfield, Mojave, China Lake und Trona.

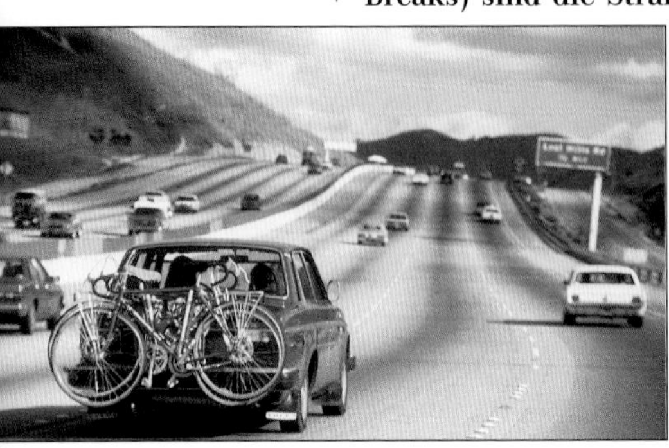

Go with the flow: California Highway

April und Mai sowie September und Oktober gehören zu den besten Reisemonaten: klimatisch, landschaftlich, preislich und nicht zuletzt deshalb, weil sie vor Memorial Day bzw. nach Labor Day liegen, also außerhalb der *tourist frenzy*, der amerikanischen Reisesaison.

1 America's Sweetheart
San Francisco

Einen Stadtplan von San Francisco und weitere Informationen finden Sie S. 24–34.

Vormittag — Zu Fuß, per Taxi oder öffentlichen Verkehrsmitteln zum **Union Square** (Tiefgarage). **Maiden Lane**, an Grant Ave. links bis Post St., dort rechts zur **Crocker Galleria** und weiter bis Market St.; an Montgomery St. links: durch den **Financial District**, vorbei am **Mills Building** (rechts), Bank of America Building (links), **Wells Fargo History Museum** zur **Transamerica Pyramid**. Washington St. nach **Chinatown:** Portsmouth Square, Grant Ave., Waverly Place bis

Mittag — Ecke Stockton St. und Pacific Ave.: Dim Sum Lunch.

Nachmittag — Mit der **Cable Car** (Haltestelle Jackson & Powell Sts.) zum Hyde Street Pier. **Ghirardelli Square, Cannery, Fisherman's Wharf**, Pier 39, Battery St., **Filbert Steps**, Aufstieg zum **Coit Tower**; abwärts zum **Washington Square** und Bummel durch **North Beach**.

Spitze: Transamerica Pyramid und Francis Coppola Building

Alternativen
Wanderung vom **Aquatic Park** über Fort Mason, Marina Green, Palace of Fine Arts, den **Presidio National Park** nach **Fort Point** unterhalb der **Golden Gate Bridge**.
Für Freunde der Stadtkultur: ein Besuch des **Mission District** (z.B. 24th St.) mit der historischen **Mission Dolores** und/oder des ehemaligen Hippie-Zentrums **Haight/Ashbury**. Shopping-Tour über **Fillmore St.** (zwischen Bush und Jackson), **Union Street** (schön zum *window shopping*). Bootstour zur ehemaligen Gefängnisinsel **Alcatraz**. Ein Ausflug über die Golden Gate Bridge nach **Sausalito**. Ja, und am Sonntagmorgen eine Messe in der **Glide Church**!

Vom Flughafen über Land nach San Francisco zu fahren heißt leider ausnahmsweise nicht über Brücken, sondern durch den wenig ansehnlichen Süden der Halbinsel. Aber es ist doch auch typisch kalifornisch: die grünen Freeway-Schilder, der üppige Bewuchs an den Straßenrändern, die silbrigen Blätter der Eukalyptusbäume und deren abblätternde Rinde an den Stämmen. Außerdem sanfte *rolling hills* unter weitem Himmel.

Nur die Müdigkeit eines Ankunftstages bremst den Drang, alles gleich auf einmal sehen zu wollen. Aber vielleicht langt es noch bis zum Union Square oder für ein paar Schritte durch North Beach. Gäbe es keine Zeitunterschiede – der Tag könnte ewig dauern.

Die Route

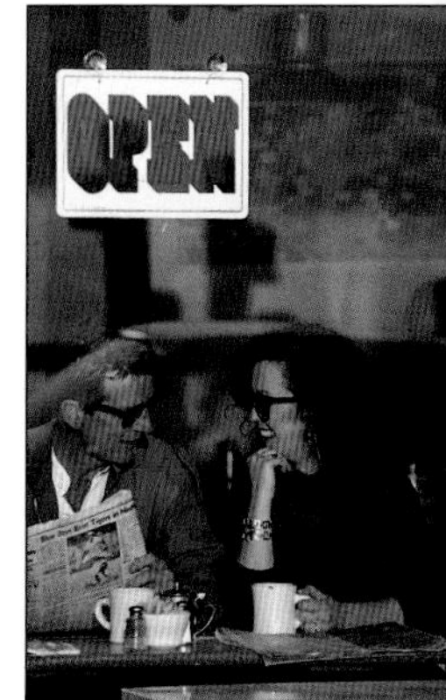

San Francisco ist unter anderem eine Stadt für Kaffeetrinker aller Geschmacksrichtungen – trotz der Starbucks-Kette haben weiterhin die italienischen Cafés die Nase vorn

2 Gold Country
Sonora und Columbia

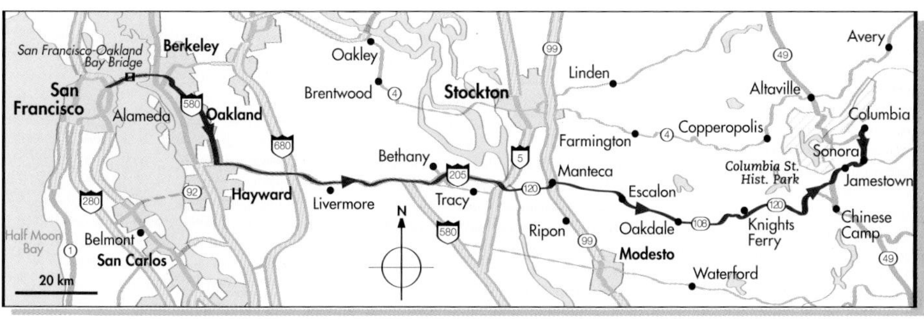

Route: San Francisco – Oakland – Sonora – Columbia –Sonora (226 km/141 mi)

km/mi	Zeit	Route
0	10.00 Uhr	**San Francisco:** Bay Bridge (I-80) Richtung Oakland, I-580 bis Livermore, dann I-205, S 120 über Oakdale, S 49 nach Norden über Jamestown nach
211/132	12.30 Uhr	**Sonora** (Hotel-Check-in). Über S 49 nach Norden und den Schildern folgend nach

219/137 13.30 Uhr **Columbia** (Rundgang ca. 2 Std., evtl. später Lunch). Am späteren Nachmittag zurück nach
226/141 **Sonora**.

Unter den Silberbögen der Bay Bridge rollt man von San Francisco an den riesigen Hafenanlagen vorbei zur Ostseite der Bucht nach **Oakland** (s. S. 37). Kaum, dass sich der Highway durch die Küstenberge windet, tauchen bei Altamont und Livermore Heerscharen von Windturbinen auf. Ansonsten haben ökologische Ziele ausgerechnet hier nichts verloren: die waffentechnischen Labors von Livermore arbeiteten einst für Reagans »Star Wars«.

Etwa ab **Oakdale** dominieren beschauliche Landschaftsbilder und erst recht beim Kontakt mit dem legendären **Highway 49** (s. S. 100) im **California Gold Country** (s. S. 96 ff.). Unter den zahlreichen Städtchen hat sich **Columbia** (s. S. 99 f.) am besten herausgeputzt, denn der ganze Ort ist ein State Park.

Wenn **Sonora** (s. S. 106), die Hauptstadt von Tuolumne County (gesprochen: Tu'OLemni), sein »Rodeo Weekend« feiert, quellen im Anschluss an das staubige Pferdegaudi die Bars über und in vielen Hotels ist der (kalifornische) Bär los. Hoch her geht es dann auch auf Washington Street, der einzigen Hauptverkehrsstraße.

An der Hotelbar mixt ein bärtiger Musiker aushilfsweise die Cocktails. Er lacht viel und schallend. Nur ab und zu wird er ernst, und zwar immer dann, wenn es um sein Ding geht: die Musik. Seit Ende der 1970er Jahre, jammert er, die Discotime ausgebrochen sei, hätte die Live-Musik in den Kneipen fast überall im Gold Country ihren Geist aufgegeben. Ähnlich verheerend, meint er, sei die Wirkung der Fernseher über den Bartheken. Die öden Baseball-Übertragungen hätten allen Gesprächen und Witzen den Garaus gemacht. Und erst recht dem Geschichtenerzählen.

3 Berge des Lichts
Yosemite National Park

Route: Sonora – Chinese Camp – Yosemite Village (187 km/117 mi)

km/mi	Zeit	Route
0	8.00 Uhr	Von **Sonora** S 49, Chinese Camp, S 120 bis zum Eingang des
83/ 52	9.00 Uhr	**Yosemite National Park**. - S 41 zum
155/ 97	11.00 Uhr	**Glacier Point** (via Glacier Point Rd.)
187/117	13.00 Uhr	**Yosemite Village** (Lunch und Pause; einchecken: Hotel/Campingplatz)
	Nachmittag	Mit dem Bus zu den **Vernal** und/oder **Nevada Falls**.

Die Route

Gleich außerhalb von **Sonora** grasen Herden auf Hügeln mit goldenem Pelz, so verschwenderisch färbt die Morgensonne die Gräser. **Chinese Camp** – ja, hier lebten tatsächlich nur Chinesen. 1849 kam ein Haufen Engländer dazu, die den Chinesen die Arbeit in den Minen aufhalsten. Doch bald waren die Chinesen wieder unter sich, weil so viele ihresgleichen anrückten, die anderenorts vertrieben und verjagt wurden. So wuchs Mitte der 1850er Jahre Chinese Camp mit 5 000 Einwohnern zur größten chinesischen Siedlung außerhalb Asiens heran. Das ist vorbei. Wohl erhalten, aber verschlafen liegt das Örtchen heute da – halb *ghost town*, halb Hüttendorf für gerade mal 120 Yankee-Seelen.

Wenig später steigt die Straße in die Westhänge der **Sierra Nevada**. Big Oak Flat folgt und **Groveland**, ein Nest mit Gehsteigen aus Holzplanken – eine perfekte Westernkulisse. An der Tankstelle flattert ein Plakat, das ein Coyoten-Wettheulen fürs Wochenende ankündigt. Wer kann am besten einen Coyoten nachmachen? Offenbar lohnt der Versuch: 750 Dollar winken dem Superheuler.

Langsam rücken die Sierras näher – und damit der **Yosemite National Park** (s. S. 107 ff.). Einen ersten Eindruck von diesen gewaltigen Proportionen vermittelt der Rim of the World Vista Point kurz vor dem Parkeingang. Kurz nach Durchquerung der Talsohle geht es zunächst in südlicher Richtung weiter. Vor dem Wawona-Tunnel sollte man am allseits beliebten Aussichtspunkt halten, weil sich von ihm aus das Yosemite Valley in eine Panoramapostkarte oder – mit verwandtschaftlichem Vordergrund – in ein Bild fürs Familienalbum verwandelt. Das nächste Highlight: **Glacier Point**. Der Rückweg führt ins **Yosemite Village**, das Standquartier für Spaziergänge am Fluss entlang oder zu Wanderungen zu den nahen Wasserfällen.

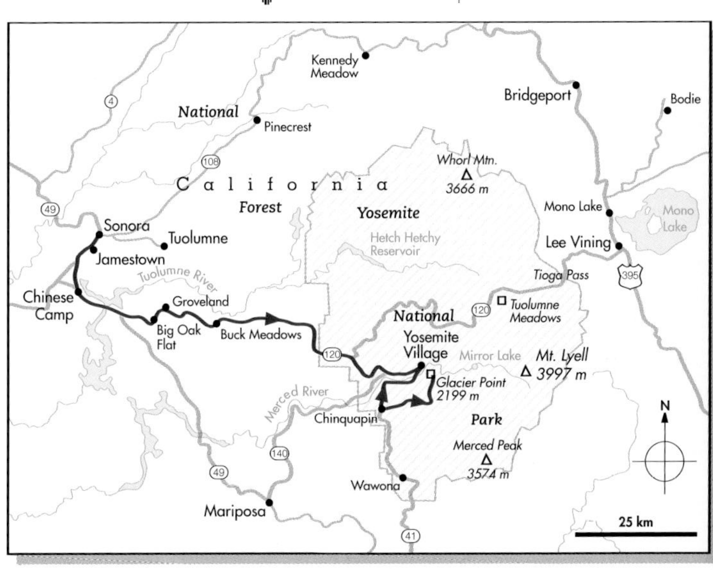

Die Route

Achtung! Da der Tioga Pass oft bis Ende Juni geschlossen ist, sollte man unbedingt vor der Abreise den Straßenzustand abfragen: ✆ 1-800-427-7623.

4 »Leichentuch eines Vulkans«

Mono Lake

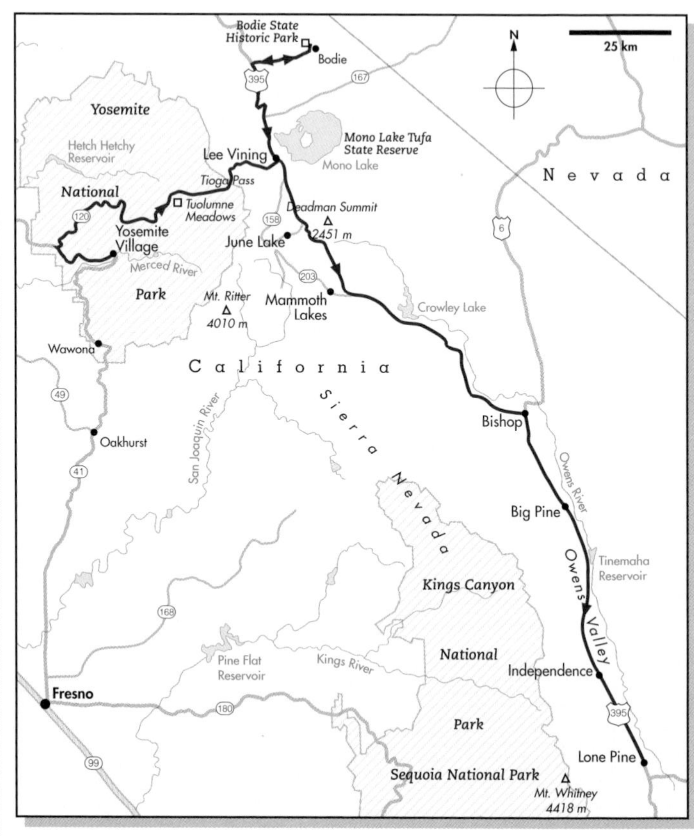

Route: Yosemite National Park – Tioga Pass – Bodie – Lone Pine (451 km/282 mi)

km/mi	Zeit	Route
0	9.00 Uhr	Ab **Yosemite Valley** S 120 nach Osten, **Tuolumne Meadows, Tioga Pass**
122/ 76	11.00 Uhr	**Lee Vining** (Mono Lake), US 395 ca. 29 km nach Norden, dann Abzweig S 270 rechts ab nach Osten und ca. 10 km bis
200/124	12.00 Uhr	**Bodie** (eine Geisterstunde). – Rückfahrt zum
	14.00 Uhr	**Mono Lake**, Ausfahrt **Mono Lake Tufa State Reserve** (Pause beim Salz).
451/282	17.00 Uhr	**Lone Pine.**

Noch Ende Mai kann es passieren, dass neben der **Tioga Pass Road** im *high country* plötzlich Schneeballschlachten geschlagen werden, während in den Tälern alle unter der Hitze stöhnen. Auf fast 3 000 Metern Höhe ziehen die **Tuolumne Meadows** (s. S. 111) vorüber, das größte alpine Hochmoor der Sierra-Kette, gefolgt von kahl geschorenen Granitplatten und blank polierten Brocken, bis es endgültig den steilen Osthang abwärts geht.

Im Tal, nach einem kurzen Sprung nach Norden, gelangt man nach sanft-asphaltierter Anfahrt (S 270 – auch für Camper kein Problem!) nach **Bodie** (s. S. 98 f.). »Auf Wiedersehen Gott, wir fahren nach Bodie«, schrieb ein junges Mädchen damals in ihr Tagebuch. Offenbar hatte sich der üble Ruf schon herumgesprochen. Heute kommen nur noch Touristen zu diesem einsam und hoch gelegenen (über 2 600 Meter), aber durchaus fotogenen Bretterhaufen.

Zurück zum **Mono Lake** (s. S. 102 f.). Die Mono Basin National Scenic Area umschließt den See. Dort, wo man das Kleinkleckersdorf der Salzablagerungen schon vom Highway aus sehen kann, führt eine schmale Straße linker Hand zum **Mono Lake Tufa State Reserve** – eine willkommene Gelegenheit zum Laufen.

Schnurgerade zieht die Straße ihre Asphaltspur durch das Hochtal. Hinter dem **Deadman Summit** (2 451 Meter) entfalten sich alpine, mit ausgedehnten Hochwäldern bedeckte Breitwandpanoramen. Im Sommer strahlt das Blau des **Crowley Lake** zur Straße herüber, im verschneiten Winter sucht man ihn vergebens. Er ist der größte Speicher im Wasserverbundsystem. Nach dem Sherwin Summit sinkt die Straße ins **Owens Valley** (s. S. 107), das sich, so steht es jedenfalls auf der Plakette an der Straße, von hier aus 160 Kilometer nach Süden erstreckt, also praktisch bis zur Mojave-Wüste.

Das fruchtbare Tal war ursprünglich lange von Indianern bewohnt. 1845 benannte man See, Tal und Fluss nach Richard Owens, einem Offizier der Armee, den eine Expedition in diese Gegend brachte. *Sagebrush* links und rechts der Straße deutet an, dass auch hier die Wasserdiebe aus L.A. zur Versteppung des Tals beigetragen haben. **Bishop, Big Pine, Independence, Lone Pine** (s. S. 106 f.): Wie Kandiszuckerstücke reiht die US 395 ein Nest ans andere. Die Main Streets ähneln sich ebenso wie ihr jeweiliges Umfeld – Haine, Weiden und schmucke Holzhäuschen. Über allem thront der **Mount Whitney**, mit 4 418 Metern Kaliforniens höchster Berg.

Von jeher war die beeindruckende Landschaft als Kulisse für Wildwestfilme beliebt. Das Wiedersehen von Verfilmtem ist ohnehin eine typisch kalifornische Erfahrung.

Mono Lake
»Der feierlich stille, von keinem Segel in seiner Ruhe gestörte See, dieser einsame Lehensmann Gottes auf diesem allereinsamsten Fleck ... das echte Leichentuch eines Vulkans, dessen weiten Krater der See verschluckt hat«, schrieb Mark Twain.

Yosemite Half Dome

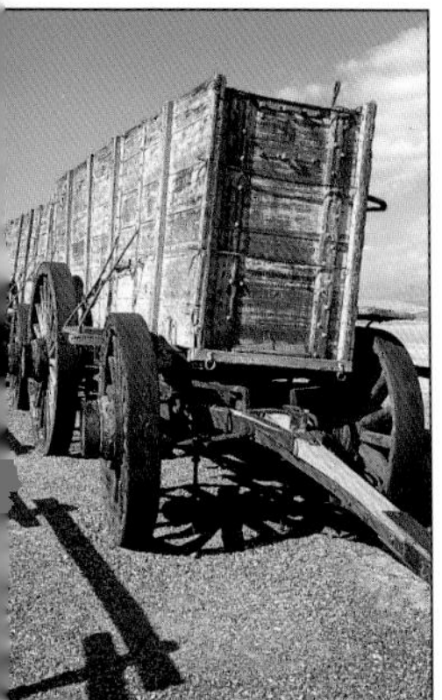

Ausgedient: alte Karren zum Borax-Transport

5 »Landeplatz der Frogs«

Death Valley National Park

Route: Lone Pine – Stovepipe Wells – Furnace Creek (168 km/105 mi)

km/mi	Zeit	Route
0	9.00 Uhr	Von **Lone Pine** auf S 136, 190 nach
128/105	10.45 Uhr	**Stovepipe Wells** im **Death Valley National Park**. Ein Stück weiter östlich: Wanderung durch die Dünen; anschließend bis zur nächsten Kreuzung und dort rechts nach Süden zum
	12.00 Uhr	Visitor Center (kurzer Stopp).
168/105	12.30 Uhr	**Furnace Creek Ranch** (oder Inn oder Campingplatz): Check-in.
	Nachmittags	Ausflüge zum **Zabriskie Point**, in den **Twenty Mule Team Canyon** und/oder **Dante's View**.

Sobald sich der Highway 136 in Richtung **Death Valley** (s. S. 114 ff.) auf den Weg macht und den Owens River überquert, wird alles ganz anders. Im Nu weichen die pastoralen Bilder des Owens Valley einer harschen Halbwüste. Steinfaltungen treten hervor und der Geröllsand duldet nur noch *sagebrush*, ein so struppiges Gemisch, dass man befürchten muss, hier könnten am Ende die *Frogs* landen. Wieso auch nicht? E. T. setzte im San Fernando Valley, im Hinterhof von Los Angeles, auf; der Weiße Hai biss an der Pazifikküste zu. In Kalifornien muss man auf vieles gefasst sein.

Nach der fotogenen Dünenlandschaft von **Stovepipe Wells** (s. S. 115) taucht rechts und links von der Straße eine Fläche mit weißlich-witzigen Büschelhütchen auf, die sich einen passenden Namen eingehandelt haben: **Devil's Cornfield**. Das **Visitor Center** leistet logistische Schützenhilfe bei der Erkundung der Region. Und gleich darauf zerstreut die weitläufige **Furnace Creek Ranch** (s. S. 115) die letzten, möglicherweise beängstigenden Gefühle in der toten Wildnis. Ein kleiner Rundgang bringt Neuigkeiten und Bewegung, das Museum zum Beispiel. Zwischen den Geräten spielt das Thema Borax die Hauptrolle, jene weiße, kristallene Substanz, die unter anderem zur Keramik- und Glasherstellung, aber auch für Seifen, Kosmetik und Frostschutzmittel verwandt wird.

Palmentrio: Furnace Creek Ranch im Death Valley

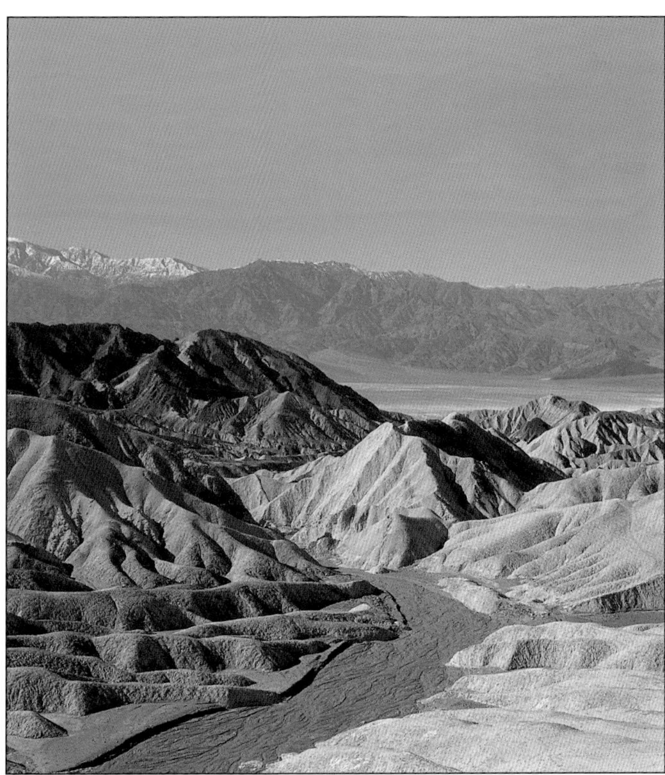

Zabriskie Point, Death Valley

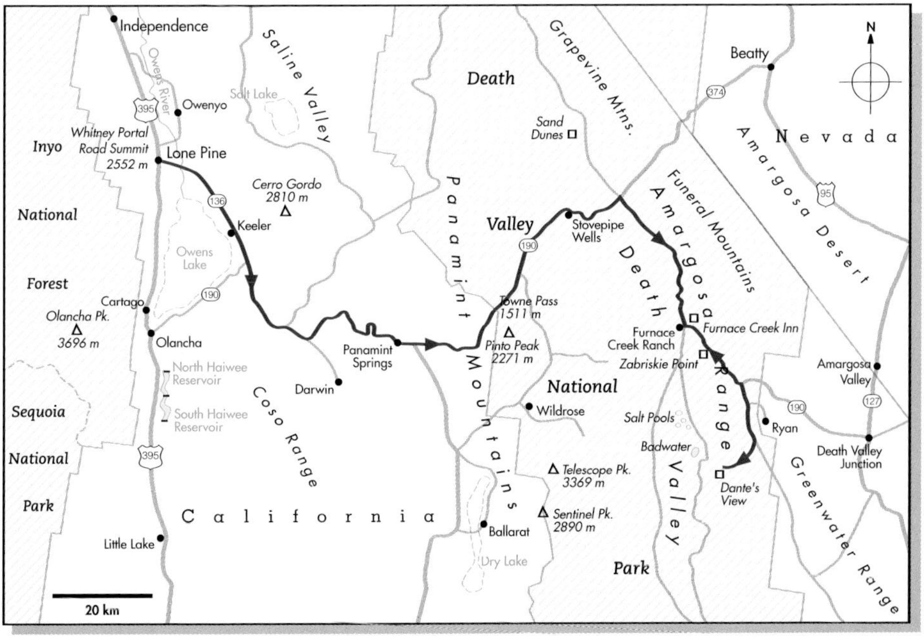

6 Fluchtburgen der Illusion

Nach Las Vegas

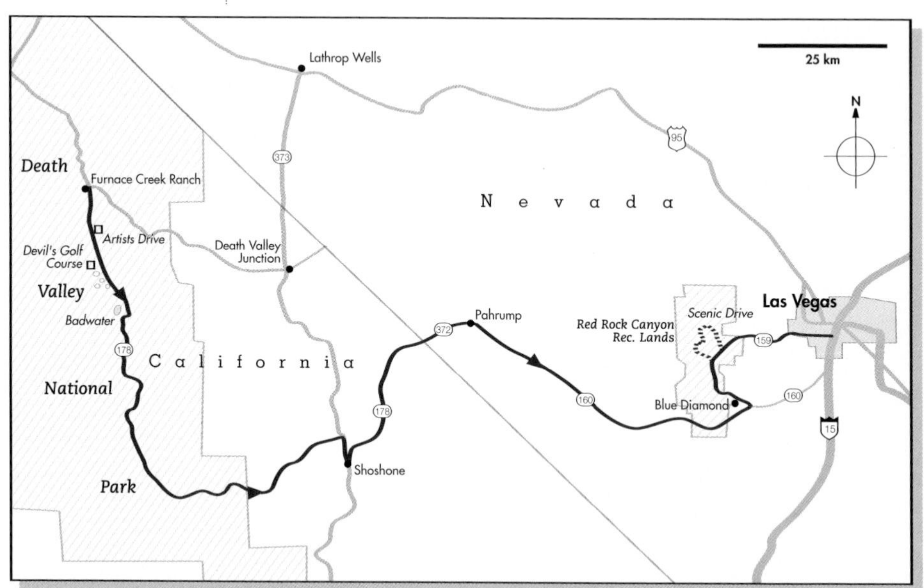

Route: Death Valley National Park – Red Rock Canyon – Las Vegas (323 km/202 mi)

km/mi	Zeit	Route
0	9.00 Uhr	Von **Furnace Creek** nach Süden zum **Artists Drive** (Rundfahrt); danach S 178 zum
35/ 22	10.00 Uhr	**Devil's Golf Course** (Pause) und
50/ 31		**Badwater** (Pause).
110/ 69	12.00 Uhr	**Shoshone** (Picknickeinkäufe). S 178 (Nevada 372) bis
181/113		**Pahrump**, dort S 160 bis
261/163	15.00 Uhr	zur Abzweigung S 159 Richtung **Red Rock Canyon** (Fahrt durch den Canyon, Picknick. Visitor Center, Loop fahren und Spaziergang). Die Straße wird in Vegas zum Charleston Blvd., diesen bis Las Vegas Blvd., dort rechts bis zu den Casinos/Hotels
323/202	Spätnachmittag	**Las Vegas** (Stadtplan und Infos zu Las Vegas s. S. 122 ff.)

Badwater

Der **Devil's Golf Course** (s. S. 115) ist natürlich kein gepflegter Rasen, sondern eine bizarre Salzkruste mit messerscharfen Kanten – nichts für hohe Absätze. Dasselbe gilt für **Badwater**, den absoluten Tiefpunkt der USA, denn er liegt 94 Meter unterhalb des Meeresspiegels.

Ab und zu spiegelt sich der **Telescope Peak** – mit knapp dreieinhalbtausend Metern der höchste Bursche in der Panamint Range – in den Wassertümpeln, die noch nicht komplett versalzen sind. Der Name des **Jubilee-Passes**, mit dem das Death Valley endet, ist kein Grund, zu jubilieren. Bessere Laune verbreitet sich erst wenig später am **Salsberry Pass**: durch herrliche Weitblicke in eine farbig gestaffelte Berglandschaft – eine mitreißende »Kamerafahrt«!

Shoshone? Na ja. Nichts Abstoßendes, nichts Anziehendes, also plusminus Null. Dem hat **Pahrump** immerhin eins voraus: die Reklametafel für ein Bordell-Museum. THE ONLY MUSEUM OF IT'S KIND IN THE WORLD, DON'T MISS IT, wirbt das Brothel Art Museum, eine Art Louvre der Libido, im 40 Kilometer entfernten 60-Seelen-Nest **Crystal**.

Die Straße folgt den Telegrafenstangen und umgekehrt, eine Durststrecke aus vereinzelten Yuccas, Agaven und Mobilheimhändlern. Dann kommt langsam Leben ins steinige Einerlei. Der Bewuchs

Paris-Las Vegas Casino Resort

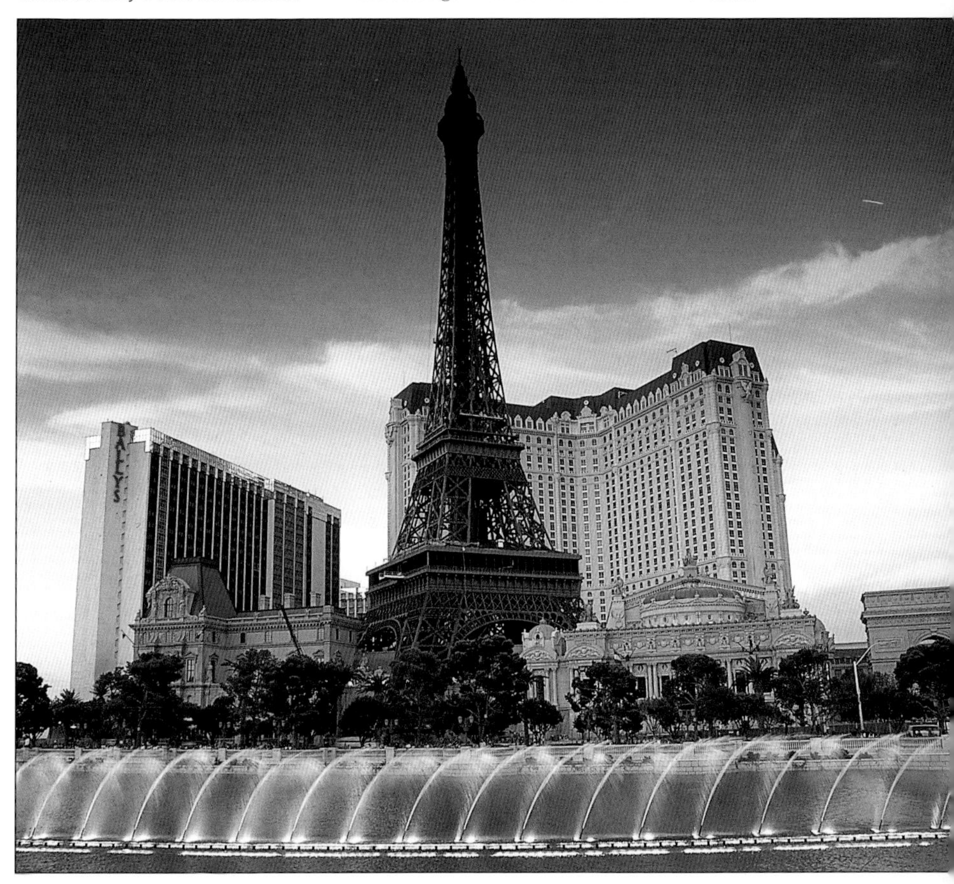

<u>*Red Rock Canyon*</u>
Im Wüstenpark treibt sich eine Herde wilder Esel herum, aber Fütterung ist nicht erlaubt. Ein Ranger erklärt, warum. »Immer öfter wurden die Tiere an die Straße gelockt. Das hat uns eine Menge Unfälle eingebracht. Verletzte Menschen, überfahrene Esel, kaputte Autos.« Deshalb auch das Schild mit der doppelten Warnung: erstens $ 25 Strafe, zweitens: sie beißen auch noch.

wird abwechslungsreicher, Latschenkiefern, *shrubs* und Mesquitebäume. Die roten Streifen in den Felshängen zur Linken wirken wie blutige Wunden. Wilson Cliffs heißen diese Vorboten des **Red Rock Canyon** (s. S. 128).

Das Eingangstor zum **Spring Mountain Ranch State Park**, zum Picknickplatz, ist nicht zu übersehen, Gelegenheit für eine Pause. Das Besucherzentrum liegt am weiteren Weg, gut gerüstet mit Karten, die einen gemächlichen Schlenker ausmalen zu den Canyons und Creeks, an deren Flanken der graue Kalkstein mit dem schon bekannten roten Sandstein kontrastiert – Resultat einer Kollision zweier Erdkrusten vor Millionen Jahren.

Wen das Spielfieber noch nicht gepackt hat, der mag vielleicht in einem der Canyons und *washes* (z.B. Red Rock Wash) herumlaufen. So oder so aber verblasst allmählich die Röte der Berge, während die des Himmels wächst, je nach Jahres- und Tageszeit. Die Straße neigt sich abwärts: der Versuchung **Las Vegas** steht nichts mehr im Wege (s. S. 122–127).

7 Himmlisches Jerusalem

Zion National Park

Route: Las Vegas – Valley of Fire – Springdale – Zion National Park (334 km/209 mi)

km/mi	Zeit	Route
0	8.00 Uhr	In **Las Vegas** I-15 nach Osten
59/ 37	8.30 Uhr	S 169 (Exit 75) rechts zum **Valley of Fire State Park** (s. S. 128 f.): Visitor Center, Aussichtspunkt Rainbow Vista und Wanderung im **Petroglyph Canyon** (ca. 1 Std.). – Zum Osteingang und auf S 169 (Overton) zur I-15 East über
176/110	11.00 Uhr	**Mesquite** (Zeitgrenze: 1 Std. Zeitverlust) und **St. George**
256/160		S 9 (Exit 16) Richtung Zion Natioal Park und

302/189 14.00 Uhr **Springdale** (Hotel-Check-in, Lunch). Anschließend in den **Zion National Park** (s. S. 143 ff.). Auf dem **Zion Canyon Scenic Drive** zum **Gateway to the Narrows Trail** (Spaziergang ans Ende des Pfads, ca. 1–2 Std.). Oder: von der Lodge des Parks auf dem meist schattigen Trail zu den **Emerald Pools** (1–2 Std.). Abends zurück nach

334/209 **Springdale** (s. S. 145).

Zusatztag

Im **Zion National Park** locken viele Wanderwege – unterschiedlich lang und anstrengend. Einer davon (aber etwas mühsam) ist der **Angels Landing Trail**, der in etwa 4 Stunden über 450 Höhenmeter aus dem Canyon auf den Berg führt und dort beeindruckende Ausblicke bietet (Start: am Grotto-Picknickplatz).

Wer es abenteuerlich mag und sich fit genug fühlt, dringt vom Ende des **Gateway to the Narrows Trail** im Bachbett in die Schlucht vor und picknickt im Canyon. Vorher aber sollte man unbedingt im Visitor Center nach den Wetteraussichten und dem Wasserstand des Virgin River fragen und sich registrieren lassen. Regenfälle im Nordteil des Parks (z.B. durch Gewitter) können den Wasserspiegel plötzlich und drastisch ansteigen lassen.

Juni und September gelten als die besten Wanderzeiten. Aufregend: **Hidden Canyon Trail** (3,2 km, ca. 3 Std., etwas mühsam, ca. 260 m Höhenunterschied) – beginnt am Weeping Rocks Parkplatz und führt durch eine enge Steinschlucht zu tollen Ausblicken.

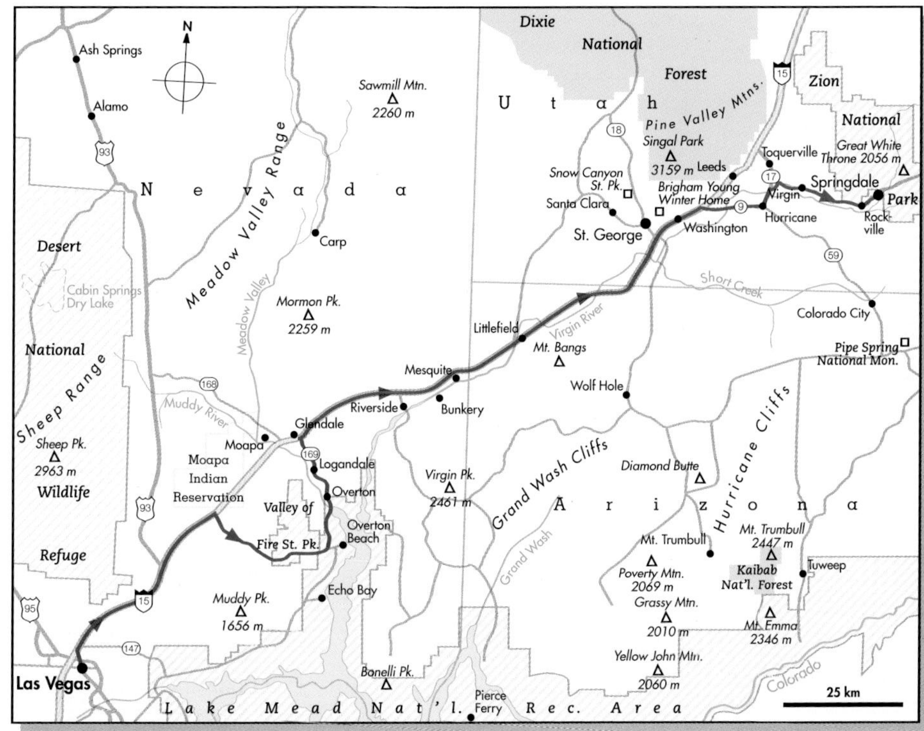

Die Route

Schon bei der Abfahrt von der Interstate ins **Valley of Fire** (s. S. 128 f.) erkennt man in der Ferne die Wirkungen des Colorado River in Form des glitzernden Lake Mead, während an den ersten roten Felsbrocken des »Feuertals« die Sonnenstrahlen zündeln. Der Rainbow Vista schafft den ersten Überblick, der Petroglyph Canyon bietet indianische Felszeichnungen. Bei den Seven Sisters kann man eine Pause einlegen, bevor es zurück auf die Interstate geht.

Hier begrenzen karge Ausfaltungen der Berge und zahlreiche Joshua Trees das breite Tal, bis der Virgin River für landwirtschaftliche Nutzung und grüne Augenweiden sorgt. Kurz hinter **Mesquite**, nach Passieren der Grenze zu Arizona, nähert sich der Highway dem Fluss und setzt zu einer spektakulären Kurvenfahrt durch die ausgefressene Schlucht an, die kurze Zeit später den Blick auf ein massives Bergpanorama freigibt – so gestaltet Utah seinen optischen Auftritt.

Der religiöse folgt auf dem Fuß. In Höhe von **St. George** kontrastiert der schlohweiße Tempel der »Heiligen der Letzten Tage« mit den roten Felsen im Hintergrund. Dieser erste Mormonentempel in Utah wurde zwischen 1869 und 1877 gebaut.

Hinter **Hurricane**, dem Zentrum des Obstanbaus im südlichen Utah und Verpflegungsstation mit Motels, RV-Parks, Supermärkten und Restaurants, sorgt liebliches *farming* und *ranching* für eine beschauliche Wegstrecke: Pferde und Schafe auf viel Grün. Doch die rotbraunen Steinzinnen gewinnen mehr und mehr die Oberhand: Rockville, Springdale – die Nähe des Zion National Park macht sich bemerkbar.

Vor dessen Haustür liegt das gemütliche **Springdale** (s. S. 145). Was für eine Umstellung! Nach dem Rasseln und Klingeln der einarmigen Banditen in den Hotelcasinos nun die zufrieden muhenden Rindviecher am Hang zu beiden Seiten des Virgin River!

Zion National Park: Blick auf den Virgin River

8 High Country

Cedar Breaks und Bryce Canyon

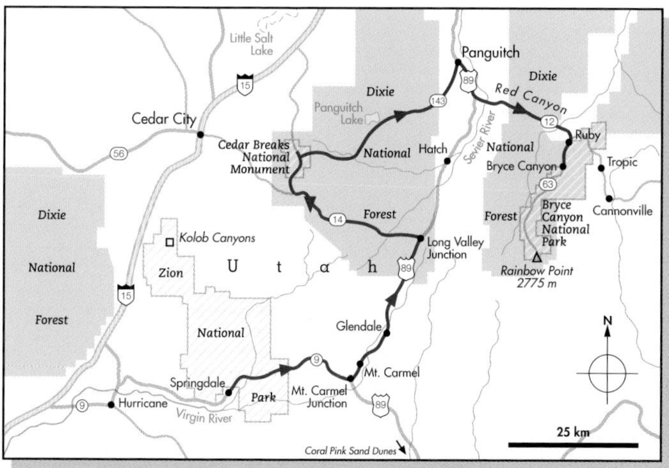

Route: Springdale – Cedar Breaks National Monument – Bryce Canyon National Park/Panguitch (213 km/133 mi)

km/mi	Zeit	Route
0	9.00 Uhr	Von **Springdale** S 9 East. Sofort beim Verlassen des Zion-Mount-Carmel-Tunnels rechts auf dem Parkplatz halten.
6/ 4		Wanderung zum **Canyon Overlook** (knappe Stunde).
19/ 12	10.30 Uhr	**Checkerboard Mesa.**
42/ 26	11.00 Uhr	Mt. Carmel Junction, links auf die US 89 nach Norden. In Long Valley Junction links auf die S 14 West und
115/ 72		rechts ab auf die S 148 zum **Cedar Breaks National Monument** (in der Regel Mai–Okt. zugänglich).
	13.30 Uhr	S 148 weiter zur S 143 und diese nordostwärts nach **Panguitch** (Lunch und ggf. im Hotel einchecken, vgl. S. 275).
	15.00 Uhr	US 89 South zur S 12, diese nach Osten und über S 63 rechts (nach Süden) zum
157/ 98		**Bryce Canyon National Park** (evtl. in Ruby oder Bryce im Hotel oder Campground einchecken), zum Visitor Center und **Bryce Point** im Bryce-Amphitheater des Parks, Sonnenuntergang am Sunset Point. – Rückfahrt nach
213/133		**Panguitch.**

Alternativen

Je näher die Motels am Bryce Canyon liegen, umso schwerer ist ein Bett zu bekommen und umso teurer wird es. Außer Übernachtungsmöglichkeiten in Hatch und Panguitch gibt es weitere Motels östlich der Kreuzung US 89/S 12.

Die Route

Der Name »Mormone«, so erzählt die Bedienung im Restaurant in Springdale, gilt eigentlich als Spitzname, ernst zu nehmender sei »LDS« (Latter-day Saint). Die LDS, so lautet immer noch die gängige Einschätzung, hätten meist viele Kinder und legen großen Wert auf ordentliche und saubere Kleidung. »Sie lehnen zwar alles ab, was den Körper verändert: Alkohol, Kaffee und Tee, aber Coca-Cola nicht.« – »Wieso nicht?« – »Sie besitzen viele Aktien und sind finanziell am Unternehmen beteiligt. Übrigens, auch an Coors.«

Wer die Wahl hat, sollte Prioritäten setzen. Diese lauten: 1. die **Lodge** im Park (wegen der Lage und der schönen Cabins, die nur ganze 100 m vom spektakulären Canyonrand entfernt liegen, so dass man beim Sonnenaufgang im Nachthemd zum Sunrise Point laufen kann); 2. **Ruby's Inn** vor dem Parkeingang; 3. **Panguitch** oder andere einfache Alternativen am Straßenrand. – Wenn es in der Hochsaison nirgendwo klappt, kann man auch in **Tropic** sein Übernachtungsglück versuchen.
Wandervorschläge für Bryce Canyon: Vom Sunrise Point aus den **Queen's Garden Trail** über 2,5 km und 1–2 Std. oder vom Sunset Point aus den **Navajo Trail** über 3,5 km in 1–2 Std.

Aus versteinerten Sanddünen ist die Checkerboard Mesa im Zion National Park entstanden. Die senkrechten Linien stammen von der Erosion durch Regen; die waagerechten sind die Sandschichten der Dünen, die im Lauf der Zeit übereinander geschoben wurden.

Im Frühtau zu Berge: das heißt in **Springdale**, man windet sich die Schlucht hinauf und danach durch den Tunnel, dessen dunkle Röhre 1930 so durchbrochen wurde, dass die gegenüberliegende Canyonwand hin und wieder wie ein kurzer Filmclip aufleuchtet. Gleich danach geht es zu Fuß weiter, über den kurzen Trail zum Canyon Overlook, der atemberaubende Blicke auf das Massiv des West Temple und die Towers of Virgin freigibt – biblische Geschichte, in Stein gehauen.

Für Erosionsfreunde gibt es kurze Zeit später noch einen Leckerbissen: die aus versteinerten Sanddünen entstandene **Checkerboard Mesa**, deren bemerkenswerte Maserung oder »Rinnenkultur« tatsächlich einem Schachbrett oder einem zum Trocknen ausgelegten Fischernetz gleicht.

In **Mt. Carmel Junction** geht es auf die **US 89**, einen weiteren *scenic byway*, der auch dann noch hält, was er verspricht, wenn das Ende des Parks erreicht ist und die Landschaft lieblichere Züge annimmt. Der Virgin River *(East Fork)* sorgt für sattes Ranchland voller Schafe, Kühe und Pferde. Grün ersetzt Rot, Weiden die Steine, und nur in der Ferne leuchten noch rötliche Kahlköpfe über den schwarzen Hängen des mit Piñonkiefern besetzten Hochtals. An der Kreuzung in Long Valley geht es links ab Richtung Cedar Breaks, und das bedeutet Steigung. Die Baumlängen legen zu, und unter den Nadelhölzern und Espen des **Dixie National Forest** breitet sich mehr und mehr Schnee aus. Je höher der Highway steigt, desto kahler wird es ringsum im Lavagestein.

Vom **Spectra Point Trail** aus, der am Visitor Center des **Cedar Breaks Monument** beginnt, bekommt man die seltenen und knorrigen *bristlecone pines* zu Gesicht, die zu den ältesten Bäumen der Welt gehören.

Zurück zum malerischen **Long Valley**, das sich zu beiden Seiten des Sevier River mit Weiden voller *sagebrush* ausbreitet, begrenzt von mal rötlich-braun, mal weiß, mal grün getupften Felshängen. Nördlich von **Hatch** (Motels, Restaurants und *Rock Shops*) bekommt man den mäandernden Fluss noch besser zu Gesicht, während rechter Hand glutrote Felsen vorbeiziehen.

Panguitch? Na ja. Etwas Viehzucht, etwas Holzwirtschaft. Meist liegt der »big fish«, wie die Paiute den Ort nannten, wie ausgestorben da. Geduld! Schon beim Anstieg des Highways, gleich nach der Überquerung des Sevier River, übernimmt der Red Canyon die Rolle der landschaftlichen Ouvertüre zu den roten Farben der ebenso märchenhaften wie kariösen Zahnsteinhälse, der so genannten *hoodoos*, die für den **Bryce Canyon National Park** (s. S. 133 ff.) ebenso charakteristisch sind wie seine Wälder und kühlen Weiden.

Und am **Sunset Point** ist es dann soweit: Der erste Rundblick

Filigran und fragil: die Zahnsteinhälse im Bryce Canyon

kann ungehemmt über das bizarre Amphitheater dieser grandiosen Felslandschaft schweifen. Wegen seiner Lage in über 2 500 Metern Höhe am Canyonrand ist die Fernsicht in Bryce überdurchschnittlich gut (besonders im Winter), und die Temperaturen sind auch im Sommer angenehm.

Wenn die Zeit zu mehr reicht als zur Besichtigung des Felsentheaters, dann sollte man sich am Sunset Point zu der einen oder anderen kurzen Wanderung entschließen und entweder dem bequemen **Queen's Garden Trail** oder dem etwas anstrengenderen **Navajo Trail** folgen.

9 Butch Cassidy Was Here
Capitol Reef National Park

Route: Bryce Canyon – Escalante – Boulder – Torrey – Capitol Reef National Park (221 km/132 mi)

km/mi	Zeit	Route
	Vormittag	Je nach Übernachtungsort früh bis sehr früh aufstehen und zum Sonnenaufgang an den **Sunrise Point** fahren (alternativ: **Inspiration Point** oder **Bryce Point**). Nach Sonnenaufgang und Frühstück am kühlen Morgen eine Wanderung (2 1/2–3 Std.) vom Sunrise Point auf dem **Queen's Garden Trail** zum **Navajo Trail** und hinauf zum Sunset Point. Unterwegs Abstecher zu **Wall Street**. Vom Sunset Point am Canyonrand zurück zum Sunrise Point.

Die Route

0	12.00 Uhr	Abfahrt vom **Bryce Canyon National Park**: S 12 *(Scenic Byway)* Richtung Osten via Escalante nach
125/ 78	14.30 Uhr	**Boulder** zum **Anasazi Indian Village State Park**.
Weiter		S 12 nach
187/117		**Torrey** (oder Bicknell) und Hotel-Check-in. – Danach Fahrt zum
205/128		Visitor Center des **Capitol Reef National Park** und den
221/138		Scenic Drive bis zum Ende. Kurze Wanderung in die **Capitol Gorge**. $\frac{1}{2}$–$\frac{3}{4}$ Std. vor Sonnenuntergang (wegen der Lichteffekte) gemächliche Rückfahrt auf dem Scenic Drive zur S 24 und zum
255/159		Hotel in **Torrey** oder **Bicknell**.

Extratage im Capitol Reef (s. S. 136 f.)

1. Kurz vor dem Ortseingang von **Caineville** an der S 24 (vor dem Hügel links) zweigt ein knapp 50 km langer Feldweg ins **Cathedral Valley** mit seinen spektakulären Felsformationen ab. Bis zu diesen Felsen ist der Weg meist mit dem Pkw befahrbar, vom Talschluss über den Berg nach Fremont oder Torrey allerdings i.d.R. nur mit »hochbeinigen« Fahrzeugen (Pick-up-Trucks, Jeeps, Anmietung in Moab möglich). Der direkte Rückweg zur S 24 ist, obwohl sehr schön, nicht zu empfehlen. Da der Fremont River am Ende des Wegs an einer Furt durchquert werden muss, bleibt die Strecke geübten Off-Road-Fahrern vorbehalten. In jedem Fall ist es ratsam, sich vorher beim Ranger im Visitor Center des Capitol Reef National Park nach dem Zustand der Wege zu erkundigen.

2. Eine sehr interessante Strecke für Geländewagenfahrer führt von der S 24 via **Notom** entlang der **Waterpocket Fold** nach Süden. Von ihrem Ende

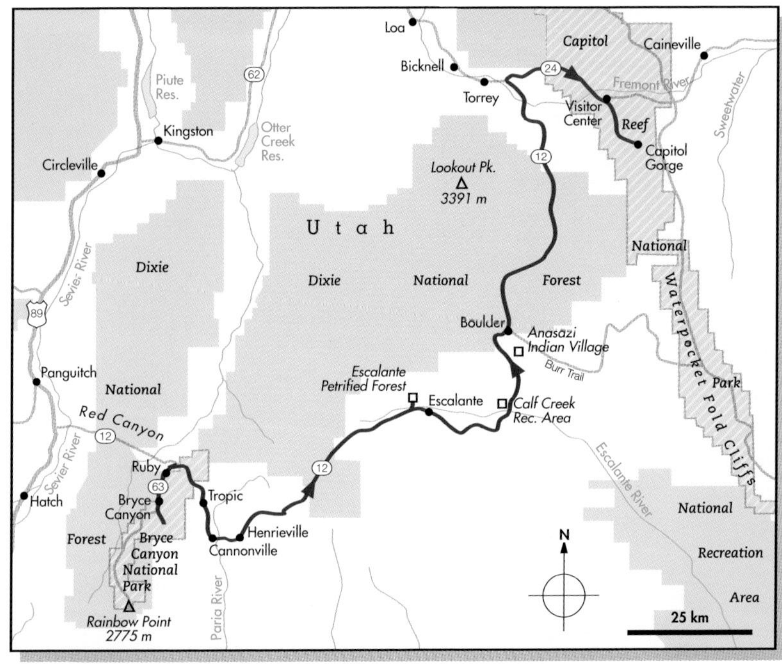

gelangt man über den Burr Trail entweder westwärts nach Boulder (115 km) oder ostwärts zur S 276 (ca. 150 km). Zuvor ist es unerlässlich, bei den Parkrangern Informationen über die Befahrbarkeit einzuholen.

Japaner und andere schlaftrunkene Gäste der Bryce Canyon Lodge wanken dem **Sunrise Point** (s. S. 134) zu. Kein Wunder, denn es ist noch nicht mal 6 Uhr morgens. Kurze Zeit später gesellen sich zum pfeifenden Wind blinzelnde Sonnenstrahlen, die Licht ins Gestein und die Farbskala des grandiosen Amphitheaters zum Leuchten bringen. Nach solchen hart erkämpften Naturwundern in aller Herrgottsfrühe macht das kräftige Frühstück Sinn, aber auch angesichts der bevorstehenden Tagestour. Sie führt zunächst in Richtung Escalante. Vor und nach dem kleinen **Tropic** beherrscht Landwirtschaft auf künstlich bewässerten Feldern die Szene, in der ansonsten nur ein paar Pferde, die aus dem Paria River trinken, für Abwechslung sorgen.

Und dass einmal jede Menge Wasser da gewesen sein muss, kann man den Feldern ansehen. Auffällig kontrastreich steht kultiviertes Farmland der rauen Steinwüste auf der anderen Seite des Tals gegenüber, ein erneuter Beleg für die traditionellen Fähigkeiten der Mormonen, unfruchtbares, salzverseuchtes Land – siehe Salt Lake City – zu bewirtschaften.

Auch an den Seitenarmen des **Escalante River** sind Ausläufer dieser landwirtschaftlichen Kultur zu erkennen – bis hin zum Ort gleichen Namens, der diesen von Francisco Silvestre Vélez de Escalante übernommen hat, obwohl der spanische Priester nur in gehöriger Entfernung hier vorbeikam. Erst rund hundert Jahre später (1875) erreichten Mormonen diese Gegend und wunderten sich über die wilde Kartoffelsorte, die hier wuchs: Das *Potato Valley* war geboren.

Weiter geht es im Utah-Reise-Rhythmus von Mondland, Idylle und Mondland: Nach lieblicher Landwirtschaft beanspruchen plötzlich dramatische Abfahrten durch rote Schluchten und romantische Canyons die Aufmerksamkeit.

In der *ranching town* **Boulder** (s. S. 133) liegt der **Anasazi Indian Village State Park** (s. S. 133), der mit einem kleinen Museum und einigen Ausgrabungen aufwartet. Sie veranschaulichen zum ersten Mal auf dieser Reise den Wohnbau der Anasazi, jener »Alten«, die ursprünglich (1050) aus der »Four Corner Region« der Staaten Utah, Colorado, New Mexico und Arizona kamen und gegen 1200 wieder abzogen, ohne dass man genau weiß warum.

Danach steigt der Highway, und das bedeutet automatisch Zuwachs an Nadelwald, Zitterpappeln und (bis in den Mai hinein) Schnee. Die dicken Steinbrocken auf den kargen Weiden im Umkreis des über 3 000 Meter hohen Passes von **Boulder Mountain** verbreiten einen Hauch von schottischem Hochland. Schließlich: das sandsteinerne **Capitol Reef** (s. S. 136 f.).

Die Enge der Schluchten und das labyrinthische Terrain regen unwillkürlich Wildwest-Fantasien an: von Verstecken und Fluchtwegen jener *outlaws*, die sich hier den Verfolgungen der Sheriffs entziehen konnten. Tatsächlich wimmelt es in der Gegend nur so von derlei Histörchen, allen voran die von »Butch Cassidy and the Sundance Kid«. ✣

Die Route

10 Brückentrio

Natural Bridges National Monument

Route: Capitol Reef – Hanksville – Natural Bridges National Monument – Moab (424 km/265 mi)

km/mi	Zeit	Route
0	9.00 Uhr	Von **Torrey** (oder Bicknell) S 24 East über Caineville und
78/ 49	10.00 Uhr	**Hanksville**, dort S 95 nach Süden *(Bicentennial Scenic Byway)* über den **Colorado River** zur Abzweigung der S 275. Diese kurze Stichstraße führt links zum (6 km entfernten)
240/150	12.00 Uhr	**Natural Bridges National Monument** (ca. 4 Std.).
	16.00 Uhr	Zurück zur S 95, nach Osten weiter bis zur US 191, diese nach Norden bis
424/265	18.00 Uhr	**Moab**.

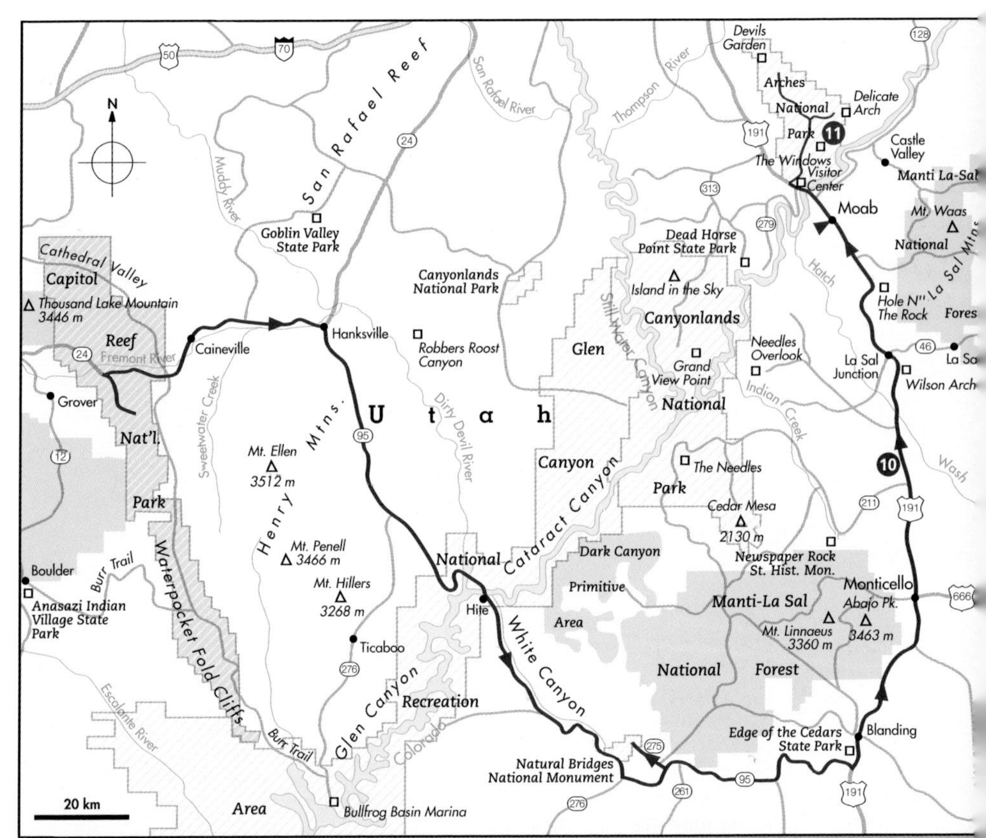

Alternativroute
Die nördlichere Strecke Bryce Canyon–Moab über Green River ist zwar kürzer und ermöglicht außerdem den Besuch der kauzigen Erosionsgebilde im **Goblin Valley State Park**, ist aber insgesamt landschaftlich eher weniger beeindruckend: ab Torrey, SR 24 East bis Hanksville, links (North) Richtung I-70. Unterwegs Abstecher zum Goblin Valley State Park. Zurück zur SR 24 und diese nach Norden zur I-70 East, zum **Green River** und dem gleichnamigen Ort. Weiter auf I-70 East bis Ausfahrt 180. Die US 191 South nach **Moab** (243 km/152 mi, vgl. S. 139 f.).

Nach der Abreise am Morgen wirkt die Szenerie am Fremont River desolat. Leblose blau-gräuliche Gesteinsmassen treiben vorbei und eine Mesa bei **Caineville**, deren öde geriffelte Seiten schon sprichwörtlich geworden sind: Sie gilt als das »wertloseste Baugrundstück der Welt« und gehört zu den Mancos Shale Hills, einem Schiefergebirge, das einst unerschrockene mormonische Pioniere offenbar nicht davon abhalten konnte, sich dieses Terrain als Bleibe auszugucken.

Für spannendere Unterhaltung sorgt dann allerdings der 1976 fertig gestellte *Bicentennial Scenic Byway*, insbesondere die Überquerung des **Colorado River** (s. S. 138) bei **Hite Crossing** zwischen Glen und Cataract Canyon. Diese kurze erste Begegnung mit dem Colorado, der unterwegs noch weitere folgen, ist schon ziemlich wassernah, denn so gewaltig der Strom, so selten bekommt man ihn nahe zu Gesicht. Vom **Lake Powell Overlook** überblickt man den nördlichen Zipfel des gleichnamigen Stausees.

Längst ist die seit Millionen Jahren andauernde und durch sein starkes Gefälle bedingte Prägekraft des Colorado nutznießend gebändigt worden. Staudämme, Kanäle und Kunstseen (die größten in den USA sind Lake Powell, Lake Mead, Lake Havasu) haben den wilden Fluss zum kontrollierten Lebenselixier des Südwestens umgemodelt. Gemüsefelder oder Golfplätze, *car washes* oder Swimmingpools – das Wasser aus dem Colorado begrünt und sprenkelt, säubert und erfrischt, es löscht den Durst und stillt den Energiehunger von Millionen in Los Angeles, Las Vegas, Denver, Phoenix oder Tucson.

Südlich der Brücke folgt der Highway treu dem White Canyon, dessen Seitenarm man später im **Natural Bridges National Monument** (s. S. 141 f.) wieder trifft, wenn man dort wandert.

Im Gegensatz zu allen Highways der letzten Tage entpuppt sich die US 191 als Trucker-Piste. Kein Wunder, denn sie ist praktisch die einzige Nord-Süd-Achse im Osten des Landes. Nördlich von **Monticello** legt immerhin das Naturpanorama szenisch zu: Während sich an den Seiten kultiviertes Ackerland mit weiten grünen Feldern, Scheunen, Speichern und Traktoren ausbreitet, erscheint voraus das schneebedeckte Massiv der **La Sal Mountains** mit vorgelagerten rötlichen Riffen und vereinzelten rundlichen Buttes.

Wenig später, offenbar inspiriert von den vielfältigen Höhlungen der regionalen Steinarchitektur, rückt schon wieder ein Loch im Felsen ins Blickfeld, diesmal ein künstliches. **HOLE N"THE ROCK** (s. S. 140) steht an der Wand: Humor am Highway. Von hier aus ist es nur noch ein Katzensprung bis **Moab** (s. S. 140). ☼

<u>Kampf ums Wasser</u>
Sieben Bundesstaaten und Teile von Mexiko zapfen den Colorado River an, und zwar nach vertraglich festgesetzten Quoten (Kalifornien 29 Prozent, Colorado 26, Arizona 19, Utah 11, Mexiko 10, Wyoming 7, New Mexico 6 und Nevada 2 Prozent). Die Festsetzungen gelten nicht bis in alle Ewigkeit, sondern müssen ständig neu begründet werden. Wer spart, wird durch Kürzungen bestraft. Konsequenz: Einzelne Staaten können nur durch horrende Wasservergeudung ihre Ansprüche erhalten.

Die Mesa bei Caineville gilt als »wertlosestes Baugrundstück der Welt«

11 Jurassic Park, Utah
Wandern im Arches National Park

Route: Moab – Arches National Park – Moab (88 km/55 mi)

km/mi	**Zeit**	**Route** Die Route finden Sie in der Karte S. 222.
0	Morgen	Von **Moab** zum
8/ 5		**Arches National Park**, Besuch im Visitor Center. Fahrt ans Ende der Parkstraße zum
42/26		**Devils Garden Trailhead**. Wanderung zum **Landscape Arch** (ca. 2 Std.) oder **Double-O Arch** (ca. 4 Std.). Danach Rückfahrt durch den Park zur
56/35	Nachmittag	**Wolfe Ranch**. (Oder: 2 Std. vor Sonnenuntergang Wanderung von der Wolfe Ranch zum **Delicate Arch**.) Anschließend zurück nach
88/55		**Moab**.

Alternativen/Extratag

Ein anderer Tagesablauf, dem man entweder zusätzlich oder (ganz oder teilweise) anstelle des vorgeschlagenen Programms folgen kann: **Moab–Arches National Park–Canyonlands National Park–Dead Horse Point State Park** (246 km).

Route: 8.30 Uhr ab Moab zum Parkplatz Fiery Furnace im **Arches National Park** (s. S. 132); 9.30 Uhr geführte Wanderung mit Ranger durch das Schluchtenlabyrinth des **Fiery Furnace**. 13 Uhr Picknick im Park oder zur Lunchpause zurück nach Moab. - US 191 North bis zur Abzweigung der S 313 (links) zum **Canyonlands National Park** (s. S. 134 f.): Island in the Sky Visitor Center, Weiterfahrt und Abstecher zum Green River Overlook und weiter zum Grand View Point Overlook. 17 Uhr Rückfahrt und Abstecher in den **Dead Horse Point State Park** (s. S. 134). Nach Sonnenuntergang zurück nach **Moab**.

Extratage rund um Moab (vgl. Karte S. 222)

Nachmittagstour zu den **Fisher Towers** und **La Sal Mountains**. Von Moab SR 128 am Colorado entlang zu den Fisher Towers. 5,6 Meilen zurück, links in die Castle Valley Rd. Bei Meilenstand 29.5 rechts in die La Sal Mountain Loop Rd. Bei Meile 61 rechts (nach Norden) und nach ca. 8 Meilen die Teerstraße links zur US 191 nach Norden in Richtung Moab. Gesamtlänge ca. 112 km/70 mi, Zeitbedarf etwa 4–5 Std.

Rundflug über Canyonlands und **Cathedral Valley:** Morgens früh, kurz nach Sonnenaufgang, Abflug vom Moab Airport.

Route: San Rafael Swell an der I-70, entlang San Rafael Swell zum Goblin Valley, weiter zum Cathedral Valley und den Caineville Badlands, The Maze in Canyonlands, Monument Basin, Moab Airport.

Jeeptouren im Canyonlands National Park: Mit in Moab gemietetem Fahrzeug oder geführter Tour auf den White Rim Drive. Vom Island in the Sky Visitor Center den Shafer Trail hinab zum White Rim Trail, diesen rechts vorbei an den ulkigen Walking Rocks zum Monument Basin, weiter zum Horsethief Trail und zurück zur Straße nach Moab. Gesamtstrecke ca. 250 km, Zeitbedarf mindestens ein langer Tag, aber sehr empfehlenswert.

Oder: Fahrt zum **Angel Arch** im südöstlichen Bereich von Canyonlands (The Needles). Ab Parkplatz beim **Newspaper Rock**. Zeitbedarf ab/bis Moab: ein Tag. Oder: Schlauchboottour auf dem Colorado.

Ein paar Picknickvorräte sollte man zur Wanderung im **Arches Park** (s. S. 132) schon mitbringen, denn jede normale Lunchpause unterbricht den Tag, erfordert lästige Fahrerei und kostet viel Zeit; außerdem bietet der Park genügend Gelegenheiten für eine Futterpause an der frischen Luft.

Die Anfahrt von Moab sorgt durch die Überquerung des Colorado River für den vielversprechenden Auftakt. Unter den ersten Vertretern in der Palette der steinernen Skulpturen präsentiert sich unübersehbar und einprägsam der **Balanced Rock**, ein dicker Felsklops, der grazil auf einem Steinsockel balanciert. Vom Visitor Center ist es nicht weit bis zum Parkplatz des Devils Garden Trailhead, wo man das Auto loswerden kann, um sich auf den Weg durch die steinige Wüste zu machen.

Wenn irgend möglich, sollte man feste Wanderschuhe dabeihaben; Turnschuhe rutschen zu oft.

Die Route

Je früher am Vormittag, je besser, dann stimmen die Temperaturen und das Licht ist noch nicht so grell. Irgendwie scheint das auch den Mauerseglern, Bussarden, Hörnchen und Vögeln zu gefallen, denn sie alle sind gerade zu diesem Tageszeiten besonders munter unterwegs.

Die Wanderung zum **Landscape Arch** führt zu einem dieser grazilen roten Gräten, die über Jahrmillionen geschliffen und poliert wurden. Hin und zurück braucht man etwa eine Stunde, für den **Double-O Arch** weitere zwei: und die sollte man sich unbedingt nehmen, denn je länger man auf dem Trail bleibt, umso schöner wird er: manche rundliche Felsen sehen aus wie von Collani entworfen.

Im Arches National Park

Den Nachmittag sollte man für die **Wolfe Ranch** reservieren, eine grobe Holzbohlenhütte, die ein gewisser John Wesley Wolfe um die Jahrhundertwende baute und die seither von verschiedenen Ranchern genutzt wurde. Hier beginnt der Trail über den Salt Wash zum bekanntesten Torbogen des Parks, dem **Delicate Arch**. Der Weg verläuft nicht ganz so bequem wie der zu den Arches heute Morgen, sondern bisweilen steil und erbarmungslos heiß im Sommer. Deshalb eignen sich die späten Nachmittage am besten für den Weg. In den zwei Stunden vor Sonnenuntergang herrschen die moderatesten Temperaturen und das schönste Licht. Grünliche Eidechsen und schillernde Kolibris, die die roten Wüstenblumen anzapfen, sind meist mit von der Partie. In der Nähe vom Delicate Arch taucht rechts der **Frame Arch** auf, der sich als fotogener Rahmen für den Delicate Arch empfiehlt. Und am Horizont kommen die meist schneebedeckten La Sal Mountains als optisches Extra noch hinzu.

Lauffaule Augenmenschen können es sich einfacher machen, wenn sie von der Wolfe Ranch zum Viewpoint-Parkplatz weiterfahren, denn von dort aus sind es nur ein paar Schritte zu dem Punkt, wo sich der Delicate Arch in der Ferne zeigt. Auf der Rückfahrt macht sich jemand mit seinem Mietwagen Sorgen. Ob die Tankfüllung noch zurück bis Moab reicht? Der Ranger wirft einen kurzen Blick auf die Benzinanzeige. »You'll make it!« »Thank you. Never happened before.« »Well, life is full of firsts.«

12 »HAVE A GNEISS DAY«

Mesa Verde National Park

Die Route

Newspaper Rock

Route: Moab – Monticello – Cortez – Mesa Verde National Park – Durango (330 km/206 mi)

km/mi	Zeit	Route
0	9.00 Uhr	In **Moab:** US 191 nach Süden
62/39		Abzweigung S 211 West (rechts) zum
83/52	10.00 Uhr	**Newspaper Rock** (ca. 1/2 Std.). Zurück zur US 191 und weiter nach Süden bis
125/78	11.00 Uhr	**Monticello**. Hier US 666 nach Osten bis
221/138	12.30 Uhr	**Cortez**. Hier der US 160 nach Osten und den Schildern folgen zum
270/169	13.30 Uhr	**Mesa Verde National Park** (s. S. 150 ff.), Visitor Center am Spruce Tree House. Wanderung zum **Spruce Tree House**, Weiterfahrt und Stopps auf der Mesa, Picknick; ca. 2 Std. – Rückfahrt gegen
	15.30 Uhr	zunächst zur US 160, dort rechts über Mancos nach
330/206	17.00 Uhr	**Durango** (s. S. 147 f.).

Zusatztage in Mesa Verde

Am besten mit Standquartier in der Far View Lodge im Park, um sich die zeitraubenden Anfahrten von und nach Cortez bzw. Durango zu ersparen. **Programm** (in dieser Reihenfolge wegen der Lichtverhältnisse): Balcony House, Square Tower House, Oak Tree House, Sun Temple. Danach Besuch des Visitor Center und des Archäologischen Museums auf der Chapin Mesa. Nachmittags Fahrt zur Wetherill Mesa (s. S. 152).

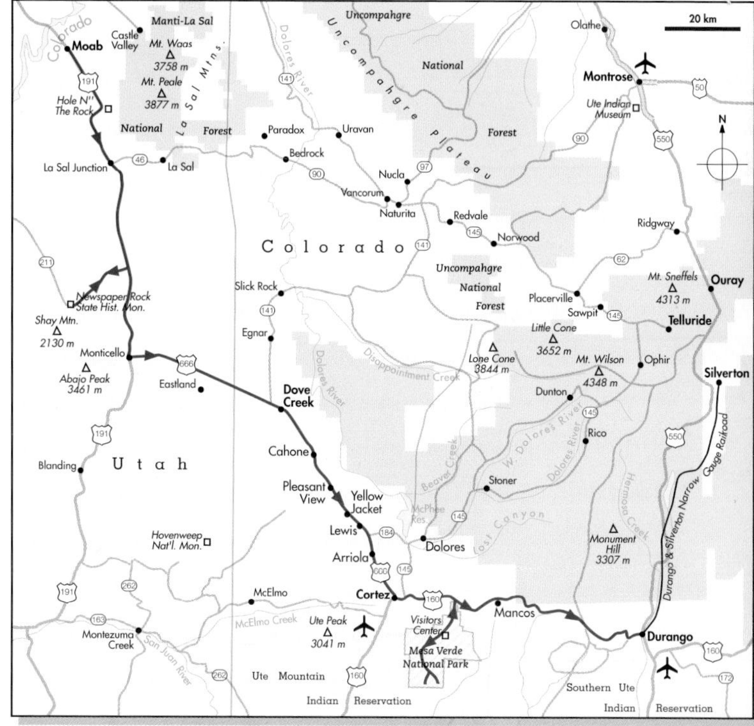

Die Route

13 Marlboro Heights
Monument Valley

Route: Durango – Farmington – Shiprock – Goosenecks State Park – Monument Valley – Kayenta (389 km/243 mi)

km/mi	Zeit	Route
0	9.00 Uhr	In **Durango** US 550 nach Süden, den Schildern folgen zum

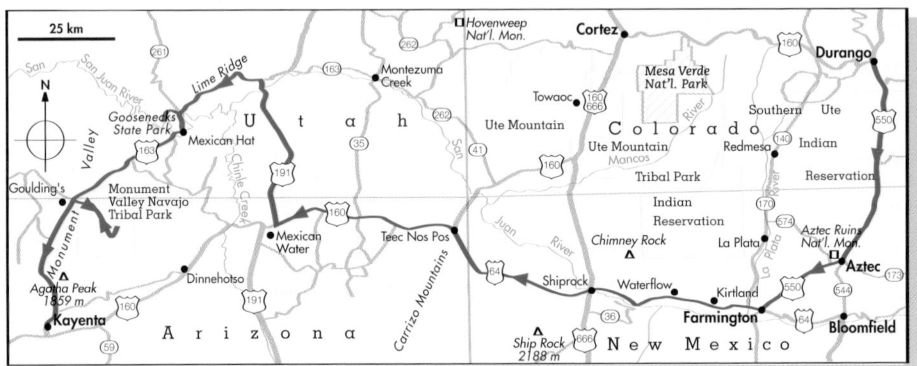

km/mi	Zeit	Route
64/ 40	10.00 Uhr	**Aztec Ruins National Monument** (Rundgang ca. 1 Std.). Weiter über US 550 Richtung
86/ 54		**Farmington**, dort US 64 nach Westen, über **Shiprock**, die Grenze zu Arizona nach **Teec Nos Pos**, dort geradeaus weiter die US 160 nach Westen, S 191 nach Norden Richtung Bluff, die US 163 nach Süden Richtung Mexican Hat, S 261 rechts nach Westen zum
296/185	13.30 Uhr	Overlook des **Goosenecks State Park**. über den San Juan River, ca. 1/2 Std. – Zurück zur US 163 und über
309/193		**Mexican Hat** zum
349/218	15.30 Uhr	Visitor Center im **Monument Valley Navajo Tribal Park** (Valley Drive, Pause, Jeep-Tour etc. ca. 3 Std., vgl. S. 165). – Zurück zur US 163 nach
389/243	19.00 Uhr	**Kayenta** (s. S. 165).

Das markante Profil des Shiprock

14 Plateau mit Niveau
Zum Grand Canyon

Route: Kayenta – Antelope Canyon – Page/Lake Powell – Grand Canyon National Park (374 km/234 mi)

km/mi	Zeit	Route
0	9.00 Uhr	Von **Kayenta** US 160 nach Westen, S 98 Richtung Page (kurz vor Page, gleich hinter dem Kraftwerk, taucht links von der Straße am Antelope Canyon Wash ein Parkplatz auf, von dem aus man sich von indianischen Führern zum Eingang des **Antelope Canyon** fahren lassen kann, um von dort aus durch die Schlucht zu wandern; ca. 2 Std.). – Weiter S 98 nach
155/97	11.30 Uhr	**Page** (= 1 Std. Zeitgewinn im Sommer); Rundfahrt und Pause: **Glen Canyon Dam**, Lake Shore Dr.; evtl. Badepause am **Lake Powell** in der Nähe der Wahweap Lodge, vgl. S. 168 f., ca. 2 Std.). – Weiterfahrt auf US 89 nach Süden bis
283/177	15.00 Uhr	**Cameron Trading Post**, dann S 64 zum
334/209	16.00 Uhr	**Grand Canyon**, Desert View
374/234	17.00 Uhr	**Grand Canyon Village**.

Alternativen und Extras

Von Kayenta bietet sich ein ganztägiger Ausflug zum **Canyon de Chelly** (s. S. 166) an: US 160 East, Indian 59 bis Many Farms, US 191 bis Chinle und dort den Zeichen folgen (Kayenta-Chinle: 130 km). – Eine zusätzliche Stunde im Tagesprogramm kostet ein kleiner Morgenspaziergang im **Navajo National Monument** (s. S. 166 f.), 45 km westlich von Kayenta. Vom Visitor Center erreicht man auf einem kurzen Fußweg den Aussichtspunkt über die Anasazi-Ruine Betatakin und eine herrliche Canyonlandschaft.

Wer von Page aus mit dem Boot den **Lake Powell** erkunden und z. B. dabei die **Rainbow Bridge** (88 m hoch und damit die höchste Natursteinbrücke der Welt) oder den **Navajo Canyon** sehen möchte, benötigt dazu mindestens einen Tag und muss sich deshalb dort ein Quartier suchen.

Einen Zusatztag im **Grand Canyon** (s. S. 159 ff.) füllen zwei stramme Wanderungen/Maultierritte: der **Bright Angel Trail**, der an der gleichnamigen Lodge beginnt und 1340 m hinab zum Colorado River führt (Länge ca. 25 km, Dauer 1 Tag), oder der steile South **Kaibab Trail**, der in der Nähe vom Yaki Point beginnt. Er führt auch zum Fluss, ist ca. 20 km lang, nur für erfahrene Kletterer und nicht an einem Tag zu schaffen (THIS IS NOT A ONE DAY HIKE steht auf einem Schild). Man muss am Canyongrund in der **Phantom Ranch** übernachten und diese lange im Voraus buchen (vgl. S. 251). Für Leute mit wenig Zeit und auf alle Fälle spannend: **IMAX Theater** am Südeingang des Parks: spektakuläre Canyon-Szenen auf einer Riesenleinwand.

Werbeschilder im Navajo-Reservat

Wie wär's mit einer *Navajo Taco* mit lauwarmen Bohnen als Wachmacher? Morgens, beim Frühstück in Kayenta, dürfte die Bestellung dieser indianisch-mexikanischen Kombo kein Problem sein.

Schafherden kreuzen den Highway: erst der Hund, dann die Lämmer, zuletzt der indianische Schäfer. Nach dem Abzweig in Richtung Page kommt stärkere Bewegung ins Landschaftsbild, vielfarbige Gesteinsschichten, tolle *scenic views* und, in der Ferne, die roten Kamine und Felswände, die den **Lake Powell** (s. S. 168 f.) einschließen.

Gleich hinter dem dampfenden Kraftwerk in Seenähe steht links auf einem Parkplatz am *wash* des **Antelope Canyon** (s. S. 169): ANTELOPE CANYON. ACCESS INTO PREMISES WITH PERMIT ONLY. PERMIT CAN BE PURCHASED HERE. Gewöhnlich parkt hier ein Pick-up mit Indianern, die den Besucher für eine Eintrittsgebühr zum Eingang des Canyon fahren, denn der liegt im Reservatsgebiet. **Page** (s. S. 168 f.) liegt praktisch um die Ecke: Ausgangspunkt für Bade- und Bootsfreuden in und auf dem Lake Powell.

Der **Lake Shore Drive** führt rasch aus der Stadt heraus und präsentiert den Stausee als Vordergrund für eine spektakuläre Landschaftskulisse, die von den farblich abgestuften Felsen auf der Utah-Seite ebenso profitiert wie von dem am fernen Horizont aufragenden, oft von weißen Wolken umhüllten **Navajo Mountain**. Lake Powell: auch ein Monument Valley, nur diesmal geflutet.

Südlich von Page bleiben die gewaltigen **Vermilion-Klippen** noch eine Weile in Sicht, bevor sie und jener Canyon entschwinden,

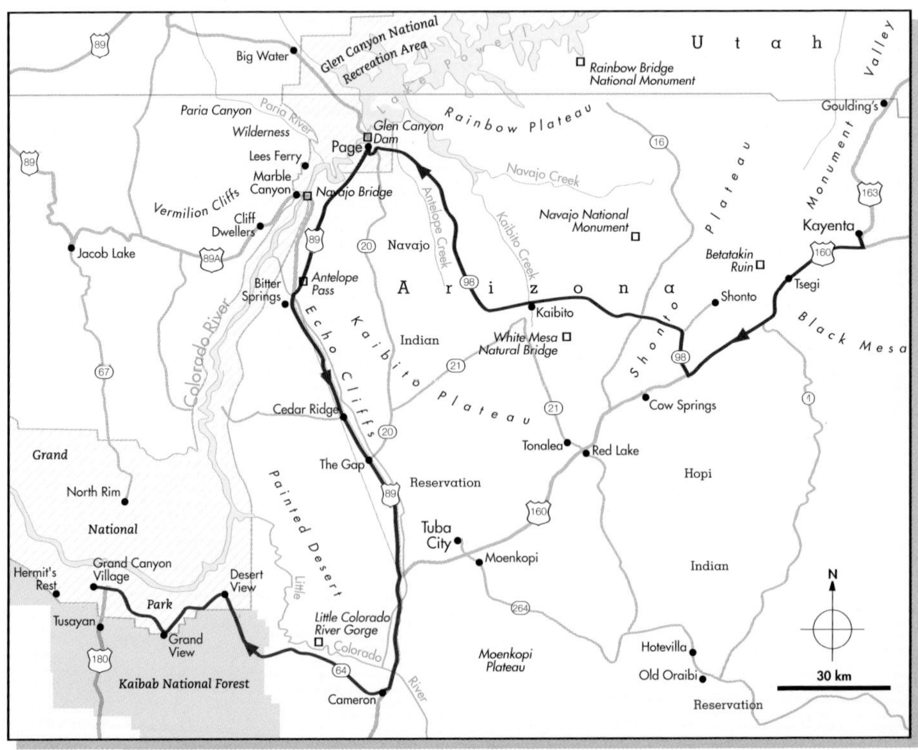

der später im Nationalpark sein Comeback feiern wird. Steil stürzt der Highway am **Antelope Pass** vom Kaibito Plateau die Echo Cliffs hinab ins Tal des Little Colorado River. **Bitter Springs** hört sich zwar nicht gut an, aber die Aussichten ringsum sind umso schöner.

Es folgen Weideland und ab und zu typische versprengte Navajo-Gehöfte: ein buntes Allerlei aus *hogan*, Fertighaus oder Wohnwagen mit Reifen auf dem Dach (damit es nicht wegfliegt), *corral*, Zweit- und Drittautos plus Gerümpel. Und während die Konturen der schneebedeckten San Francisco Mountains allmählich immer klarer zu sehen sind, wird es in der Painted Desert ringsum steiniger und farbiger.

Die meisten Verkaufsstände der Navajo, Buden aus Pappmaché und Abfallholz mit schattenspendenden *ramadas*, akzeptieren inzwischen Kreditkarten. Ein Lattenverschlag gibt sich besonders exklusiv: AMERICAN EXPRESS ONLY steht auf dem Schild. Handgeschrieben und gut vom Auto aus zu lesen.

Nach Passieren der **Cameron Trading Post** beginnt der Endspurt zum Grand Canyon, bei dem die Camper kräftig zulegen müssen, denn die Straße steigt beträchtlich. Bald öffnet sich der Blick nach Osten über die Ebene und auf die ersten Ritzen eines kleinen Canyon in der Hochfläche: des **Little Colorado River**, eines Zulieferers zum großen Bruder. Der nächste *vista point* zeigt mehr von der Schlucht. Keine Frage, in ein paar Millionen Jahren wird aus dem »Little« sicher auch ein »Grand«.

Endlos zieht sich die Straße höher und höher durch das dichtbewaldete Plateau, bis endlich, gleich hinter dem Parkeingang, die Wälle und Zinnen, Tempel und

Boote, Strand und Sanddünen: der Lake Powell ein reiches Freizeitparadies

Schluchten auftauchen. Schon der erste Eindruck vom **Grand Canyon** (s. S. 159 ff.) am Desert View Point hat es in sich. Beim nächsten, dem **Yavapai Point**, auf dem Weg zum Visitor Center, stockt so manchem der Atem.

Zwei Milliarden Jahre Erdgeschichte für einen angebrochenen Nachmittag – das ist naturgemäß etwas viel. Die wirklich faszinierenden Erfahrungen gewinnt man denn auch nur auf Ganztags- oder, besser noch, mehrtägigen Touren hinab zum Fluss und auf ihm per Schlauchboot, am besten zwischen Oktober und März.

Bei knapper Zeit liegt es nahe, sich (im Sommer) dem kostenlosen Pendelbus entlang dem West Rim Drive anzuvertrauen oder alles (evtl. auch zwischendurch) zu wandern, und zwar auf dem weitgehend parallel verlaufenden **Rim Nature Trail** am Canyonrand entlang. Der Wanderweg zwischen Hermit's Rest im Westen und Yavapai Point im Osten zieht sich über rund 14 Kilometer.

Trading Posts: neben Souvenirs findet man hier oft auch schöne indianische Keramik

Die Route

15 Anasazi und Jacuzzi

Vom Grand Canyon nach Phoenix

Route: Grand Canyon – Flagstaff – Sedona – Tuzigoot National Monument – Jerome – Montezuma Castle – Phoenix/Scottsdale (414 km/259 mi)

km/mi	Zeit	Route
0	8.00 Uhr	Von **Grand Canyon Village** US 180 nach Süden und
126/ 79	9.30 Uhr	**Flagstaff**, US 89A Richtung Sedona durch den **Oak Creek Caynon** nach
166/104	10.30 Uhr	**Sedona**. Kleine Wanderung in der Felslandschaft (Schnebly Hill Rd.) oder Lunchpause im **Tlaquepaque Center** (ca. 1 Std.). Weiter nach **Cottonwood** und dort dem Schild folgen zum
209/131	12.00 Uhr	**Tuzigoot National Monument** (Rundgang durch Museum und Ruinen ca. 1/2 Std.). Zurück nach Cottonwood und US 89A weiter nach Süden bis
232/145	13.00 Uhr	**Jerome** (Stadtbummel und Pause; ca. 1 Std.). Zurück nach Cottonwood, US 260 Richtung Camp Verde und I-17, diese kurz nach Norden (Richtung Flagstaff), Exit 289 zum
275/172	15.00 Uhr	**Montezuma Castle National Monument** (Rundgang ca. 1 Std.). –Zurück zur I-17 nach Süden, Exit 203 (Camelback Rd.)
414/259	17.00 Uhr	**Phoenix** und/oder **Scottsdale**.

Abe Miller, ein Entrepreneur der Hotel- und Gastronomiebranche aus Nevada, setzte beim Tlaquepaque Village sein Faible für die spanische Kolonialarchitektur praktisch um. Mitunter trickreich: die alten Ahornbäume (Sycamore) wurden so umbaut, dass es so aussieht, als hätten ihre Stämme erst durch die Gebäude hindurchwachsen müssen, schließlich sollte das Dorf so wirken, als sei es noch älter als die Bäume.

Schneisen durch Kiefern, Nadelgewächs und Passagen wie in der Lüneburger Heide – so fährt man vom Grand Canyon nach Flagstaff. Den Horizont begrenzen die meist schneebedeckten konischen Vulkankegel der **San Francisco Mountains.** Das heilige Gebirge der Navajo und Hopi ist auch die Heimat der Kachinas, jener geschmückten Kerle aus mythischen Welten, die zu den zeremonialen Feiern in die Dörfer kommen, um für Regen, Fruchtbarkeit und Wohlstand zu tanzen oder, als Clowns, um den Spaßvogel zu spielen.

Der nahe **Humphreys Peak** treibt es mit 3 854 Metern auf die Spitze im Staat. **Flagstaff** (s. S. 157 f.), das sich, ähnlich wie Gallup, kilometerlang an der Eisenbahnlinie hinzieht, ist durchaus noch auf der Höhe des Plateaus, was oft bis in den Mai hinein zu Schneefeldern und verzuckerten Weihnachtsbäumen führt, während nur ein paar Autostunden weiter südlich das Thermometer bereits 40 Grad erreicht.

Der ebenso lauschige wie rotfelsige **Oak Creek Canyon** liegt praktisch vor der Haustür. Im Sommer beherrscht die *beach party scene* den **Slide Rock State Park** (s. S. 175), weil er auf und zwischen den Steinen im Wasser Kühlung bietet. Besonders im Herbst, wenn die Blätter Farbe bekennen, zieht der Canyon alle Register seiner landschaftlichen Schönheit.

In der Wellness-Hochburg **Sedona** (s. S. 172 ff.) eignet sich das **Tlaquepaque Village** recht gut zum Bummeln und Shopping, Sitzen und Schauen. Dieses Open-Air-

Kachina-Clown (Hopi)

Shopping-Center sieht so aus, als würde hier gleich ein mexikanischer Film gedreht: Neo-Pueblo mit Shops, Galleria, Brunnen und Innenhöfen und sogar einer Ersatz-Mission.

Wer sich ein bisschen im Gelände umsehen möchte, sollte an der ersten und einzigen Ampel links über die Brücke zur **Schnebly Hill Road** fahren und dann wiederum links, bis sich die Straße in eine schöne (weil aussichtsreiche) *dirt road* verwandelt, die in felsiges Gebiet mit Wandermöglichkeiten führt.

Südlich von Sedona weicht der Canyon einem grünen weiten Tal, das auch prompt so heißt: **Valle Verde** (s. S. 176). Zwischen den kargen Hochebenen des Nordens und den öden Wüsten des Südens muss es den indianischen Siedlern einst als das Paradies auf Erden vorgekommen sein. Jedenfalls berichtet das die Siedlungsgeschichte. Besonders anschaulich wird sie im **Tuzigoot National Monument** (s. S. 176) erzählt, in seinem hübschen Museum und einem restaurierten Indianer-Pueblo.

Das alte **Cottonwood**, durch das man auf dem Weg zu den Ruinen kommt, enthüllt sich vor allem an Main Street als anmutige Westernstadt. Ein paar aufgeregte Wachteln huschen über die Straße hinauf nach **Jerome** (s. S. 163), einem gemütlichen Bergdorf mit langer Geschichte.

Weit besser als Tuzigoot haben sich die Mauern des **Montezuma Castle** (s. S. 166), einer weiteren Klippensiedlung, in unsere Zeit gerettet, was an den haltbareren Baumaterialien liegen muss.

Auf der Weiterfahrt nach Süden steigen die Temperaturen spürbar, und mit der Wärme setzt sich die Flora des südlichen Arizona vollends durch. Zaghaft kommen die ersten *prickley pears* in Sicht, werden dann aber, wie andere Kakteen, frecher und frecher und verdrängen die Gräser und Kräuter; der Bewuchs der Bergrücken nimmt ab. Kurz hinter dem **Sunset Point** tauchen sie dann endlich auf, die Vorboten der Sonora-Wüste, die Saguaros. Mit jeder Meile wachsen sie dichter zusammen, zu ganzen Wäldern, durchsetzt mit gelb blühenden Palo-Verde-Büschen und Ocotillosträuchern, aus deren staksigen Armen feuerrote Blütenflammen züngeln. Ab und zu ein Reklameschild: DO HUGS NOT DRUGS, zum Beispiel.

Montezuma ist aus rätselhaften Gründen verlassen, **Arcosanti** (s. S. 183) aus verständlichen Gründen nie bezogen worden. Ansonsten aber macht der Besuch von Arcosanti im Laufe dieses Reisetages Sinn, denn was die Thermik angeht, korrespondiert die Südlage der Klippensiedlung mit Soleris Apsis und seiner Öko-Vision. Das Kompaktmodell Soleris gewinnt erst recht Profil im Vergleich mit dem schier grenzenlosen **Phoenix** (s. S. 186 ff.).

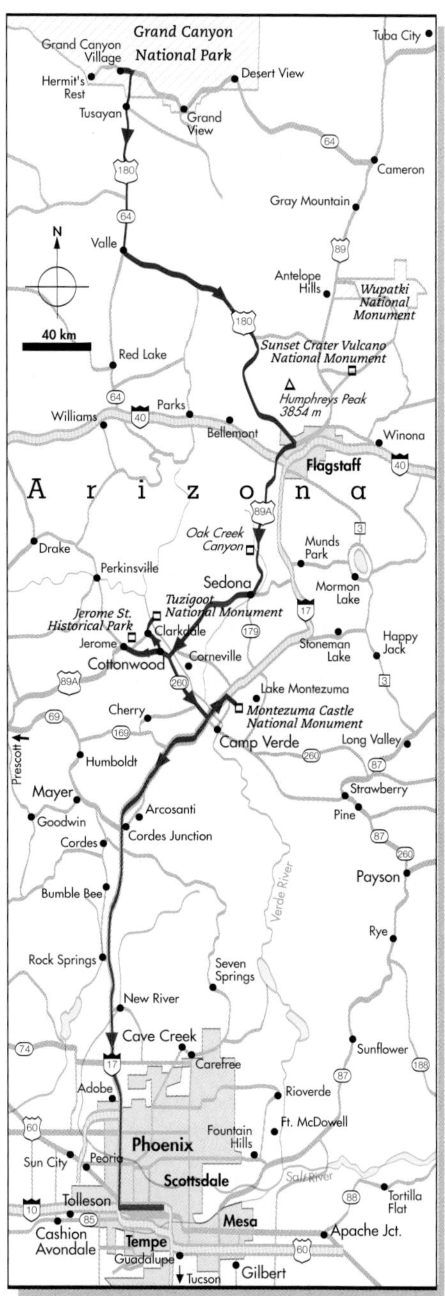

16 Platz an der Sonne
Phoenix und Scottsdale

Programm: Phoenix und Scottsdale

Zeit	Programm	
		Einen Stadtplan finden Sie S. 186.
Vormittag	**Heard Museum** in Phoenix oder Shopping-Tour in Scottsdale.	
Mittag	Lunch (**Arizona Center** in Phoenix oder **Scottsdale Mall**).	
Nachmittag	**Taliesin West** (Scottsdale), die Westernkulisse von **Rawhide** oder Badefreuden am Pool.	

Siesta: im Shopping Center »The Borgata« in Scottsdale

17 Baden-Baden, Kalifornien
Palm Springs

Route: Phoenix/Scottsdale – Blythe – Joshua Tree National Park – Palm Springs (523 km/327 mi)

km/mi	Zeit	Route
0	8.30 Uhr	Ab **Phoenix** I-10 West über Quartzsite, Blythe und Desert Center, danach rechts Richtung Twentynine Palms zum
378/236	12.30 Uhr	Cottonwood Springs Visitor Center im **Joshua Tree National Park**. Weiter und nach einer Weile links ab Richtung **Jumbo Rock** und **Hidden Valley** (Klettern, Laufen, ca. 2 Std.). Die Straße endet wieder auf der SR 62 beim Ort Joshua Tree. Hier links die SR 62 durchs **Yucca Valley** bis zum Abzweig Indian Avenue (Achtung: beim ersten Hinweisschild links einordnen), dort links und geradeaus an **Desert Hot Springs** vorbei ins Zentrum von
523/327	16.30 Uhr	**Palm Springs** (Indian Canyon Dr., von dort kommt man automatisch auf den Palm Canyon Dr.).

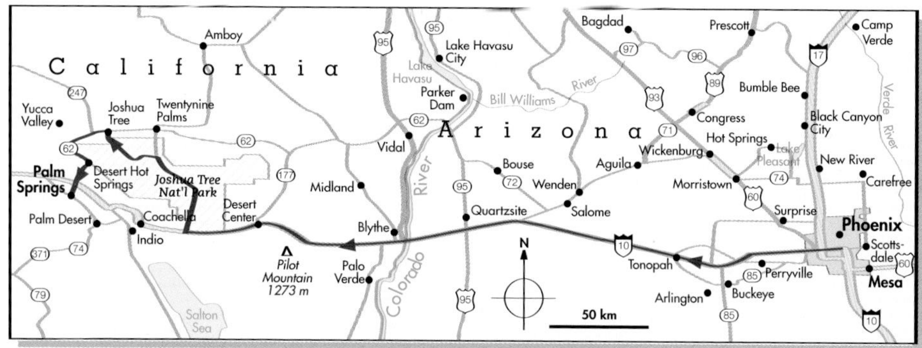

Wüstentag ist Picknicktag, denn Gourmet-Restaurants liegen heute nicht am Weg. Allerdings sollte man beim Einkauf von Obst und Gemüse zurückhaltend sein, denn die dürfen die kalifornische Grenze nicht passieren. Im Klartext heißt es spätestens an dieser Stelle: aufessen oder entsorgen.

Lange säumt platte Landwirtschaft die Interstate Richtung Westen. Ein Schild warnt vor entlaufenen Häftlingen: STATE PRISON. DO NOT STOP FOR HITCHHIKERS. Erst nach einer Weile steigt der Highway an und verschafft den Saguaros neue Nachbarn: Ocotillo, Cholla und Palo Verde. Das unscheinbare **Quartzsite** (a. S. 195) zieht vorbei – im Winter ein Königreich der Wohnwagen! An der Staatsgrenze sorgt der Colorado River für Grüntöne, und kurz hinter Ehrenberg bekrönt eine Missionsglocke den ansonsten nüchternen Kontrollposten der CALIFORNIA AGRICULTURAL INSPECTION STATION. Hier muss in der Regel jeder anhalten und Fragen über eventuell mitgeführte Naturalien über sich ergehen lassen. Und so wie womöglich von seinen Äpfeln muss man sich auch von den Saguaros verabschieden, denn ab **Blythe** treten sie das breite Tal schlagartig an andere Wüstengewächse ab, die hier naturgeschützt (in der California Desert Conservation Area) gedeihen.

Die goldgelben Blüten der Palo-Verde-Bäume und die näher rückenden Berge bringen Abwechslung ins Bild, besonders die in der Ferne bis in den Sommer hinein schneebedeckte Kuppe des Mount Jacinto. Keine Frage, Kalifornien gibt sich von Anfang an alle Mühe, seine Schokoladenseiten zu zeigen, erst recht im **Joshua Tree National Park** (s. S. 116 f.).

Beim Visitor Center von **Cottonwood Springs** beginnt die Anfahrt zunächst durch das **Pinto Basin**, einem artenreichen Wüstengarten. Im **Ocotillo Patch** drängeln sich die die roten Blüten des Christusdorns, und die **Cholla Gardens** entpuppen sich als ein Wald jener borstigen Teddybären, deren scharfe Stacheln den Pflanzenfressern gnadenlos den Appetit verderben. Empfehlenswerte Stopps: am **Jumbo Rock** und im **Hidden Valley** (beide ausgeschildert).

Die rasante Abfahrt ins **Coachella Valley** geht in Richtung Desert Hot Springs, dann über den Freeway, die Bahngeleise und vorbei an einem Heer von Windturbinen ins renommierte **Palm Springs** (s. S. 117 ff.). Meist wirft der **Mount Jacinto** um die Tageszeit schon Schatten. Er herrscht über ein gewaltiges Bergmassiv, das für überwiegend sonniges Wetter im Coachella Valley sorgt, weil es ihm die Wolken vom Pazifik vom Hals hält.

Das zugige Coachella Valley bringt viel Wind auf die Mühlen von Palm Springs

Die Route

18 Wüste, Wald und Meereswellen

Durch die Anza-Borrego-Wüste nach San Diego

Tipp für Camper: Steigungen und Kurven auf der Strecke Palm Desert–Borrego Springs (SR 74, 371, 79) können Probleme schaffen. Besser über Salton Sea nach Borrego Springs fahren: SR 111, 86, 22.

Route: Palm Springs – Anza-Borrego Desert State Park – Julian – San Diego (358 km/224 mi)

km/mi	Zeit	Route
0	8.30 Uhr	In **Palm Springs** S 111 nach Südosten bis **Palm Desert**, dort S 74, 371, 79 bis Abzweig zur Anza-Borrego-Wüste (S 2, S 22)
168/105	11.30 Uhr	**Borrego Springs, Visitor Center**; kurze Fahrt zum **Palm Canyon** (Wanderung/Rundkurs ca. 5 km mit Picknickmöglichkeit anstelle eines späteren Lunch in Julian).
	14.00 Uhr	Ab Christmas Circle in Borrego Springs S 3, S 78 bis
222/139	15.00 Uhr	**Julian** (Pause), dann S 79 South, S 1 (Sunrise Hwy.) und I-8 bis
358/224	17.00 Uhr	**San Diego** (zum Strand auf Coronado Island oder in Pacific bzw. Mission Beach).

Einen Stadtplan von San Diego finden Sie S. 80.

Das Coachella Valley entschwindet nur langsam dem Blick, weil sich die Straße umständlich die Berge hinaufwindet. Auf der Höhe hocken kleine Dörfer: Anza, Aguanga, Ranchita - heftige Landwirtschaft und Ranchos lösen einander ab. Das ändert sich rasch, wenn hinter Ranchita die dramatische Talfahrt zur Steinwelt des **Anza-Borrego State Park** (s. S. 113 f.) beginnt, eines Teils der Colorado-Wüste und ein typisches *Low-desert*-Gebiet. Im Nu dominieren die filigranen Ocotillo-Sträucher, an denen man so gut erkennen kann, ob und wie stark es geregnet hat. Die kleinen Blättchen an ihren spindeldürren Ruten sind mal grün, mal braun. Zwischen Februar und April leuchten ihre roten Blütenspitzen. Dann breiten sich überall Farbteppiche aus, kleine Sonnenblumen, Wüstenlilien, Löwenzahn und blühende Kakteen.

Das mit viel Verständnis für die umgebende Landschaft gebaute **Visitor Center** liegt bei **Borrego Springs**. Seine Informationsfülle wirkt wie ein Appetizer für die Schätze des Parks, seine Entstehungsgeschichte, Flora und Fauna. Eine Wanderung durch den nahen **Palm Canyon** vermittelt Wüstenpraxis.

So wie die Einfahrt ins Borrego-Tal erweist sich auch der Highway nach **Julian** (s. S. 77) als eine wunderschöne Canyonroute. Nach dem Stadtbummel wählt man am besten einen kleinen Umweg nach San Diego, und zwar den Sunrise Highway, eine herrliche Wald- und Bergstrecke mit prächtigen *mountain vistas* rund um **Mount Laguna**, ein beliebtes Erholungsgebiet mit lauschigen Picknickplätzen.

Stimmen Tageszeit und Wetter, erreicht man in **San Diego** (s. S. 79 ff.) den Ozean zum Sonnenuntergang, eine erfrischende Abwechslung nach Tagen voller Wüstenstaub. Es ist auch höchste Zeit für ein Wiedersehen mit dem Pazifik, egal, an welcher Stelle. Vielleicht am Mission oder **Pacific Beach**? An den Sommerwochenenden, wenn die Jugend regelrecht ins Meer überquillt, ist besonders hier der Teufel los. Da sponsert eine Schnapsfirma ein Volleyball-Match – sofort ein Menschenauflauf! Skateboard-Artisten haben bei einem gerade abgerissenen Haus einen leeren Swimmingpool entdeckt und brettern die grünen Wände rauf und runter.

Die Küste bei **La Jolla** ein Stück weiter nördlich ist da zurückhaltender und geradezu friedlich, und auch auf der Halbinsel **Coronado** im Süden der Stadt hat gut Ding eher Weile.

19 Leichtes Leben am Meer
San Diego

Route: Ein Tag in San Diego

Zeit	**Programm**	**Einen Stadtplan von San Diego und weitere Informationen finden Sie S. 80 ff.**
Vormittag	**Horton Plaza** (Downtown, Block zwischen 1st und 4th Ave., Broadway und G St.), **Gaslamp Quarter**.	
Mittag	Lunch und Pause im **Balboa Park** (von Downtown über 12th St. Richtung Norden).	
Nachmittag	Entweder **Sea World**, **Seaport Village** und **Embarcadero**, **Strände** (La Jolla, Mission, Pacific, Coronado Beach) oder Ausflug zur **Missionskirche** bzw. nach **Tijuana**, Mexiko.	

Pazifikfreuden auf einer Postkarte

Die Route

Stadtpläne von Los Angeles und weitere Informationen finden Sie S. 58 ff.

20 Mehr Meer
Langsam nach L.A.

Route: San Diego – Los Angeles (232 km/145 mi)

km/mi	Zeit	Route
0	8.00 Uhr	Von **San Diego** (Downtown) I-5, Mission Bay, Mission und Pacific Beach Blvd. nach
22/ 14	8.45 Uhr	**La Jolla**. Ravine St. links hinunter zum Coast Blvd., Parken und Rundgang (ca. 1 Std.). Weiterfahrt über Prospect und Torrey Pines Rd., La Jolla Shores Dr. (SR 21) bis
37/ 23	10.30 Uhr	**Torrey Pines State Park**. Wanderung, Picknick, Baden (ca. 2 1/2 Std). Für den Strand gibt es einen unteren Parkplatz.
64/ 40	15.00 Uhr	**Carlsbad** (kurzer Stopp bei Alt-Karlsbad). Hinter Oceanside auf die I-5
232/145	17.00 Uhr	**West Los Angeles**: Kreuzung San Diego (I-405) und Santa Monica Fwy. (I-10). Von hier, je nach Hotellage, nach **Downtown, Westwood** oder **Santa Monica**.

Der **La Jolla Shores Drive** und seine Verlängerung, die **Torrey Pines Road**, ziehen eine lichte Schneise durch die wissenschaftlichen Gefilde im Norden von San Diego. An keiner anderen Stelle der Stadt sind Forschung und Lehre stärker konzentriert als hier. Zunächst das Institut für Ozeanographie, dann der San Diego Campus der Universität von Kalifornien (UCSD), an der einst Herbert Marcuse lehrte, das Salk Institute für Biologie mit seiner avantgardistischen Architektur von L. Kahn (Hinweisschild) und jede Menge anderer Forschungsstätten – vollendete oder solche im Bau. Jonas Salk, der Entdecker des Impfstoffs gegen die Kinderlähmung, starb 1995.

Picknick am Pazifik: La Jolla

An der ersten Lagune – Los Penasquitos Lagoon and Salt Marsh – geht es links ab, zurück und hinauf zum **Torrey Pines State Park** (s. S. 76), in eine landschaftlich ungewöhnliche Enklave, die viele aus Unkenntnis links liegen lassen. Zu Unrecht, denn der Park bietet nicht nur reizvolle Wanderwege durch eine reiche Flora mit tollen Ausblicken auf den Pazifik, sondern auch den Zugang zu fast menschenleeren

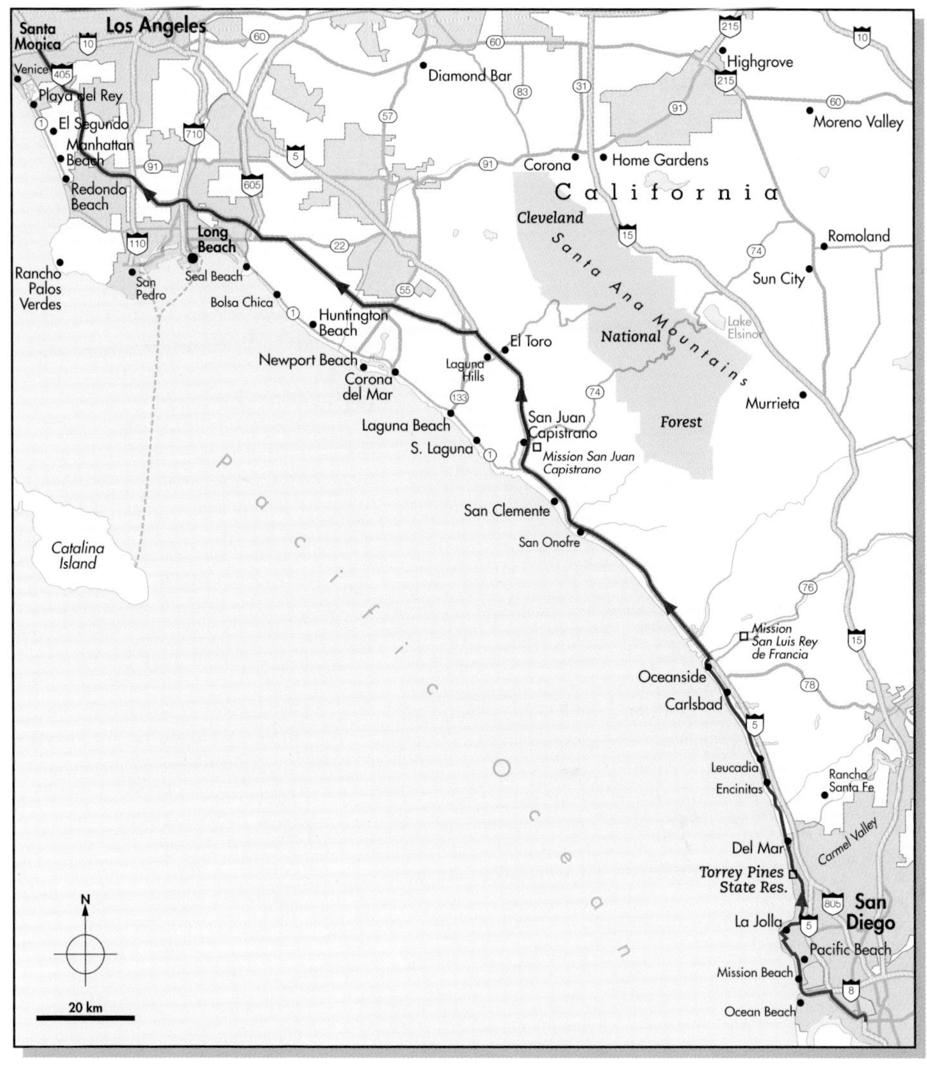

Stränden am Fuß der Klippen. Ihre Breite hängt von der Tide ab, denn bei Flut spült das Wasser fast bis an die Steilküste. Im Adobebau der Rangerstation erläutern Ausstellungen die heimische Pflanzenwelt – in erster Linie jenen Baum, der dem Park den Namen gibt, die Torrey-Kiefer *(Pinus torreyana)* mit ihren superdicken Zapfen. Auf dem *beach trail*, dem Höhenweg, der sich durch duftendes *coastal sagebrush* windet, gelangt man an Kakteen und Agaven vorbei zum Meer bis **Flat Rock**.

Der Highway hält sich weiterhin eng an der Küste, trennt dabei die Salzmarschen vom Ozean und reiht die Badeorte auf wie eine Perlenschnur, verziert durch hübsche Creeks und leuchtendgelbe Sukkulenten. **Carlsbad** (s. S. 76) klingt nach böhmischen Dörfern, und das nicht ohne Grund. Ende des 19. Jahrhunderts fand man, dass zwei hiesige Mineralquellen denen im (damals) berühmten Karlsbad in Böhmen glichen. An Alt-Karlsbad erinnert heute ein romantisches Pfefferkuchenhaus an der Straße.

Nach der Auffahrt auf die Interstate 5 folgen die Riesen-Eier des nach dem ägyptischen Eremiten Onofre benannten Atommeilers – nützlich, sagen die Betreiber, gefährlich, die Gegner. Gänzlich unumstritten dagegen behauptet die **Mission San Juan Capistrano** (s. S. 87) ihren idyllischen Platz. Sie ist eine wegen ihrer Ruinenromantik besonders hervorragende Klosteranlage im Kranz der 21 Kirchen, die in der spanischen Ära entlang dem Camino Real entstanden, jener Kolonisationsroute, die heute US 101 heißt.

Long Beach blättert in Höhe der Ausfahrt Signal Hill ein anderes Kapitel kalifornischer Geschichte auf. Hier lag das erste riesige Ölfeld, das Anfang des 20. Jahrhunderts den Boom auslöste, der seither die wirtschaftliche Entwicklung des Landes wesentlich bestimmen sollte. Upton Sinclair hat davon erzählt. In seinem Roman »Öl« tobt der Kampf ums flüssige Gold. Den Stoff guckte er den Praktiken ab, die sich damals vor seinen Augen in Long Beach abspielten. Signal Hill ist der Ort der Handlung und die Quelle aller tragenden Motive, die sich um Öl und *big business*, Bestechung und Korruption drehen. Der Geist eines kalifornischen »Dallas« wehte bereits durch die 1927 erschienenen Seiten des sozialkritischen Werks.

Was heute hier weht, erfährt man nahezu übergangslos innerhalb weniger Minuten, wenn die Petrochemie von **Carson** ihre Duftwolken in den Himmel pustet. Sieht so die Stadt der Engel aus? Nein, aber eine gehörige Portion Realitätssinn kann beim Kennenlernen von **Los Angeles** (s. S. 58 ff.) nicht schaden, einer Stadt, die in Ausmaß und Tempo alle europäischen Maßstäbe sprengt: fünfzehn Millionen quirlige Menschen und Autos auf einer Gesamtfläche, die größer ist als das Ruhrgebiet.

Ist das dieselbe Stadt, die seit der Entstehung ihrer Film-Enklave Hollywood kräftig daran arbeitet, in Film und Fotos, Songs und Sprüchen traumhaft auszusehen? Warten wir's ab. Fest steht, L.A. hat nicht nur seine Stadtgrenzen sichtbar aufgelöst. Seine Innovationsfähigkeit, Energie und Kreativität lösen Tag für Tag auch anderes auf: Althergebrachtes, Erwartungen und Vorurteile ... »Los Angeles ... man kann sich hier amüsieren wie mit einem Kaleidoskop: ein kleiner Stoß mit der Hand – und schon geben die bunten Glasstückchen die Illusion einer neuen Rosette«, schrieb einst Simone de Beauvoir. Morgen wird sich das zeigen.

Der Hollywood »Walk of Fame« holt die Sterne der berühmten Filmstars wieder auf die Erde

21 Rund um die Orange
Ein Tag in L.A.

Vormittag

Schnittpunkt von San Diego & Santa Monica Fwys. (I-405 und I-10); I-10 East, Harbor Fwy. North, Ausfahrt 6th St. bis **Pershing Square** (Parken in der Tiefgarage). Rundgang durch Downtown: durch den »Garden Court« des **Bilt-**

more Hotel (Eingang Olive St.), am Ausgang Grand Ave. rechts, 5th St. zur **Los Angeles Central Public Library** (Bibliothek und Gärten). Flower St. bis 7th St., dort links an **Clifton Cafeteria** vorbei zum Broadway, dort links bis Ecke 3rd St.: **Bradbury Building**, gegenüber das **Million Dollar Theatre**, Broadway zurück, **Grand Central Market, Museum of Contemporary Art, Walt Disney Concert Hall** und Pershing Sq. (ca. 2 Std.). Mit dem Auto von Pershing Sq. über 5th St., Grand Ave., 6th und Main Sts. links bis

Mittag
El Pueblo de Los Angeles State Historic Park, dem alten Stadtkern um **Olvera Street** (Parkplatz links gegenüber der Plaza; Rundgang und Lunch, ca. 1 Std.). An Cesar Chavez Ave. links zum Beginn des

Nachmittag
Sunset Boulevard, diesen nach Westen. In Hollywood Stopp beim **Mann's Chinese Theatre**. In Beverly Hills Abzweig zum **Rodeo Drive** und *window shopping* (Parken: Schild CITY OF BEVERLY HILLS/PUBLIC PARKING folgen; an Dayton Way und Beverly Dr. jeweils links – etwa 1 Std.). Zurück zum Sunset und durch Bel Air, UCLA, Brentwood, Pacific Palisades zum Pacific Coast Hwy. Dort links nach **Santa Monica** (Santa Monica Place und/oder Third Street Promenade und über Main St. weiter nach **Venice** Windward Ave.). Hier Strandbummel, Kaffee und Kuchen oder Happy Hour.

Extras in L.A.
1. **Disneyland**, denn ein Besuch bei den Mickymäusen gehört nun mal zum Standard jedes Kalifornien-Programms; 2. **Universal Studios Hollywood**; 3. Kunst und Gärten, d.h. vormittags **L.A. County Museum of Art (LACMA)**, anschließend **Museum of Contemporary Art (MOCA);** nachmittags die Traumgärten der **Huntington Library, Art Collections and Botanical.** – Statt der beiden Museen kann man auch das **Getty Center** vormittags auf die Tagesordnung setzen.

Rundgang vgl. S. 59 ff.

Die Route

Märchenarchitektur in Disneyland

Stadtpläne und weitere Informationen zu L. A. finden Sie S. 58 ff.

Die Route

22 Arkadien in Kalifornien
Santa Barbara

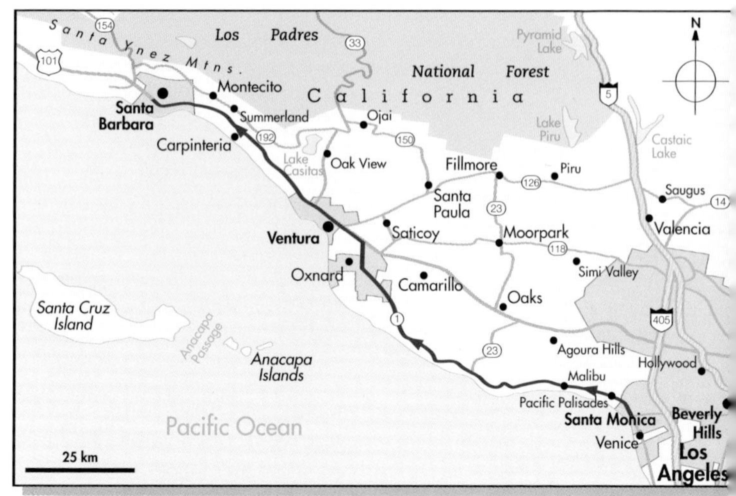

Route: Los Angeles/Santa Monica – Malibu – Santa Barbara (138 km/ 86 mi)

Fiesta: Cinco-de-Mayo-Festival vor dem County Court House in Santa Barbara

km/mi	Zeit	Route
0	9.00 Uhr	In **Santa Monica** S 1 (Pacific Coast Hwy.) nach Norden bis
21/13		**Malibu**, kurzer Stopp ; weiter auf der S 1

138/86 11.00 Uhr **Santa Barbara**, Exit Cabrillo Blvd. West, Cabrillo Blvd. bis Ecke Garden St., beim **Information Center** parken (hinter dem Haus oder gegenüber am Strand). Spaziergang Richtung **Wharf**. - Fahrt zum **County Court House** (Rundgang und Lunchmöglichkeit). **State Street** (Shopping, z.B. El Paseo, La Arcada, Paseo Nuevo bzw. Santa Barbara Museum of Art). **East Beach, Butterfly Beach** (Montecito) oder **Hafen**.

Kurz vor seinem Ende verschwindet der Santa Monica Freeway kurz im Tunnel und kommt dort als Pacific Coast Highway wieder heraus - und zwar als Nummer eins, als der berühmte Highway One, der nun auch gleich, eingekeilt zwischen Steilufer und Strandhäusern, zügig nach Norden strebt. Hinter Topanga State Beach entzieht sich der Ozean dem Blick, denn zwischen Straße und Meer quetscht sich fast lückenlos Bungalow an Bungalow. In **Malibu** (s. S. 73) geben sie sich besonders extravagant.

Wen die Badelust packt, der kann hier natürlich parken und loslegen, aber vielleicht sollte er sich das lieber bis zum **Zuma Beach** aufsparen, denn dort wartet ein schöner Strand mit allem Drum und Dran - zum Laufen, Baden, Surfen und Frisbeespielen.

Bei **Oxnard** dominieren die hispanischen Landarbeiter in den Gemüsefeldern; fast die gesamte Broccoli-Ernte der USA kommt aus dieser Ecke. Die Fahrt durch den Ort, Ampel für Ampel, bleibt niemandem erspart, ebenso wenig wie die nickenden Ölpumpen bei Seacliff und die rührend durch Palmen getarnten Bohrinseln im Meer *(offshore drilling)*.

Bei **Montecito** beginnt eine eukalyptusbestandene Parklandschaft - eine würdige Ouvertüre für das in Selbstinszenierungen erfahrene **Santa Barbara** (s. S. 50 ff.).

Steilküste in Santa Monica: Noch heute gewährt der Palisades Park (rechts) beste Aussichten

Die Route

23 Highway One Highlights

Missions und Big Sur

Route: Santa Barbara – San Luis Obispo – Big Sur – Carmel – Monterey (429 km/268 mi)

km/mi	Zeit	Route
0	9.00 Uhr	In **Santa Barbara** State St. stadtauswärts bis Mission St., dort rechts dem Schild folgen zur **Missionskirche** (Stopp). Von der Kirche zurück zur Mission St. und diese bis zur Auffahrt US 101 North und nach
178/111	11.00 Uhr	**San Luis Obispo**, dort auf die S 1 (Ausfahrt Morro), nach Nordwesten über Morro Bay, Cambria, San Simeon nach
344/215	13.00 Uhr	**Big Sur** (Lunch im »Nepenthe«, ca. 1 Std.), weiter nach
399/249		**Carmel**, dem Schild (Rio Rd.) zur **Carmel Mission** folgen (Kirche und Gärten ca. 1/2 Std.). In Fahrtrichtung weiter geradeaus durch den Ort (Junipero Ave.) bis Ocean Ave., dort links bis zum Ende: **Strand von Carmel**. Zurück und gleich die erste Straße links zur Einfahrt des **17-Mile Drive** nach
429/268	17.00 Uhr	**Monterey**.

Extras

Wer sich auf dem Weg das **Hearst Castle** ansehen möchte, sollte dort nicht nur rechtzeitig reservieren (✆ 1-800-444-4445), sondern auch einen Zusatztag einlegen (in San Simeon kann man übernachten und Camper sind am San Simeon State Beach gut aufgehoben. Die vier verschiedenen Touren durch das Traumschloss dauern jeweils knapp 2 Std., tägl. im Sommer 8–17, im Winter 8.20–15.20 Uhr.

Die **Santa Barbara Mission** (s. S. 52) überragt nicht nur die Stadt, sondern als »Queen of the Missions« ihre 20 Mitbewerberinnen unter den Bauernkirchen, die Pater Junipero Serra, der Apostel Kaliforniens, einst im Schutz der spanischen Soldaten im damaligen *Alta California* ins Leben rief. Jede von ihnen war von der nächsten rund einen Tagesritt entfernt, zwischen San Diego im Süden und Sonoma im Norden.

Nördlich von Santa Barbara hält sich der Highway für eine Weile noch dicht am Ozean parallel zur Eisenbahn, bis er sich zum **Gaviota-Pass** hinauf landeinwärts schwingt und in der Deckung der Küstenberge nach Norden strebt, begleitet von lieblichen Berghängen voller Rebstöcke. Früher hatte Kalifornien ein *Wine Country* (die Region nördlich von San Francisco), heute ist praktisch der ganze Staat zu einem solchen geworden, denn es gibt kaum noch Flecken, wo keine Trauben angebaut werden – von der North Coast bis nach Temecula im Süden, sogar Bakersfield eingeschlossen.

In der Höhe von **Santa Maria** bemächtigt sich die Landwirtschaft dann auch anderer Erzeugnisse. Hier und da stehen Klumpen geparkter Autos und mobile Toilettencontainer am Straßenrand – untrügliche Zeichen für die Präsenz mexikanischer Erntehelfer, die entsprechend der Witterung gekleidet sind. Wenn es schüttet und die Pickups auf den vermatschten Straßen jedes entgegenkommende Fahrzeug versauen, tun sie auf den Feldern im Gelb ostfriesischer Nerze Dienst, um die Früchte aus dem Füllhorn Kaliforniens in Pappkartons zu verpacken.

Was die armen Teufel hier auf den Äckern treiben – das arbeitende, nicht das glamouröse Kalifornien – versorgt nicht nur dieses Land, sondern fast die halbe Welt mit Obst und Gemüse. So kommt es, dass Kalifornien in Bezug auf sein Bruttosozialprodukt an 6. Stelle steht, nach den USA, Japan, Deutschland, Frankreich und Großbritannien. Erst danach kommt Italien.

Wer kurz vor San Luis Obispo einen Kaffee trinken oder tanken möchte, für den kommt die Ausfahrt zum **Madonna Inn** gerade recht. Auf jeden Fall ist diese Ikone kalifornischer Geschmackskultur einen Stopp wert.

Das gefällige Ranchland bei **San Luis Obispo** (s. S. 49) hat immer schon die Träume von einem Kalifornien ohne Rush Hour, *urban sprawl* und *billboards* geweckt. Denn an den Küsten im Süden sind die schon lange nicht mehr wegzudenken; schließlich leben über 80 Prozent aller Kalifornier nur wenige Kilometer vom Pazifik entfernt.

Bei **Morro Bay**, dem immer noch aktiven Fischereihafen, in den der wuchtige Morro Rock wie von Riesenhand geworfen und ins Meer geplumpst zu sein scheint, taucht hinter den Dünen kurz der tiefblaue Ozean auf. Aber er verschwindet gleich wieder bei jenen achtzehn (18) Einwohnern, die in **Harmony** zusammenleben, einem winzigen Flecken, dem man wohl seinen Namen glauben muss. Viele heiraten deswegen auch hier.

Wie ein ferner Märchenpalast thront wenig später auf den Bergen **Hearst Castle** (s. S. 49 f.), ein pompöses Unikum, das amerikanische Touristen geradezu magisch anzieht, denn alle haben den Film »Citizen Kane« gesehen und von Patty Hearst gehört, der Tochter des einstigen Pressezaren William Randolph Hearst, die einst unter mysteriösen Umständen entführt wurde.

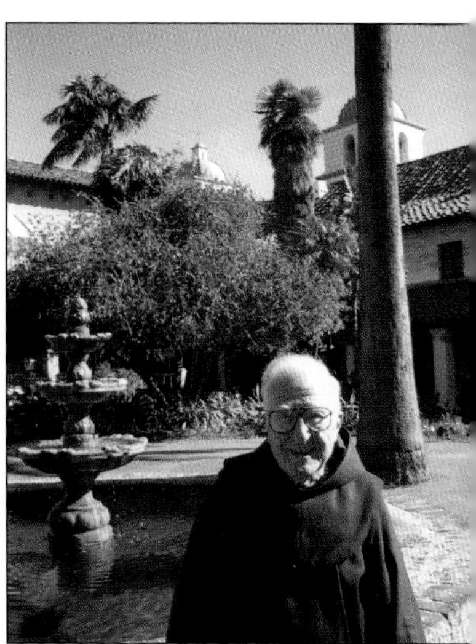

Father Virgil kennt nicht nur die Mission Santa Barbara in- und auswendig, sondern auch die ersten Zeilen von Schillers »Die Glocke«

Missionsstationen

65 Jahre lang (1769–1834) funktionierte dieses System kolonialer Kontrollposten, dann vergab und verkaufte Mexiko die zugehörigen Ländereien im Zuge der Säkularisierung. Kirchen und Bauten selbst aber verfielen oder dienten als Geschäfte und Bars. Doch genügend Maler, Schriftsteller und Touristen des ausgehenden 19. Jahrhunderts feierten die verrottenden Ruinen als romantisch und schafften damit die Voraussetzung für ihren Wiederaufbau aus Mitteln privater Spender und Vereine.

Superpool: Hearst Castle

Der Vater setzte sich in den 1930er Jahren mit seinem Zauberbergschloss ein Denkmal – ein durch und durch eklektisches, denn alle möglichen Baustile der Menschheitsgeschichte sind dort wieder auferstanden. Geschmack hin, Geschmack her – die Aussicht von hier oben ist hinreißend und der Super-Pool traumhaft!

Den Highway kümmert das wenig, er hält sich bei **Ragged Point** lieber an den Ozean, und zwar von nun an sehr eng in Richtung **Big Sur** (s. S. 41 ff.). Streckenweise wirkt er wie eine in die Horizontale verlegte Achterbahn. Statt deren Rauf und Runter erzeugt er durch quietschende Reifen und Absturzängste die psychosomatische Begleitmusik für die ohnehin schon atemberaubenden *vistas* und Perspektiven auf den Pazifik.

Für deren Genuss in Ruhe gibt es kaum einen himmlischeren Ort als die Terrasse von **Nepenthe** (s. S. 42), hoch auf der felsigen Steilküste. Wenn die Kolibris in den Bäumen zirpen und die Windglocken läuten, dann ist die Zeit für den *Ambrosiaburger* gekommen, um die Stimmung der höheren Sphären auch kulinarisch zu untermauern. Schließlich folgen die wild-würzigen Felslandschaften von **Point Lobos** (s. S. 44), das mondäne **Carmel** (s. S. 44) und das reizvolle **Monterey** (s. S. 46).

Schöne Scheunen zieren den Weg von Guadalupe nach San Luis Obispo

24 Finale
Zurück nach San Francisco

Route: Monterey – Santa Cruz – San Francisco (203 km/127 mi)

km/mi	Zeit	Route
	Vormittag	In **Monterey** entweder Adobe-Tour durch die **Altstadt**, **Monterey Bay Aquarium** oder Spaziergang an der Felsenküste in oder in Richtung **Pacific Grove**.
0	12.00 Uhr	Abfahrt von **Monterey:** Del Monte Ave., die zur SR 1 wird, nach
72/ 45	13.00 Uhr	**Santa Cruz**. Exit Ocean St., an Water St. rechts, dann wieder links zur **Santa Cruz Mall** (Bummel, Lunch, danach zum Strand, Boardwalk, ca. 3 Std.). Vom Strand dem Schild ALL HIGHWAYS folgen, dann SR 17, I-880 über Oakland, I-80 über die Bay Bridge nach
203/127	17.30 Uhr	**San Francisco** (z. B. Exit 5th St.).

Einen Stadtplan von San Francisco und weitere Informationen finden Sie S. 24 ff.

Alternativen
Wer den Morgen nicht in Monterey verbringen möchte, hat Gelegenheit, zwei attraktive Museen und eine mysteriöse Villa ohne große Umwege kennen zu lernen. Zunächst das **National Steinbeck Center** in Salinas. (Anfahrt: von Monterey Hwy. 68 nach Salinas.) – Im Silicon Valley, in San Jose liegt das **Tech Museum of Innovation**. (Anfahrt: von Salinas US 101 North**,** Wechsel auf CA 85 N. Richtung Cupertino, Wechsel auf CA 87 N Richtung. Downtown San Jose, Exit W. San Carlos St., links auf WozWay, rechts auf W. San Carlos St., links auf S. Almaden Blvd., rechts auf Park Ave.) – **Winchester Mystery House**, die viktorianische Mega-Villa und die Gärten der exzentrischen Erbin des Winchester-Waffen-Vermögens.

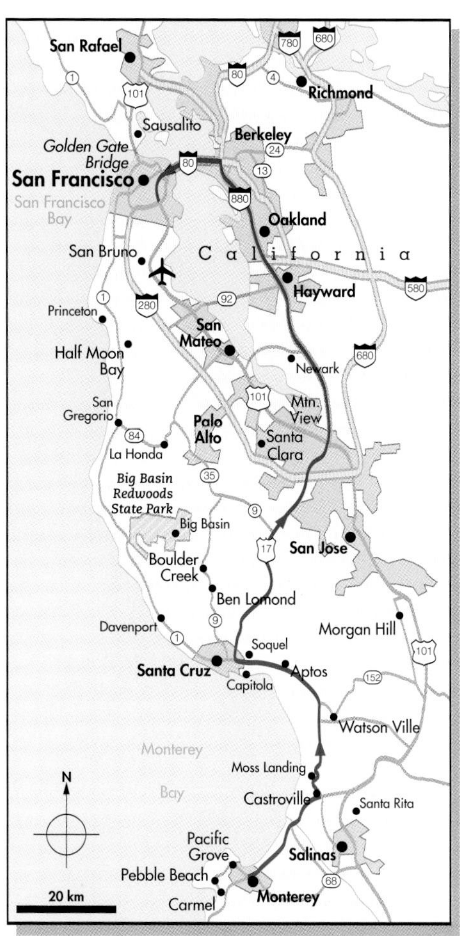

Del Monte Avenue bildet das Ausfalltor von **Monterey** nach Norden, und wieder einmal versteckt sich dahinter der Highway One. Links,

Farbenstark: Pacific Grove bei Monterey

jenseits der Dünen, schimmert die Bucht – die »blaue Schüssel«, wie Steinbeck sie nannte –, über die Wildblumen ihren *magic carpet* ausrollen, ein natürliches Patchwork von Sukkulenten, die die ganze Farbskala ausschöpfen: Violett, Rot, Orange, Gelb und Grün.

Danach folgen schier endlose Artischocken- und Fenchelfelder mit emsigen *farmhands*, Trucks, Landmaschinen, Scheunen und Schuppen. Die Artischocken, ursprünglich aus Italien eingeführt, machten in Kalifornien Furore; der Westküstenstaat wurde zum Hauptlieferanten für die USA. Wir sind im **Salinas-Tal**, in Steinbeck Country, das neben biographischen auch literarische Meriten als Schauplatz seines 1952 erschienenen Romans »East of Eden« vorzuweisen hat.

Dicht am Rand des Wattenmeers erhebt sich das klotzige Kraftwerk von **Moss Landing**, einer Abschussrampe für Raketen nicht unähnlich, jedenfalls ein Klotz in der maritimen Idylle zwischen Dünen und Marina.

In **Santa Cruz** (s. S. 54 f.) verabschiedet sich die Reiseroute vom Highway One und folgt den rasanten Straßenwindungen landeinwärts durch das Scott's Valley und die Küstenberge in den verstädterten und verkehrsreichen Südzipfel der San Francisco Bay, nach San Jose und weiter nach **Oakland** (s. S. 37), der Großstadt, in der mehrheitlich Schwarze wohnen. Sie siedelten seit Mitte des 19. Jahrhunderts zunächst nur spärlich in Kalifornien. Erst mit Ausbruch des Zweiten Weltkriegs steigerte sich ihr Zuzug, weil die Kriegsindustrie Arbeitskräfte brauchte.

Bei der Zufahrt über die Bay Bridge rückt **San Francisco** ins Bild. An drei Seiten von Pazifik und Bay umspült, erhebt sich die Hügelstadt wie ein prächtiges Schiff, das in der besten aller möglichen Welten vor Anker zu liegen scheint. Selten hat eine amerikanische Stadt topographisch so viel Glück gehabt, selten unterhalten Wasser und Architektur, Stadtbild und Landschaft eine harmonischere Ehe.

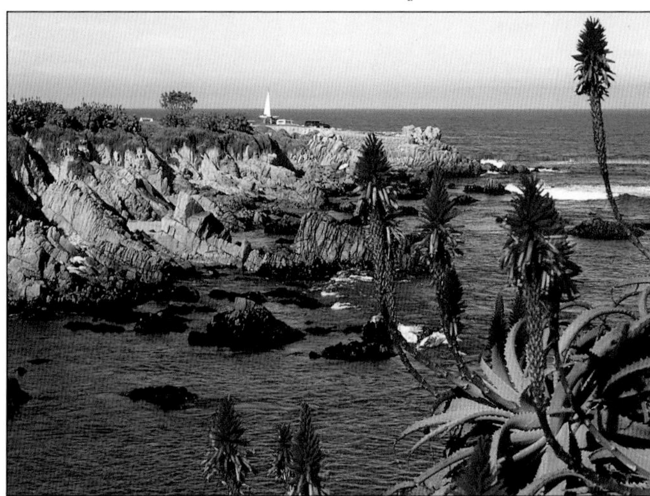

Feuerrote Kerzen an der »Blauen Schüssel«: Aloe vera in Pacific Grove

Unterkünfte

Hotels, Motels, B&Bs, Resorts, Jugendhotels, Campingplätze

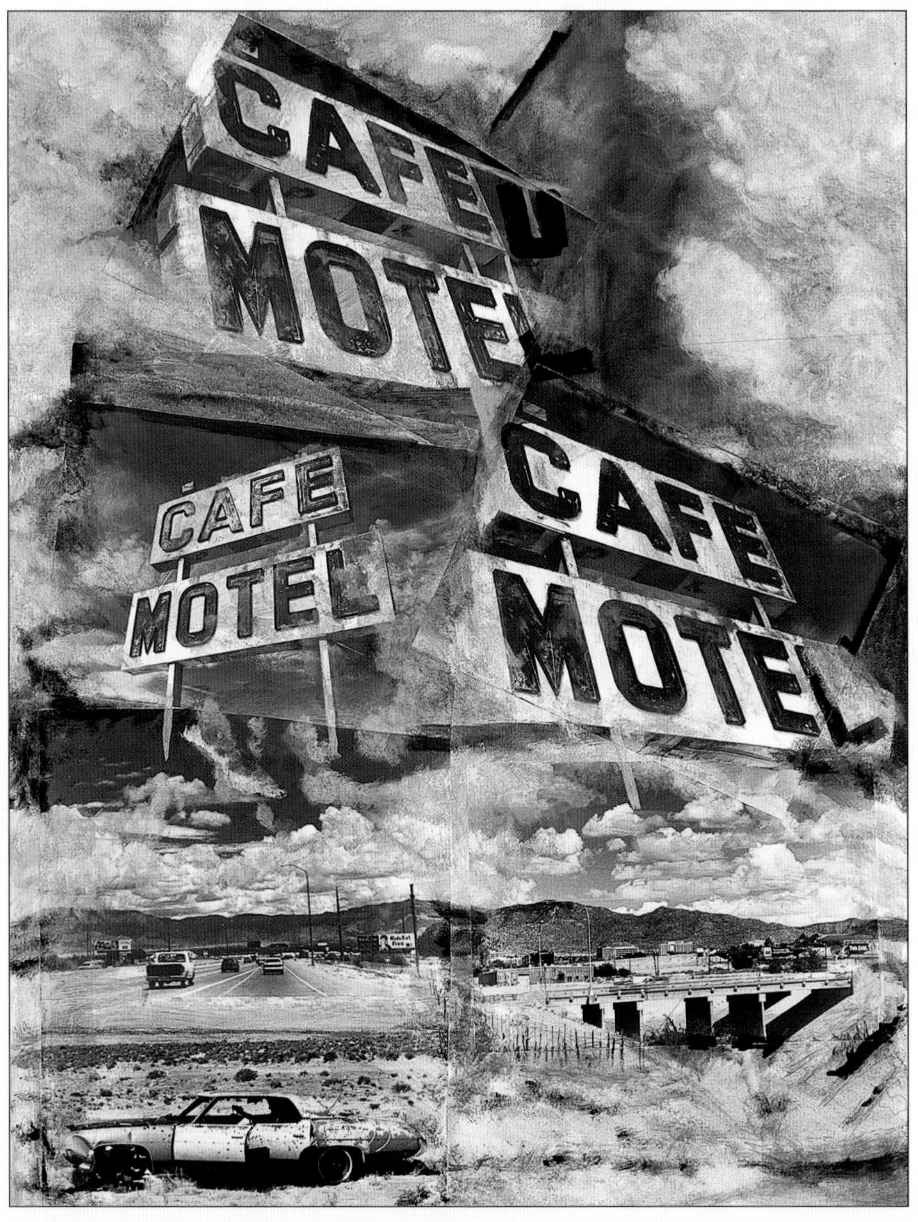

»Reaching the Motel«, Fotocollage von Rudolf Roszak (1995, 90 x 120 cm): Manche Zeichen am Highway wirken wie biblische Gesetzestafeln

Unterkünfte in Arizona

Die bei den Unterkünften angegebenen $-Kategorien beziehen sich auf den Preis für ein Doppelzimmer pro Nacht. In der Praxis schwanken diese aber erheblich, manchmal gewinnt man den Eindruck, die Hotels ändern ihre Preise beinah stündlich. Auf jeden Fall aber reagieren die Raten flexibel auf Feiertage, lokale Events, Wochentage, Wochenende, Saison. In den Städten sinken die Preise meist am Wochenende, in Ausflugsgebieten steigen sie entsprechend. Häufig sorgen spektakuläre Discounts für erfreuliche Überraschungen.

$ - bis 70 Dollar
$$ - 70 bis 110 Dollar
$$$ - 110 bis 130 Dollar
$$$$ - über 130 Dollar

ARIZONA

Ajo

The Mine Manager's House Inn
601 W. Greenway Dr., Ajo, AZ 85321
© (520) 387-6505, Fax (520) 387-6508
B&B mit 5 Zimmern und Blick vom Hügel, Landhaus von 1919, Whirlpool. (Von der Plaza über La Mina Ave. und Greenway Dr.) $$-$$$

Marine Motel
1966 2nd Ave., Ajo, AZ 85321
© (520) 387-7626, Fax (520) 387-3835
Bescheiden und abseits gelegen (knapp 2 km auf SR 85 nach Norden). $-$$

Shadow Ridge RV Resort
431 N. 2nd Ave., 800 m via US 85 nördl. von Ajo, AZ 85321
© (520) 387-5055 (auch Fax)
Privat, 125 Plätze für RVs und Zelte, Waschsalon, Picknickplätze und Orangenbäume, Wanderwege, Fitnessraum.

Bisbee

Copper Queen Hotel
11 Howell Ave., Bisbee, AZ 85603
© (520) 432-2216 oder 1-800-247-5829
Fax (520) 432-4298, www.copperqueen.com
Legendäres Hotel von 1902 mit schönem Speiseraum, Bar und Straßencafé. $$$-$$$$

The OK Street Jailhouse
9 OK St., Bisbee, AZ 85603
© (520) 432-7435 oder 1-800-821-0678
Fax (520) 432-7434
Komfortable Rast im Knast: Gefängnis von 1904, gemodelt und aufgerüstet (mit Jacuzzi). $$-$$$

Shady Dell RV Park
1 Douglas Rd., Bisbee, AZ 85603
© (520) 432-3567 und (520) 432-4858

Postkarte von einem immer noch hochaktuellem Campingplatz

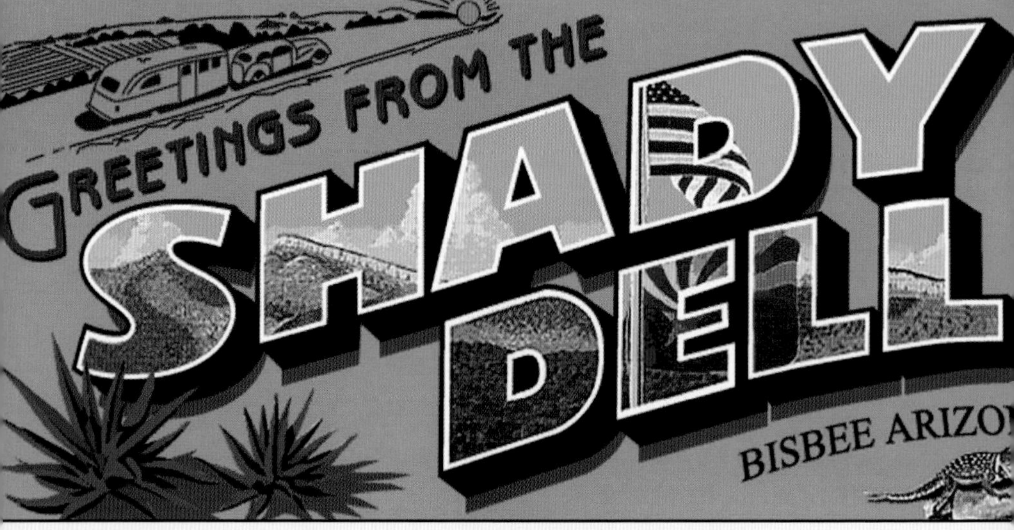

www.theshadydell.com
Origineller Campingplatz (8 Plätze) und Open-Air-Park für Oldies, in denen man auch übernachten kann ($). Sie sind mit viel Liebe (und Kenntnis) möbliert: Eisschränke, Radios, TVs und Möbel der 1950er Jahre, historische Zeitschriften, 45er-Scheiben und Video-Kassetten mit zeitgenössischen Fernsehsendungen. Kleinere Container sind als Liebesnest bei Flitterwöchnern beliebt. $

Queen Mine RV Park
Hwy. 80 (473 N. Dart Rd.)
Bisbee, AZ 85603
✆ (520) 432-5006, nahe Old Town Bisbee.

Flagstaff

Little America Hotel
2515 E. Butler Ave. (Exit 198 von I-40)
Flagstaff, AZ 86004
✆ (928) 779-2741 oder 1-800-865-1401
Fax (928) 779-7983, www.littleamerica.com
Resort im Ponderosa-Wald, Wander- und Joggingpfade, Pool, Fitnessräume, Restaurants/Coffee Shop (u.a. **Western Gold Dining Room**), Lunch ($) und Dinner ($$). $$$

Hotel Monte Vista
100 N. San Francisco St., Flagstaff, AZ 86001
✆ (928) 779-6971 oder 1-800-545-3068
Fax (928) 779-2904, www.hotelmontevista.com
Seit 1927, zentral, mit Restaurant und Bar. $$

Best Western Pony Soldier Motel
3030 E.Route 66 (I-40, Exit 201)
Flagstaff, AZ 86004
✆ (928) 526-2388 oder 1-800-356-4143
Fax (928) 527-8329
90 Zimmer, Restaurant, Lounge, Pool, Whirlpool. Kleines Frühstück inkl. $-$$

Holiday Inn Flagstaff
2320 E. Lucky Lane, Flagstaff, AZ 86004
✆ (928) 714-1000 oder 1-800-533-2754
Fax (928) 779-2610, www.holidayinn.com
Guter Standard: 157 Zimmer, Restaurant, Pool, Whirlpool, Fitnessraum, Waschsalon. Oft preiswerte Specials. $$$

Grand Canyon International Hostel
5803 N. US 89, 8 km nordöstl. von Flagstaff, AZ 86004
✆ (928) 526-9926 oder 1-800-562-3524
www.flagstaffkoa.com
Ganzjährig, *full hookups.*

Flagstaff KOA
5803 N. US 89, 8 km nordöstl. von Flagstaff, AZ 86004
✆ (928) 526-9926 oder 1-800-562-3524
www.flagstaffkoa.com
Ganzjährig, *full hookups.*

Black Bart's RV Park
2760 E. Butler Ave, (I-40, Exit Butler Ave. 198)
3 km östl. von Flagstaff, AZ 86004
✆ (928) 774-1912
Ganzjährig, 175 Plätze, einige schattig, Duschen, *full hookups*. Gutes Steakhaus in Reichweite.

Grand Canyon National Park

Vgl. auch Williams.

Grand Canyon National Park Lodges
✆ (030) 297-2757, 1-888-297-2757
Fax (030) 297-3175
www.xanterra.com
Zentralverwaltung diverser Hotels und Lodges, reserviert werden u.a. das historische **El Tovar** (vgl. unten) am Canyonrand, ein düsterer Stilmix aus Schweizer Jagdhütte und viktorianisch geprägtem Blockhaus, die moderne **Maswik Lodge** ($$$-$$$$), die rustikalen **Bright Angel Lodge & Cabins** ($$-$$$), die **Thunderbird & Kachina Lodge** mit Canyonblick ($$$), die **Yavapai Lodges** ($$$) im Wald zwischen Yavapai Point und El Tovar und die **Phantom Ranch**. Mehrere Monate im Voraus reservieren.

El Tovar
Grand Canyon National Park
Grand Canyon, AZ 86023
✆ (303) 297-2757
Fax (303) 297-3175
www.xanterra.com
Die 78-Zimmer-Lodge am südlichen Canyonrand (von 1905) zählt zu den prächtigsten Herbergen in der Wildnis. Lange galt sie als das eleganteste Hotel westlich des Mississippi. Gutes Restaurant, ergiebiger Gift Shop! $$$$

Phantom Ranch
Grand Canyon, AZ 86023
✆ (030) 297-2757 oder 1-303-29-PARKS
Fax (303) 297-3175
Historisch, 1922 von Fred Harvey im Westernstil errichtet. Einfach, mit Schlafräumen 4–10 Betten ($ 21). Frühstück, Lunch. Dinner ($$-$$$). Schwimmen im Bright Angel Creek, Wandern, Angeln. Unbedingt vorher reservieren!

Best Western Grand Canyon Squire Inn
Hwy. 64, 14 km südl. des Grand Canyon Village
Grand Canyon, AZ 86023
✆ (928) 638-2681 oder 1-800-662-6966
Fax (928) 638-0162
www.grandcanyonsquire.com
Pool, Sauna, Fitnessräume, Tennisplätze, Restaurants, Bar. $$$-$$$$

Unterkünfte in Arizona

Canyon Plaza Inn & Suites
P.O. Box 520, Hwy. 64 (1 Meile südl. Parkeingang)
Grand Canyon, AZ 86023
✆ (928) 638-2673 oder 1-800-221-2222
Fax (928) 638-9537
www.grandcanyonqualityinn.com
In Tusayan hinter dem IMAX-Theater: Restaurant, Pool und Wintergarten-Lounge. $$$-$$$$

The Grand Hotel
P. O. Box 3319, S 64 (südl. des Parkeingangs)
Grand Canyon, AZ 86023
✆ (928) 638-3333 oder 1-888-63-GRAND
Fax (928) 638-3131
Neo-rustikale Lodge, günstig gelegen: Restaurant, Pool. Fitness-Studio, Entertainment. Vermittelt Jeep-, Flug-, und Schlauchboot-Touren, Ausritte und Wanderungen. $$$

Grand Canyon Holiday Inn Express & Arizona Rooms
US 64, Grand Canyon, AZ 86023
✆ (928) 638-3000 oder 1-888-473-2269
Fax (928) 638-0123
www.gcanyon.com
Kettenhotel und schöner Anbau (mit 25 Suiten). Kleines Frühstück inkl. $$-$$$

Mather Campground and Trailer Village
P. O. Box 520, Grand Canyon Village, AZ 86023
✆ (928) 638-7851 oder 1-800-365-CAMP
Zwei große staatliche Campingplätze nahe dem Südrand; weitere private in Tusayan außerhalb des Parks. Buchung über den National Park Reservation Service, ✆ (301) 722-1257, in der USA kostenlos ✆ 1-800-365-2267 oder im Internet: http://reservations.nps.gov.

Grand Canyon Camper Village
P.O. Box 490, Tusayan, AZ 86023
✆ (928) 638-2887
Privat und ganzjährig an der S 64, einige Tage zuvor reservieren.

Holbrook

Best Western Arizonian Inn
2508 E. Navajo Blvd., Holbrook, AZ 86025
✆ (928) 524-2611 oder 1-877-280-7300
Fax (928) 524-2253
70 Zimmer, Restaurant (24 Std. geöffnet), Pool, kleines Frühstück inkl. $-$$

Wigwam Motel
811 W. Hopi Dr., Holbrook, AZ 86025
✆ (928) 524-3048
Steinerne Indianerzelte (Baujahr 1950). Alternative zum rechten Winkel: runde, klimatisierte und TV-bestückte Zimmer für Route-66-Romantiker. $

Holbrook/Petrified Forest KOA
102 Hermosa Dr. (I-40, Exit 289), 2,5 km westl. von Holbrook via Navajo Blvd.
Holbrook, AZ 86025
✆ (928) 524-6689 oder 1-800-562-3389
132 Plätze für RVs und Zelte, Cabins, Kiosk, Waschsalon, Pool, Spielplatz und Sportangebote.

Jerome

The Surgeon's House
101 N. Hill St., Jerome, AZ 86331
✆ (928) 639-1452 oder 1-800-639-1452
www.surgeonshouse.com
Feine Pension (1916) mit schönen Aussichten, Frühstück und Selbstgebackenem. $$$-$$$$

Ghost City Inn
541 Main St., Jerome, AZ 86331
✆ (928) 634-4678 oder 1-888-634-4678
www.ghostcityinn.com
Historischer B&B im Ortszentrum. Vermietet auch Harley-Davidsons. Mit Frühstück. $$-$$$

Inn at Jerome
309 Main St., Jerome, AZ 86331
✆ (928) 634-5094
Viktorianische Zimmer mit eigenem Bad. Restaurant (Lunch/Dinner). Frühstück inkl. $

Kayenta

Holiday Inn Kayenta
Kreuzung US 160/163, Kayenta, AZ 86033
✆ (928) 697-3221 oder 1-800-181-6068
Fax (928) 697-3349, www.basshotel.com
Solide Bleibe am Rand des Tals: Restaurant, Pool, Fitnesscenter. $$$-$$$$

Best Western Wetherill Inn
US 163 (1 Meile nördl. der US 60)
Kayenta, AZ 86033
✆ (928) 697-3231, Fax (928) 697-3233
Ordentlich: 54 Zimmer, kleiner Pool. $-$$$

Anasazi Inn – Tsegi Canyon
Hwy. 160 (16 km westl. von Kayenta)
Kayenta, AZ 86033
✆ (928) 697-3793, Fax (928) 697-8249
Einfach, mit Blick auf den roten Sandstein des Tsegi Canyon. Im Sommer 1–2 Wochen, sonst ein paar Tage vorher reservieren. $$-$$$

Kingman

Best Western A Wayfarer's Inn & Suites
2815 E. Andy Devine Ave., Kingman, AZ 86401

© (928) 753-6271 oder 1-800-548-5695
Fax (928) 753-9608
Zimmer mit Mikroherd und Kühlschrank, Fitnessraum, Pool, *hot tub*, Waschsalon und – weit genug weg vom Geheul der Santa-Fe-Loks. Kleines Frühstück inkl. $–$$

Brunswick Hotel
315 E. Andy Devine Ave., Kingman, AZ 86401
© (928) 718-1800, Fax (928) 718-1801
www.hotel-brunswick.com
Historisches Haus mit 101 Zimmern (z.T. mit Küche) und Suiten, Restaurant, Bar. Kleines Frühstück inkl. $–$$$

Hill Top Motel
1901 E. Andy Devine Ave., Kingman, AZ 86401
© (928) 753-2198, Fax (928) 753-5985
Preiswert: 29 Zimmer, Pool, Waschsalon. $

Kingman KOA
3820 N. Roosevelt St., Kingman, AZ 86401
© (928) 757-4397 oder 1-800-562-3991
Fax (928) 757-1580
Familienfreundlich: 90 Plätze (RVs und Zelte), Cabins, Propangas, Kiosk, Waschsalon, Pool, Spiel- und Minigolfplatz.

Page (Lake Powell)

Lake Powell Resort
100 Lakeshore Dr., Page, AZ 86040
© (928) 645-2433 oder 1-800-528-6154
Fax (928) 645-1031, www.lakepowell.com
Schön gelegen: 350 Zimmer, Restaurant mit Seeblick, Pool, Jacuzzi, Marina. Bootsfahrten kann man buchen, zum Badestrand zu Fuß gehen. $$$–$$$$

Best Western at Lake Powell
208 N. Lake Powell Blvd., Page, AZ 86040
© (928) 645-5988 oder 1-888-794-2888
Fax (928) 645-2578
Solide – mit Fitnessraum, Pool und Whirlpool. Kleines Frühstück inkl. $$–$$$

Lulu's Sleep Ezze Motel
105 8th Ave., Page, AZ 86040
© (928) 608-0273
Sauber, einfach, preiswert. $

Courtyard by Marriott
600 Clubhouse Dr. (US 89/N. Lake Powell Blvd.), Page, AZ 86040
© (928) 645-5000 oder 1-800-851-3855
Fax (928) 645-5004
Ansehnlich im Pueblo-Stil, Pool, Fitnesseinrichtung, gutes Restaurant (**Pepper's**). $$–$$$$

Wahweap RV Park
100 Lakeshore Dr., Page, AZ 86040
© (928) 645-2433 oder 1-800-528-6154
Ganzjährig.

Phoenix/Scottsdale

Arizona Biltmore Resort & Spa
2400 E. Missouri Ave., Phoenix, AZ 85016
© (602) 955-6600 oder 1-800-950-0086
Fax (602) 381-7600, www.arizonabiltmore.com
Dieser vom Frank-Lloyd-Wright-Schüler Albert Chase McArthur unter der beratenden Einflussnahme des Meisters gestaltete Bau zählt zu den architektonisch bemerkenswertesten Resorts in den USA (seit 1929): hinreißende Lobby, schöne Gärten, tolle Pool-Inszenierung, Tennis- und Golfplätze, Fitness-

Für 1001 Nacht: Pool des Arizona Biltmore Resort & Spa in Phoenix

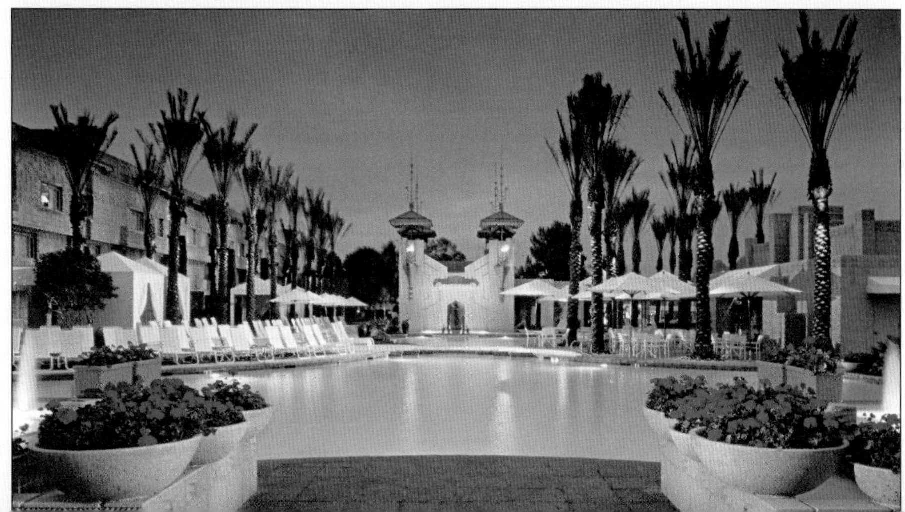

studio und der angeblich größte Weinkeller des Südwestens. $$$$

The Phoenician
6000 E. Camelback Rd., Scottsdale, AZ 85251
✆ (480) 941-8200 oder 1-800-888-8234
Fax (480) 947-4311, www.thephoenician.com
Beeindruckendes Mega-Resort am Fuß des Camelback Mountain. Üppige Pools, *health spa*. Golfplatz, Spitzen-Restaurants: **Mary Elaine's** (französisch geprägt und preisgekrönt) und **Windows on the Green**, dessen Küche alles verarbeitet, was ringsum kreucht und fleucht – Antilopen, Wachteln und Klapperschlangen. $$$$

Royal Palms Hotel & Casitas
5200 E. Camelback Rd.
Phoenix, AZ 85018-3020
✆ (602) 840-3610 oder 1-800-672-6011
Fax (602) 840-6927, www.royalpalmshotel.com
Tropischer Garten mit 116 Zimmern und Casitas; Spitzenrestaurant (**T. Cook's**). Pools, Fitnessanlage, Golf- und Tennisplätze kostenlos. Fahrradverleih. $$$$

San Carlos Hotel
202 N. Central Ave. & Monroe St. (Downtown)
Phoenix, AZ 85004
✆ (602) 253-4121 oder 1-866-253-4121
Fax (602) 253-6668, www.hotelsancarlos.com
Elegantes Hotel (1928) in Downtown, 3 Blocks vom Arizona Center. Restaurant, Café, Dach-Pool, Bars. Winter $$$-$$$$, Frühjahr/Herbst $$, Sommer $-$$.

Hyatt Regency Scottsdale Resort
7500 E. Doubletree Ranch Rd.
Scottsdale, AZ 85258
✆ (480) 444-1234 oder 1-800-233-1234
Fax (480) 483-5550, www.scottsdale.hyatt.com
Dieses erste Fantasy-Resort (1986) in der Region Scottsdale/Carefree gilt hier immer noch als eine der besten Adressen. Restaurants, Golf- und Tennisplätze, Fitnessprogramme (Sauna, Aerobic etc.), Jogging- und Radwege. Wasserlandschaft mit 8 Pools und einem 250-Tonnen-Sandstrand aus Kalifornien – das einzig »Natürliche« weit und breit! $$$$

Ramada Valley Ho Resort
6850 Main St., Scottsdale , AZ 85251
✆ (480) 945-6321 oder 1-800-321-4952
Fax (480) 947-5270
Solide, weitläufig, 3 Pools, 2 beleuchtete Tennisplätze. Downtown Scottsdale zu Fuß zu erreichen. $$-$$$

Trailer Corral
4040 W. Van Buren St. (2 Meilen westl. von I-17), Phoenix, AZ 85009, ✆ (602) 278-6628
RV-Plätze mit *hookups*, vergleichsweise nah an Downtown.

Prescott

Hassayampa Inn
122 E. Gurley St. (Downtown), Prescott, AZ 86301
✆ (928) 778-9434 oder 1-800-322-1927
Fax (928) 445-8590

Südwesten de Luxe: eins der vielen Resorts in Phoenix und Scottsdale – Royal Palms Hotel & Casitas

Palmengarten des Hyatt Hotel, Scottsdale

www.hassayampainn.com
Charmantes Grand Hotel von 1927. Fusion aus Pueblo- und Art-déco-Stil. 68 Zimmer, gemütliches Restaurant **Peacock Dining Room** für Frühstück, Lunch ($) und Dinner ($$). Happy-Hour-Drinks und Frühstück gehen aufs Haus. $$-$$$$

Lynx Creek Farm Bed & Breakfast
5555 Onyx Dr., 8 km östl. von Prescott, AZ 86302
✆ (928) 778-9573 oder 1-888-778-9573
Schön gelegener, familienfreundlicher B & B mit 6 Zimmern im Westerndekor. Pool, Whirlpool, Spielplatz, Wanderwege. $$-$$$

Point of Rocks RV Campground
3025 N. Hwy. 89, Prescott, AZ 86301
✆ (928) 445-9018
Schönes hügeliges Gelände: 96 Plätze, einiger Schatten, Kiosk, Münzwäscherei, Wanderwege.

Scottsdale

Vgl. Phoenix.

Sedona

L'Auberge de Sedona
301 L'Auberge Lane, Sedona, AZ 86336
✆ (928) 282-1661 oder 1-800-272-6777
Fax (928) 282-2885, www.lauberge.com
Edler Country Inn: 58 Zimmer, Cottages und Suiten. Abgeschieden am Oak Creek mit gepflegter Gartenarchitektur und vorzüglichem Restaurant ($$$), Pool, Jacuzzi. $$$$

Best Western Inn of Sedona
1200 W. Highway 89A, Sedona, AZ 86336
✆ (928) 282-3072 oder 1-800-292-6344
Fax (928) 282-7218, www.innofsedona.com
Ruhig mit schönem Blick. Pool, Fitnessraum. Kleines Frühstück inkl. $$$

Matterhorn Inn
230 Apple Ave., Sedona, AZ 86336
✆ (928) 282-7176 oder 1-800-372-8207
Fax (928) 282-0727, www.matterhornlodge.com
23 Zimmer, zentral gelegen, Pool, Whirlpool. $$-$$$

Slide Rock Lodge
6401 N. Hwy. 89A, Sedona, AZ 86336
✆ (928) 282-3531, Fax (928) 282-2850
www.sliderocklodge.com
Preisgünstig: 20 Zimmer. $$-$$$

Lolomai Springs Outdoor Resort
11505 Lolomai Rd., Sedona, AZ 86325
✆ (928) 634-4700, Fax (928) 634-4210
Privat und gut ausgestattet: 110 Plätze für RVs und Zelte, viel Schatten am Oak Creek, Cabins, Propangas, Pool, Whirlpool, Spielplatz. Man kann picknicken, schwimmen, angeln, Basket- und Volleyball spielen.

Tombstone

Tombstone Motel
502 E. Fremont St., Tombstone, AZ 85638
✆ (520) 457-3478 oder 1-888-455-3478
Fax (520) 457-9017, www.tombstonemotel.net
Stadtmitte: 38 gemütliche Zimmer, Waschsalon. Kleines Frühstück. $-$$

Tombstone RV Park
Hwy. 80
Tombstone, AZ 85638
✆ (520) 457-3829 (auch Fax) und 1-800-348-3829
www.tombstone-rv.com
Privater Campground (RV und Zelte, Cabins) mit Pool und Kiosk.

Tucson

Arizona Inn
2200 E. Elm St., Tucson, AZ 85719
✆ (520) 325-1541 oder 1-800-933-1093
Fax (520) 881-5830, www.arizonainn.com
Wunderschöner Country Inn (1930): 86 Zimmer und Suiten mit historischer Möblierung, male-

rischen Gärten, manikürtem Rasen in Uni-Nähe. Vorzügliches Restaurant, Terrassencafé, Cocktail Lounge, Bibliothek, reizvoller Pool, Tennisplätze, Top-Kraftraum und Sauna. Im Sommer $$-$$$, sonst $$$$

Hotel Congress
311 E. Congress St. (Downtown)
Tucson, AZ 85701
✆ (520) 622-8848 oder 1-800-722-8848
Fax (520) 792-6366, www.hotcong.com
Ehemaliges Art-déco-Hotel für die Passagiere der Southern Pacific Railroad mit dem Motto »...Wo der Sommer seit 1919 den Winter verbringt«: einfaches Hotel in zentraler Lage im Arts District, mit Nachtclub und gemütlichem Café, *hangin* und *hangout* für das Künstlervolk (Frühstück, Lunch, Dinner). $-$$

Westward Look Resort
245 E. Ina Rd., Tucson, AZ 85704
✆ (520) 297-1151 oder 1-800-722-2500
Fax (520) 742-1573, www.westwardlook.com
Komfortable Oase (Hazienda seit 1912) in den Ausläufern der Berge oberhalb von Tucson: 244 Zimmer und Suiten, Restaurant (Südwestküche), 3 Pools, Spa, 8 Tennisplätze, Reiten, Mountainbiking, Fitnesseinrichtungen, Joggingpfade und Teleskop für die Beobachtung der Sterne über der Wüste. $$$-$$$$

Wayward Winds Lodge
707 W. Miracle Mile, Tucson, AZ 85705
✆ (520) 628-2010 oder 1-800-791-9503
Fax (520) 791-9502
Hübsch angelegt und in Familienbesitz, Pool, einige Räume mit Küche. Kleines Frühstück. $-$$

Gilbert Ray Campground
Rt. 13 (13 km westl. der Stadt) P.O. Box 977
Tucson, AZ 85713
✆ (520) 883-4200
Groß und einfach inmitten stolzer Kakteen im Tucson Mountain Park an der Kinney Rd.

Williams

The Red Garter Bed & Bakery
137 W. Railroad Ave.
Williams, AZ 86046
✆ (928) 635-1484 oder 1-800-328-1484
www.redgarter.com
Ehemals Combo aus Saloon und Bordell, heute gastliches kleines Hotel (4 Zimmer) und Café mit frischen Backwaren. Frühstück inkl. $$-$$$

Best Western Inn of Williams
2600 W. Bill Williams Ave. (Route 66)
Williams, AZ 86046
✆ (928) 635-4400 oder 1-800-635-4445
Fax (928) 635-4488
79 Zimmer, Cocktail Lounge, Pool, Whirlpool, Waschsalon. Kleines Frühstück inkl. $$

KOA Kampground Grand Canyon
5333 North AZ 64
Williams, AZ 86046
✆ (928) 635-2307 oder 1-800-562-5771

KOA Kampground Williams/Circle Pines
1000 Circle Pines Rd., Williams, AZ 86046
✆ (928) 635-2626 oder 1-800-562-9379

Gepflegte Oase: die blühenden Gärten des Arizona Inn, Tucson

Winslow

La Posada Hotel
303 E. 2nd St. (Route 66), Winslow, AZ 86047
© (928) 289-4366, Fax (928) 289-3873
www.laposada.org
Das 1930 im Hazienda-Stil entworfene Hotel ist das jüngste in der Kette der Bahnhofshotels der Santa Fe Railway, die vom Hotelmagnaten Fred Harvey in Auftrag gegeben und geführt wurden. Anfangs war es bei den Stars aus Hollywood beliebt – als elegante Residenz in der Einöde des Westens und als Ausgangspunkt für automobile Landpartien zu den Naturwundern der Umgebung. Als es mit der Eisenbahn abwärts ging, verblasste auch der Glanz der Harvey Hotels. Ende der 1950er Jahre war Schluss. Sein heute vorbildlich restaurierter Zustand macht es zu einer empfehlenswerte Adresse für alle, die ein Bett in Winslow suchen. $$–$$$

Holiday Inn Express
816 Transcon Ln. (nahe I-40, Exit 255)
Winslow, AZ 86047
© (928) 289-2960, Fax (928) 289-2947
Zuverlässige Adresse, beheizter Pool. Kleines Frühstück inkl. $$

Yuma

Best Western InnSuites Hotel
1450 Castle Dome Ave.
Yuma, AZ 85365
© (928) 783-8341 oder 1-800-922-2034
166 Zimmer und Suiten, Restaurant, Pool, Whirlpool, Fitnessraum, 2 Tennisplätze, Waschsalon. Kleines Frühstück inkl. $$

Yuma Cabana Motel
2151 S. 4th Ave.
Yuma, AZ 85364
© (928) 783-8311 oder 1-800-874-0811
Fax (928) 783-1126, www.yumacabana.com
Angenehm: 63 Zimmer (einige mit Küche), Palmen und netter Pool. Waschsalon. Frühstück inkl. $–$$

KALIFORNIEN

Anaheim
Vgl. Los Angeles.

Anza-Borrego State Park
Vgl. Borrego Springs.

Auburn

Best Western Golden Key Motel
13450 Lincoln Way, Auburn, CA 85603
© (530) 885-8611 oder 1-800-201-0121
Fax (530) 888-0319
Guter Standard: 68 Zimmer, Pool, Whirlpool, Waschsalon. Kleines Frühstück inkl. $$

Auburn KOA
3550 KOA Way, Auburn, CA 95602
© (530) 885-0990, 1-800-562-6671, www.koa.com
80 Plätze: Camper, Zelte, Cabins. Vorher reservieren! Propangas, Kiosk, Waschsalon, Pool, *Whirlpool,* Spielplatz, Fahrradverleih, Gelegenheit zum Angeln. (Von Auburn: 3,5 Meilen nach Norden auf SR 49 bis Rock Creek Rd.)

Bakersfield

Four Points by Sheraton Bakersfield
5101 California Ave., Bakersfield, CA 93309
© (661) 325-9700, Fax (661) 323-3508
www.fourpoints.com
Gediegen mit schönem Innenhof: 200 Zimmer, gutes Restaurant (**The Bistro**), großer Pool, Whirlpool, Fitnessraum. Frühstück inkl. $$$–$$$$

Best Western Crystal Palace Inn & Suites
2620 Buck Owens Blvd., Bakersfield, CA 93308
© (661) 327-9651, Fax (661) 334-1820
Solide: knapp 200 Zimmer, Pool, Whirlpool, Fitnessraum, Waschsalon, Restaurant, Bar. Kleines Frühstück und Tageszeitung inkl. $$–$$$

Orange Grove RV Park
1452 S. Edison Rd., Bakersfield, CA 93307
© (661) 366-4662
Privat, 151 Plätze auf einer ehemaligen Apfelsinenplantage. Propangas, Kiosk, Waschsalon, Pool, Spielplatz. (Anfahrt: von SR 99, Exit SR 58, 9 Meilen nach Osten, zuletzt kurz nach Norden.)

Bass Lake
Vgl. Oakhurst.

Berkeley

The Claremont Resort & Spa
41 Tunnel Rd., Berkeley, CA 94705
© (510) 843-3000 oder 1-800-551-7266
www.claremontresort.com
Eine der führenden Adressen in Kalifornien: viktorianischer Palast von 1915 (zwischen Oakland und Berkeley gelegen) mit vorzüglichen Tennis-, Wellness-, Fitnessanlagen und Restaurant (**Jordan's**, $$$), Pool. Traumblicke auf die Bay. $$$$

Hotel Durant
2600 Durant Ave.,Berkeley, CA 94704
© (510) 845-8981, Fax (510) 486-8336
www.hoteldurant.com
Etabliertes Haus (144 Zimmer) gegenüber dem UC Campus. Restaurant, Coffee Shop. $$$–$$$$

Unterkünfte in Kalifornien

Beverly Hills

Vgl. Los Angeles.

Big Sur

Ventana Inn & Spa
Hwy. 1, Big Sur, CA 93920
✆ (831) 667-2331 oder 1-800-628-6500
Fax (831) 667-0573, www.ventanainn.com
Versteck vieler Stars in der *wilderness.* Mit Top-Restaurant (**Cielo**, Lunch ($$), Dinner ($$$) und Cocktail Lounge, ✆ 667-4242), Pool, Sauna, Fitnessstudio. Vorher reservieren! $$$$

Big Sur Lodge
Pfeiffer Big Sur State Park (47225 Hwy. 1)
Big Sur, CA 93920
✆ (831) 667-3100 oder 1-800-424-4787
Fax (831) 667-3110, www.bigsurlodge.com
61 Zimmer, einige mit Kamin und Küche, in waldiger Umgebung. Kalifornische Küche (Lunch ($) und Dinner ($$), Pool. $$$-$$$$

Deetjen's Big Sur Inn
48865 Hwy. 1 (südl. von Nepenthe)
Big Sur, CA 93920
✆ (831) 667-2377, Fax (831) 667-0466
www.deetjens.com
Urgemütliches Hänsel-und-Gretel-Haus im Wald, Originalhütte des norwegischen Immigranten Helmuth Deetjen aus den 1930er Jahren: kein Telefon, kein TV, keine Raucher. 4 kleine Stübchen bilden das Restaurant für Frühstück und Abendessen. An Wochenenden zwei Nächte Minimum. $$$-$$$$

Fernwood Resort & Campground
Hwy. 1, Big Sur, CA 93920
✆ (831) 667-2422
Multifunktional: Motel, Shop, Restaurant, Bar (oft Live-Musik), Campingplatz unter Redwoodbäumen, Cabins am Ufer des Big Sur River. $$

Pfeiffer Big Sur State Park
Big Sur Station # 1, Hwy. 1, Big Sur, CA 93920
✆ (831) 667-2315 und 1-800-444-7275 (Camping-Reservierung)
Östl. vom Hwy. in den Hügeln, schöne Badeplätze am Fluss (3 Meilen bis zum Strand): 218 Plätze, Duschen. Reservierung erforderlich.

Borrego Springs

La Casa del Zorro Desert Resort
3845 Yaqui Pass Rd. (Borrego Springs Rd.)
Borrego Springs, CA 92004
✆ (760) 767-5323 oder 1-800-824-1884
Fax (760) 767-5963, www.lacasadelzorro.com
Luxuriöse Wüstenoase. Erstklassige Fitnesseinrichtungen (Top-Studio, Tennisplätze, Pools, *Hot Tubs,* Fahrradverleih, Golfplatz gleich nebenan). Gediegenes Restaurant für Lunch ($) und Dinner ($$-$$$), Bar. $$$$

Borrego Valley Inn
405 Palm Canyon Dr.
Borrego Springs, CA 92004
✆ (760) 767-0311 oder 1-800-333-5810
www.borregovalleyinn.com
Neueres Haus mit viel Südwest-Charme und 14 hübschen Zimmern, die meisten mit Küche. Pool, Fahrradverleih. Preise schwanken, wie alles im Park, nach Wochentag und Jahreszeit. $$$-$$$$

Hacienda del Sol
610 Palm Canyon Dr.
Borrego Springs, CA 92004
✆ (760) 767-5442, Fax (760) 767-4219
www.haciendadelsol-borregp.com
Einladender kleiner Wüstengarten mit Pool. $-$$

Ocotillo Wells State Vehicular Recreation Area
5172 Hwy. 78 (Anza-Borrego State Park)
Borrego Springs, CA 92004
✆ (760) 767-5391
Kostenlos, einfach, ganzjährig: 500 Plätze für RVs und Zelte, Toiletten, kein Trinkwasser. (Von Borrego Springs 1 Meile westl. via SR 78.)

Calistoga

Indian Springs Resort
1712 Lincoln Ave.
Calistoga, CA 94515
✆ (707) 942-4913, Fax (707) 942-4919
www.indianspringscalistoga.com
Schon Robert Louis Stevenson äußerte sich angetan über diese Oase in seinen »Silverado Squatters«: ruhige Lage am Ortsrand, 18 Zimmer, großes Mineralschwimmbad, stilsicher eingerichtete Bungalows. Wellness zur Wahl: Schlammbäder, Massagen, kosmetische Packungen. Im Sommer an Wochenenden zwei Übernachtungen Minimum. $$$-$$$$

Mount View Hotel & Spa
1457 Lincoln Ave., Calistoga, CA 94515
✆ (707) 942-6877 oder 1-800-816-6877
Fax (707) 942-6904, www.mountviewhotel.com
Angenehmes Art-déco-Hotel von 1917, zentral. 32 Zimmer, hübscher Pool, Jacuzzi, Bäder, Massagen, Restaurant. $$$-$$$$

Cambria

Cambria Pines Lodge
2905 Burton Dr., Cambria, CA 93428
✆ (805) 927-4200 oder 1-800-445-6868
Fax (805) 927-4016

www.cambriapineslodge.com
Friedlich im Wald oberhalb von Cambria (seit 1927): 125 Zimmer – von der simplen Hütte bis zur Suite mit Kamin. Restaurant, rustikale Lounge, großer Indoor-Pool, Sauna, gepflegte Gärten. Frühstück inkl. Zum Ort führt ein Waldweg hinunter. Anfahrt von Downtown Cambria über Burton Rd.; vom Hwy. 1 über die Ausfahrt Burton Rd. (ausgeschildert). $$$

Bluebird Inn
1880 Main St., Cambria, CA 93428
✆ (805) 927-4634 oder 1-800-552-5434
Fax (805) 927-5215, www.bluebirdmotel.com
Freundlich, einfach, zentral: 37 Zimmer und Garten. $$–$$$$

Bridge Street Inn/Cambria Hostel
4314 Bridge St., Cambria, CA 93428
✆ (805) 927-7653
www.bridgestreetinncambria.com
Gemütliches, freundliches Gästehaus mit 5 Zimmern (2–3 Betten), Wohnraum, Kamin, Küche und Garten. Kleines Frühstück inkl. Auch Gemeinschaftsschlafräume für ca. $ 20. (Reservierung empfohlen.) $

Carlsbad

Four Seasons Resort Aviara
7100 Four Seasons Point, Carlsbad, CA 92011
✆ (760) 603-6800 oder 1-800-654-2040
Fax (760) 603-6801
Vom Feinsten: Blick auf Lagune und Golfplatz. 329 Zimmer, Restaurants, Pools, Sauna, 6 Tennisplätze, 18-Loch-Golfplatz, Fahrradverleih. $$$$

South Carlsbad State Beach
7201 Carlsbad Blvd., Carlsbad, CA 92008
✆ (760) 438-3143 oder 1-800-444-7275 (Reservierung); Anfang Feb.–Ende Nov.
Staatlicher Campingplatz für 221 RVs und Zelte, Duschen, Brennholz, Strandzugang, Schwimmen und Angeln. Reservierung erforderlich. (Lage: 3 Meilen südlich der Palomar Airport Rd.)

Carmel

Highlands Inn, Park Hyatt Carmel
120 Highlands Dr. (ca. 6 km südl. von Carmel)
Carmel Highlands, CA 93923
✆ (831) 620-1234 oder 1-800-682-4811
Fax (831) 626-1574,
www.highlandsinn.hyatt.com
Luxuriös und mit traumhaften Ozeanblicken, 2 Restaurants (z.B. **Pacific's Edge**, $$$), Pool, Fitness-Studio. Die meisten Zimmer haben Kamin, Whirlpool und Patio. $$$$

Carmel Mission Inn
3665 Rio Rd., Carmel, CA 93923
✆ (831) 624-1841 oder 1-800-348-9090
Fax (831) 624-8684
www.carmelmissioninn.com
165 Zimmer, Restaurant, Bar, Pool, Whirlpools, Fitnessraum. $$$–$$$$

Cobblestone Inn
Junipero St. (zwischen 7th & 8th Aves.)
Carmel, CA 93921
✆ (831) 625-5222 oder 1-800-833-8836
Fax (831) 625-0478
Gute Adresse, 24 Zimmer, nur Nichtraucher. *Full country breakfast.* $$$$

Carmel By the River RV Park
27680 Schulte Rd., 7 km östl. von Carmel, CA 93923
✆ (831) 624-9329, Fax (831) 624-8416
Im Carmel Valley: 35 Plätze, einige am Fluss, *full hookups*, Reservierung empfehlenswert.

Columbia

City Hotel
Main St. (P.O.Box 1870), Columbia, CA 95310
✆ (209) 532-1479 oder 1-800-532-1479
Fax (209) 532-7027, www.cityhotel.com
Schmuckstück von 1856 mit hübschen Räumen und gutem Restaurant (Mo geschl.; $$$). Nachmittags wird Sherry gereicht. $$–$$$

Death Valley National Park

Furnace Creek Ranch Resort
S 190, Death Valley, CA 92328
✆ (760) 786-2345 oder 1-888-297-2757
Fax (760) 786-2514
www.furnacecreekresort.com
Rustikal mit Blockhütten; Motel, Stellplätze für Camper, Waschsalon, Cafeteria, Restaurant ($$–$$$), quellengespeister Pool, Freilichtmuseum, Dattelpalmenhain, Golf- und Tennisplätze, Pferdeverleih. An Wochenenden im Winter Reservierung empfohlen. $$$–$$$$

Furnace Creek Inn
SR 190, Death Valley, CA 92328
✆ (760) 786-2345 oder 1-800-297-2757
Fax (760) 786-2514,
www.furnacecreekresort.com
Okt.–Mai geöffnet
Luxusvariante der Ranch: Komforthotel von 1927 (66 Zimmer, quellengespeister Pool, Tennisplätze. In Restaurant ($$$) und Bar wird auf korrekte Kleidung wert gelegt. $$$$

Stovepipe Wells RV Park
Death Valley National Park

Stovepipe Wells, CA 92328
✆ (760) 786-2331
200 Plätze für RVs und Zelte, Toiletten, keine Duschen. Feb.–Ende April und Okt.–Ende Jan.

Furnace Creek
Death Valley National Park (Nähe Ranch)
Furnace Creek, CA 92328
✆ (760) 786-2331
Ganzjährig und staatlich mit 136 Stellplätzen für RVs und Zelte. Duschen.

Fish Camp

Tenaya Lodge at Yosemite
1122 Hwy. 41
Fish Camp, CA 93623
✆ 1-888-514-2167
www.tenayalodge.com
Erholsames Sporthotel: 244 Zimmer und Suiten, Restaurants, Bar, Pools, Whirlpool, Sauna, Fitnesscenter, Waschsalon. Kleines Frühstück inkl. Wandern, Rad fahren, Reiten, Ski fahren. $$-$$$$

Fresno

Radisson Hotel
2233 Ventura St., Fresno, CA 93721
✆ (559) 268-1000 oder 1-800-333-3333
Fax (559) 441-2954
Gepflegtes Haus (321 Zimmer) – im Atrium rauscht ein Wasserfall. Sauna, Pool, Fitnessraum, Restaurant und Coffee Shop, Bar. $$$$

Visalia/Fresno South KOA
7480 Ave. 308, Visalia, CA 93291
✆ (559) 651-0544 oder 1-800-562-0540
Fax (559) 651-1080, www.koa.com
Privat, ländlich, ganzjährig: 115 zum Teil schattige Stellplätze für RVs und Camper, Propangas, Lebensmittel, Waschsalon, Pool, Kinderspielplatz. (Von SR 99, Exit SR 198, 1 Meile nach Osten bis Plaza Dr., dort 1 Meile nach Norden bis Goshen Ave., dort nach Westen zur Rd. 76).

Groveland

The Berkshire Inn
19950 Hwy. 120 (1 1/4 Std. von Yosemite entfernt)
Groveland, CA 95321
✆ (209) 962-6744 oder 1-888-225-2064
www.berkshireinn.net
Nette Lodge mit Frühstück. $$

Hearst Castle National Monument

Vgl. San Simeon.

Hollywood

Vgl. Los Angeles.

Jamestown

National Hotel
18183 Main St., Jamestown, CA 95327
✆ (209) 984-3446 oder 1-800-894-3446
Fax (209) 984-5620, www.national-hotel.com
Klassiker unter den Hotels im Gold Country (1859): 9 Zimmer, gute amerikanische Küche (Lunch und Dinner $-$$), Garten, historischer Saloon. Kleines Frühstück inkl. $$$-$$$$

Royal Hotel
18239 Main St., Jamestown, CA 95327-9251
✆ (209) 984-5271 oder 1-888-894-5271
Gutes Preis-Leistungs-Verhältnis: (seit 1922) mit 19 Zimmern und Messingbetten. An Wochenenden und Feiertagen gibt's ein kleines Frühstück. $$

Joshua Tree National Park

Vgl. auch Twentynine Palms.

Cottonwood Springs A & B Loop
74485 National Park Dr., Cottonwood Springs
Joshua Tree National Park, CA 92277
✆ (760) 367-5511
62 Plätze für RVs und Zelte, keine Duschen. (25 Meilen östl. von Indio auf I-10, dann 7 Meilen nach Cottonwood Springs.)

Hidden Valley
74485 National Park Dr.
Joshua Tree National Park, CA 92277
✆ (760) 367-5511
39 Plätze für RVs und Zelte, chemische Toiletten, keine Duschen, kein Trinkwasser. Kostenlos.

Julian

Julian Gold Rush Hotel Bed & Breakfast
2032 Main St., Julian, CA 92036
✆ (760) 765-0201 oder 1-800-734-5854
Fax (760) 765-0327, www.julianhotel.com
Historischer Inn (1897), geschmackvoll bestückt mit Kaminen, Büchern und Antiquitäten. Lange vorher reservieren! $$$-$$$$

Pinezanita Trailer RV Park & Campgrounds
4446 SR 79, Julian, CA 92036
✆ (760) 765-0429, Fax (760) 765-2426
www.pinezanita.com
242 (z.T. schattige) Plätze mit Picknicktisch und Feuerstelle für RVs und Zelte in ca. 1 600 m Höhe, fünf Meilen nördl. vom Lake Cuyamaca. Propangas, Kiosk, Münzwäscherei, Videoverleih. Auch Cottages. Reservierung erforderlich. (4 Meilen südl. von SR 79.)

Laguna Beach

Hotel Laguna
425 S. Coast Hwy., Laguna Beach, CA 92651
✆ (949) 494-1151, Fax (949) 497-2163
Strandnahes Hotel (von 1930) mit Restaurant und Rosengarten. Kleines Frühstück inkl. $$$-$$$$

Surf & Sand Resort
1555 S. Coast Hwy.
Laguna Beach, CA 92651
✆ (949) 497-4477 oder 1-888-869-7569
Fax (949) 494-2897
www.surfandsandresort.com
Luxus am Meer: alle (165) Zimmer und Suiten mit Blick aufs Wasser. Restaurant (**Splashes**), Pool, Whirlpool, Spa und Fitnessraum. $$$$

La Jolla

Vgl. San Diego.

Lake Tahoe

Vgl. auch Stateline, NV.

Inn by the Lake
3300 Lake Tahoe Blvd.
South Lake Tahoe, CA 96150
✆ (530) 542-0330 oder 1-800-877-1466
Fax (530) 541-6596
www.innbythelake.com
Landschaftlich schön gelegen: Pool, Spa und Sauna. Viele der 99 Zimmer mit Seeblick. Fahrradverleih. Kleines Frühstück inkl. $$$-$$$$

Best Western Timber Cove Lodge
3411 Lake Tahoe Blvd.
South Lake Tahoe, CA 96150
✆ (530) 541-6722 oder 1-800-972-8558
Fax (530) 541-7959, www.timbercovetahoe.com
Unmittelbar am See, 262 Zimmer, Pool und *hot tub*, Fitnessraum, Massagestudio, Restaurant/Bar. Bootsverleih. Kleines Frühstück inkl. $$$-$$$$

7 Seas Inn
4145 Manzanita Ave.
South Lake Tahoe, CA 96150
✆ (530) 544-7031 oder 1-800-800-7327
Fax (530) 544-1208, www.sevenseastahoe.com
Klein und in Casino-Nähe, Privatstrand am See, Whirlpool. $-$$

Tahoe Valley Campgrounds
1175 Melba Dr., US 50 Exit C St.
South Lake Tahoe, CA 96150
✆ (530) 541-2222, Fax (530) 541-1825
www.rvonthego.com
Privat, schattig und ganzjährig: 413 Plätze für RVs und Zelte (Höhe: gut 2 000 m), Propangas, Kiosk, Spielplatz, Waschsalon, Pool. Man kann angeln, reiten, wandern, klettern oder Tennis spielen. Kostenloser Shuttle zu/von den Casinos.

Lee Vining

Tioga Pass Resort
85 Hwy. 120, 20 km westl. von Lee Vining, CA 93541
✆ (209) 372-4471
www.tiogapassresort.com
Hohe Hütte und Lodge: Cabins, Motelzimmer und Restaurant (herzhaft) in über 3 000 m Höhe im Yosemite Park. $$-$$$

Lone Pine

Lone Pine Budget Inn
138 W. Willow St., Lone Pine, CA 93545
✆ (760) 876-5655
Nomen est omen: *budget*. In Sicht-, aber nicht Hörweite der US 395. $

Best Western Frontier Motel
1008 S. Main St. (US 395, Südende des Orts)
Lone Pine, CA 93545
✆ (760) 876-5571, Fax (760) 876-5357
www.bestwestern.com
Ordentlich: 73 Zimmer, Pool, Waschsalon. Kleines Frühstück inkl. $$

Boulder Creek RV Resort
2550 Hwy. 395, 4 Meilen südl. von Lone Pine, CA 93545
✆ (760) 876-4243 oder 1-800-648-8965
Fax (760) 876-5253
Privat, beliebt und komfortabel: RVs und Zelte für 65 Stellplätze, BBQ- und Picknicktische, Propangas, Kiosk, Münzwäscherei, Pool, Whirlpool, Spielplatz.

Los Angeles

Anaheim

Travelers World RV Park
333 W. Ball Rd., Anaheim, CA 92805
✆ (714) 991-0100
Nähe Disneyland.

Beverly Hills

Hotel Bel-Air
701 Stone Canyon Rd.
Los Angeles, CA 90077
✆ 310-472-1211 oder 1-800-648-4097
Fax 310-476-5890, www.hotelbelair.com
Das intimste und zweifellos bezauberndste Shangri-La unter den traditionellen L.A.-Hotels – im Mission-Stil, umrahmt von Gärten, Blumen und einem Schwanensee. **The Restaurant** serviert

exquisite kalifornisch-französische Küche zum Lunch und Dinner ($$$), Cocktail Lounge. Pool. $$$$

Hollywood

The Mondrian Hotel
8440 Sunset Blvd. (Höhe La Cienega Blvd.)
West Hollywood, CA 90069
© (323) 650-8999 oder 1-800-697-1791
Fax (323) 650-5215, www.mondrianhotel.com
The Quintessence of Cool: mondän bis schräg. In der schicken Sky Bar auf dem Dach genießt man tolle Blicke auf die Stadt. Pool und Fitnessräume. $$$$

Hollywood Orchid Suites
1753 Orchid Ave., Hollywood, CA 90028
© (323) 874-9678 oder 1-800-537-3052
Fax 323-874-5246, www.orchidsuites.com
Ordentlich und preiswert: 40 Zimmer mit Küche; Pool, Waschsalon, Dachgarten. Nah beim Mann's Chinese und Kodak Theatre. $$

Beverly Laurel Motor Hotel
8018 Beverly Blvd. (West Hollywood)
Los Angeles, CA 90048
© (323) 651-2441 oder 1-800-962-3824
Fax 323-651-5225
42 Zimmer, preiswert, beste Lage Nähe Sunset, Coffee Shop, Pool, Waschsalon. $$

Malibu

Leo Carrillo State Park
35000 Pacific Coast Hwy., Malibu, CA 90265
© (818) 880-0350 oder 1-800-444-7275
Camping am Strand, Reservierung erforderlich: 139 Stellplätze (RVs und Zelte), keine *hookups*. Duschen, Propangas, Brennholz, Volleyball und Basketball. Schwimmen, Windsurfen, Tauchen und Angeln. 15 Meilen nördlich von Malibu.

Schwanensee, kalifornisch: Hotel Bel-Air, Beverly Hills

Santa Monica

Radisson Huntley Hotel
1111 Second St.
Santa Monica, CA 90403
© 310-394-5454 oder 1-800-333-3333
Fax 310-458-9776
Elegantes, europäischem Geschmack entsprechendes Haus mit 213 Zimmern, 1 Block vom Ozean; Dachrestaurant (**Toppers**) und Bar mit Blick auf den Pazifik. Fitnessraum. $$$–$$$$

Hotel Carmel
201 Broadway (2nd St.)
Santa Monica, CA 90401
© 310-451-2469 oder 1-800-445-8695
Fax 310-393-4180
www.hotelcarmel.com
Einfach (Baujahr 1924) in günstiger Lage zwischen Third St. Promenade, Santa Monica Place und Strand. $$–$$$

Best Western Ocean View Hotel
1447 Ocean Ave., Santa Monica, CA 90401
© 310-458-4888 oder 1-800-452-4888
Fax 310-458-0848
www.bestwestern.com/oceanviewhotel
65 Zimmer in bester Lage gegenüber vom Palisades Park: Strand, Pier, 3rd St. Promenade, Santa Monica Place. Kleines Frühstück inkl. $$$–$$$$

Sea Shore Motel & Apartments
2637 Main St., Santa Monica, CA 90405
© 310-392-2787, Fax 310-392-5167
www.seashoremotel.com
Solides Motel, ansprechend eingerichtete Zimmer (20), prima Lage. $$

HI Santa Monica
1436 2nd St., Santa Monica, CA 90401-2302
© 310-393-9913, Fax 310-393-1769
www.hilosangeles.org
Preiswerte Übernachtung, Frühstück inkl. $

Malibu

Vgl. Los Angeles.

Mariposa

Yosemite Boulder Creek Bed & Breakfast
4572 Ben Hur Rd., Mariposa, CA 95338
© (209) 742-7729 (auch Fax)
Naturnah (morgens stehen die Rehe vor der Tür!) mit 3 Zimmern und freundlicher norddeutscher Leitung. Üppiges Frühstück plus sachkundige Tipps vom Hausherrn. $$

Merced

Ramada Inn
2000 E. Childs Ave. (gleichnamiger Exit von

SR 99), Merced, CA 95340
✆ (209) 723-3121 oder 1-888-298-2054
Fax (209) 723-0127
Solide: 110 Zimmer, Restaurant (mit amerikanischer und kalifornischer Küche, $-$$), Pool. $$

Midpines

Yosemite/Mariposa KOA
6323 Hwy. 140, Midpines, CA 95345
✆ (209) 966-2201 oder 1-800-562-9391
www.koa.com/where/ca/05195.htm
Ganzjährig und privat: 89 Plätze für RVs und Zelte, außerdem Cabins, Spielplatz, Propangas, Lebensmittel, Waschsalon, Pool. Man kann Paddelboote leihen, angeln und wandern. 7 Meilen nordöstl. von Mariposa, ca. 45 Min. vom Yosemite Valley entfernt. Haltestelle für Shuttle-Bus in den Park. Offenes Feuer verboten.

Modesto

Courtyard by Marriott
1720 Sisk Rd. (SR 99, Exit Briggsmore Blvd.)
Modesto, CA 95350
✆ (209) 577-3825
Fax (209) 577-1717
Guter Standard: 126 Zimmer, Restaurant, Bar, Pool, Fitnessraum, Whirlpool, Waschsalon. $$-$$$

Best Western Town House Lodge
909 16th St. (SR 99, Exit Central Modesto, dann 1st. St.)
Modesto, CA 95354
✆ (209) 524-7261, Fax (209) 579-9546
Einfach: 56 Zimmer, Pool, Whirlpool und kleines Frühstück. $$

Monterey/Pacific Grove

Monterey Hotel
406 Alvarado St., Monterey, CA 93940
✆ (831) 375-3184 oder 1-800-966-6490
Fax (831) 373-2899, www.montereyhotel.com
Elegant und angenehm, Nähe Altstadt und Fisherman's Wharf. Kleines Frühstück inkl. $$$-$$$$

Andril Cottages in Pacific Grove
569 Asilomar Ave., Pacific Grove, CA 93950
✆ (831) 375-0994, Fax (831) 655-2693
www.andrilcottages.com
Idyll im Wald: gemütliche Hütten (Cottages mit Küche und offenem Kamin) an der Südspitze der Halbinsel. Jacuzzi. Abends grasen die Rehe in Reichweite. $$$-$$$$

Pacific Grove Inn
581 Pine Ave., Pacific Grove, CA 93950
✆ (831) 375-2825 oder 1-800-732-2825
Fax (831) 375-0752, www.pacificgrove-inn.com
Schöne Pension (1904): 16 Zimmer, einige mit Meeresblick, Frühstück inkl. $$-$$$$

Lighthouse Lodge and Suites
1150 Lighthouse Ave., Pacific Grove, CA 93950
✆ (831) 655-2111 oder 1-800-858-1249
Fax (831) 655-4922, www.lhls.com
Schön gelegen im rustikalen Hüttenstil mit offenen Kaminen, Whirlpool, Pool, Sauna, kleinem Frühstück und geselligen Käse- und Weinproben am Nachmittag. Im Sommer ein paar Wochen vorher reservieren. $$-$$$

Oakhurst

Best Western Yosemite Gateway Inn
40530 Hwy. 41, Oakhurst, CA 93644
✆ (559) 683-2378, Fax (559) 683-3813
Guter Standard: 122 Zimmer, Restaurant, Cocktail Lounge, Pool, Fitnessraum, Kinderspielplatz. $$-$$$

Chateau du Sureau
48688 Victoria Lane, Oakhurst, CA 93644
✆ (559) 683-6860, Fax (559) 683-0800
www.chateaudusureau.com
Feudales Schlösschen (10 Räume) mit feinem französischem Restaurant (**Erna Elderberry**, $$$), Gärten und Pool. Mobile's 5 Stars in 2000. $$$$

Pines Resort Suites
54432 North Shore Rd., Bass Lake, CA 93604
✆ (559) 642-3121 oder 1-800-350-7463
Fax (559) 642-3902, www.basslake.com
Suite-Hotel am See: Angeln, Reiten, Radfahren, Wandern, Wasserski und Tennis. Pool, Whirlpool, Kinderspielplatz, Bootsrampe. Kleines Frühstück inkl. $$$$

High Sierra RV Park
40389 Highway 41, Oakhurst, CA 93644
✆ (559) 683-7662 oder 1-877-314-7662
www.highsierrarv.com
Hübscher Platz mit *full hookups* am Fresno River. Ganzjährig.

Nelder Grove Campground
Sky Ranch Rd., in der Nähe von Oakhurst
✆ (559) 877-2218
Mai–Okt. Mit Sequoias in ruppig-wilder Landschaft. Keine Reservierung möglich. (Von Oakhurst via SR 41 nach Norden bis Forest Rd. 10, diese 5 Meilen nach Norden bis Forest Rd. 6890, diese 1 Meile nach Norden.)

Oakland

Clarion Suites Lake Merritt Hotel
1800 Madison St., Oakland, CA 94612

✆ (510) 832-2300 oder 1-800-933-4683
Fax (510) 832-7150
Hübsches Art-déco-Hotel von 1927, die meisten der 51 Zimmer mit Blick auf den See. Restaurant, Fitnessraum. $$$$

Oceanside

Best Western Oceanside Inn
1680 Oceanside Blvd., (I-15, Exit Oceanside Blvd.)
Oceanside, CA 92054
✆ (760) 722-1821 oder 1-800-443-9995
Fax (760) 967-8969
Ordentlich: 80 Zimmer, Pool, Sauna, Whirlpool, Fitnessraum. Kleines Frühstück inkl. $$–$$$

Casitas Poquitos RV Park
1510 S. Coast Hwy., (I-5, Exit Oceanside Blvd., knapp 1 Meile nach Westen und kurz nach Süden
Oceanside, CA 92054, ✆ (760) 722-4404
Privat, ganzjährig: 139 Stellplätze, Lebensmittel, Waschsalon, Pool.

Palm Springs

Casa Cody Inn
175 S. Cahuilla Rd.
Palm Springs, CA 92262-6331
✆ (760) 320-9346 oder 1-800-231-2639
Fax (760) 325-8610, www.casacodypalmsprings.com
Hübsche Oase, ruhig und zentral, 1920 von der Cousine Buffalo Bills im Stil einer kalifornischen Hazienda gegründet. Pool, Whirlpool und Zitronenbäume. Einige Zimmer und Studios mit Kamin, Sonnenterrasse und Küche. Mit kleinem Frühstück. In der wunderschön restaurierten Adobe-Villa (1910) ist schon Charlie Chaplin aufgetreten. $$ im Sommer, $$–$$$ im Frühjahr und Herbst, $$$ im Winter.

Einladend: Casa Cody in Palms Springs

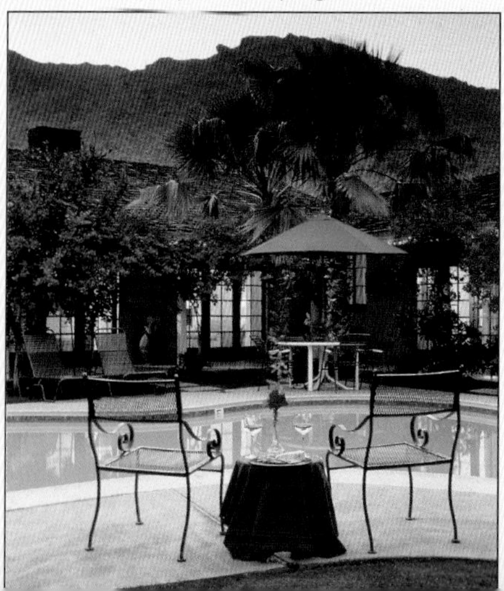

Korakia Pensione
257 S. Patencio Rd.
Palm Springs, CA 92262
✆ (760) 864-6411, Fax (760) 864-4147
www.korakia.com
Eklektischer Bau (maurisch, griechisch und 1001-Nacht) von 1924 für meist illustre Gäste *(bohemian retreat)*. Reichhaltiges Frühstück. $$$–$$$$

Villa Royale Inn
1620 Indian Trail, Palm Springs, CA 92264
✆ (760) 327-2314 oder 1-800-245-2314
Fax (760) 322-3794, www.villaroyale.com
Üppig bewachsene Missions-Architektur mit geschütztem Innenhof. Schöner Pool, Jacuzzi, gemütliches Restaurant (**Europa**, $$–$$$, Mo geschl.). Kleines Frühstück, kostenlose Fahrräder. Kinder leider unerwünscht. $$$–$$$$

Spa Resort and Casino
100 N. Indian Canyon Dr.
Palm Springs, CA 92262-6414
✆ (760) 325-1461 oder 1-800-854-1279
Fax (760) 325-3344
Wellnesshotel/Casino der Agua-Caliente-Indianer; mit großem Pool, heißen Mineralquellen, Eukalyptusbädern, Massage, Sauna, Fitnessräumen, Solarium, Aromatherapie, Schönheitspflege, Restaurant. $$$–$$$$

Golden Sands Mobile Park
1900 E. San Rafael Dr.
Palm Springs, CA 92262
✆ (760) 327-4737
Familienfreundlich mit Pool.

Pismo Beach

Kon Tiki Inn
1621 Price St., Pismo Beach, CA 93449
✆ (805) 773-4833 oder 1-888-556-8454
Fax 805 773 6541, www.kontikiinn.com
Nahe an den Pismo-Klippen mit Treppe zum Strand: 85 Zimmer mit Balkonausblicken aufs Meer, Restaurant, Pool, Whirlpool, Sauna, Tennisplatz, Waschsalon. Am Wochenende zwei Übernachtungen Minimum. $$–$$$

Placerville

Cary House Hotel
300 Main St., Placerville, CA 95667
✆ (530) 622-4271, Fax (530) 622-0696
www.caryhouse.com
Gemütliches, zentral gelegenes (historisches) Hotel gegenüber von »Hangman's Tree«. Opulente Lobby und Treppenaufgang: Tiffany-Glasfenster und polierte schwarze Mahagoni-Treppengeländer, die einst

von Afrika ums Kap Hoorn geschifft wurden. Nur Nichtraucher. Kleines Frühstück inkl. $$$-$$$$

El Dorado County Fairgrounds
100 Placerville Dr., Placerville, CA 95667
✆ (530) 621-5860
Sauber und ordentlich; Wasser- und Stromanschluss.

Sacramento

Delta King Hotel
1000 Front St. (Old Town)
Sacramento, CA 95814
✆ (916) 444-5464 oder 1-800-825-5464
Fax (916) 444-5314, www.deltaking.com
Schickes Hotelschiff auf dem Sacramento River. Die Einzelteile des Schaufelraddampfers wurden in Schottland gefertigt und in Stockton zusammengebaut. Schiffstaufe war 1927 zusammen mit dem Vorbild, der »Delta Queen«. 42 Zimmer, zwei Theater und ein Restaurant (**Pilot House**). $$$-$$$$

Abigail's Bed & Breakfast
2120 G St., Sacramento, CA 95816
✆ (916) 441-5007, Fax (916) 441-0621
Historischer B&B Inn von 1912 mit Garten und Whirlpool. $$$-$$$$

Motel 6
227 Jibboom St., Sacramento, CA 95814
✆ (916) 441-0733, Fax (916) 446-5941, www.motel6.com
Einfacher Standard – günstig gelegen in »Old Sac« in Flussnähe. $

HI Sacramento International Hostel
925 H St., Sacramento, CA 95814
✆ (916) 443-1691, Fax (916) 448-4763
Office: 7.30–10 und 17–22 Uhr
Schöne viktorianische Villa, zentral. Am besten telefonisch mit Kreditkarte reservieren. $

Sacramento Metro KOA
3951 Lake Rd., (I-80, Exit W. Capitol Ave., diese 4,5 Meilen nach Westen)
Sacramento, CA 95691
✆ (916) 371-6771 oder 1-800-562-2747
Fax (916) 371-0622, www.koa.com
Privat, ganzjährig, Nähe Old Town, 149 Plätze für RVs und Zelte, Cabins, Propangas, Lebensmittel, Waschautomaten, Pool.

San Diego

Hotel Del Coronado
1500 Orange Ave., Coronado, CA 92118
✆ (619) 435-6611 oder 1-800-582-2595
Fax (619) 522-8262, www.hoteldel.com
Wie eine leuchtende Hochzeitstorte steht dieses alte Prachthotel direkt am Strand – einst Drehort von Billy Wilders »Manche mögen's heiß« Pool, Sonnenterrasse, Tennisplätze, Restaurants, Shops und Bars. $$$$

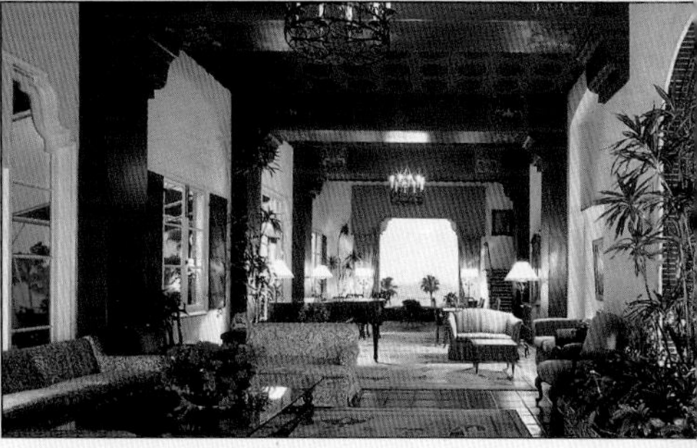

La Valencia Hotel in La Jolla

Catamaran Resort Hotel
3999 Mission Blvd., San Diego, CA 92109
✆ (858) 488-1081 oder 1-800-422-8386
Fax (858) 488-1619, www.catamaranresort.com
Südsee-Touch: direkt an der Mission Bay und nur Schritte bis zum Pazifik. Empfehlenswertes Restaurant (**Atoll**). In der **Cannibal Bar** oft Live-Musik. Pool, Fitnessräume, Bootsverleih und andere sportliche Angebote. $$$-$$$$

La Avenida Inn
1315 Orange Ave., Coronado, CA 92118
✆ (619) 435-3191 oder 1-800-437-0162
Fax (619) 435-5024, www.laavenidainn.com
Freundlich, sauber, strandnah. 29 Zimmer, Pool. $$$-$$$$

La Jolla Beach & Tennis Club
2000 Spindrift Dr.
La Jolla, CA 92037
✆ (858) 454-7126 und 1-800-640-7702
Fax (858) 456-3805, www.ljbtc.com
Komfortables Strandhotel zum Baden und Tennis spielen; spektakuläres, dicht ans Wasser gebautes Restaurant (**The Marine Room**), Bar, Massagen. Sehr beliebt: der Kajakverleih – wegen des klaren blauen Wassers und der Unterwasserfauna des La Jolla Cove Ecological Reserve. $$$-$$$$

La Valencia Hotel
1132 Prospect St., La Jolla, CA 92037
✆ (858) 454-0771 oder 1-800-451-0772
Fax (858) 456-3921, www.lavalencia.com
Traumhotel in Pink mit Ozeanblick. Verschachtelt und am Steilhang gebaut. Die Lobby befindet sich auf der 7. Etage (vom Meer aus gesehen). Stilvolles historisches Ambiente, hübsche Zimmer, schöne Ocean Villas (mit Butler-Service!), gutes Restaurant, einladende Terrasse (Lunch), Whirlpool, Pool, Sauna. $$$$

The Grande Colonial
910 Prospect St.
La Jolla, CA 92037
✆ (858) 454-2181 und 1-800-826-1278
Fax (858) 454-5679, www.grandecolonial.com
Elegantes Boutique-Hotel in bester Lage mit Ozeanblick: 75 Zimmer und Suiten, Pool. Renommiertes Restaurant **NINE-TEN** mit französisch inspirierter Küche und frischesten Zutaten, Bar und Terrasse. $$$$

Campland on the Bay RV & Tent Camping Resort
2211 Pacific Beach Dr.
San Diego, CA 92109-5699
✆ (858) 581-4200 oder 1-800-422-9386
Fax (858) 581-4206, www.campland.com
650 Plätze für Wohnmobile/Zelte an der Mission Bay in Ozeannähe. Duschen, Toiletten, Propangas, Lebensmittelladen, Waschsalon, Café, Jacuzzi, Kinderspielplatz. Strand, Boots-, Fahrrad- und Surfbretterverleih, Wasserski, Angeln. Reservierung einige Tage im Voraus zweckmäßig.

San Diego Metro KOA
111 N. Second Ave.
Chula Vista, CA 91910
✆ (619) 427-3601 oder 1-800-562-9877
Fax (619) 427-3622, www.sandiegokoa.com
270 Stellplätze, landschaftlich schön gestaltet, Jacuzzi, TV- und Telefonanschlüsse. Auch Cabins.

Silver Strand State Beach
5000 Silver Strand Blvd./Hwy. 75
Coronado, CA 92118
✆ (619) 435-5184
Zwischen Imperial Beach und Coronado: Paradies für Campingfreunde mit (bewachtem) Superstrand zum Schwimmen und Laufen, Toiletten, Duschen, Picknickplatz, Feuerstellen. Geheimtipp für gestandene Brandungsfischer und kernige Muscheltaucher.

San Francisco

Hotel Adagio
550 Geary St.
San Francisco, CA 94102
✆ (415) 775-5000 und 1-800-228-8830
Fax (415) 775-9388, www.thehoteladagio.com
Gediegen renovierter Oldtimer von 1929 Nähe Union Square: 171 geschmackvolle Zimmer, hervorragendes Restaurant (**Cortez**), muntere Bar. $$$-$$$$

Palace Hotel
2 New Montgomery St.
San Francisco, CA 94105-3402
✆ (415) 512-1111, Fax (415) 543-0671
www.sfpalace.com
Aufwendig restauriertes Luxushotel (1875) mit 552 Zimmern. Zu den Schmuckstücken zählt der hinreißende, von einem Glasdom überwölbte **Garden Court**, wo Frühstück und Lunch serviert werden und nachmittags die Damen bei *high tea* und *petits fours* plaudern. Zwei erstklassige Restaurants – **Kyo-ya** für Sushi und **Maxfield's** für kalifornische Küche –, imposantes Fitnesscenter mit Riesenpool. $$$$

The Maxwell Hotel
386 Geary St. (Nähe Union Sq.)
San Francisco, CA 94102
✆ (415) 986-2000 oder 1-888-734-6299
Fax (415) 397-2447, www.maxwellhotel.com
Zentral und gut geführt – mit viktorianischem Flair. 153 Zimmer, Restaurant **Max's on the Square** ($$). $$$-$$$$

Villa Florence
225 Powell St.
San Francisco, CA 94102-2205
✆ (415) 397-7700 oder 1-888-553-4411
Fax (415) 397-0661, www.villaflorence.com
Komfortables Jahrhundertwende-Hotel: 183 Zimmer und italienisches Restaurant (**Kuleto's**). $$$$

Hotel Triton
342 Grant Ave. (Nähe Union Sq.)
San Francisco, CA 94108
✆ (415) 394-0500 oder 1-800-433-6611
Fax (415) 394-0555, www.hoteltriton.com
Pfiffiges Design, frech und unterhaltsam. 140 Zimmer, Bar, Restaurant. $$$$

Commodore Hotel
825 Sutter Street (Nähe Union Sq.)
San Francisco, CA 94109
✆ (415) 923-6800 oder 1-800-338-6848
Fax (415) 923-6804, www.thecommodorehotel.com
Nostalgisches Haus aus Art-déco-Tagen mit 110 Zimmern, Coffee Shop und origineller Szene-Bar (**The Red Room**, ✆ 415 346-7666). $$$-$$$$

Best Western Canterbury
750 Sutter St.
San Francisco, CA 94109
✆ (415) 474-6464 oder 1-800-227-4788
Fax (415) 474-5856
www.canterbury-hotel.com
Nah am Union Square: ansprechender Altbau, 225 geräume Zimmer, gewächshausartiges Restaurant (**Lehr' Greenhouse**) mit Glasdach, gemütlicher **Smoker's Room**, Bar mit großer Bierauswahl. $$$-$$$$

Candlestick RV Park
650 Gilman St. (Exit E 3-com Park von US 101)
San Francisco, CA 94124
✆ (415) 822-2299 oder 1-800-888-2267

Fax (415) 822-7638, www.sanfranciscorvpark.com
Südlich der Stadt: 168 Plätze mit *full hookups,* Duschen, Propangas, Kiosk, Waschsalon. Reservierung erforderlich.

San Juan Capistrano

Best Western Capistrano Inn
27174 Ortega Hwy.
San Juan Capistrano, CA 92675-2702
✆ (949) 493-5661 oder 1-800-441-9438
Fax (949) 661-8293, www.capoinn.com
108 Zimmer, Whirlpool, Waschsalon, 4 Blocks von der Mission entfernt. Kleines Frühstück inkl. $$$

Laguna Cliffs Marriott Resort
25135 Park Lantern
Dana Point, CA 92629
✆ (949) 661-5000 oder 1-800-533-9748,
Fax (949) 661-3688, www.lagunacliffs.com
Hoch über dem Meer: 362 Zimmer und Suiten, Restaurant, Bar und Entertainment, 2 Pools, Sauna, Whirlpool, Tennisplätze, Fitnessraum, Fahrradverleih. $$$$

San Luis Obispo

Best Western Somerset Inn
1895 Monterey St.
San Luis Obispo, CA 93401
✆ (805) 544-0973, Fax (805) 541-2805
Angenehm – mit Pool und mit richtigem Frühstück. $$

The Apple Farm
2015 Monterey St. (US 101, Exit Monterey St.)
San Luis Obispo, CA 93401
✆ (805) 544-2040 oder 1-800-374-3705
Fax (805) 546-9495, www.applefarm.com
Gepflegt im Landhausstil: 104 Zimmer, Pool, Whirlpool, Wellnesscenter, gute Küche. $$$–$$$$

Sycamore Mineral Springs Resort
1215 Avila Beach Dr. (1 Meile von US 101 entfernt)
San Luis Obispo, CA 93405
✆ (805) 595-7302 oder 1-800-234-5831
Fax (805) 781-2598, www.sycamoresprings.com
Enjoy & relax: intime Wellness-Oase zwischen San Luis Obispo und Strand. Jedes Zimmer mit eigenem Mineralbad. *Hot tubs*, Massagen, schöne Gärten, empfehlenswertes Restaurant (**Gardens of Avila**). Frühstück inkl. (Zufahrt von der US 101: südl. von San Luis Obispo Abzweig nach Westen und Avila Beach.) $$$–$$$$

HI San Luis Obispo Hostel
1617 Santa Rosa St.
San Luis Obispo, CA 93401
✆ (805) 544-4678, www.hostelobispo.com
Einfaches Jugendhotel. $

El Chorro Regional Park
Dairy Creek Rd., 5 Meilen auf SR 1 nördl. von San Luis Obispo, CA 93401
✆ (805) 781-5930
62 Plätze (ganzjährig) für RVs und Zelte, Brennholz, Wanderwege, Kinderspielplatz.

San Simeon

Best Western Cavalier Oceanfront Resort
9415 Hearst Dr., San Simeon, CA 93452
✆ (805) 927-4688 oder 1-800-826-8168
Fax (805) 927-6472
www.cavalierresort.com
Beste Wahl weit und breit wegen der hervorragenden Lage – mit dem Ozean vor der Nase. Viele Zimmer mit Meerblick. Pools, Spa, Fitnessstudio, Waschsalon. $$$

Ragged Point Inn
19019 Hwy. 1, Ragged Point, CA 93452
✆ (805) 927-4502
www.raggedpointinn.net
Dramatisch nah am Abgrund mit spektakulärem Ausblick. Beste kalifornische Küche, Frühstück, Lunch und Dinner ($–$$). Bei gutem Wetter kann man draußen sitzen. Der hübsche Garten lädt zum Spaziergang. $$$–$$$$

San Simeon State Park Campground
SR 1, 5 Meilen südl. von Hearst Castle
San Simeon, CA 93452
✆ (805) 927-2035 oder 1-800-444-7275
Einfach, ganzjährig: 200 Plätze für RVs und Zelte, Duschen, Toiletten, Brennholz, Strandzugang, Schwimmen und Angeln.

Kirk Creek Campground
Hwy. 1, nördl. von San Simeon, 4 Meilen südl. von Lucia
✆ (805) 995-1976 oder (831) 667-2315
Schön auf einer Klippe oberhalb des Pazifiks gelegen (34 Plätze, RVs und Zelte), keine Reservierung, sondern *first come, first served.* Herrliche Ausblicke, Strand, Wanderungen in der Santa Lucia Range.

Santa Barbara

Four Seasons Biltmore
1260 Channel Dr.
Santa Barbara, CA 93108
✆ (805) 969-2261 oder 1-800-332-3442
Fax (805) 565-8323, www.fourseasons.com
Eine der besten Hoteladressen Kaliforniens: schöne Gärten, kolonialspanische Architektur, traumhafte

Lage am Meer. Gegenüber, direkt am Pazifik: der Coral Casino Club, der neben Sauna und anderen Wellnessangeboten einen Superpool *(Olympic size)* bietet. $$$$

The Upham Hotel
1404 De la Vina & Sola Sts.
Santa Barbara, CA 93101
✆ (805) 962-0058 oder 1-800-727-0876
Fax (805) 963-2825, www.uphamhotel.com
Geschmackvoller Viktorianer von 1871 inmitten blühender Gärten. 57 Zimmer und Suiten. Vorzügliche Küche (**Louise's**). Frühstück. $$$$

Hotel Oceana Santa Barbara
202 W. Cabrillo Blvd.
Santa Barbara, CA 93101
✆ (805) 965-4577 oder 1-800-965-9776
Fax (805) 965-9937, www.hoteloceana.com
Ansprechende Anlage mit schöner Wiese: 122 freundliche Zimmer direkt am Strand in Pier-Nähe, Fitnessraum, Whirlpool, Pool und Cocktail Lounge. Im Winter preiswerter. $$$$

Franciscan Inn
109 Bath & Mason Sts.
Santa Barbara, CA 93101
✆ (805) 963-8845, Fax (805) 564-3295
www.franciscaninn.com
Spanisches Ranchhaus von 1929, 53 Zimmer, strandnah beim Pier. Pool, Spa, kleines Frühstück inkl. Sommer: $$$-$$$$, Winter $$-$$$

Hotel Santa Barbara
533 State St., Santa Barbara, CA 93101
✆ (805) 957-9300 oder 1-800-549-9869
Fax (805) 962-2412, www.hotelsantabarbara.com
Downtown: zentral gelegen mit mediterraner Lobby, 57 geräumigen Zimmern und kleinem Frühstück. $$$-$$$$

Four Seasons Biltmore Hotel, Santa Barbara

Carpinteria State Beach
5361 Sixth St., Carpinteria, CA 93103
✆ (805) 684-2811 und 1-800-444-7275 (Reservierung)
Direkt am Meer: 85 Plätze, Duschen, bewachter Badestrand. Anfahrt: von Los Angeles kommend via US 101, Ausfahrt Casitas Pass Rd. (= S 224), nach Westen fahren bis Carpinteria Ave., dort rechts and an Palm Ave. bis an deren Ende. Von Santa Barbara kommend, Ausfahrt Linden Ave. und den braunen Schildern folgen.

Santa Cruz

Babbling Brook Inn
1025 Laurel St.
Santa Cruz, CA 95060
✆ (831) 427-2437 oder 1-800-866-1131
Fax (831) 427-2457
www.babblingbrookinn.com
Idyllisch gelegener, hübscher B&B von 1909: mit 14 Zimmern. Kleines Frühstück und Wein am Nachmittag inkl. $$$$

Best Western Torch-Lite Inn
500 Riverside Ave.
Santa Cruz, CA 95060
✆ (831) 426-7575, Fax (831) 460-1470
Solide und strandnah: 38 Zimmer, Pool und Waschsalon. Kleines Frühstück inkl. $$$-$$$$

Surfside Apartments
311 Cliff St., Santa Cruz, CA 95060
✆ (831) 423-5302
Strandnah: einfache, bequeme Cottages mit Küche. $-$$

HI Santa Cruz Hostel
321 Main St., Santa Cruz, CA 95060
✆ (831) 423-8304, Fax (831) 429-8541
www.hi-santacruz.org
Einfaches Jugendhotel. $

Seacliff State Beach
201 State Park Dr., 5.5 Meilen südl. von Santa Cruz (SR 1, Exit State Park Ave.)
Aptos, CA 95003
✆ (831) 685-6500 oder 1-800-444-7275 (Reservierung)
Staatlich, ganzjährig: 49 Plätze für RVs, Duschen, Brennholz, Maximum 7 Nächte. Am Strand kann man schwimmen, vom Pier aus angeln (früher auch vom Betonschiff, das vor ihm liegt).

KOA Santa Cruz/Monterey Bay
1186 San Andreas Rd., Watsonville, CA 95076
(831) 722-0551 oder 1-800-562-7701
Fax (831) 722-0989, www.santacruzkoa.com
50 Blockhütten und 230 Plätze in Strandnähe, gute Lage und Ausstattung, teils schattig, großer Pool. Möglichkeit zur Beobachtung von Walen und Seelöwen.

Santa Maria

Historic Santa Maria Inn
801 S. Broadway
Santa Maria, CA 93454
✆ (805) 928-7777 oder 1-800-462-4276
Fax (805) 928-5690, www.santamariainn.com
Haus von 1917 und moderner Annex mit Pool und Fitnesscenter; beliebtes Restaurant **Garden Room** ($$) und Cocktail Lounge. $$$

Santa Monica

Vgl. Los Angeles.

Sequoia and Kings Canyon National Park

Vgl. auch Three Rivers, Fresno, Visalia.

Wuksachi Village & Lodge
64740 Wuksachi Way
Sequoia National Park, CA 93262
✆ (559) 565-4070 und 1-888-252-5757
Fax (559) 565-0103, www.visitsequoia.com
Nähe Südeingang des Parks und Lodgepole: schön gelegen (2 200 m) mit Ausblicken auf die Berge, 102 Zimmer, Restaurant, Lounge. Sommer $$$$, Winter $$–$$$$

John Muir Lodge
Grant Grove Village
Sequoia and Kings Canyon National Park
✆ (559) 452-1081 oder 1-866-K-CANYON
Fax (559) 452-1353
Rustikale Herberge im Wald mit 36 Zimmern. $$$–$$$$

Sequoia & Kings Canyon National Parks
47050 Generals Hwy. (Superintendent)
Three Rivers, CA 93271-9700
✆ (559) 565-3341 oder 1-888-252-5757
Fax (559) 565-3730, www.nps.gov./seki
Reservierung für Camper ✆ 1-800-365-2267 und http://reservations.nps.gov/
Im Kings Canyon liegen 4 Campgrounds, von denen der **Sentinel** der schönste ist: Abgesehen von der Lage unter den Bäumen mit Blick auf die sich verengende Schlucht, kann man von hier das Visitor Center und die Lodge zu Fuß erreichen (Kiosk, Imbiss, Duschen, Waschmaschinen); vom Parkplatz vor der Lodge gibt es einen direkten Zugang zum Kings River, der eine herrliche Badestelle bietet.

Sausalito

Hotel Sausalito
16 El Portal
Sausalito, CA 94965
✆ (415) 332-0700 oder 1-888-442-0700
Fax (415) 332-8788, www.hotelsausalito.com
Boutique-Hotel: angenehm, geschmackvoll, gleich beim Schiffsanleger. $$$–$$$$

HI Marin Headlands Hostel
Building 941 von Fort Barry
Sausalito, CA 94965-2607
✆ (415) 331-2777 oder 1-800-909-4776
Fax (415) 331-3568
Zimmer für Einzelpersonen, Familien und Gruppen. Selbstbedienungsküche, Waschsalon. $

Solvang

Petersen Village Inn
1576 Mission Dr., Solvang, CA 93463
✆ (805) 688-3121 oder 1-800-321-8985
Fax (805) 688-5732, www.peterseninn.com
Angenehmer Familienbetrieb: 40 Zimmer, Shops, Bäckerei und Restaurant unter einem Dach. Abendessen für zwei Personen und kleines Frühstück inkl. $$$$

Sonoma

Sonoma Hotel
110 W. Spain St., Sonoma, CA 95476
✆ (707) 996-2996 oder 1-800-468-6016
Fax (707) 996-7014,www.sonomahotel.com
Komfort und Geschichte (Baujahr 1872) vereint der historische Adobe-Bau an der Plaza mit 17 Zimmern, handgeschnitzter Bar, Kamin und vielen Antiquitäten. Französisch inspirierte Küche im **The Girl and the Fig**. Kleines Frühstück. $$$–$$$$

El Dorado Hotel
405 First St. W., Sonoma, CA 95476
✆ (707) 996-3030 oder 1-800-289-3031
Fax (707) 996-3148
Historische Herberge an der Plaza, neu und geschmackvoll eingerichtet. Zimmer mit Balkon und Frühstück unterm Feigenbaum. Pool. Nur für Nichtraucher. $$–$$$$

Sonora/Arnold

Sonora Days Inn
160 S. Washington St.
Sonora, CA 95370
✆ (209) 532-2400 oder 1-800-580-4667
Fax (209) 532-4542, www.sonoradaysinn.com
Massiver Altbau mit 64 Räumen in zentraler Lage. Pool, Restaurant ($-$$), Bar. $$$–$$$$

Mother Lode Fairgrounds
220 Southgate Dr., zwei Blocks südl. von Downtown, Nähe SR 49
Sonora, CA 95370
✆ (209) 532-7428, Fax (209) 532-3573
Gute Ausstattung, ganzjährig geöffnet; RV und Zelte.

Calaveras Big Trees State Park
1170 E. Hwy. 4, 6 km östl. von Arnold, CA 95223
✆ (209) 795-2334
Tägl. 24 Std., Eintritt $ 5 pro Fahrzeug
Schöne Campingplätze (z.B. North Grove bzw. Oak Hollow Campground). Hain mit besonders prächtigen Exemplaren der Sierra Redwoods. Wanderung zur North Grove, dem Grizzly Giant und dem abgesägten Baumstumpf, der mal als Tanzfläche diente. In der South Grove steht mit dem Agassiz Tree einer der größten Sequoia-Bäume der Welt. Schöne stille Wanderwege!

Three Rivers

Best Western Holiday Lodge
40105 Sierra Dr. (Hwy. 198, am Ortsrand)
Three Rivers, CA 93271
✆ (559) 561-4119, Fax (559) 561-3427
Motel am Kaweah River, ideal für einen Abendspaziergang am Fluss. Pool. Kleines Frühstück inkl. $$-$$$

The Gateway Restaurant and Lodge
45978 Sierra Dr. (Hwy. 198)
Three Rivers, CA 93271
✆ (559) 561-4133
Schön mit Blick auf den Fluss gelegen (auch zum draußen Sitzen); Fisch, Geflügel, Pasta. Bar. Lunch ($) und Dinner. $$

Twentynine Palms

Vgl. auch Joshua Tree National Park.

Holiday Inn Express & Suites
71809 Twentynine Palms Hwy. (SR 62)
Twentynine Palms, CA 92277
✆ (760) 361-4009, Fax (760) 361-3550
Einwandfrei und praktisch: 53 Zimmer, Pool, Whirlpool, Fitnessraum. Kleines Frühstück inkl. $$

Ventura

Bella Maggiore Inn
67 S. California St.
Ventura, CA 93001
✆ (805) 652-0277 oder 1-800-523-8479
Fax (805) 648-5670
www.bellamaggioreinn.com
Intime hübsche Villa von 1926 mit 28 Zimmern, Innenhof und mediterranem Küchenzettel. Frühstück inkl. $$-$$$

The Pierpont Inn
550 Sanjon Rd. (Nähe Harbor Blvd.)
Ventura, CA 93001
✆ (805) 643-6144 oder 1-800-285-4667
Fax (805) 641-1501, www.pierpontinn.com
Gediegener kalifornischer Bungalow von 1910 in Ozeannähe: 77 Zimmer und Suiten, historisch möbliert; Pools, Sauna, Fitnessraum sowie Tennis- und Squashplätze, Restaurant **(Austen's)**, Lounge. Frühstück inkl. $$$

Emma Wood State Beach
W. Pacific Coast Hwy. (von Ventura 4 Meilen nördl. auf Pacific Coast Hwy., Exit State Beach; von Santa Barbara aus kommend, Exit Seacliff)
Ventura, CA 93030
✆ (805) 648-4807
Bewachter Badestrand, Schwimmen, Surfen, Angeln. Radwege. 91 Plätzen, chemische Toiletten, keine Duschen, Reservierung nicht möglich, Maximum 7 Nächte, kein Trinkwasser.

Visalia

Ben Maddox House
601 N. Encina St. (Downtown)
Visalia, CA 93291
✆ (559) 739-0721 oder 1-800-401-9800
Fax (559) 625-0420, www.benmaddoxhouse.com
Die alten Bäume werfen Schatten auf die viktorianische Villa, die 1886 aus noch älterem Redwoodholz erbaut wurde. 6 Zimmer und Pool. Highlight des Frühstücks ist die selbstgemachte Marmelade. $$-$$$

The Spalding House Bed & Breakfast Inn
631 N. Encina St. (Downtown)
Visalia, CA 93291
✆ (559) 739-7877, Fax (559) 625-0902
www.spaldinghouse.com
Ehemals Traumhaus eines Holzbarons (1907), heute Bed & Breakfast Inn mit drei geschmackvollen Gästezimmern und schöner Veranda. $$

Yosemite National Park

Vgl. auch Fish Camp, Lee Vining, Mariposa, Midpines und Groveland.

Generelle Info zu Unterkunft: ✆ (559) 253-5635. Zur Reservierung weiterer Campingplätze im Park (z.B. Tuolumne Meadows): ✆ 1-800-365-CAMP.

Ahwahnee Hotel
Ca. 1 km östl. vom Village
Yosemite Valley, CA 95389
✆ (559) 252-4848 oder 1-800-678-8946
Fax (559) 456-0542
www.yosemitepark.com
Chalet-Eleganz am Granitfelsen (von 1927) mit 123 Zimmern und Cottages. Besonders eindrucksvoll: der Speisesaal des Restaurants, die opulente Lobby. Pool, Tennisplätze, Restaurant ($$$) und Bar, Reservierung ratsam (✆ 209-372-1407). Wer einen Zusatztag im Park einlegt, kann hier eventuell früh-

stücken. Ideale Bleibe auch an Wintertagen, wenn es im Tal ruhiger ist – Gourmet-Treffs, Weinabende und klassische Musikprogramme. $$$$

Curry Village
Yosemite Valley
Yosemite National Park, CA 95389
✆ (209) 372-8333, Fax (209) 372-4816
www.yosemitepark.com
Radverleih; Pferde kann man bei den Curry Village Stables mieten, ✆ (209) 372-1248: für 2 Std., halb- und ganztägig (2 Std. ca. $ 30). Für Kinder Pony- und Maultierritte mit und ohne Picknick. Außerdem: Cafeteria, Pool und Motel. $$–$$$

Yosemite Lodge
9004 Yosemite Lodge Dr.
Yosemite Valley, CA 95389
✆ (559) 252-4848, Fax (559) 456-0542
www.yosemitepark.com
Am Fuß der Yosemite Falls. Urige Cabins im Motel-Stil, Cafeteria, Pool, Radverleih. $$$

Wawona Hotel
P.O. Box 2005 (S 41, 43 km südl. vom Yosemite Valley)
Yosemite National Park, CA 95389
✆ (559) 252-4848 oder 1-800-678-8946
Fax (559) 456-0542, www.yosemitepark.com
Weiß und grün getüncht, geruhsam, schattige Veranden – seit 1859. 104 Zimmer, Restaurant ($$), Pool, Golf- und Tennisplatz. Kein Telefon. Shuttle zur nahen Mariposa Grove, im Sommer Bus zum Yosemite Village. Zwischen Thanksgiving und Mitte Dez. geschl.; Jan–März nur an Wochenenden geöffnet. Beliebt: von der Terrasse aus dem Sonnenuntergang zusehen. $$$–$$$$

Wawona Campground
S 41, 43 km südl.von Yosemite Valley
Yosemite National Park, CA 95389
✆ (559) 252-4848 oder 1-800-436-7275 (Reservierung), Fax (559) 456-0542
Ganzjährig – im Sommer nach dem Prinzip *first come, first served.*

COLORADO

Cortez

Holiday Inn Express
2121 E. Main St., Cortez, CO 81321
✆ (970) 565-6000 oder 1-800-626-5652
www.coloradoholiday.com
Einwandfreie Unterkunft mit Bar, Indoor-Pool, Sauna, Fitnesszentrum und kleinem Frühstück. $$–$$$

Budget Host Inn
2040 E. Main St., Cortez, CO 81321
✆ (970) 565-3738 oder 1-888-677-3738
Solides kleines Motel (40 Zimmer) am Ostausgang der Stadt mit Pool, Whirlpool und kleinem Frühstück. $

Comfort Inn
2321 E. Main St., Cortez, CO 81321
✆ (970) 565-3400
140 Zimmer, Pool, Whirlpool, Münzwäscherei. $–$$

Cortez/Mesa Verde KOA
27432 E. Hwy. 160, Cortez, CO 81321
✆ (970) 565-9301 oder 1-800-562-3901
Fax (970) 565-2107, www.koa.com
Groß und privat, etwa 3 km östl. von Cortez und 12 km westl. des Mesa Verde National Park; 78 Plätze, 28 *full hookups,* beheizter Pool. 1. April–15. Okt.

Denver

The Brown Palace Hotel
321 17th St., Denver, CO 80202
✆ (303) 297-3111 oder 1-800-321-2599
Fax (303) 312-5900, www.brownpalace.com
Nobles Downtownhotel mit prachtvoller Lobby von 1892. 241 Zimmer und Suites, Edelrestaurant **The Palace Arms**, Fitnessraum. $$$$

Courtyard Marriott Denver Downtown
934 16th St., Denver, CO 80202
✆ (303) 571-1114, Fax (303) 571-1141
Angenehm und zentral: 177 Zimmer und Suiten, Restaurant, Cocktailbar, Pool, Whirlpool, Fitnessraum, Waschsalon. $$$–$$$$

Hotel Monaco
1717 Champa St., Denver, CO 80202
✆ (303) 296-1717 oder 1-800-397-5380
Fax (303) 296-1818
Neu erbautes Downtownhotel mit eleganter Atmosphäre und freundlichen 178 Zimmern und 11 Suiten. Italienisches Restaurant **Panzano** ($$), Fitnessraum. $$$–$$$$

Deluxe RV Park
5520 N. Federal Blvd. (I-70, Ausfahrt 252)
Denver, CO 80221
✆ (303) 433-0452
Innenstadtnahester RV-Platz. 29 schattige Plätze mit *full hookups*, 38 ft. maximale Länge.

Durango

Historic Strater Hotel
699 Main Ave. & 7th St.
Durango, CO 81301
✆ (970) 247-4431 oder 1-800-247-4431

Fax (970) 259-2208, www.strater.com
Seit 1887 am Platz: viktorianischer Prachtbau mit 93 gemütlichen Zimmern, zünftigem Diamond Belle Saloon (Honky-Tonk-Männer spielen Ragtime am Klavier), gediegenem Restaurant (**Henry's**) und kleinem Vaudeville Theater. $$-$$$$

Iron Horse Inn
5800 N. Main Ave., Durango, CO 81301
© (970) 259-1010 oder 1-800-748-2990
Fax (970) 385-4791
www.ironhorseinndurango.com
141 Suiten mit Kamin. Restaurant, Pool, Sauna, Whirlpool, Fitnessraum, Waschsalon. Kleines Frühstück inkl. $-$$

KOA Durango North
13391 Country Rd. 250 (US 550, Exit Rd. 250)
Durango, CO 81301
© (970) 247-4499 oder 1-800-562-2792
Fax (970) 259-9545
Gepflegt und privat 19 km nördl. von Durango, beheizter Pool, 150 Plätze, 45 *full hookups,* 65 mit Wasser und Strom. Mai-Okt.

Mesa Verde National Park

Vgl. auch Cortez, Mancos.

Far View Lodge
Reservierung durch ARAMARK: P.O. Box 277
Mancos, CO 81328
© (970) 533-1944, oder 1-800-449-2288
Fax (970) 533-7831, www.visitmesaverde.com
Im Nationalpark: einfache Zimmer (mit Balkon und Blick, kein TV, kein Telefon), gutes Restaurant (**Metate Room**). Mitte April-Mitte Okt. $$-$$$

Mancos

Bauer House B&B
100 Bauer Ave., Mancos, CO 81328
© (970) 533-9707 oder 1-800-733-9707
Fax (970) 533-7022, www.bauer-house.com
Nostalgische viktorianische Villa: 4 Zimmer, ca. 20 Autominuten östl. von Mesa Verde. Frühstück inkl. $$

Old Mancos Inn
200 W. Grand Ave., Mancos, CO 81328
© (970) 533-9019, www.oldmancosinn.com
Angenehmes Haus mit 8 Zimmern und kleinem Restaurant. $

Ouray

Best Western Twin Peaks Motel
125 3rd Ave. (an der Straße zu den Box Canyon Falls)
Ouray, CO 81427-0320
© (970) 325-4427 oder 1-800-207-2700
Fax (970) 325-4477, April-Okt.
49 Räume, großes Grundstück. Heiße Mineralquellen speisen die Warmwasser-Pools. Waschsalon. $-$$

Saint Elmo Hotel
426 Main St., Ouray, CO 81427
© (970) 325-4951 oder 1-866-243-1502
Fax 970 325-0348
www.stelmohotel.com
9 Zimmer, Sauna, Whirlpool. $$$

Silverton

Grand Imperial Hotel
1219 Greene St., Silverton, CO 81433
© (970) 387-5527 oder 1-800-341-3340
www.grandimperialhotel.com
Viktorianisches Grandhotel (1882) mit **Gold King Dining Room**. $$-$$$$

Telluride

New Sheridan Hotel
231 W. Colorado Ave.
Telluride, CO 81435
© (970) 728-4351 oder 1-800-200-1891
www.newsheridan.com
Charmanter alter Kasten mitten in den Stadt. 26 Zimmer und Suiten, Restaurant, urige Bar, Jacuzzi, Fitnessraum, Waschsalon. Frühstück inkl. $$$-$$$$

Bear Creek Inn
221 E. Colorado Ave. (P.O. Box 2369)
Telluride, CO 81435
© (970) 728-6681 oder 1-800-338-7064
Fax (970) 728-3636, www.bearcreektelluride.com
Familiäre, recht gepflegte Pension im Ortszentrum: 9 Zimmer, Sauna und Whirlpool. $$-$$$

Skyline Guest Ranch
7214 Hwy. 145, Telluride, CO 81435
© (970) 728-3757, Fax (970) 728-6728
In den San Juan Mountains: gemütlich und familiär – für Westernfans oder einfach zum Ausspannen. $$

NEVADA

Las Vegas

Circus Circus Las Vegas Hotel, Resort and Casino
2880 Las Vegas Blvd. S., Las Vegas, NV 89109
© (702) 734-0410 oder 1-800-634-3450
www.circuscircus.com
Grell, aber preiswert und familienorientiert (3 770 Zimmer). Heiratskapelle. $$

Caesars Palace
3570 Las Vegas Blvd. S., Las Vegas, NV 89109
© (702) 731-7110 oder 1-800-634-6661
www.caesarspalace.com
Das 1966 als erstes Themenhotel in Las Vegas eröffnete Haus umfasst Casinos, Pools, Tennisplätze, Wellness- und Fitnessangebote, diverse Restaurants und eine aufwendige Shopping Mall. $$$-$$$$

El Cortez Hotel & Casino
600 Fremont St. (6th St.)
Las Vegas, NV 89101
© (702) 385-5200 oder 1-800-634-6703
Fax (702) 385-1554
www.elcortezhotelcasino.com
1940er-Jahre-Hotel mit 308 Zimmern und Suiten. Ordentlich. $-$$

Flamingo Las Vegas
3555 Las Vegas Blvd. S.
Las Vegas, NV 89109
© (702) 733-3111 oder 1-800-732-2111
www.flamingolasvegas.com
Hotelcasino mit 3 565 Zimmern. Alle Spuren des berüchtigten Gründervaters »Bugsy« Siegel sind getilgt. Fitnessräume, klasse Pool, Restaurants. $$-$$$

Imperial Palace Hotel & Casino
3535 Las Vegas Blvd. S.
Las Vegas, NV 89109
© (702) 731-3311 oder 1-800-634-6441
www.imperialpalace.com
Asiatisches Dekor; 2 700 Zimmer, 10 Restaurants, Pool mit Wasserfall, Fitnesszentrum, hauseigene Klinik, Heiratskapelle. $$-$$$

Las Vegas Hilton Hotel
3000 Paradise Rd., Las Vegas, NV 89109
© (702) 732-5111 oder 1-888-732-7117
Fax (702) 732-5805
Solide 3 174 Zimmer, ein Dutzend Restaurants, großzügige Bade- und Fitnessanlagen, Super-Pool, Jacuzzi, Tennisplätze, Casino, kinderfreundlich (Babysitter). $$$-$$$$

Rio All-Suite Hotel & Casino
3700 W. Flamingo Rd.
Las Vegas, NV 89103
© (702) 777-7777 oder 1-800-752-9746
Romantische Bleibe für Flitterwöchner: 2 563 luxuriöse Zimmer, Pool mit echtem Sandstrand, Casino, Restaurants. Die Cocktail-Serviererinnen könnten glatt als Showgirls auftreten. Und: angeblich das beste *All you can eat*-Büfett in Las Vegas. $$$-$$$$

Las Vegas KOA at Circus Circus
500 Circus Circus Dr., Las Vegas, NV 89109
© (702) 733-9707 oder 1-800-562-7270
Fax (702) 696-1358, www.circuscircus.com
400 Plätze mit *full hookups*, Pool, Jacuzzi, Kiosk beim Circus Circus Casino.

Las Vegas KOA Resort
4315 Boulder Hwy., Las Vegas, NV 89121
© (702) 451-5527 oder 1-800-562-7782
Fax (702) 434-8729
www.koa.com
Gut ausgestattet mit Stellplätzen für RVs und Zelte, Propangas, Kinderspiel- und Sportplatz, Lebensmittel, Münzwäscherei, Pool, kostenloser Pendelbus zu den Casinos. (Auf US 93/95 4 Meilen nach Südosten, südl. von Desert Inn Rd.)

Stateline
Vgl. auch Lake Tahoe.

Harrah's Lake Tahoe
15 US 50 (Staatsgrenze), Stateline, NV 89449
© (775) 588-6611, Fax (775) 586-6607
www.harrahs.com
Nummer eins der Hotel- und Casinobranche vor Ort. 24-Stunden-Betrieb mit 6 Restaurants/Coffee Shops (u.a. **The Summit Room**). $$$-$$$$

Harvey's Casino & Resort
US 50 & Stateline Ave.
Stateline, NV 89449
© (775) 588-2411 oder 1-800-427-8397
Fax (775) 588-6643, www.harveystahoe.com
Casino-Hotel (740 Zimmer), Restaurants und Coffee Shop – rund um die Uhr. Pool, Whirlpool, Fitnessraum, Waschsalon. $$$-$$$$

UTAH

Arches National Park
Vgl. Moab.

Bicknell

Aquarius Motel & Restaurant
240 W. Main St., Bicknell, UT 84715-0304
© (435) 425-3835 oder 1-800-833-5379
Fax (435) 425-3486, www.aquariusinn.com
Motel, Restaurant, Campingplatz, Waschsalon. $

Sunglow Motel & Restaurant
63 E. Main St., Bicknell, UT 84715
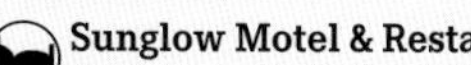
©/Fax (435) 425-3821
Ganzjährig geöffnet. $

Bryce Canyon National Park
Vgl. auch Panguitch, Hatch und Tropic.

Unterkünfte in Utah

Bryce Canyon Lodge
Hwy. 63
Bryce Canyon National Park, UT 84764
✆ (435) 834-5361 oder 1-888-297-2757
Fax (435) 834-5464, 1. April–1. Nov. geöffnet
Lodge (Baujahr 1924) im Nationalpark mit 114 Motelzimmern, rustikalen Cabins und Suiten; großer Speisesaal in schwerer Holz- und Steinarchitektur, Souvenirshop, Tourenangebote, Ausritte (zweistündig zum Canyongrund, 9–14 Uhr; Halbtagsritt durch den Canyon einschließlich **Peek-a-Boo**, 8–13 Uhr). Waschsalon. $$$

Best Western Ruby's Inn
1000 S. Hwy. 63 (2 km vor dem Parkeingang)
Bryce Canyon, UT 84764
✆ (435) 834-5341 oder 1-866-866-6616
Fax (435) 834-5265, www.rubysinn.com
Ganzjähriges Ferienmotel mit Restaurant, Pool, Campingplatz (*hookups*, Duschen und Waschsalon: April–Okt.). Preise je nach Saison. $$-$$$

Bryce Canyon Pines Motel & RV Park/Campground
Hwy. 12 Milepost 10
Bryce Canyon, UT 84764
✆ (435) 834-5441 oder 1-800-892-7923
Fax (435) 834-5330
Solides Motel einige Minuten nördlich des Parkeingangs. Restaurant, Kiosk, Waschsalon, Pferdeverleih. Campground. $-$$

Ruby's Inn RV Campground
1000 SR 63, Bryce Canyon, UT 84764
✆ (801) 834-5341 oder 1-866-866-6616
Fax (801) 834-5265, www.rubysinn.com
Großer Privatplatz am Parkeingang.

Canyonlands National Park
Vgl. Moab, Monticello.

Capitol Reef National Park
Vgl. Bicknell, Torrey.

Cedar Breaks National Monument
Vgl. Hatch.

Hatch

Riverside Motel & Campground
594 US 89, Hatch, UT 84735
✆ (435) 735-4223, Fax (435) 735-4220
Privater Campingplatz am Fluss. 1,5 km nördl. von Hatch. Gut ausgestattet mit Badegelegenheit, Spielplatz, Waschautomaten, Shop.

Mexican Hat

Valley of the Gods Bed & Breakfast
Valley of the Gods Rd., 0.5 Meilen von SR 261
Mexican Hat, UT 84531
✆ (435) 749-1164, Fax (435) 638-2292
Hübscher Inn in altem Ranchhaus. Abendessen auf Bestellung, Picknick für Touren erhältlich.
$$-$$$

San Juan Inn & Trading Post
US 163, Mexican Hat, UT 84531
✆ (435) 683-2220 oder 1-800-447-2022
Fax (435) 683-2210
www.sanjuaninn.com
Ordentliche 37 Zimmer am gleichnamigen Fluss an der Brücke. Restaurant, Cocktails, Fitnessraum, Waschsalon. $$

Moab

Best Western Greenwell Inn
105 S. Main St., Moab, UT 84532
✆ (435) 259-6151 oder 1-800-528-1234
Fax (435) 259-4397
Zentral: 72 Zimmer, Restaurant, Pool, Whirlpool, Fitnessraum, Atomschutzbunker (!), Waschsalon. (Nov.–April $). $$-$$$

Castle Valley Inn
424 Amber Lane
Moab, UT 84532
✆ (435) 259-6012, Fax (435) 259-1501
www.castlevalleyinn.com
Landschaftlich reizvoll und ruhig gelegener B & B. Rasen und Obstgärten vor spektakulärer Bergszenerie. 8 Zimmer, einige mit Küche. Whirlpool. Frühstück inkl. $$-$$$$

Sunflower Hill Bed & Breakfast Inn
185 N. 300 East, Moab, UT 84532
✆ (435) 259-2974 oder 1-800-662-2786
Fax (435) 259-3065, www.sunflowerhill.com
Gefälliges historisches Landhaus mit Garten. Whirlpool. Kein Telefon. Mit Frühstück und kostenlosem Reinigungsservice. $$$-$$$$

Kokopelli Lodge
72 S. 100 E. (Downtown), Moab, UT 84532
✆ (435) 259-7615, Fax (435) 259-8498
www.kokopelli.com
Einfach: 8 Zimmer, Whirlpool. $-$$

Lazy Lizard International Hostel
1213 S. Hwy. 191, Moab, UT 84532
✆ (435) 259-6057, Fax (435) 259-6105
18 Räume, Duschen, Gemeinschaftsküche, Waschautomaten. Auch Einzelzimmer. $

Canyonlands National Park
2282 S. W. Resource Blvd.
Moab, UT 84532-8000

✆ (435) 259-7164 oder (435) 719-2313
Tägl. 8–16.30 Uhr (im Winter kürzer)
Campgrounds im nördlichen Teil (Island In The Sky) Willow Flat, im südlichen Teil Squaw Flat.

Fisher Towers Recreation Site
SR 128 zwischen Cisco und Moab
✆ (435) 259-2100
Gut angelegter Campground am Ende einer Stichstraße, Wasseranschluss, Startplatz für Wander- und Klettertouren.

Moab KOA
3225 S. Hwy. 191 (südl. der Stadt)
Moab, UT 84532
✆ (435) 259-6682 oder 1-800-562-0372
www.koa.com, Feb.–Nov.
Schattig und friedlich, Pool.

Monticello

The Grist Mill Inn
64 S. 300 East
Monticello, UT 84535
✆ (435) 587-2597 oder 1-800-645-3762
Fax (435) 587-2580
www.thegristmillinn.com
Ehemalige Getreidemühle aus der vorletzten Jahrhundertwende – fein hergerichtet: 7 Zimmer, Whirlpool, großes Frühstück. $–$$

Best Western Wayside Inn
197 E. Central St.
Monticello, UT 84535
✆ (435) 587-2261, Fax (435) 587-2920
38 gepflegte Zimmer, Pool, Whirlpool. Kleines Frühstück inkl. $–$$

Mountain View RV Park
632 N. Main St., nördl. der US 666 an US 191
Monticello, UT 84535
✆ (435) 587-2974
35 Plätze für RVs und Zelte, einige im Schatten. Waschautomaten.

Monument Valley

Vgl. auch Kayenta.

Goulding's Trading Post & Lodge
1000 Main St. (2 Meilen westl. von US 163, nahe der Grenze zu Arizona)
Monument Valley, UT 84536
(435) 727-3231, Fax (435) 727-3344
www.gouldings.com
Mit Monument-Valley-Panorama. 62 Zimmer, Pool, Waschsalon, Restaurant, Museum, Multi-Media-Show. Auch Campingplatz: Goulding's Monument Valley RV Park, ✆ (435) 727-3235. $$$–$$$$

Mitten View Campground
P.O. Box 93, Monument Valley, UT 84536
✆ (801) 727-3287
Etwas staubiger Reservatscampingplatz mit grandiosen Ausblicken, direkt neben dem Visitor Center. Im Sommer Wochen vorher reservieren.

Natural Bridges National Monument

Vgl. Mexican Hat.

Panguitch

Hiett Lamp Lighter Inn
581 N. Main St., Panguitch, UT 84759
✆ (435) 676-8362 oder 1-800-322-6966
Fax (435) 676-8384
Einfach und preiswert, nur für Nichtraucher. $

Color Country Motel
526 N. Main St. (US 89), Panguitch, UT 84759
✆ (435) 676-2386 oder 1-800-225-6518
Fax (435) 676-8484
www.colorcountrymotel.com
Sauber, einfach und preiswert: 26 Zimmer, großer Pool (Juni–Okt.), Whirlpool. $

Western Town Resort
3800 S. Hwy. 89, Panguitch, UT 84759
✆ (435) 676-8770 oder 1-888-687-4339
Fax (435) 676-8771
Ein kurzes Stück südlich von Panguitch: 80 Zimmer im Ranch-Stil, Restaurant, Pferde- und Fahrradverleih. Motto: »Western Outside – Luxury Inside«. $–$$

Springdale

Driftwood Lodge
1515 Zion Park Blvd., Springdale, UT 84767
✆ (435) 772-3262 oder 1-888-801-8811
Fax (435) 722-3702
www.driftwoodlodge.net
Still und angenehm in Flussnähe: 47 geräumige Zimmer, Pool, Whirlpool. Kleines Frühstück inkl. $$

Flanigan's Inn & Spotted Dog Cafe
428 Zion Park Blvd., Springdale, UT 84767
✆ (435) 772-3244 oder 1-800-765-7787
Fax (801) 772-3396, www.flanigans.com
Ruhig, 33 Zimmer und Suiten, Pool, Whirlpool und Restaurant ($). Fahrradverleih. Kleines Frühstück inkl. $–$$

Under The Eaves
980 Zion Park Blvd., Springdale, UT 84767
✆ (435) 772-3457 oder 1-866-261-2655
Fax (435) 772-3324, www.otooles.com
Einfach, aber gemütlich. Kleiner Garten, großes Frühstück. $$–$$$

Unterkünfte in Utah

Cliffrose Lodge & Gardens
281 Zion Park Blvd.
Springdale, UT 84767
✆ (435) 772-3234 oder 1-800-243-8824
Fax (435) 772-3900, www.cliffroselodge.com
Schöner Garten und Wiese, 36 Zimmer, Pool, Whirlpool, Waschsalon. Kurzer Fußweg zum Parkeingang und Shuttle-Bus. $-$$$

Desert Pearl Inn
707 Zion Park Blvd.
Springdale, UT 84767
✆ (435) 772-8888 oder 1-888-828-0898
Fax (435) 772-8889, www.desertpearl.com
50 schicke Zimmer im Santa-Fe-Stil. $$

Zion Canyon Campground
479 Zion Park Blvd., Springdale, UT 84767
✆ (435) 772-3237
www.zioncanyoncampground.com
Schön gelegener privater RV Park und Zeltplatz mit Duschen, Pool, Waschautomaten, Spielplatz und Pizza-Restaurant. Motelzimmer, Cabins (Quality Inn, $-$$).

Zion River Resort RV Park & Campground
730 East Hwy. 9 (P.O. Box 790219)
Virgin, UT 84779
✆ (435) 635-8594 oder 1-888-822-8594
Fax (435) 635-3934
www.zionriverresort.com
Gepflegt und sauber am Highway und Fluss zwischen Virgin und Zion: *full hookups*, Pool, Spielplatz, Waschautomaten, 84 RV-Plätze, Zelte, Cabins.

Torrey

Skyridge Bed & Breakfast
950 E. Hwy. 24, Torrey, UT 84775
✆/Fax (435) 425-3222 , www.skyridgeinn.com
Sehr gepflegter und mit moderner Southwest Kunst gestalteter Country Inn (6 Zimmer) in traumhafter Lage mit schönen Aussichten in der Nähe der Kreuzung Hwys. 12 & 24. Restaurant für Vegetarier besonders attraktiv. Wander- und Radwege, Whirlpool. Tolles Frühstück inkl. $$$-$$$$

Austin's Chuckwagon Lodge
12 W. Main St. (Ortsmitte), Torrey, UT 84775
✆ (435) 425-3335 oder 1-800-863-3288
Fax (435) 425-3434
www.austinschuckwagonmotel.com
Mit Bäckerei, Pool und Waschsalon. $-$$

Best Western Capitol Reef Resort
2600 E. Hwy. 24, Torrey, UT 84775
✆ (435) 425-3761 oder 1-800-528-1234
Fax (435) 425-3300
Nettes Motel, ordentlicher Standard. Pool, Tennisplätze, Restaurant, Ausritte. $$-$$$

Wonderland Inn
Kreuzung von SR 12 & SR 24, 3 Meilen westl. vom Eingang zum Capitol Reef Park
Torrey, UT 84775
✆ (435) 425-3775 oder 1-877-854-0181
Fax (435) 425-3212
www.capitolreefwonderland.com
Hügellage mit schönen Ausblicken,: 50 Zimmer, Coffee Shop, Pool, Sauna, Whirlpool und Waschsalon. Außerdem 39 Plätze für Camper und Zelte. $-$$

Capitol Reef Inn & Cafe
360 W. Main St., Torrey, UT 84775
✆ (435) 425-3271
www.capitolreefinn.com
Kleines, angenehmes Motel mit Restaurant. $-$$

Tropic

Francisco's Farm Bed & Breakfast
51 Francisco Lane, Tropic, UT 84776
✆ (435) 679-8721 oder 1-800-842-4136
Fax (435) 679-8769
www.franciscofarmbandb.com
Ferien auf dem Bauernhof: 3 Zimmer, Whirlpool, reiches Frühstück. $-$$

Bryce Point Bed & Breakfast
61 N. 400 West, Tropic, UT 84776-0096
✆ (435) 679-8629 (auch Fax) oder 1-888-200-4211
www.brycepointlodging.com
Familiärer B & B Inn mit 6 Zimmern und großer Terrasse; ruhige Lage am Fuß der Pink Cliffs. Mitte Nov.–Mitte April geschl. $$

Doug's Country Inn Motel
141 N. Main St., Tropic, UT 84776
✆ (435) 679-8633, Fax (435) 679-8605
28 Zimmer: einfach und preiswert. $

Zion National Park
Vgl. auch Springdale.

Zion Lodge
Zion National Park, UT 84767
✆ (435) 772-3213 oder (303) 297-2757 (Reservierung)
Fax (435) 772-2001
www.zionlodge.com
Begehrte schattige Parkherberge (ganzjährig), rustikale Hütten, geräumige Zimmer, Restaurant (Frühstück, Lunch und Dinner), Pferdeverleih. In der Hauptreisezeit Reservierung der Lodge 4–6 Monate im Voraus empfohlen. Gäste dürfen auch in der Hochsaison mit dem eigenen Auto anfahren.
$-$$$

Service von A–Z

An- und Einreise

Während des Fluges werden in der Regel die Einreise- und Zollformulare ausgefüllt. Dabei ist es nützlich, eine konkrete Adresse in den USA anzugeben: z. B. ein Hotel mit Anschrift. **Zur Einreise in die USA benötigen Besucher aus Deutschland, Österreich und der Schweiz (auch Babys und Kinder) einen maschinenlesbaren Pass, der mindestens bis zum Ende der geplanten Reise gültig sein muss.** Für deutsche Staatsangehörige ist nur der rote Europapass zulässig. Vorläufige Reisepässe, Kinderausweise oder Einträge in den Reisepässen der Eltern werden nicht mehr akzeptiert. Reisepässe, die nach dem 25. Okt. 2006 ausgestellt werden, müssen zusätzlich über biometrische Daten in Chipform verfügen. Das gilt jedoch nicht für Reisende, die ein US-Visum besitzen.

Der Beamte der Einwanderungsbehörde *(immigration officer)* nimmt bei der Einreise einen Fingerabdruck ab und ein digitales Passfoto auf. Er erkundigt sich nach Zweck *(holiday)* und Dauer der Reise und setzt die Aufenthaltsdauer fest. Manchmal wird nach dem Rückflugticket oder der finanziellen Ausstattung gefragt.

Visa-Informationen:
✆ (0190) 85 00 55 oder www.usembassy.de/visa

Häufig gestellte Fragen zur Einreise:
www.usembassy.de/usa/dtravelfaq.htm
Ein weiterer Hinweis, der mit den strengeren Sicherheitsbestimmungen seit dem 11.09.2001 in den USA zu tun hat: Sie sollten Ihr **Gepäck bei der Aufgabe am Flughafen nicht verschließen**, da es sonst mit großer Wahrscheinlichkeit von den Behörden mit Gewalt aufgebrochen wird.

Direktflüge nach Kalifornien und in den Südwesten können mehrere Zielflughäfen an-steuern: San Francisco, Los Angeles, Las Vegas, aber auch Denver oder Phoenix. Am Flughafen von **San Francisco** (SFO) transportiert das lokale Metro-System **BART** (Bay Area Rapid Transit) Passagiere in 28 Minuten in die Innenstadt. In **Las Vegas** liegt der **McCarran International Airport** (✆ 702-261-5743, www.mccarran.com) nur wenige Autominuten von Strip und Downtown Las Vegas entfernt. Busse fahren in die Innenstadt. Taxis vom Flughafen zum Strip kosten zwischen $ 9–12, nach Downtown Las Vegas zwischen $ 15–18.

Am **Los Angeles International Airport** (LAX, ✆ 310-646-5252) stehen, wie an den ande-

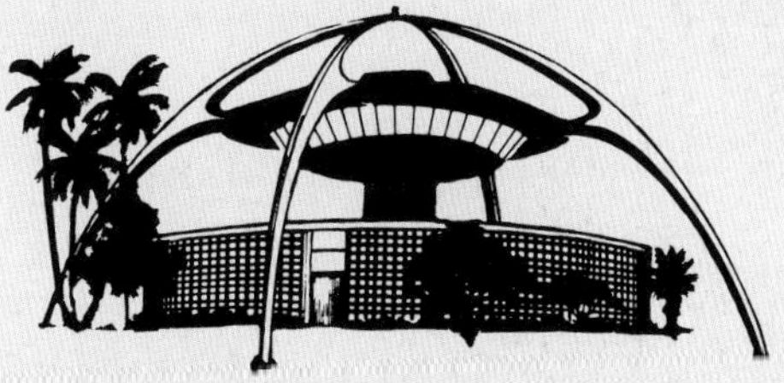

ren Airports auch, die Shuttle-Vans der Flughafenhotels bereit. Taxis, Limousinen und Busse fahren in die Innenstadt (ca. 25 km). Der Taxifahrpreis beträgt im Schnitt ca. $ 40–60. Preiswerter verbindet der Airport Super Shuttle den Flughafen mit diversen Stadtteilen, und schließlich befördern auch die Busse des öffentlichen Verkehrsunternehmens MTA (Metropolitan Transportation Authority) die Passagiere in alle Himmelsrichtungen.

Wer sich ein Mietauto bestellt hat, wird die Hinweise auf die Autoverleihfirmen *(car rentals)* nicht übersehen. Deren Vans (Car Rental Shuttle) bringen Sie zu den Verleihstationen der Anbieter.

Auskunft

Touristische USA-Informationen: www.usa.de
Touristische Daten u.a. auch für die Route:. www.travel-library.com
US National Parks: www.nps.gov
Nationalparks und Campingreservierung: http://reservations.nps.gov

Arizona: www.arizonaguide.com
Colorado: www.colorado.com
Kalifornien: www.gocalif.ca.gov und www.visitcalifornia.com
Las Vegas: www.lasvegas24hours.com
Los Angeles: www.lacvb.com
San Diego: www.sandiego.org
San Francisco: www.sfvisitor.org
Santa Monica: www.santamonica.com
Utah: www.state.ut.us

Botschaft der Vereinigten Staaten von Amerika in Deutschland
Neustädter Kirchstr. 4–5, D-10117 Berlin
✆ (030) 83 05-0, Fax (030) 238 62 90
www.usembassy.de

Botschaft der Vereinigten Staaten von Amerika in Österreich
Bolzmanngasse, A-1090 Wien
✆ (01) 313 39-0, Fax (01) 310 06 82
www.usembassy.at

Botschaft der Vereinigten Staaten von Amerika in der Schweiz
Jubiläumsstr. 93, CH-3005 Bern
✆ (031) 357 70 11, Fax (031) 357 73 44
www.usembassy.ch

Die **Deutschlandvertretungen** einzelner Städte und Staaten geben auf Anfrage meist kostenlose Vorab-Informationen (Stadtpläne, Unterkunftsverzeichnisse etc.):

Arizona Office of Tourism
c/o Get It Across
Neumarkt 33, D-50667 Köln
✆ (02 21) 233 64 08, Fax (02 21) 233 64 50
www.arizonaguide.com

California Tourism Information Office
c/o Touristik Dienst Truber
Schwarzwaldstr. 13, D-63811 Stockstadt
✆ (060 27) 40 11 08
Fax (060 27) 40 28 19
Schickt Info-Material, Kosten: € 7,50.

Colorado Tourism Office
c/o Get It Across
Neumarkt 33, D-50667 Köln
✆ (02 21) 233 64 07
Fax (02 21) 233 64 50

Las Vegas Convention & Visitors Authority
c/o The Mangum Group
Sonnenstr. 9, D-80331 München
✆ (089) 23 66 21 30, Fax (089) 260 40 09
think@mangum.de

Auskunft vor Ort

Die Adressen sowie Telefon- und Faxnummern der regionalen **Chambers of Commerce** bzw. **Convention & Visitors Bureaus** in den USA finden Sie bei den entsprechenden Orten in diesem Buch.

Autofahren

Europäische Autofahrer können sich auf den US-Highways erst mal entspannt zurücklehnen. Man

fährt dort vergleichsweise rücksichtsvoll und vor allem – langsamer. Meistens jedenfalls.

Landkarten und Stadtpläne bekommt man an vielen Tankstellen, in Drugstores und Buchhandlungen.

Einige **Verkehrsregeln** und Verhaltensweisen unterscheiden sich von denen in Europa:

– Die Höchstgeschwindigkeit ist ausgeschildert: auf Interstate Highways in der Regel 65 m.p.h. (Meilen pro Std., d.h. 105 km/h), in Ortschaften 25–30 m.p.h. (40–48 km/h).
– An Schulbussen mit blinkender Warnanlage, die Kinder ein- und aussteigen lassen, darf man auf keinen Fall vorbeifahren. Das gilt auch für Fahrzeuge aus der Gegenrichtung!
– Rechtsabbiegen an roten Ampeln ist erlaubt, nachdem man vollständig angehalten und sich vergewissert hat, dass weder ein Fußgänger noch ein anderes Fahrzeug behindert wird.
– Außerhalb von Ortschaften muss man zum Parken oder Anhalten mit dem Fahrzeug vollständig von der Straße herunter.
– Fußgänger, besonders Kinder, haben immer Vorfahrt!

Die **Farben an den Bordsteinkanten** bedeuten Folgendes:

Rot: Halteverbot
Gelb: Ladezone für Lieferwagen
Gelb: und Schwarz: LKW-Ladezone
Blau: Parkplatz für Behinderte
Grün: 10–20 Minuten Parken
Weiß: 5 Minuten Parken während der Geschäftszeiten.

Wenn keine Farbe aufgemalt ist, darf man unbegrenzt parken, aber nie an Bushaltestellen oder vor Hydranten!

An **Tankstellen** muss man manchmal im Voraus bezahlen (PAY FIRST) bzw. eine Kreditkarte hinterlegen. Die Preise variieren: Gegen Barzahlung und/oder bei Selbstbedienung (SELF SERVE) gibt es mehr Sprit als auf Kreditkarte und/oder beim Tankwart (FULL SERVE).

Bei **Pannen** sollte man sich als Erstes mit seiner Mietwagenfirma in Verbindung setzen, um die weiteren Schritte abzusprechen. In Notfällen wendet man sich an die Highway Patrol. Diese informiert dann Abschleppdienste, Notarzt usw.

Auch die AAA (American Automobile Association) unterhält einen eigenen Pannendienst, den man als Mitglied des ADAC, ÖAMTC und anderer Clubs in Anspruch nehmen kann. In allen Südweststaaten herrscht Gurtpflicht für jeden im Auto.

Automiete

Bei der Landung in San Francisco haben Sie sicher die Frage PKW- oder Campermiete längst beantwortet. **So oder so sollten Sie den Wagen bereits angemietet und vor Antritt der Reise bezahlt haben.** Das ist preislich günstiger. – Wer erst einmal ein paar Tage in San Francisco bleiben möchte, sollte für diese Zeit auf einen Wagen verzichten und ihn erst zu Beginn der Rundreise mieten, denn vieles in der Stadt ist gut zu Fuß, mit (effizienten) öffentlichen Verkehrsmitteln oder (preisgünstigen) Taxis erreichbar. Außerdem spart man Parkgebühren (auch in den Hotels, die diese meist zusätzlich in Rechnung stellen), Stress, Strafzettel und vor allem Zeit. Zwischen Airport und Innenstadt verkehren Taxis und Shuttle-Busse.

Mit dem PKW ist man besonders in den Städten flexibler, an Bord eines Wohnwagens dagegen häufiger an der frischen Luft, beweglicher (was die Zeiteinteilung angeht) und insgesamt – vor allem bei der Verpflegung – ein bisschen billiger dran. Anfragen (Wochenpauschalen, Freimeilen und Überführungsgebühren) richtet man an das Reisebüro oder direkt an die internationalen Autovermieter.

Bei der Anmietung des Fahrzeugs vor Ort muss man den nationalen **Führerschein** und eine **Kreditkarte** vorlegen. Wer keine besitzt, muss, wenn er keinen Gutschein *(voucher)* hat, im Voraus bezahlen und eine Kaution hinterlegen. Achtung vor verdeckten Kosten! Die Autovermieter jubeln dem Besucher gern weitere Versicherungen unter. Prüfen Sie daher vorher, ob diese nicht anderweitig (Haftpflicht, Kreditkarten) oder bereits mit dem Gutschein für die Automiete abgedeckt sind.

Den Wagen sollte man bei Übernahme zunächst genau überprüfen (Reserverad, Automatikschaltung) und sich insbesondere beim Camper alles genau erklären lassen.

Feiertage/Feste

An den offiziellen Feiertagen quellen die Strände an der Küste über – besonders im Sommer. Da viele *holidays* auf einen Montag fallen, entstehen lange Wochenenden und dann oft Staus. Das *Superbowl Weekend* im Januar z.B. ist stets besonders fest in amerikanischer Hand: Das gilt erst recht für die Wochenenden von Memorial Day (Beginn der Reisesaison) und Labor Day (Ende der Reisezeit). Banken, öffentliche Gebäude und viele Sehenswürdigkeiten sind feiertags geschlossen.

Offizielle Feiertage:

Neujahrstag (1. Januar)
Martin Luther King Day (3. Montag im Januar)
Presidents' Day (3. Montag im Februar)
Memorial Day (letzter Montag im Mai, Beginn der Hauptsaison)
Independence Day (4. Juli)
Labor Day (1. Montag im September)
Columbus Day (2. Montag im Oktober)
Veterans Day (11. November)
Thanksgiving (4. Donnerstag im November)
Weihnachten (25. Dezember)

Für den Zaungast sind die inoffiziellen, lokalen (und ethnischen) Feste meist viel ergiebiger, denn auf den Fiestas, Rodeos und Festivals geht es bunt her. Es gibt immer was zu essen und trinken, viel zu sehen und oft gute Musik zu hören, und jeder findet schnell Anschluss, weil Kind und Kegel mit von der Partie sind. Am 1. Weihnachtstag sind in den USA fast alle Restaurants dicht.

Geld/Devisen/Reisekosten

Die Reisekasse verteilt man am besten auf zwei Zahlungsmittel: **US-Dollar-Bargeld** und eine oder mehrere **Kreditkarten** (Mastercard, Visa oder American Express). Bis zu $ 10 000 in bar oder anderen Zahlungsmitteln dürfen Sie in die USA mitbringen. Euro-Reiseschecks und Bargeld in Euro werden selbst in den Großstädten nur am internationalen Flughafen und – zu normalen Banköffnungszeiten – in einigen wenigen Wechselstuben umgetauscht.

Der US-Dollar ist in 100 *cents* unterteilt. Es gibt **Münzen** zu 1 *cent (penny)*, 5 *cent (nickel)*, 10 *cent (dime)*, 25 *cent (quarter)*, 50 *cent (half dollar)* und 1 Dollar. Vorsicht: die **Dollar-Scheine** *(bills, notes)*, die im Wert von 1, 2, 5, 10, 50 und 100 Dollar kursieren, sind alle gleich groß und grün (Ausnahme: die pfirsichfarbene 20-$-Note). Größere Geldscheine und Reiseschecks (z.B. schon Hunderter) werden ungern gesehen und in manchen Läden und Tankstellen (vor allem nachts) nicht akzeptiert. Lieber im Hotel wechseln lassen oder von zu Hause bereits Reiseschecks und Bargeld in $-20- und $-50-Stückelung mitnehmen. In den Großstädten geben die Banken Bargeld gegen Vorlage von Kreditkarte und Reisepass ab.

In den USA ist es üblich, Preise ohne Umsatzsteuer anzugeben, d.h. man zahlt grundsätzlich mehr, als ausgewiesen ist. **Zu allen ausgezeichneten Beträgen kommen, je nach Region und Kommune, meistens 6 % *(sales tax)* hinzu!** Bei den meisten Hotels in den Großstädten fallen zusätzliche Parkgebühren an, die locker $ 20 pro Übernachtung betragen können.

Gepäck/Klima/Kleidung

Wer in den Großstädten schick ausgehen will, braucht formale Garderobe. Insgesamt aber passt man sich am besten mit lockerer Freizeitkleidung (Jeans, T-Shirts und Turnschuhe) dem amerikanischen Alltag an.

Für Frühjahr und Herbst (erst recht für den Winter) sind warme Pullover und Jacken gefragt, besonders in den Höhenlagen und in den trockenen Wüstenzonen, die nachts stark abkühlen. Je heißer es draußen ist, umso eisiger wirken viele Klimaanlagen, was für Europäer immer noch ungewohnt ist und Probleme schaffen kann. Deshalb sollte man darauf mit zusätzlicher Kleidung vorbereitet sein. Besonders im Sommer muss man im unmittelbaren Küstenbereich Kaliforniens häufig auf Nebel gefasst sein.

Wer mit Rasierapparat oder Fön anreist (die auf 110 Volt umgestellt werden können), sollte gleich einen **Adapter** für amerikanische Steckdosen mitbringen. Vor Ort muss man oft lange danach suchen. Auch konventionelle **Filme** kauft man besser schon zu Hause, weil die Preise in den USA höher liegen und die Entwicklung nicht eingeschlossen ist.

Hinweise für Behinderte

Einrichtungen für Rollstuhlfahrer sind in den USA erheblich häufiger anzutreffen und besser ausgestattet als z.B. in Deutschland. Allgemein kann man sich darauf verlassen, dass alle öffentlichen Gebäude (z.B. Rathäuser, Postämter) mit Rampen versehen sind. Das gilt auch für die meisten Supermärkte, Museen, Sehenswürdigkeiten und Vergnügungsparks. Durchweg sind Bordsteine an den Fußgängerüberwegen abgesenkt. In vielen Hotels und Hotelketten gibt es spezielle Rollstuhlzimmer. Die Firma AVIS z.B. vermietet Autos mit Handbedienung.

Kinder

Amerikaner sind kinderfreundlich. Kindermenüs, eigene Sitzkissen und Kindertische in den Restaurants, preiswerte, wenn nicht gar kostenlose Unterbringung in Hotels und Motels sind selbstverständlich. Besonders mit dem Camper macht den Kindern die Rundfahrt Spaß: Grillen oder auch kleine Wanderungen lassen keine Langeweile aufkommen. Auch die Amerikaner reisen häufig mit Kind, so dass Kontaktmöglichkeiten nicht ausbleiben. Das zuständige Visitors Bureau und die Hotels in den Städten vermitteln Babysitter.

Maße und Gewichte

Es bleibt bei *inch* und *mile*, *gallon* und *pound*. Man muss sich also wohl oder übel umstellen. Die kurze Aufstellung rechts soll dabei helfen.

Längenmaße:	1 *inch (in.)*	=	2,54 cm
	1 *foot (ft.)*	=	30,48 cm
	1 *yard (yd.)*	=	0,9 m
	1 *mile*	=	1,6 km
Flächenmaße:	1 *square foot*	=	930 cm^2
	1 *acre*	=	0,4 Hektar (= 4 047 m^2)
	1 *square mile*	=	259 Hektar (= 2,59 km^2)
Hohlmaße:	1 *pint*	=	0,47 l
	1 *quart*	=	0,95 l
	1 *gallon*	=	3,79 l
Gewichte:	1 *ounce (oz.)*	=	28,35 g
	1 *pound (lb.)*	=	453,6 g
	1 *ton*	=	907 kg
Temperatur:	32 ° Fahrenheit	=	0 ° Celsius
	104 ° Fahrenheit	=	40 ° Celsius

Umrechnung: Grad Fahrenheit minus 32 geteilt durch 1,8 = Grad Celsius

Medizinische Vorsorge

In den USA ist man automatisch Privatpatient, d.h. die Arzt- bzw. Krankenhauskosten sind horrend. Man sollte also tunlichst vorsorgen und sich zunächst bei seiner Krankenkasse nach einer Kostenerstattung im Ausland erkundigen. Falls nicht alle in den USA erbrachten Leistungen übernommen werden, ist dringend eine **Auslandskrankenversicherung** anzuraten, die für Urlaubsreisen äußerst preiswert zu haben ist. Aber Achtung: auch wenn Sie versichert sind, muss beim Arzt oder im Krankenhaus in den USA sofort bezahlt werden, meist im Voraus. Dafür erweist sich wiederum eine Kreditkarte als nützlich. Erkundigen Sie sich deshalb, welche Leistungen Ihre (oder eine) Kreditkarte im Krankheitsfall im Ausland einschließt.

Apotheken *(pharmacy)* findet man meist in *drugstores*, die auch Toilettenartikel und Kosmetika führen. Ständig benötigte Medikamente sollte man schon von zu Hause mitbringen (und möglichst ein Attest bei sich haben für den Fall, dass der Zoll Fragen stellt). Viele Medikamente, die in Europa rezeptfrei zu haben sind, können in den USA nur vom Arzt verschrieben werden.

Notfälle

In Notfällen kann man sich telefonisch an den Operator (0) wenden. Man nennt Namen, Adresse oder Standort und die Sachlage. Der Operator informiert dann Polizei, Rettungsdienst oder Feuerwehr. Bei Autopannen erweist es sich als Vorteil,

Mitglied eines Automobilclubs zu sein. Der amerikanische Club AAA hilft auch den Mitgliedern europäischer Clubs (Ausweis mitbringen!). In den Nationalparks wird die Polizeigewalt von den Rangern ausgeübt, die auch für Notfälle zuständig sind.

Falls der Pass verloren gegangen ist, wendet man sich an das nächstgelegene Konsulat.

Generalkonsulate der Bundesrepublik Deutschland
– 6222 Wilshire Blvd., Suite No. 500
Los Angeles, CA 90048
✆ (323) 930 2703, Fax (323) 930-2805
www.germany.info/losangeles

– 1960 Jackson St., San Francisco, CA 94109
✆ (415) 775-1061
Fax (415) 775-0187
www.germanconsulate.org/sanfrancisco

Honorarkonsulate der Bundesrepublik Deutschland
– 900 E. Desert Inn Rd., Suite 103
Las Vegas, NV 89109
✆ (702) 734-9700, Fax (702) 735-4692
Consully@aol.com

– 1007 E. Missouri Ave.
Phoenix, AZ 85014-2663
✆ (602) 264-2545, Fax (602) 265-4428
GermanConsulAZ@aol.com

Österreichisches Generalkonsulat
11859 Wilshire Blvd., Suite 501
Los Angeles, CA 90025
✆ (310) 444-9310, Fax (310) 477-9897
los-angeles-gk@bmaa.gv.at

Schweizer Generalkonsulat
11766 Wilshire Blvd., Suite 1400
Los Angeles, CA 90025
✆ (310) 575-1145, Fax (310) 575-1982
www.eda.admin.ch/la

Öffentliche Verkehrsmittel

Taxi-Rufnummern in den Städten entnehmen Sie den gelben Telefonbuchseiten bzw. dem Wissensstand der Hotelportiers. Nur in San Francisco und Las Vegas kann man Taxis durch Heranwinken an der Straße bekommen; andernorts geht das nur, wenn überhaupt, vor den Hoteleingängen oder per Telefon.

Wirklich effiziente U- und Straßenbahnen verkehren in Kalifornien und dem Südwesten nur in San Francisco (die Metro BART und MUNI–Municipal Railway) –, das sind Busse, Cable Cars, Straßenbahnen und Shuttles) und allenfalls noch in Santa Monica (Busse); ansonsten gibt es nur mehr oder weniger umständliche Busse. Das Metro-System in Los Angeles hat zwar erstaunliche und jahrzehntelang nicht für möglich gehaltene Verbindungen geschaffen, bringt aber für den touristischen Alltag nur begrenzt Vorteile.

Post

Postämter gibt es sogar in den winzigsten Orten. Je kleiner das Nest, umso kürzer die Wartezeiten für die Aufgabe eines Päckchens z.B. oder den Briefmarkenkauf. Die Beförderung einer Postkarte nach Europa dauert oft länger als 1 Woche. Man kann sich postlagernde Sendungen nachschicken lassen, wie folgt adressiert:

Name (Familienname unterstreichen)
c/o General Delivery
Main Post Office
Las Vegas, NV.......(zip code)

In den USA hat das Telefonsystem mit der Post nichts zu tun, daher findet man in Postämtern auch keine Telefonzellen.

Reisezeiten

Der amerikanische Südwesten ist zum weitaus größten Teil ganzjährig befahrbar – ausgenommen Ziele rund um den Tioga Pass im Yosemite National Park, weil dieser lange Zeit im Jahr geschlossen ist, Cedar Breaks in Utah und einige hoch gelegene Zufahrtsstraßen, die verschneit sein können (wie z.B. die Straße nach Bodie). Im **Frühjahr**, wenn die Temperaturen und das Touristenaufkommen in der Regel noch erträglich sind, stehen die Kakteen in den Wüsten in Blüte. Im **Sommer** locken zwar die Bademöglichkeiten im Pazifik ebenso wie die Seen und Hotelpools, aber die extreme Hitze im Inland stellt bisweilen hohe Anforderungen an den mitteleuropäisch konditionierten Kreislauf.

Der ruhigere **Herbst** beginnt mit dem Labor Day Anfang September, wenn sich die meisten Touristen verzogen haben, Licht und Sicht klarer werden, und das Herbstlaub seine Farbenpracht entfaltet. Der **Winter** deckt die Höhenlagen der Rocky Mountains stets mit Regen und Schnee ein, den Süden allerdings mit milden Temperaturen, die

Rockys und die Westküste oft mit dem besten Licht. Den Nachteil der kürzeren Tage und der eingeschränkten Öffnungszeiten von Museen, Sehenswürdigkeiten und Naturparks kompensieren eine Fülle von Festivals, Festen und Fiestas. Übrigens: »**Sommer**« bedeutet im touristischen Jahr der USA: **zwischen Memorial Day** (letzter Montag im Mai) **und Labor Day** (1. Montag im September); »**Winter**« heißt: **Rest des Jahres**.

Reservierungen

Augrund der Klischees vom »typischen Amerikaner« denken viele, das tägliche Leben dort sei eine jederzeit jedermann zugängliche *drop-in culture*, in die man mir nichts, dir nichts reinplatzen kann, weil es schon irgendwie klappen wird. Tatsächlich sieht die Praxis anders aus. Ob Campingplatz oder Nobelrestaurant, Hotel oder Kanutrip – die bohrende Standardfrage lautet immer wieder »Haben Sie reserviert?«. Amerikaner sind geradezu besessen von Reservierungen; das gehört zu ihren Spielregeln.

Restaurants/Essen und Trinken

Die kulinarische Vielfalt der USA gart in ihren ethnischen Töpfen und Küchen. Die Empfehlungen in diesem Buch versuchen, einige dieser Deckel zu heben und Türen zu öffnen. Leckerbissen findet man vor allem in den individuell geführten Restaurants der Großstädte, in San Francisco, Las Vegas, Phoenix/Scottsdale, Tucson, San Diego und Los Angeles.

Die *Southwest Cuisine* zählt zu den prägnantesten Regionalküchen in den USA. Schärfe, dekorativer Look und Bodenständigkeit sind ihre Merkmale. Siedlungsgeschichte, Klima und lokale Zutaten wirken geschmacksbildend. An den Rezepten haben vor allem indianische und spanisch-mexikanische Köche mitgeschrieben. Der Beitrag der Anglos fällt bescheidener aus: allenfalls die Mehl-Tortilla (statt Mais) geht auf ihr Konto. Und natürlich die Angewohnheit, einfach alles zu grillen.

Essen im Südwesten: Da denkt man zuerst an die Standards. Schon bei der ersten Bestellung gibt's meist *chips and salsa*, d.h. Knuspriges mit einer köstlichen Allerweltssauce aus frischen Zwiebeln, Tomatenstückchen, Koriander, Limonensaft und Chile-Schoten.

Beliebt als **Vorspeise** *(entrada)* sind *quesadillas*, kleine gefaltete Tortillas, meist mit Käse oder einer anderen pikanten Füllung gespickt und kurz angebraten. In den verschiedensten Spielarten begegnet man den *enchiladas*. Besonders raffiniert sind die (im Unterschied zu frittierten *tacos*) weich gebackenen *blue corn enchiladas* aus blauem Maismehl. Sie werden in zahlreichen Varianten angeboten, mal mit Hühnerklein, gehacktem Rindfleisch oder einfach mit Käse gefüllt, roter oder grüner Chile-Sauce und reichlich Käse überbacken. Wird man vor die Wahl gestellt (»red or green chile«), sollten sich empfindliche Gaumen erst einmal an den milderen roten Chile halten.

Ganz im Zeichen des Chile stehen *chile rellenos*: große, mittelscharfe, grüne Chile-Schoten, die mit Käse gefüllt, in Eigelb getunkt und in heißem Fett gebacken werden. Bohnen sind unvermeidlich, und zwar in jeder Form; am liebsten *refried*, also vorgekochte und wieder aufgewärmte Pintobohnen (die südwestliche Spielart der auch in Europa beliebten *Kidney beans*) in Form eines graubraunen Breis oder rotgescheckte Anasazibohnen. Dazu gibt es meist klein geschnittenen grünen Salat, Sauerrahm und Riesenberge *guacamole*, ein Potpourri aus Avocadostückchen, geschälten Tomaten, grünem Chile, Salatöl, Salz und Knoblauch.

Zum **Nachtisch** sind *sopapillas* gefragt, kleine, fett gebackene Teigtaschen, die man je nach Geschmack mit Zimt bestreut oder mit Honig beträufelt. Sie sollen die Schärfe der Chile-Samen mildern und den Magen beruhigen. Diese frittierten Spezialitäten gelten als mexikanische Fortschreibung des indianischen *fry bread*, Brotfladen, die seit Jahrtausenden, auf heißen Steinen gebacken, *piki bread* (oder *paper bread*) hießen – bis die Spanier die bienenkorbförmigen Backöfen, die *hornos*, ins Land brachten, die in den diversen

Pueblos auf dem Colorado Plateau noch heute zum Backen benutzt werden.

Unter dem jüngsten Einfluss kalifornischer Finessen und organisch-biologischer Einsichten erfahren viele Südwesten-Standards ein kulinarisches *Upgrading* in Richtung *New Southwest Cuisine* – vor allem in den Gourmet-Treffs von Sedona oder Scottsdale. Die Verfeinerung äußert sich in der ästhetischen Präsentation und in kleineren Portionen. Auch geschmacklich sind Läuterungen en vogue: pikanter Kaktussprossensalat, Designer-Enchiladas oder Shrimps-Fajitas.

Vom Küchendunst entfernt, gleichwohl nicht minder appetitanregend, findet man viele südwestliche Ingredienzen allenthalben auch als ästhetisches Deko-Material wieder: feurige rote Chile-Schoten *(ristras)*, die an den Häusern zum Trocknen baumeln, bunte Maiskolben an Lehmwänden und Holztüren, stilisierte Kürbisse als Motiv für Keramik und Schmuck – *Southwest Cuisine* als Augenschmaus.

Die neue amerikanische Kaffeehauskultur und ihre süßen Theken erstrecken sich inzwischen von Küste zu Küste, oft in Kombination mit Buchhandlungen oder Zeitungsständen. Diese Läden sind meist gemütlich, bunt und anheimelnd eingerichtet – ganz im Gegensatz zum Sanitärdekor vieler neudeutscher Bäckerei-Ketten.

Im Vergleich zu Europa essen die meisten Amerikaner früh zu Abend; in kleineren Städten heißt das: vor 21 Uhr. Selbst in den Großstädten fällt es mitunter schwer, nach 22 Uhr noch ein offenes Restaurant zu finden.

Fürs Picknick oder auch für die Abend-Vesper im Hotelzimmer empfiehlt es sich, gleich zu Beginn der Reise einen ausreichend geräumigen (ab 20 l) Cooler bzw. eine (billigere) Styropor-Eiskiste für den Kofferraum zu kaufen. Eis gibt's reichlich in Supermärkten, kleinen Läden und Tankstellen. (Nebeneffekt der Kühlbox: Hitzeschutz für Diafilme im wasserdichten Beutel.) Picknickfreunde und Selbstversorger sollten überdies wissen, dass man sich in den Restaurants grundsätzlich alles, was man einmal bezahlt hat, zum Mitnehmen einpacken lassen kann.

Für Kleinigkeiten und Zwischenmahlzeiten sind amerikanische Supermärkte meist wahre Fundgruben, weil sie Gemüse, Obst, Sandwiches, Gebäck usw. frisch und preiswert anbieten, und das oft zu jeder Tages- und Nachtzeit. Auch die Shops der Tankstellen sind als Versorgungsstationen nicht zu verachten.

Thema Lunch: Mittags sind die Gerichte in den Restaurants durchweg originell und angemessen portioniert und vor allem preisgünstig – im Gegensatz zu vielen Dinner-Angeboten, bei denen man nicht immer weiß, was einen erwartet, und die oft zu vollgepackt und inzwischen richtig teuer geworden sind. Nirgends ist es übrigens ein Problem, sich Hauptgerichte zu teilen!
Die im Buch aufgeführten Restaurants sind nach folgenden Preiskategorien für ein Abendessen (**ohne** Getränke, Vorspeisen, Desserts, Steuer und Trinkgeld) gestaffelt:

$ – bis 15 Dollar
$$ – 15 bis 25 Dollar
$$$ – über 25 Dollar

Die USA sind inzwischen ein raucherfeindliches Land geworden. Besonders rigoros zeigt sich das in Kalifornien, wo nur noch an der frischen Luft, in Parkhäusern, im Auto und zu Hause geraucht werden darf. Also nicht mehr in Büros, öffentlichen Gebäuden, Restaurants, vielen Bed & Breakfast Inns und Shopping Malls, ja teilweise auch nicht mehr am Strand (Santa Monica). Ausnahmen (noch): einzelne Bereiche von Hotel-Lobbys. Nichtraucher-Zonen sind in den allermeisten Restaurants und Coffee Shops auch außerhalb Kaliforniens gang und gäbe. Die Missachtung des Nichtrauchergebots wird keineswegs als Kavaliersdelikt betrachtet.

Noch ein Wort zum Thema *booze*, den alkoholischen Getränken. In **Utah** fallen zwei Ungereimtheiten besonders ins Auge: Nur wenige Meter abseits der touristischen Pfade (die neuerdings in den Genuss der Liberalisierung der strengen Verbote gekommen sind) wird es tatsächlich staubtrocken. Aber, ausgerechnet in Utah ist Alkoholisches besonders preiswert – weil der Staat die Preise verbindlich festlegt! Ansonsten gelten in diesem Bundesstaat im Großen und Ganzen folgende Regeln:

– Alles über 3,2-Prozentige gibt es nur in »State Liquor Stores« zu kaufen, Bier (3,2 %) ist in Supermärkten zu haben.
– In lizenzierten Bars, Restaurants, Golfclubs oder *bowling alleys* wird Bier ausgeschenkt.
– Einige Restaurants haben auch Lizenzen für *mixed drinks* und Wein (Glas) im Zusammenhang mit dem Essen. Dasselbe gilt für Privatclubs und deren Mitglieder.
– Promillegrenze in Utah: 0,8!

P.S.: Moab besitzt als einzige Stadt eine legale Winzerei und eine von insgesamt vier legalen Brauereien im Staat.

Sicherheitshinweise

Trotz teilweise deprimierender Kriminalstatistik mancher US-Metropolen sind die USA insgesamt ein sicheres Reiseland. Tagsüber auf jeden Fall, aber auch abends.

Ethnische Wohnviertel und solche mit aktiven Straßengangs bergen die meisten Gefahren, für den Fußgänger auf jeden Fall, aber auch mit dem Auto kann es böse Überraschungen geben. In Städten wie Los Angeles, San Francisco, San Diego oder Phoenix sollte man sich deshalb im Wesentlichen in jenen Stadtbezirken aufhalten, die im Buch erwähnt sind. Nach dem Abendessen oder Barbesuch muss man nicht unbedingt noch einmal »um den Block« spazieren oder zu Fuß zum Hotel zurücklaufen. Nehmen Sie ein Taxi!

Bei Erdbeben in der Stadt sollte man sich von allen Fenstern und Glastüren fernhalten, unter einem Türrahmen oder in einer Ecke stehen, auf keinen Fall auf den Balkon gehen oder das Haus verlassen, weil die größte Gefahr während und nach einem Erdbeben herumfliegendes Glas, abfallendes Mauerwerk und abstürzende Hochspannungsleitungen sind. Keine Streichhölzer oder Feuerzeuge benutzen, wegen Gasexplosionsgefahr. Wenn die Erschütterungen aufhören, daran denken, dass weitere folgen können. Keine Aufzüge benutzen.

Auch die so genannte freie Natur birgt Risiken, die viele der an Parks und Stadtwälder gewöhnten Mitteleuropäer unterschätzen. Die Wildnisregionen in den USA eignen sich nur bedingt zur Kaffeefahrt oder zum unbekümmerten Spaziergang! Skorpione, Klapperschlangen, Schwarze Witwen oder Moskitos können den Urlaub ebenso vermiesen wie unvorhergesehene Regengüsse und die in den Wüsten gefürchteten *washes* – plötzlich durch Regenfälle entstandene Sturzbäche, die alles mit sich reißen. Wenige wissen, dass in der Wüste mehr Menschen ertrinken als verdursten! Informieren Sie sich bei den Rangern der Nationalparks über die potentiellen Gefahren und wie man ihnen vorbeugt! Achten Sie auch darauf, dass Sie im heißen Südwesten der USA stets genügend Trinkwasser mit sich führen. Festes Schuhwerk ist unumgänglich.

In einigen Nationalparks hat man für Menschen lebensbedrohliche Viren bei verschiedenen Nagetieren (Springmäusen, Eichhörnchen und Backenhörnchen) entdeckt. Generell wird vor ansteckenden Berührungen gewarnt; Campingfreunde sollten grundsätzlich in geschlossenen Zelten schlafen. Weitere Auskünfte erteilen die Parkranger.

Sprachgebrauch im Südwesten

Einige der folgenden Wörter und Ausdrücke wird man in Kalifornien und dem Südwesten häufiger als sonst in den USA hören oder lesen, z. B.:

adobe – spanisch für luftgetrocknete Ziegel aus Lehm, Wasser und Stroh (Baustoff)
arroyo (spanisch) Wasserlauf
basin – Tal
barrio – spanisch für Stadtteil; Distrikt mit überwiegend spanisch sprechender Bevölkerung
Bay Area – Region rund um die Bay mit den städtischen Ballungszentren San Francisco, Richmond, Berkeley, Oakland und San Jose
bonanza – reiche Erzader, Glücksquelle, Goldgrube, glücklicher Griff
butte – Tafelberg (spanisch: *mesa*)
chaparral – (spanisch: *chaparro*) dickes Gestrüpp aus niedrigen Eichen; heute Bezeichnung für alle *shrubs*, die die Hügel undurchdringlich bewachsen
chile – (manchmal auch *chili*) scharfe Schote, die in keiner Soße der Südwestküche fehlt. Grüner und roter Chile sind übrigens ein und dieselbe Frucht – nur mit unterschiedlichem Reifegrad.
coyote – Präriewolf
dim sum – chinesische Appetizer
dope – jede Form von Rauschmittel
dot-commer – Unternehmer in der Internet-Branche
El Dorado – *(the gilded one)* zuerst im 16. Jh. spanische Bezeichnung für einen mythischen Indianer, der sich vor den Zeremonien mit Goldstaub

		bedeckte; später Name für ein goldenes Utopia (u.a. die Goldregion in Kalifornien)
flash flood	–	plötzliche Wassermassen, die nach starken Regenfällen aus den Bergen abfallen und mit Gewalt über die Wüstenpisten zischen *(wash)*
foodie	–	eine/r, die/der gern viel isst
gazebo	–	Gartenlaube, kleiner Pavillon
hangout	–	beliebter Treffpunkt, Bar etc.
hoodoo	–	durch Erosion geformte Steinhälse (z.B. Bryce Canyon); manchmal auch *fins*, *pinnacles* oder *spires* genannt
jacuzzi	–	Whirlpool, heißer (Mineral-) Pool
junk food	–	Essen ohne Nährwert
mesa	–	spanisch) für Tafelberg, (englisch: *butte*)
mother lode	–	goldführende Quarzschicht entlang dem American River zwischen Mariposa und Georgetown im »Gold Country«
pico de gallo	–	Scharfe Soße aus klein geschnittenen Zwiebeln, *chile* und Tomaten, die gerade so groß sind, dass die Hühner sie aufpicken können.
pick up place	–	wer Anschluss sucht: in Bars, Discos etc. auch: *singles bar*
placer	–	Goldansammlung im Flussbett, hinter Felsen oder *riffles*, wo sich Gold wegen seines Gewichts konzentriert und liegen bleibt, während die Strömung »normale« Kiesel weitertreibt.
rancho	–	kalifornischer Ausdruck für Hazienda, eine Farm mit Viehzucht, die sich auf einem *land grant* entwickelte; 666 spanische bzw. mexikanische Domänen machen heute Kalifornien aus.
range	–	Bergrücken, Gebirgszug (auch: nicht durch Zäune begrenztes, offenes Weideland)
spa	–	von lateinisch *sanum per aqua*: Wellness-Einrichtung mit Pool und *jacuzzi*

Telefonieren

An öffentlichen Telefonen herrscht in den USA kein Mangel. Sie sind nützlich bei Auskünften, Reservierungen etc. und ersparen Enttäuschungen. Hilfreich ist zu allen Zeiten der *Operator* (»0«), der Rufnummern vermittelt, Vorwahlnummern *(area codes)* und Preiseinheiten für Ferngespräche angibt. Um eine Nummer herauszufinden, ruft man die *directory assistance* an, die man im eigenen Vorwahlbezirk unter der Nummer »411« erreicht; für andere Bezirke wählt man die jeweilige Vorwahl und dann die 555-1212. Auskünfte über die gebührenfreien »1-800«-Nummern gibt es unter 1-800-555-1212.

Das Telefonieren aus der **Telefonzelle**, dem *payphone*, erfordert etwas Übung. Ortsgespräche *(local calls)* sind einfach. Man wirft 20 c ein und wählt die siebenstellige Nummer. Wie man Ferngespräche *(long distance calls)* führt, wird meist in einer Aufschrift am Telefon erläutert. Häufig wählt man die dreistellige Vorwahl und die Nummer, doch ist manchmal eine 1 oder andere Zahl als Vorwahl erforderlich.

Danach meldet sich der Operator oder eine Computerstimme und verlangt die Gesprächsgebühr für die ersten 3 Minuten. Spricht man länger, kommt die Stimme wieder und möchte mehr Geld. Es empfiehlt sich also, 25-c-Stücke zu horten, um allzeit telefonbereit zu sein.

In den USA gibt es auch Gesprächsarten, die in Europa nicht oder nicht mehr üblich sind – z.B. **R-Gespräche**, die der Angerufene bezahlt. Man wählt dafür 0-Vorwahl-Nummer und bittet den Operator um einen *collect call*. Außerdem gibt es die Möglichkeit eines *person to person call*, bei dem man nur bezahlen muss, wenn sich der Angerufene selbst meldet oder geholt werden kann. Man wählt dafür ebenfalls 0-Vorwahl-Teilnehmernummer und teilt dem Operator seinen Wunsch mit.

Gespräche nach Europa kosten für 3 Minuten ca. $ 6–8: Man lässt sich vom Operator verbinden oder wählt 011, Landes-, Stadtvorwahl (ohne die erste Null) und Nummer. Man kann sich auch in der Telefonzelle zurückrufen lassen. Vom Hotel/Motel aus kann man entweder über den Hotel-Operator oder direkt innerhalb der USA und auch nach Europa telefonieren.

Bei »Direkt«-Gesprächen ins Ausland wird man auf deutsch vermittelt und der Empfänger bezahlt die Gebühr:

Deutschland Direkt ✆ 1-800-292-0049 und Nummer
Austria Direkt ✆ 1-800-624-0043 und Nummer
Schweiz Direkt ✆ 1-800-745-0041 oder 1-800-305-0041 und Nummer.

Telefonkarten:

Calling cards bringen nicht nur Geschäfts-, sondern auch Privatreisenden in den USA eine Reihe nicht zu unterschätzender Vorteile. Man kann mit ihnen praktisch von jeder Straßenecke aus den

Rest der Welt erreichen. Man spart die erheblichen Aufschläge der Hotels auf die Gebühreneinheiten, die Handhabung ist denkbar simpel und man bekommt für alle geführten Gespräche einen schriftlichen Beleg mit Nummer, Zeit, Datum und Betrag. Vergleichen Sie die Konditionen der verschiedenen Telefongesellschaften!

Wer nicht schon seine eigene Telefonkarte mitbringt, kann in fast jedem Supermarkt in den USA eine solche ***Pre Paid Phone Card*** für ca. $ 10–20 erwerben. Über eine Servicenummer und den so genannten *Authorization Code* (beide auf der Karte angegeben) wählt man sich ein und danach wie üblich: *country code, area code* (ohne die »0«) und die gewünschte Nummer. Gegenüber normalen Telefongesprächen (erst recht gegenüber solchen von Hotels aus) kann man mit diesen Karten fürs gleiche Geld 4–6 mal so lange telefonieren und ist vom Münzensammeln befreit.

Neuerdings funktionieren in den USA auch europäische Handys.

Trinkgeld

Man gibt, man gibt: bei den *bellboys*, den Kofferträgern, je nach Hotelklasse etwa 50 c bis $ 1 pro großem Gepäckstück, Taxifahrern und Frisören etwa 15–20 % vom Rechnungsbetrag, in den Bars etwa 50 c je Drink und dem Zimmermädchen bei mehrtägigem Aufenthalt $ 3–4. Restaurants sind ein Kapitel für sich. Hier lässt man rund 15 % des Rechnungsbetrages als *tip* auf dem Tisch liegen. Das ist allerdings kein hohes Trinkgeld, weil dieses in den USA nicht im Preis enthalten ist und die Bedienung im Wesentlichen davon lebt und nicht vom Gehalt. Im Klartext: 15 % sind die Untergrenze!

Unterkunft

Hat man nicht vorgebucht, sollte man grundsätzlich erst einmal nach der *lowest possible rate* fragen – und nicht einfach nur danach, was ein Zimmer kostet. Hotelpreise in den USA erweisen sich nämlich als äußerst verhandelbar.

Hotels und Motels sind in der Regel einwandfrei und zuverlässig. Als besonders preisgünstig, sauber und dazu noch meist verkehrsgünstig gelegen gelten die Motels der Kette **Motel 6**. Der Übernachtungspreis liegt z.Zt. um die $ 30–40 für eine Person; die zweite zahlt rund $ 6 extra. Außerdem: Für $ 1.50 kann man sich ein Zimmer im nächsten Zielort reservieren lassen, so dass man nicht zittern und sich beeilen muss.

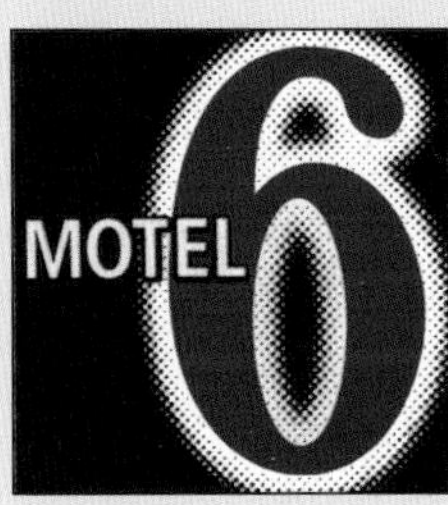

Die weitaus meisten der hier empfohlenen Hotels oder Motels können von Europa aus reserviert werden. **In den USA selbst sollten Sie dazu die gebührenfreien Nummern nutzen (1-800 oder 1-888 u. a.)**, besonders in der Hauptreisezeit Juni, Juli, August, an Wochenenden und Feiertagen und für gewöhnlich überlaufene Gebiete: Zion, Bryce Canyon, Capitol Reef, Moab, Monument Valley (Kayenta), Grand Canyon (South Rim), Santa Monica (Los Angeles), Carmel und San Francisco. Zumindest aber sollte man an diesen Orten während der Hauptsaison einige Tage zuvor Zimmer bestellen. Die über die 1–800er-Nummern reservierten Zimmer kosten bei Hotelketten oft weniger, als sie beim Einchecken vor Ort kosten würden.

Auch bei der Hotelreservierung gilt: Ohne Kreditkartennummer läuft kaum etwas, an Wochenenden/Feiertagen gar nichts. Haben Sie eine, wird das Zimmer garantiert aufgehoben. Wird eine Reservierung ohne Kreditkarte akzeptiert, muss man bis **spätestens 18 Uhr** einchecken. Bei der kurzfristigen Zimmersuche sind die örtlichen Visitors Bureaus behilflich.

Die angegebenen Preiskategorien gelten jeweils für einen *double room*. Einzelzimmer kosten nur unwesentlich weniger, während man für ein zusätzliches Bett etwa $ 5–10 zuzahlt. Kinder, die im Zimmer der Eltern schlafen, kosten meist nichts. In den Motels/Hotels kann man zwischen Raucher- und Nichtraucherzimmern wählen. Allerdings überwiegt inzwischen bei weitem die Zahl der Räume für Nichtraucher.

Bed & Breakfast ist das angloamerikanische Pendant zum Hotel garni: Zimmer mit Frühstück also, und zwar meist in historischem Rahmen. In den USA stehen sie hoch im Kurs. Das im Preis eingeschlossene Frühstück (so mager das *continental breakfast* auch sein mag) erweckt den Anschein, als spare man Kosten. Deshalb schmücken sich neuerdings sogar Motelketten mit dem Zusatz »Inn« und servieren ein kostenloses *(complimentary)* Mini-Frühstück. Europäischen Besuchern bieten B & Bs allerdings den Vorteil, dass Gespräche und Kontakte gefördert werden.

Camping wird außerhalb der Städte allenthalben groß geschrieben. Die meist Plätze liegen ausgezeichnet und haben direkten Anschluss an Wanderwege, Strände und sportliche Aktivitäten. Der Wohnwagen befreit von den Hotel- und Restaurantritualen und bringt Abwechslung in die Speisekarte, weil man die preiswerten und hervorragenden Obst- und Gemüseangebote der Supermärkte nutzen kann. Außerdem fördert Camping die Bekanntschaft mit Gleichgesinnten.

Die staatlichen Campingplätze liegen meist in State Parks, haben Feuerstellen, Holzbänke und -tische sowie sanitäre Anlagen. Vorbestellung ist oft nicht möglich, daher sollte man daran denken, früh einzuchecken.

Die privaten Plätze sind meist vorzüglich ausgestattet, mit sauberen Duschen, Grillplätzen und oft mit kleinem Laden. Die Übernachtungspreise schwanken zwischen $ 15 und $ 30 für zwei Personen pro Nacht. Wildcampen für mehrere Tage wird nicht gern gesehen, doch kann man durchaus über Nacht sein Motorhome auf einem Parkplatz oder – nach Rücksprache am *front desk* – im Einzelfall auch auf Hotel- und Motelparkplätzen, hinter Tankstellen und auf Supermarktparkplätzen abstellen, vorzugsweise auf solchen, die 24 Stunden geöffnet sind.

Beim **US National Park Service** gibt es eine zentrale und kostenlose Reservierungsnummer, unter der man für jeweils einen Tag im Voraus einen Campingplatz in einem der Nationalparks reservieren kann: ✆ 1-800-365-2267. Die Campground-Reservierung für ganz Utah erfolgt über ✆ 1-800-332-3770.

Von Europa aus kann man einen bzw. mehrere der **KOA**-Campingplätze per Fax reservieren: (0130) 81 74 23. Auf Anfrage bekommt man Unterlagen zurückgefaxt, in die man seine Daten gegen eine geringe Gebühr eintragen kann.

Zeitzonen

Kalifornien und der Südwesten umfassen zwei Zeitzonen: *Mountain Time* und *Pacific Time* – MEZ minus 8 bzw. 9 Stunden. Zwischen Ende April und November herrscht Sommerzeit (*daylight saving time*, DST). Dann wird die Uhr ähnlich wie in Europa um eine Stunde vorgestellt.

Zoll

Zollfrei in die USA mitbringen darf man außer der persönlichen Reiseausrüstung (Kleidung, Kamera etc.):

- 200 Zigaretten oder 100 Zigarren (möglichst nicht aus Kuba) oder 3 Pfund Tabak
- 1 Liter Alkohol
- Geschenke im Wert von bis zu $ 100.

Tierische und pflanzliche Frischprodukte (Obst, Wurst, Gemüse) dürfen nicht eingeführt werden. Die Zollbeamten sind da unerbittlich; Wurststulle und Orange werden konfisziert. Dagegen sind Gebäck, Käse und Süßigkeiten (keine Schnapspralinen!) erlaubt.

Den eigenen Wagen darf man (bis zu einem Jahr) mitbringen, was sich aber nur bei einer Aufenthaltsdauer von mindestens zwei Monaten lohnt. Bleibt man länger als 12 Monate, muss das Fahrzeug nach den amerikanischen Sicherheitsbestimmungen umgerüstet werden. Wenn man seinen Wagen nach einer Reise in den USA verkaufen möchte, heißt es ebenfalls umrüsten und zusätzlich Zoll bezahlen.

Bei speziellen Fragen zu den amerikanischen Zollbestimmungen setzt man sich am besten mit dem nächsten US-Konsulat in Verbindung bzw. mit www.customs.gov/travel.

Orts- und Sachregister

Fett hervorgehobene Seitenzahlen verweisen auf ausführliche Erwähnungen, die *kursiv* gesetzten Begriffe und Seitenzahlen beziehen sich auf den Service am Ende des Buches.

Orts- und Sachregister

Orts- und Sachregister

Namenregister

Bildnachweis
Impressum

Bildnachweis

Yannis Argyropoulos, Brüssel: S. 179
Arizona Biltmore Hotel, Phoenix: S. 253
Arizona Inn, Tucson: S. 256
Arizona Office of Tourism, Phoenix: Titelbild, S. 164, 170, 185, 191, 195, 197, 231
Tom Bonner/Walt Disney Concert Hall/Photo Gallery: S. 66
California Tourism, Sacramento: S. 45, 50, 91, 94, 117, 235, 240
Casa Cody, Palm Springs: S. 264
El Paso Convention & Visitors Bureau: S. 199
Fridmar Damm, Köln: S. 24 o., 29, 33 u., 114, 127, 136, 137, 142, 143, 144, 145, 201
Four Seasons Biltmore, Santa Barbara: S. 51 o., 268
Mara K. Fuhrmann, Monreal: S. 132 o., 210 o.
J. Paul Getty Trust, Los Angeles: S. 63
Peter Ginter, Köln: S. 27 o., 30, 33 o., 38, 39, 58, 62 u., 68 o., 72 l., 74, 75, 87 o., 98, 113, 116 u., 117 u., 118, 126, 181, 205, 219, 241 u.
Christian Heeb, Bend, Oregon: S. 69 u., 79, 124 o., 125 o., 158, 160, 166/167, 172/173, 177, 182 o., 213
Hotel Bel-Air, Los Angeles: S. 262
Hotel Del Coronado, San Diego: S. 86 o.
Hotel Santa Barbara: S. 51 u.
Hyatt Regency Hotel, Scottsdale: S. 187, 255
Island Packers, Inc., Ventura: S. 57
Karl Johaentges/LOOK, München: S. 22/23
Norbert M. Königstein, Frankfurt: S. 44
Las Vegas News Bureau: S. 123, 124 u., 125 m., 128
La Valencia Hotel, La Jolla: S. 265
Mark Müller, Volketswil, Schweiz: S. 2/3, 132 u., 133
Museum of Contemporary Art, La Jolla: S. 85
Oakland Convention & Visitors Bureau: S. 37
Conrad Piepenburg/laif, Köln: S. 36 m., 42, 47 u., 70, 102, 105, 108, 110, 246 o.
Jochen Rothmann, Darmstadt: S. 131, 141, 226, 229
Rudolf Roszak, Köln: S. 249
Royal Palms Hotel, Phoenix: S. 254
San Diego Convention & Visitors Bureau: S. 81, 84
San Francisco Convention & Visitors Bureau: S 24 u.
San Francisco Museum of Modern Art: S. 27 u.
San José Visitors & Convention Bureau: S. 21
Santa Barbara Convention & Visitors Bureau: S. 53 u.
Horst Schmidt-Brümmer, Köln: S. 9, 11, 28, 31, 32, 35, 36 u., 41, 43, 46 l., 52, 53 o., 54/55, 59, 62 o., 68 u., 69 o., 72 r., 76, 78, 82, 86 u., 87 u., 88, 90, 95, 99, 100, 101, 106, 115, 119, 129, 138, 139, 147 o., 148/149, 152, 163, 166 l., 175, 176, 183, 184, 196, 204, 210 u., 211, 234, 238, 242, 245, 246 u., 248 u.
Andreas Schulz, Köln: S. 116 o.
SeaWorld San Diego: S. 83
Carl A. Smith, Atlanta: S. 107, 109, 111, 165, 168, 209, 227, 248 o.
National Steinbeck Center, Salinas: S. 48
Karl Teuschl, München: S. 154/155
Wolfgang R. Weber, Darmstadt: S. 135, 151, 159, 218, 224
Frank Wermeyer, Brauweiler: S. 46 u.
The Frank Lloyd Wright Foundation, Scottsdale: S. 189, 193
Vista Point Verlag, Archiv, Köln: S. 71

Alle übrigen Abbildungen stammen aus dem Archiv des Autors.

Titelbild: Monument Valley. Foto: Arizona Office of Tourism, Phoenix
Vordere Umschlagklappe (innen): Übersichtskarte von Kalifornien und Südwesten USA mit den eingezeichneten Regionen
Haupttitel (S. 2/3): Steinbrücke im Arches National Park. Foto: Mark Müller, Volketswil, Schweiz

3., aktualisierte Auflage 2007

Reihenkonzeption: Horst Schmidt-Brümmer, Andreas Schulz
Lektorat: Kristina Linke
Layout und Herstellung: Sandra Penno-Vesper, Andreas Schulz
Kartographie: Borch GmbH, Fürstenfeldbruck; Kartographie Huber, München
Gedruckt auf chlorfrei gebleichtem Papier

ISBN 978-3-88973-270-5